经济瞭望译丛

THE ECONOMIC IMPACTS OF NATURAL DISASTERS

Debarati Guha-Sapir Indhira Santos
Alexandre Borde

自然灾害的经济影响

德巴拉蒂·古哈–萨皮尔　英迪拉·桑托斯　主编
亚历山大·博尔德　总编辑
顾林生 王蓉 赵星磊　译

东北财经大学出版社 | 大连
Dongbei University of Finance & Economics Press

图书在版编目（CIP）数据

自然灾害的经济影响 / 古哈-萨皮尔（Guha-Sapir，D.），桑托斯（Santos，I.）主编；顾林生，王蓉，赵星磊译.—大连：东北财经大学出版社，2016.1
（经济瞭望译丛）
ISBN 978-7-5654-1893-8

Ⅰ.自… Ⅱ.①古…②桑…③顾…④王…⑤赵… Ⅲ.自然灾害-灾害经济学-研究
Ⅳ.F062.2

中国版本图书馆CIP数据核字（2015）第057080号

东北财经大学出版社出版发行
大连市黑石礁尖山街217号 邮政编码 116025
教学支持：（0411）84710309
营 销 部：（0411）84710711
总 编 室：（0411）84710523
网　　址：http：//www. dufep. cn
读者信箱：dufep @ dufe. edu. cn
大连永盛印业有限公司印刷

幅面尺寸：170mm×240mm 字数：331千字 印张：26
2016年1月第1版 2016年1月第1次印刷
责任编辑：刘东威 责任校对：贺 欣
封面设计：冀贵收 版式设计：钟福建
定价：58.00元

前　言

应对自然灾害的脆弱性以及气候变化使得自然灾害的数量逐步增长、影响范围持续扩大，威胁着数百万人的生活，也阻碍了联合国千年发展目标的实现。因此，《2005—2015年兵库行动框架建立国家和社区》（以下简称《兵库行动框架》）的实施亟待加强。如果没有学者、从业人员和政策制定者的共同努力，很难在2015年前切实减少自然灾害带来的损失。

在经济活动频繁、人口密度高且大规模地质和气候灾害事件危害集中的地区，特别是特大灾害，如地震、热带气旋，将会使当地发展进程滞后几十年。除了灾害带来的直接危害以外，低密度资产损失以及自然灾害给经济活动频繁、人口密度高地区的人口生计所带来的破坏，正缓慢侵蚀着家庭和社区的应对能力，逐步将他们推向边缘化。

特别是身处高危区域的贫困社区，面对飓风或地震带来的意外冲击(例如损失家庭、牲畜、农作物等生计资本)，由于没有经济和制度支持，导致社区生产基础的永久性或暂时性损失，贫困程度加剧，在某些情况下，还将引发移民。为应对由自然灾害加剧的贫困，社区需要不断接受外来援助并加强家庭之间的团结和联系。

虽然死亡往往是自然灾害最直接和最悲剧的结果，但是灾害造成的经济损失以及中期和长期内贫困人群复原能力的丧失往往成了额外的负担。人们对正式和非正式的经济系统的相互作用，以及同样重要的，运用适当的工具来测算自然灾害造成的经济影响，知之甚少。对家庭援助转移的依赖，以及“排挤”效应，或者在特殊情形下经典成本-效益法的可靠性，提供长期和可持续的准备政策所需的证据，自然灾害正逐渐增多而备灾却依然不足的发达国家的情形——这些问题都是需要从理论和实践上加以讨论的。

本书是理论与实践相结合的作品，特别是在测算由自然灾害带来的损失方面。这需要依赖健全的理论，并且这一理论可以根植于本科生与研究生教育中，以培养未来的环境和发展经济学家。但是，也需要来自全球不同背景下的实地证据，将理论扎根于现实中。

这本论文集对灾害经济学的研究文献有重要贡献，不仅面向学生和研究人员，也面向全球、国内、地方的减灾政策制定者及从业人员。

玛格丽塔·瓦尔斯特

助理秘书长

联合国国际减灾战略署

缩写词汇表

AC averting cost 防护费用

ADB Asian Development Bank 亚洲开发银行

CARICOM Caribbean Community and Common Market 加勒比共同市场

CBA cost-benefit analysis 成本-效益分析

CCFSC Central Committee for Flood and Storm Control 防洪抗风中央委员会

CCRIF Caribbean Catastrophe Risk Insurance Facility 加勒比巨灾风险保险基金

CE choice experiment 选择实验

CFSC Committees for Flood and Storm Control 防洪抗风委员会

CLP Chars Livelihoods Programme Chars 生计项目

CPB Central Planbureau 中央规划局

CRED Centre for Research on the Epidemiology of Disasters 灾害流行病学研究中心

CV contingent value 意愿调查价值评估

DALY disability adjusted life year 伤残调整生命年

DC discrete choice 离散选择

DEFRA Department for Environment, Food and Rural Affairs 环境、食品

和农村事务部

DFID Department for International Development 国际发展署

DRM disaster risk management 灾害风险管理

EAR Economic Amplification Ratio 经济放大比率

ECLAC Economic Commission for Latin America and the Caribbean 拉丁美洲和加勒比经济委员会

EGS Employment Guarantee Scheme 就业保障计划

EM-DAT Emergency Disasters Database 紧急灾难数据库

ERL Emergency Recovery Loan 突发灾害恢复贷款

FEMA US Federal Emergency Management Agency 美国联邦应急管理局

GCMs General Circulation Models 总循环模式

GDP Gross Domestic Product 国内生产总值

GFDRR Global Facility for Disaster Reconstruction and Response 全球减灾与恢复基金

GHG greenhouse gas 温室气体

HDFC Housing Development and Finance Corporation 住房开发金融公司

HP hedonic price 特征价格

HPF household production function 家庭生产函数

IADB Inter-American Development Bank 泛美开发银行

IPCC Intergovernmental Panel on Climate Change 政府间区气候变化专门委员会

IRR internal rate of return 内部收益率

ISDR International Strategy for Disaster Reduction 国际减灾战略署

LSMS Living Standards Measurement Studies 生活水平评估研究

MCII Munich Climate Insurance Initiative 慕尼黑气候保险计划

MDGs Millennium Development Goals 千年发展目标

NAIS national agricultural insurance program 国家农业保险计划

NNI net national income 国民净收入

NOAA US National Oceanic and Atmospheric Administration 美国国家海洋和大气管理局

NPV net present value 净现值

NRDA Natural Resource Damage Assessment 自然资源损害评估

OFDA-USAID Office of United States Foreign Disaster Assistance from the United States Agency for International Development 美国国外灾害救济处

OMB Office of Management and Budget 管理和预算办公室

PRSP Poverty Reduction Strategy Paper 减贫战略文件

RP revealed preferences 显示性偏好

SOP standard operating procedure 标准化操作规程

SRES Special Report on Emission Scenarios 排放情景特别报告

SP stated preferences 陈述性偏好

TC travel cost 旅行成本

TCIP Turkish Catastrophe Insurance Pool 土耳其巨灾保险共同体

TE transfer error 转移误差

TEV total economic value 总经济价值

UNDP United Nations Development Programme 联合国开发计划署

UNDRO United Nations Disaster Relief Organization 联合国救灾署

UNFCCC United Nations Framework Convention on Climate Change 联合国气候变化框架公约

VSL value of a statistical life 生命价值

WHO World Health Organization 世界卫生组织

WINCROP Windward Islands Crop Insurance 向风群岛收成保险

WTP willingness to pay 支付意愿

WTAC willingness to accept compensation 接受补偿意愿

编写者

萨巴里·班德亚帕德耶（Sabari Bandyopadhyay）：印度西孟加拉政府，西孟加拉国家农村发展机构（WBSRDA），强化农村权力下放（SRD）组织地区项目管理机构的地区协调员。

亚历山大·博尔德（Alexandre Borde）：法国巴黎气候变化和碳交易咨询公司正碳总经理。

罗伊·布劳沃（Roy Brouwer）：荷兰阿姆斯特丹自由大学环境研究所环境经济学系教授。

德贝西·查克拉博迪（Debesh Chakraborty）：印度加尔各答贾达普大学经济学系退休教授。

阿贾伊·奇伯（Ajay Chhibber）：联合国助理秘书长，联合国开发计划署行政助理，联合国开发计划署亚太局局长。

奥利维亚·德·奥斯特（Olivia D’Aoust）：鲁汶天主教大学经济学博士学位候选人。

德巴拉蒂·古哈-萨皮尔（Debarati Guha-Sapir）：世界卫生组织灾害流行病学研究中心（CRED）主任，比利时鲁汶大学健康与社会研究院（IRSS）教授。

艾维达斯·古普塔（Ivy Das Gupta）：印度加尔各答比哈尔邦教育社会学院经济学讲师。

史蒂芬·阿勒卡特（Stéphane Hallegatte）：法国气象局（Meteo-France）和国际环境与发展中心（CIRED）经济学家，现为世界银行特聘首席气候变化专家。

菲利普·霍友思（Philip Hoyois）：灾害流行病学研究中心（CRED）高级研究员，同时供职于布鲁塞尔自由大学心理卫生服务学院。

纳布尔·伊斯兰（K. M. Nabiul Islam），博士：达卡孟加拉发展研究所高级研究员。

拉齐德·拉加（Rachid Laajaj）：美国威斯康辛大学麦迪逊分校农业和应用经济学博士候选人。

克里斯汀·马格努森（Kristin Magnussen）：拥有环境与自然经济学博士学位，现供职于挪威Sweco集团。

莱茵哈德·梅勒（Reinhard Mechler）：奥地利拉克森堡国际应用系统分析研究所（IIASA）“风险和脆弱性项目”（RAV）之“灾害与发展”研究组组长；政府间气候变化专门委员会即将发表的关于应对极端事件的特别报告和第五次评估报告的第一作者。

德巴拉塔·米特拉（Debabrata Mitra）：印度加尔各答家庭信贷公司法律顾问。

斯戴尔·纳弗鲁德（Ståle Navrud）：挪威生命科学大学经济和资源管理系环境与自然经济学教授。

英迪拉·桑托斯（Indhira Santos）：写作本书时是布鲁塞尔智库布吕格尔的研究员。现已加入世界银行人类发展部，从事东欧和中亚地区相关事务。

泽田康幸（Yasuyuki Sawada）：东京大学经济系教授。

马利杰·沙弗斯玛（Marije Schaafsma）：英国东英格利亚大学全球环境社会与经济研究中心（CSERGE）高级副研究员。

萨晏缇·森（Sayanti Sen）：印度加尔各答大学班巴士学院地理学系教师。

裴栋（Bui Dung）博士：越南顺化大学环境和农业经济学系主任以及国际合作和经济学院国际合作与研究生教育科技办公室主任。

陈胡俊（Tran Huu Tuan）：越南顺化大学经济学院经济学和发展研究系副主任。

费姆克·沃斯（Femke Vos）：灾害流行病研究中心数据分析师和研究员，专门研究自然灾害及其影响。

安吉莉卡·沃茨（Angelika Wirtz）：慕尼黑保险公司的慕尼黑再保险利用自然巨灾服务负责人。

里卡多·萨帕塔-马蒂（Ricardo Zapata-Marti）：联合国拉丁美洲和加勒比经济委员会（ECLAC）的经济学家。

目 录

目　录

绪 论

自千禧之交以来，已有超过23亿的人口直接受到自然灾害的影响，其中几次灾害在24小时内就造成近10万人死亡。此外，过去10年间发生的自然灾害和全球对气候变化的愈发关注使得针对自然灾害的政策，以及学术界对理解自然灾害的经济成因和后果有了新的认识，这其中包括2004年亚洲的海啸，2005年美国的卡特里娜飓风，2008年中国汶川大地震，以及最近发生的2011年日本大海啸。

尽管认识到更好的救援、撤离以及疾病控制是降低自然灾害影响的关键，但归根结底，贫穷仍是决定自然灾害长期影响的主要风险因素。此外，自然灾害对已经一贫如洗的人（最贫困人口）有着巨大的影响。这些人往往对自然灾害准备不足，一轮飓风、一次地震或者一场干旱就意味着永久的贫穷。正是对贫穷和在灾害面前的脆弱感的担忧促成了本书的出版。

本书分为两个部分。第一部分首先概述自然灾害的发展趋势及影响，其次批判性地分析各种评估自然灾害经济影响的方法论和处理灾害影响的事前、事后机制，以及极端自然事件与气候变化的关系。第二部分展示了六个案例，涉及三个不同的大洲，既有发达国家，也有发展中国家，分别是孟加拉国、越南、印度、尼加拉瓜、日本和荷兰。这些案例既运用全国性的数据，也参考家庭调查，在众多灾害类型中对飓风、洪涝和地震给家庭福利造成的危害，以及对宏观经济表现产生的影响进行分析和量化。

第一部分首先讨论了目前自然灾害的发展趋势。过去50年间，由于灾害报道水平的提升、人口的增长、灾害易发区人口密度的增加以及土地使用方式的变化，全球报道的自然灾害数量不断上升。同时，该部分的作者霍友思和古哈萨皮尔也强调了气候变化可能在其中扮演一定的角色。

自然灾害发生的频率不断增加伴随灾害导致的经济损失，这一巨大的挑战摆在了当今政策制定者们的面前。在第2章中，阿贾伊·奇伯和拉齐德·拉加概括了自然灾害的长期经济影响，以及灾害与经济发展之间的相互关系，尤其是在非洲。本章梳理概括了预防和应对灾害的理想政策措施。

然而，其中一个主要的困难是评估自然灾害造成的损失的价值。应该如何评估对非市场化交易产品（例如环境）所造成的影响？如何才能在灾害管理中平衡风险、成本和效益。第3章和第4章在探究这些问题上很好地相互补充。

斯戴尔·纳弗鲁德和克里斯汀·马格努森在第3章中分析了不同的损失估值方法和在发展中国家的应用。他们发现，没有一种估值方法能适用于评估所有类型的损失，因此建议根据发展中国家国情，采取与现有条件相关的具体方法。与此不同的是，莱茵哈德·梅勒和纳布尔·伊斯兰在第4章中对灾害管理和在孟加拉国的应用采取了成本–效益的分析方法，为建立一个能够提升灾害易发区规划和气候适应政策的极端事件风险模型提出了概括性见解。然而自然危害不一定会发展为灾害，因而第5章和第6章探讨了在灾害管理、备灾以及适应的过程中面临的种种挑战。

史蒂芬·阿勒卡特在第5章里关注气候变化带来的风险的增长和不确定性。作者不仅担忧预测未来气候本身存在的困难和相关的风险，同时也担忧适应气候变化需要的金融和体制限制。但是，正如美国卡特里娜飓风所反映的那样，这些不仅仅是发展中国家才遇到的障碍。灾害管理中存在的制度、金融和信息障碍因缺乏一个适当的正式机制来分担自然危害的风险而进一步恶化。

第6章的作者安吉莉卡·沃茨认为，保险产业在发达国家为赔偿自然灾害造成的损失起到了重要的作用，但在欠发达国家里起到的作用仍非常有限。这些地区往往是大多数自然危害发生的地方。这给国内和国际的政策制定者们设计有效的，信用额和支付能力都有限的地区的保险方案带来了严峻的挑战。区域保险计划，例如加勒比巨灾风险保险基金（CCRIF）和小额保险代表了解决这些问题的两种（宏观和微观）创新途径。

在第一部分的最后一章第7章中，里卡多·萨帕塔-马蒂综合讨论了可运用于降低自然灾害影响的公共政策，包括减灾规范和标准、信息体系、保险以及灾难基金。

本书的第二部分，我们根据第一部分提出的理论分析全球范围内几个发达国家和发展中国家的具体案例。前两章分别探讨了越南和印度。越南是发生自然灾害风险极高的国家，尤其是洪涝灾害。该国最近发布了一项针对洪水的减灾和应急响应备灾计划。除重大灾害外，造成的直接死亡、伤情和疫情暴发均按省登记在案，由社区层面来操作。但灾害造成的间接影响，尤其是家庭和区域层面的经济损失就不那么明晰了。陈胡俊和裴栋研究了洪水对越南的经济影响，对现有的研究作了批判性的分析，同时指出有关洪水给越南造成的经济影响。

下一个案例是同样灾害频发的印度奥里萨邦。作者首先梳理了印度自然灾害的历史，并提议制作一个索引，根据易受灾害影响的程度来给各邦分类。作者认为，易受灾的程度并不仅仅取决于灾难性事件发生的频率，也取决于家庭和社区的经济、社会的脆弱性，这些因素令一些地区更容易遭受灾害。基于对易受灾的程度的定义，本章作者德贝西·查克拉博迪、萨巴里·班德亚帕德耶、艾维达斯·古普塔、萨旻缇·森以及德巴拉塔·米特拉为洪水在家庭层面造成的经济影响提供了新的实证证据，同时尝试利用原始的调查数据来评估家庭所承担的损失。

上述两章向政府提出了减少灾害经济影响的政策建议，并且揭示在发展中国家，自然灾害对经济的影响广，持续时间长，但目前能够有效地估计经济损失的能力还十分有限。

第10章和第11章为自然灾害对家庭消费的危害和影响在微观经济层面上的证据和应对这些影响的办法。分析消费模式和应对能力的变化是发展中国家和发达国家共同的做法。一般来说，贫穷国家在缺乏发达国家救灾和灾后重建制度化机制的情况下，更多地倾向于互助。英迪拉·桑托斯分析了飓风米奇肆虐后，尼加拉瓜非正式的家庭间人员转移机制以及这一机制对于弥补部分灾害损失的能力。桑托斯进一步研究了自主转移同公共援助计划的相互关系，认为后者导致了家庭间互助度的降低。在日本，泽田康幸同样从微观层面入手，但分析的是正式的灾后恢复机制中的家庭消费和保险模式。作者比较了日本两个地区在两次地震后各自的保险深度和保险类别，在一定程度上证明了本书第一部分讨论的保险的优势。尽管作者没有直接讨论2011年日本大海啸的影响，但他的分析可以提升我们对未来抗灾薄弱环节的认识、判断和处理能力。两个案例为贫穷和发达国家的减灾和灾后重建公共政策提供了有价值的见解，也为未来的研究指出了一个方向——自然灾害对公共福利的影响。

过去几十年间，荷兰已经成功实施了几项重要的洪水管理工程，是水利工程技术领先的国家。孟加拉国虽洪水风险高，资源匮乏，但过去十年在设计和实施低成本的以社区为基础的抗洪减灾项目上取得了长足的进步。

在第12章中，纳布尔·伊斯兰研究了一个相对被忽略的领域，即洪水对城市的影响。在城市里，影响的模式千差万别。非常贫穷和极度贫穷人口的聚集、政治焦点和不同的经济活动都动摇着关于灾害影响的既有观点。伊斯兰进一步讨论了孟加拉国洪灾损失管理措施的应用。罗伊·布劳沃和马利杰·沙弗斯玛则从成本-效益的角度分析荷兰的洪灾管理，并强调了发达国家政策制定者面临的主要挑战是对洪灾空间差异性的担忧。

为巩固现有的关于灾害对经济、社会的影响的证据和政策基础，我们还有很多工作要做。尽管过去的几十年间已出现几项开拓性的研究，但仍有广阔的领域未被涉及。这使得我们挑选主题和文章并且将其浓缩至一本书篇幅的任务变得极富挑战性。本书所涉及的主题无论如何都难以涵盖关于灾害经济学这一研究所有值得关注的领域。

需要强调的是，本书中的观点并非一成不变。相反，我们希望本书能够为思想和辩论开辟新的舞台，不断将本领域知识的边界向前推进。

第一部分

气候变化下的自然灾害趋势，风险管理分析以及减灾政策综述

第1章　自然灾害的频率及影响①

德巴拉蒂·古哈萨皮尔　奥利维亚·德·奥斯特
费姆克·沃斯　菲利普·霍友思

1.1　引言

世界正面临着自然灾害带给人类生命和经济的巨大影响。2011年，302起灾害夺走了29 782人的生命，2.06亿人受到影响，造成总计3 660亿美元的损失。《联合国千年宣言》意识到发展的风险来自于灾害并且号召国际社会“加强合作以减少自然灾害的次数及影响”（United Nations 2000）。其中《兵库行动框架》的重要内容之一（联合国减灾署2005）是开发一套在国家和地区层面上的灾害风险和脆弱性指标体系，从而便于决策者们评估灾害对社会、经济以及环境状况的影响，并将结果传播给其他决策者、公众和面临风险的人群。系统的灾害数据对于实证风险评估以及测算灾害损失减少的进展是必要的。灾害流行病学研究中心（CRED）能够提供标准化的灾害发生以及灾损数据。这源自于加

① 本章部分由欧洲委员会FP6合约（NO.036877，MICRODIS项目）资助。

强地区、国家、当地备灾、应灾、减灾能力和传播发布灾害管理信息的总目标。

自1998年以来，紧急灾难数据库（EM-DAT）（CRED 2012）由灾害流行病学研究中心运行，在世界卫生组织（WHO）、联合国救灾署（UNDRO）和比利时政府的支持下创建而成。自1999年起，美国国外灾害救济处（OFDA-USAID）就资助该数据库（Guha-Sapir and Vos 2009）。灾害流行病学研究中心将灾害定义为"一种已超过当地能力的状况或事件，需要向国家或国际寻求外部支援；引起极大的危害、破坏以及造成人类苦难的无法预测和经常性的突发事件"。

灾害流行病学研究中心（CRED）和慕尼黑保险公司（Munich Re）（CRED and Munich Re 2009）旨在为全球及地区自然灾害数据库创立标准化术语，用于灾害数据的对比和交流。表1-1展示了紧急灾难数据库对于这些术语的分类及各自的定义。

表1-1　**紧急灾难数据库的灾害类型定义**

紧急灾难数据库灾害类型	灾害子群[1]	定义
地震 火山 板块运动（干）	地质灾害	岩石圈造成的事件
风暴	气象灾害	源自短期/由小到中的大气过程（在光谱中从分钟到日）
洪水 板块运动（湿）	水文灾害	风潮造成的正常水循环和/或水体满溢偏离河道
干旱 极端气温 森林大火	气象灾害	由长期/从中到小规模的运动过程（在光谱中从一季到数十年的气候变异）
疫病 虫害	生物灾害	由于生物体暴露产生细菌和有毒物质导致的灾害

Source：EM-DAT：The OFDA/CRED International Disaster Database，UniversitéCatholique de Louvain，Brussels，Belgium. http：//www.emdat.be.1.

[1] 气候、水文以及气象灾害子群统称为水文气象灾害。

媒体常参考灾害数据，向公众报告或传播气候和灾害相关信息。如何利用这些数据来正确解释灾害信息是非常困难的。正如最近阿尔·戈尔（Al Gore）试图使用灾害流行病学研究中心的紧急灾害数据库的统计数据来支持气候变化对灾害可能产生的影响（Revkin 2009）。尽管全球变暖部分是因为全球灾害数量的增加，但主要是因为环境和其他因素，比如区段划分法令（zoning laws）和城市化进程。

本章的目的是回顾和分析自然灾害的发生状况及其后果，并且侧重于全球经济灾损数据。重点分析1950年到2011年发生的自然灾害数据来研究自然灾害对人类造成的影响（在死亡人数和受影响人数方面），详述灾害造成的经济损失（全球范围和国内生产总值方面），并且根据这些数据归纳出主要结论。

1.2 自然灾害的发生

灾害数据的统计能够及时地洞察灾害发生的演变趋势。紧急灾难数据库的自然灾害数据是通过各种公共资源渠道汇编而成的，包括政府、保险公司、新闻机构以及人道救援组织。虽然紧急灾难数据库的编码方法已经标准化，从而保持不同时间上的一致性，但是灾害数据依然很大程度上依靠信息来源。过去10年，信息提供已经得到了极大的改善。然而，当对灾害数据进行解释时，必须考虑灾害发生时情况的复杂性，人类的脆弱性、统计报告和数据登记方法。

自1950年以来，全球发生的自然灾害已报道的就有11 800多例。图1-1让我们认为如今灾害发生的频率比20世纪50年代更大。自然灾害数量明显增多的主要因素之一在于1960年美国国外灾害救济处（OFDA）和1973年灾害流行病学研究中心开始积极地收集灾害数据。此外，远程通信以及媒体的发展，人道主义资金的增加以及国际合作的强化都改善了灾害的报道。

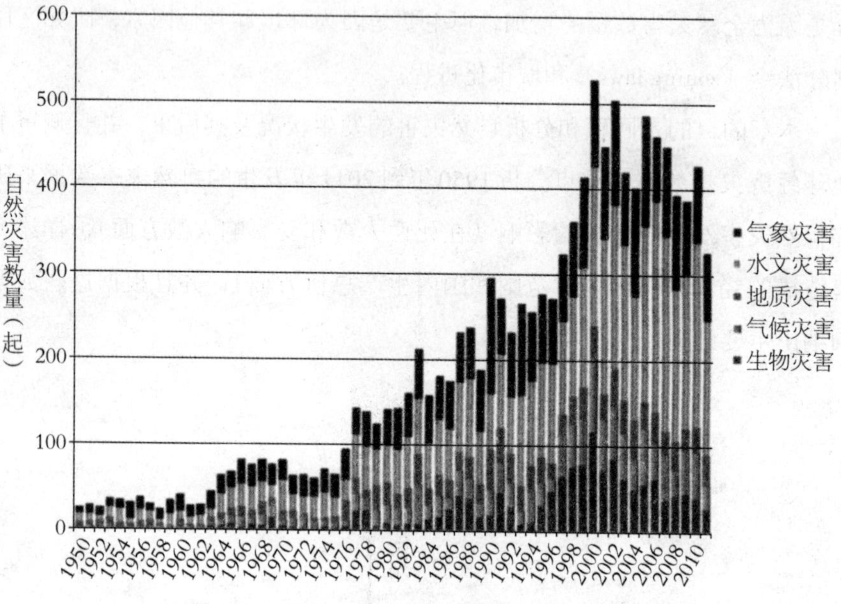

图1-1　1950—2011年自然灾害的发生情况

Source：Data from EM - DAT：The OFDA/CRED International Disaster Database. UniversitéCatholique de Louvain，Brussels，Belgium.，http：//www.emdat.be.

从历史上看，亚洲大陆遭受的自然灾害袭击最多。自1950年以来，亚洲已发生超过4 600起灾害，占同期全球灾难的39%。这些灾害造成了超过5 721 000人死亡（78%），598 977 100人（89%）受到影响。从世界范围看，洪涝（33%）、风暴（28%）和地震（9%）是1950年到2011年最为频发的灾难类型。

灾害发生率的增加在各大洲的分布并不是均匀的（图1-2）。亚洲和非洲增长最快，美洲和欧洲演变趋势相似，然而大洋洲发生的灾害在这段时期仍保持相对稳定。

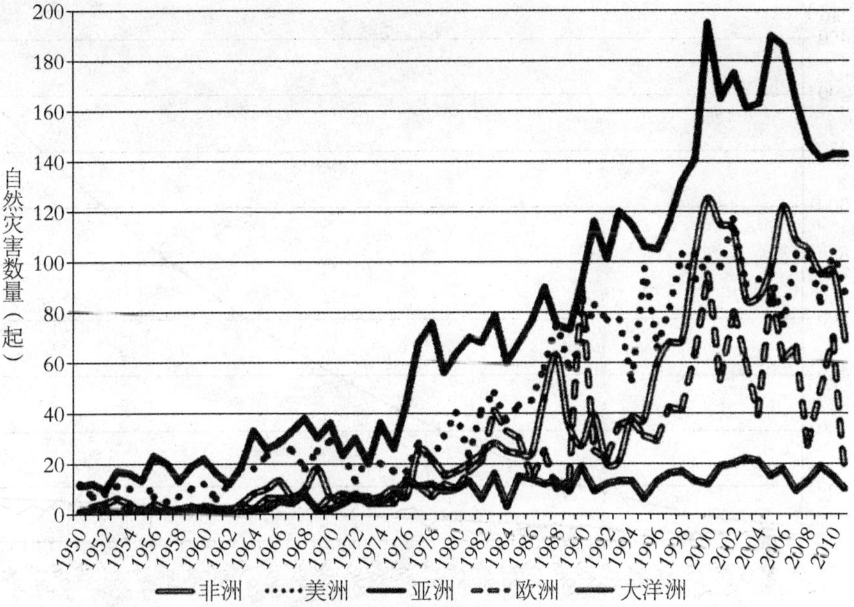

图1-2　1950—2011年按类型划分的各洲自然灾害的发生和演变

Source: Data from EM - DAT: The OFDA/CRED International Disaster Database. UniversitéCatholique de Louvain, Brussels, Belgium. http: //www.emdat.be.

图1-3展示了自然灾害的发生，主要分为两类，从灾害的根源——致灾因子就明显地区别开来。如图1-1定义的气候、水文以及气象灾害都常常与普通降雨、刮风或气温条件的明显变化有关系，而地质灾害通常与土层运动有关，而且很多时候是地震诱发的。

同自然地质灾害相比，自1950年起的数据显示：报道的与气候相关的灾害事件数量显著上升。这一现象主要归咎于近年来洪水和风暴的增加。

正如前文提到的，增长的灾害报道一部分可以解释为灾害的增加。灾害是风险连带脆弱性的日积月累。因此，实体、社会、经济或环境的脆弱性（例如人口增长、土地使用的改变、气候变化）都会导致自然灾害的增加（Guha-Sapir，Hargitt和Hoyois 2004）。

地质灾害的增长缓慢然却有规律。这里气候变化的影响可以忽略不计，除非板块构造活动的模式发生变化，人为因素（人口压力、土地使用

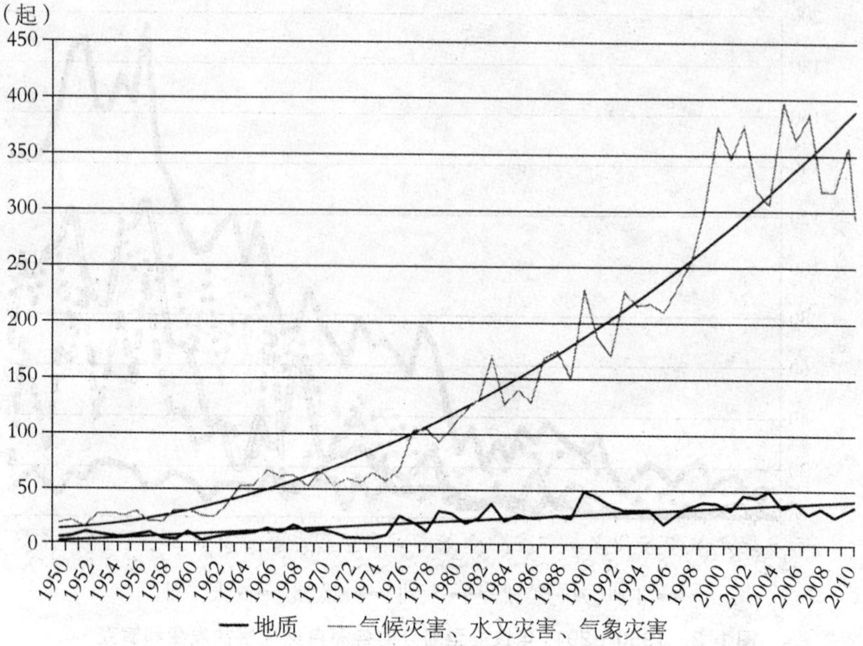

图 1-3 1950—2011 年按灾害类型和大洲分布的自然灾害的发生和演化，以主要类型为单位

Source： Data from EM- DAT： The OFDA/CRED International Disaster Database. UniversitéCatholique de Louvain， Brussels， Belgium. http： //www.emdat.be.

变化、信息传播）成为解释这些灾害数量出现渐进性演化的主要原因。

当根据灾害的不同类型（纵向分析）来考虑自然灾害的整体分布时，各大洲显示出了不同的特点（图 1-4）。这巨大的差别展现在干旱（非洲）、极端温度（欧洲）和森林火灾（美洲）。其他类型的灾害（如地震、洪水、风暴）在亚洲发生得最为频繁。

再看各大洲灾害的出现（水平分析），在亚洲、欧洲、非洲，洪灾最为频繁，然而风暴最常登陆大洋洲和美洲。

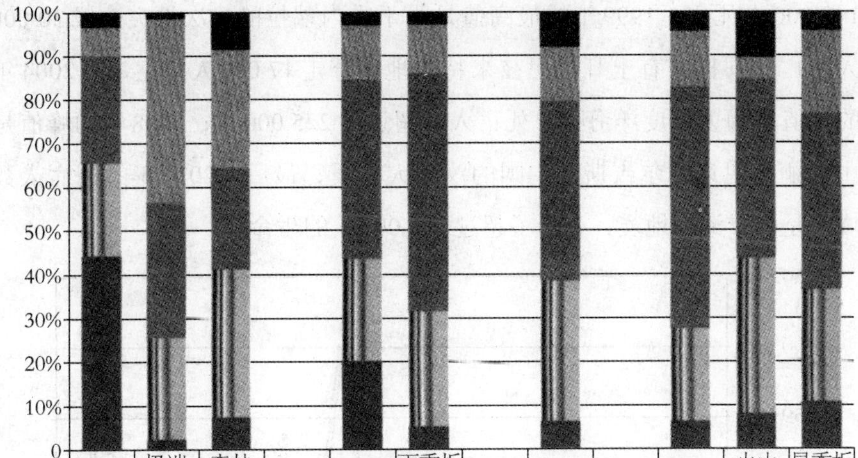

	干旱	极端气温	森林火灾	洪涝	雨季板块运动	风暴	地震	火山爆发	旱季板块运动
▪大洋洲	20	6	30	121	17	268	46	21	2
▪欧洲	37	178	95	488	64	414	132	10	9
▪亚洲	144	131	82	1 619	319	1 357	572	83	19
▪美洲	122	98	118	919	154	1 059	219	71	12
▪非洲	257	10	26	792	30	206	64	16	5

图 1-4　1950—2011 年自然灾害发生百分比分布，以亚型灾害和大洲为单位

Source： Data from EM - DAT： The OFDA/CRED International Disaster Database. UniversitéCatholique de Louvain， Brussels， Belgium. http： //www.emdat.be.

1.3　自然灾害对人类的影响

在紧急灾难数据库中，自然灾害对于人类的影响实质上是用两种参数测量的：死亡人数、失踪人数，或推定死亡和受影响人数，这意味着人在紧急时期，需要立即被救援以获取基本生存需求（食物、水、避难场所、卫生设备、医疗援助），这些人包括伤病员、无家可归者、流离失所或撤离人员。

图 1-5 展示了 1990—2011 年全世界自然灾害造成的伤亡人数以及受灾人数的演化。随着时间的推移，这两种参数的模式发生了巨大的变化。1991 年死亡人数的峰值是因为孟加拉国的一场风暴，造成了总计将近

140 000人死亡；1999年的最高值是由于委内瑞拉的一次洪灾造成30 000人死亡；同样还有土耳其伊兹米特的地震夺走17 000人的生命；2004年的峰值是因为印度洋海啸，死亡人数超过了225 000人；2008年的峰值是由于缅甸飓风纳尔吉斯和中国的汶川大地震；最后，2010年的死亡人数峰值是由于海地地震，夺走了超过222 000人的生命。

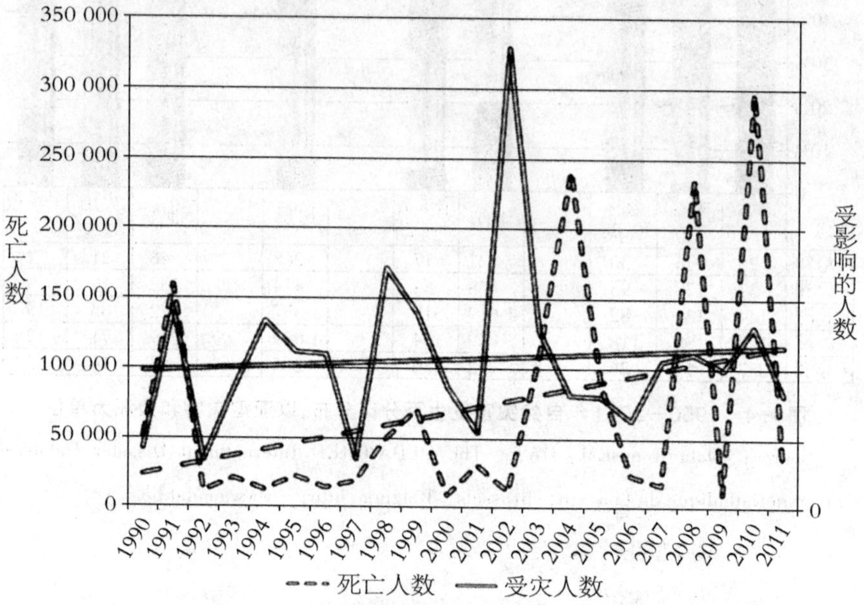

图1-5　1990—2011年报道的全世界自然灾害所造成的死亡人数和受灾人数

Source: Data from EM - DAT: The OFDA/CRED International Disaster Database. Université Catholique de Louvain, Brussels, Belgium. http: //www.emdat.be.

这一时期死亡人数总计150万人。超过68%的死亡人数来自亚洲，其中死于地震、海啸、风暴、洪水的人数占97%。

然而，原始数据并不是反映现实情况的理想指标，还会使对比更加困难。因此，我们将这些数据进行了标准化：以每100 000人中死亡和受影响的人数为单位。

2008年亚洲死亡人数特别高：考虑到作为总人口的一部分，同美洲、非洲、欧洲以及大洋洲的每100 000名居民少于1人死亡相比，据报道亚洲每100 000名居民中就有6人死亡。这一年数字高很大程度上是因为缅甸飓风和中国的地震。据报道，2010年，据报道美洲每100 000名居民就有24人死亡，这一极高数字很大程度上是因为毁灭性海地地震。上述都是单次灾害性事件对于灾害数据影响的很好的例子。这些事件经常彻底地改变灾害的全貌（a disaster profile），如1995年的神户大地震以及2004年印度洋海啸。

从受影响人数角度来说，1991年的数字比较高是由于中国的洪涝和孟加拉国的风暴，分别致使21 000万和1500万人受灾。1994年，中国发生的两场洪灾、一场旱灾、一次风暴造成共计12 200万人受灾；印度的洪水受灾人数达到1 200万人。1998年，中国、印度、孟加拉的三场洪灾分别影响24 000万、3 000万和1 500万人。中国风暴造成1 100万人受灾，巴西旱灾1 000万人受灾。2002年极高的受灾人数可以通过以下几起事件解释：印度旱灾（30 000万人受灾）、风暴（10 000万人）、旱灾（6 000万人）；中国的两场洪灾（分别是8 000万、2 000万人）；印度的洪灾（4 200万人）；埃塞俄比亚的干旱（1 400万人）。最后，2010年一场洪水袭击中国，致使13 400万人受灾。

累积受灾人数（一部分人可能在这段时期内重复受灾）总计47亿人。其中大多数又是居住在亚洲（90%）的人群，其中61%是受洪灾影响。

如果将受害人数同大洲的总人口相关联，亚洲仍然是受自然灾害影响最大的洲。2011年，亚洲每100 000居民中就有4 200人遭受灾害，高出其他大洲2至880倍。

死亡人数和受灾人数两个指数的时间曲线都小幅上升，这是同2002年，2004年，2008年以及2010年的峰值相联系的。2010年的洪灾影响人数超过18 800万人，2011年是10 600万人，主要发生在中国，巴基斯坦、泰国和印度。2010年海地地震预估死亡人数或者报道的失踪人数（222 000人）以及日本2011年的地震和海啸（19 800人）也是其中原因。

令人担忧的是死亡人数和受灾人数继续缓慢增加中。

鉴于世界人口在不断地增加，这样来考虑死亡人数和受灾害人数么这两个指标随时间的流逝似乎相对平稳（图1-6）。对于1990—2011年这段时期，每100 000名居民的年平均死亡人数大概是1.1人，然而报道的年平均受灾人数是每100 000名居民大约有3 500人左右。

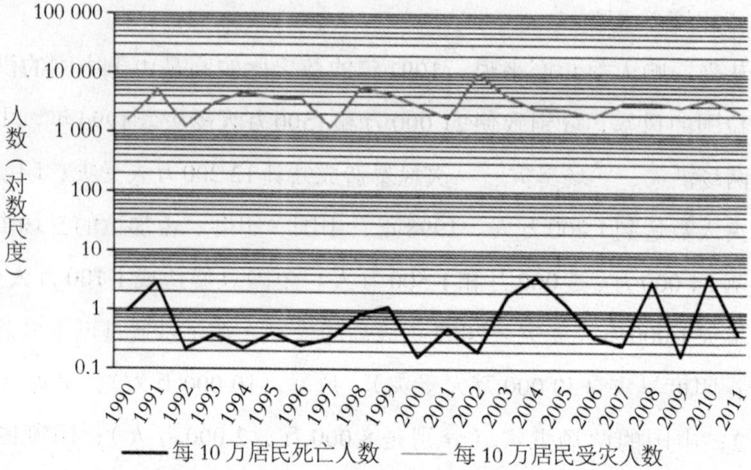

图1-6　1990—2011年全世界自然灾害造成的死亡人数和受灾人数，每10万人死亡人数和受灾人数

Source: Data from EM - DAT: The OFDA/CRED International Disaster Database. Université Catholique de Louvain, Brussels, Belgium. http: //www.emdat.be.

1.4　自然灾害造成的经济损失

对所有灾害而言，自然灾害造成的直接经济损失的信息远远不够。

在紧急灾难数据库中，从1990—2011年这段时期，37%的灾害有灾损数据。然而，使用紧急灾害数据库的分类法来分析灾害影响，报道的灾损数据的比例是随灾害的严重程度而增长的，从小规模灾害的18%到巨灾的88%左右。

1990—2011年的这些数字凸显了一个事实，在2011年达到25 210亿美元的累积自然灾害经济影响很可能被低估了。尽管中小型规模灾害占现有灾损数据的部分较小，但被低估的主要原因可归咎于从中高级灾害到巨灾这些更为严重的灾害。

下面有更为详细的数据显示对于灾损数据的报道倾向并不单与灾害的严重程度有关，还会根据地区发生变化（UNSD 2008）（图1-7）。在紧急灾难数据库中，国家自动链接到下面某一区域的数据：东非、中非、北非、南非、西非、中亚、东亚、东南亚、南亚、西亚、东欧、北欧、俄罗斯联邦、南欧、西欧、澳大利亚和新西兰、美拉尼西亚、密克罗尼西亚或者波利尼西亚（参见表1-2，每个地区的国家列表）。在中非和西非，灾害经济损失据报少于1/10。只有在北美、东亚、北欧和西欧以及澳大利亚、新西兰这五个地区，报道经济灾损数据的比例超过50%。这些地区中有4个属于发达国家。东亚既有发达国家（地区），也有发展中国家（地区），灾难经济损失的报道比例从38%（韩国）到78%（中国台湾）之间变化。

考虑到自然灾害类型，对风暴造成破坏的报道比例仅高于平均值。也就是说从现有数据来看，风暴的灾损数据仅有50%；地震的报道比例在平均值左右（图1-8）；洪灾、旱灾和森林火灾中有报道的灾损数据比例在3%~6%，低于平均值。在所有其他灾害事件中，已报经济损失低于这些案例的20%。大多数风暴发生在工业化地区，如欧洲和美国的西南部和东南部。这些地区的房产价（property values）和保险深度都很高，并且有完善的制度体系来计算损失。大多数灾害事件发生在对资产货币性估价体系不完善的地区。

如果把灾害发生的地理区域和灾害类型结合起来看，报道的灾害损失比例在地区和灾害类型上表现出巨大的变化。比如，干旱在中美和北美地区、中亚和东南亚、东欧、北欧、西欧和南欧、澳大利亚和新西兰造成的经济损失至少有50%得到了报道。

表1-2　　　　**紧急灾难数据库使用的大洲、地区、国家**
（根据联合国统计司定义）列表

大陆	所属地区	国家（地区）
非洲	东非	乌干达
		坦桑尼亚
		科摩罗
		埃塞俄比亚
		留尼旺
		莫桑比克
		毛里求斯
		索马里
		肯尼亚
		马达加斯加
		马拉维
		赞比亚
		卢旺达
		津巴布韦
		吉布提
		布隆迪
		厄立特里亚
		塞舌尔
		马约特
	中非	乍得
		毛里求斯/扎伊尔/刚果民主共和国
		喀麦隆
		安哥拉

续表

大陆	所属地区	国家（地区）
	中非	圣多美和普林西比民主共和国
		赤道几内亚
		加蓬
	北非	摩洛哥
		阿尔及利亚
		埃及
		苏丹
		阿拉伯利比亚民众国
		突尼斯
	南非	南非
		博茨瓦纳
		莱索托
		纳米比亚
	西非	佛得角
		尼日尔
		布基纳法索
		冈比亚
		几内亚比绍
		马里
		毛里塔尼亚
		塞内加尔
		加纳
		多哥
		尼日利亚
		贝宁

续表

大陆	所属地区	国家（地区）
		科特迪瓦
		塞拉利昂
		利比里亚
		几内亚
		圣赫勒拿
	美洲加勒比地区	牙买加
		马提尼克
		圣文森特和格林纳丁斯
		海地
		波多黎各
		安圭拉
		巴哈马群岛
		古巴
		瓜德罗普岛
		蒙特色拉特岛
		圣基茨和尼维斯
		多米尼加
		特立尼达和多巴哥
		安提瓜和巴布达
		荷属安的列斯群岛
		巴巴多斯
		圣卢西亚
		格林纳达
		特克斯和凯科斯群岛
		美属维京群岛

续表

大陆	所属地区	国家（地区）
		英属维京群岛
		开曼群岛
	中美	萨尔瓦多
		危地马拉
		尼加拉瓜
		墨西哥
		哥斯达黎加
		洪都拉斯
		伯利兹城
		巴拿马
北美洲		美国
		加拿大
		百慕大
		北马里亚纳群岛
南美洲		厄瓜多尔
		哥伦比亚
		智利
		秘鲁
		巴西
		玻利维亚
		委内瑞拉
		阿根廷
		巴拉圭
		乌拉圭
		苏里南

续表

大陆	所属地区	国家（地区）
		圭亚那
		法属圭亚那
亚洲	中亚	塔吉克斯坦
		吉尔吉斯斯坦
		乌兹别克斯坦
		塔吉克斯坦
		土库曼斯坦
	东亚	日本
		中国台湾地区
		中华人民共和国
		中国香港特别行政区
		韩国
		蒙古
		中国澳门特别行政区
		朝鲜
	东南亚	缅甸
		菲律宾
		印度尼西亚
		越南
		泰国
		马来西亚
		老挝
		柬埔寨

续表

大陆	所属地区	国家（地区）
		新加坡
		文莱达鲁萨兰国
		东帝汶
	南亚	印度
		孟加拉
		伊朗伊斯兰共和国
		巴基斯坦
		尼泊尔
		阿富汗
		斯里兰卡
		马尔代夫
		不丹
		西亚土耳其
		约旦
		塞浦路斯
		伊拉克
		黎巴嫩
		沙特阿拉伯
		阿拉伯叙利亚共和国
		以色列
		阿拉伯联合酋长国
		阿曼
		巴林
		巴勒斯坦（西岸）

续表

大陆	所属地区	国家（地区）
		格鲁吉亚
		也门
		阿塞拜疆
		亚美尼亚
		科威特
		卡塔尔
欧洲	东欧	罗马尼亚
		白俄罗斯
		保加利亚
		俄罗斯
		波兰
		捷克斯洛伐克
		匈牙利
		乌克兰
		摩尔多瓦共和国
		捷克共和国
		斯洛伐克
	北欧	英国
		丹麦
		挪威
		爱尔兰
		瑞典
		芬兰

续表

大陆	所属地区	国家（地区）
		冰岛
		立陶宛
		爱沙尼亚
		拉脱维亚
	俄罗斯联邦	苏联
	南欧	意大利
		西班牙
		希腊
		葡萄牙
		亚速尔群岛
		卡纳里
		南斯拉夫
		阿尔巴尼亚
		马耳他
		克罗地亚
		马其顿共和国
		斯洛文尼亚
		黑塞哥维那
		塞尔维亚
		黑山共和国
	西欧	比利时
		法国
		德国

续表

大陆	所属地区	国家（地区）
		荷兰
		瑞士
		奥地利
		卢森堡
大洋洲	澳大利亚和新西兰	新西兰
		澳大利亚
	美拉尼西亚	巴布亚新几内亚
		斐济
		所罗门群岛
		新喀里多利亚
		瓦努阿图
	密克罗尼西亚	关岛
		基里巴斯
		密克罗尼西亚联邦
		马歇尔群岛
		帕劳群岛
	波利尼西亚	托克劳群岛
		库克群岛
		汤加
		法属波利尼西亚
		纽埃
		萨摩亚
		瓦利斯和富图纳群岛
		美属萨摩亚
		图瓦卢
		瓦利斯

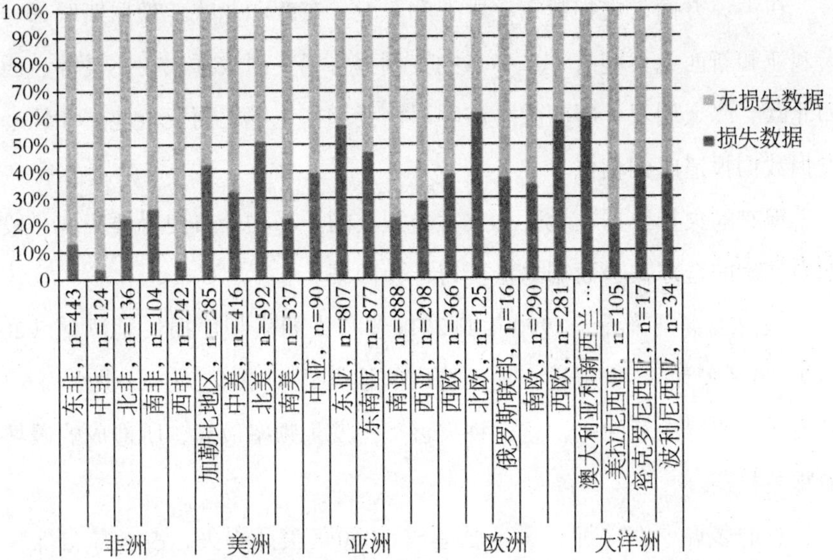

图1-7　1990—2011年损失报道:按照地区的自然灾害报道损失数量的比例

Source: Data from EM - DAT: The OFDA/CRED International Disaster Database. Université Catholique de Louvain, Brussels, Belgium. http: //www.emdat.be.

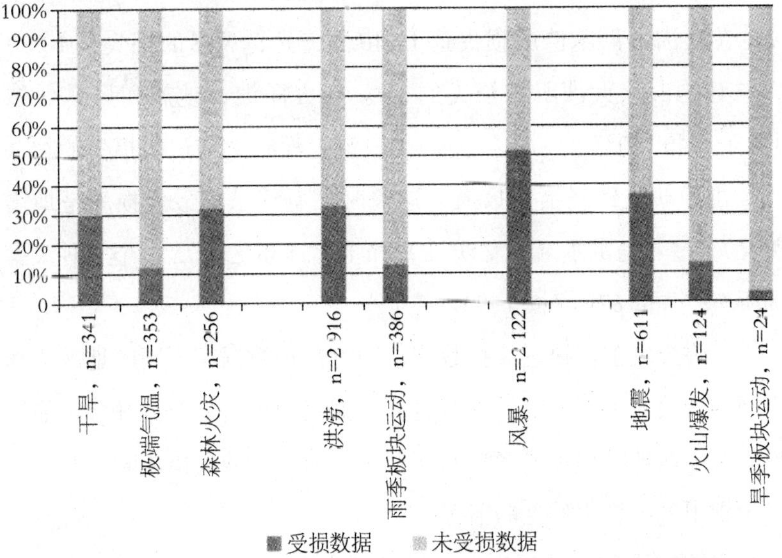

图1-8　1990—2011年损失报道:按照自然灾害类型报道损失数量的比例

Source: Data from EM - DAT: The OFDA/CRED International Disaster Database. Université Catholique de Louvain, Brussels, Belgium.http: //www.emdat.be.

在洪灾方面，灾损数据在中亚和东亚、东欧和北欧、俄罗斯联邦、澳大利亚和新西兰大概有一半多点的案例报告了灾损数据。在北美洲、西欧和北欧、澳大利亚、新西兰、波利尼西亚和密克罗尼西亚，地震和风暴的灾损数据报道比例相似。

现有的灾损数据在地区和灾害类型上的不平均分布使得要获取一段时期内精确的全球灾害数据总量变得十分困难。

从灾害类型来看，1990年到2011年最大的累积性损失是风暴（2011年9 270亿美元）。据报道，地震造成的损失是7 520亿美元，洪水为6 190亿美元。值得注意的是，这三种灾害类型发生频率最高，所造成的破坏也最常被报道。

总的来说，在美洲，风暴已造成6 060亿美元损失，占全球自然灾害损失的24%，占已报道的整个大洲损失的3/4。在亚洲，地震已导致5 980亿美元损失（占世界损失的24%），洪水3 850亿美元（占所有损失的15%），以及风暴1 960亿美元（占所有损失的8%），占亚洲总损失的93%。在欧洲，洪水造成损失达1 140亿美元，风暴的损失是1 080亿美元，总计约占该大洲所有损失的3/4。在大洋洲，地震和风暴分别导致270亿美元和150亿美元的损失，共占该大洲有文献记载损失的65%。在非洲，由于缺乏经济损失报道，这段时期有记录的最大损失是地震（89亿美元），接着是洪水（58亿美元）和干旱（33亿美元），这3种灾害占该大洲所有损失的87%（图1–9）。

由于许多灾害都缺乏灾损数据，同时灾损数据在不同的地区间和灾害类型间也有较大差异，因此分析这些数据变得十分复杂，并且可能导致对于世界上一些地区损失更多的武断低估。当实施减灾措施时，利益相关者应当识别出容易产生偏见的情况。

如果将灾害造成的损失量同国家的GDP联系在一起考虑，会发现一种计算灾害程度的经典方式。国际货币基金组织（IMF 2003）将大规模灾害定义为“造成的经济损失至少占年GDP的0.5%”。

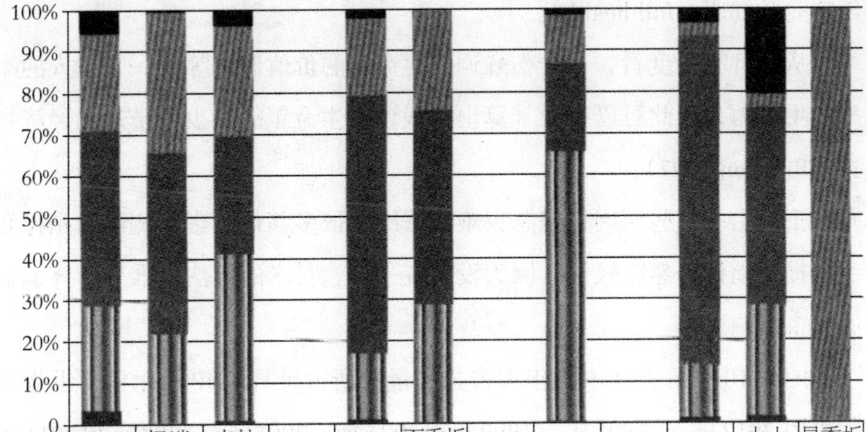

	干旱	极端气温	森林火灾		洪水	雨季板块运动		风暴		地震	火山爆发	旱季板块运动
大洋洲	5.7	0.2	2.3		14.2	0.0		15.3		26.9	0.16	0.000
欧洲	23.5	19.4	15.1		114.5	1.7		107.7		23.0	0.03	0.004
亚洲	42.7	24.8	16.2		384.9	3.4		196.0		597.7	0.38	0.000
美洲	25.8	12.4	23.0		99.5	2.0		606.2		95.4	0.21	0.000
非洲	3.3	0.1	0.5		5.8	0.0		2.0		8.9	0.01	0.000

图1-9　1990—2011年已报道的自然灾害造成的损失量分布，以2011年美元汇率为准，按自然灾害类型和大洲划分

Source: Disaster data: from EM - DAT: The OFDA/CRED International Disaster Database. Université Catholique de Louvain, Brussels, Belgium. http: //www.emdat.be. World population data: from The World Bank: Open Data Catalogue. http: //data.worldbank.org/indicator.

拉丁美洲和加勒比经济委员会（ECLAC）提出了一个更为准确的评估灾害损失的定义。其所使用的方法最近由世界银行进行了修订，允许估算的损失范围涉及资本规模、商品及服务业的生产损失，还有灾害对干居住条件、经济表现以及环境的影响。同时也将主要的宏观经济指标比如GDP纳入评估范围（ECLAC和世界银行 2003）。

我们可以注意到在计算灾害损失时，生命价值（value of life）被系统性地排除在外。实际上，定量估计人们生命损失的经济价值时需要使用特别的假设，因此也增加了计算上的不确定性。有一种从人类资本角度衍生出来的方法称为伤残调整生命年法（DALY），一个DALY相应等于失去一年的完全健康（full health）。

从经济学角度看，一个伤残调整生命年的价值假定等于一个工人的年平均生产力，因此可以推导计算出伤残调整生命年的减少所带来的经济损失（Brandon 1997）。

正是由于这些原因，紧急灾难数据库中很多其他的影响测量的指标和经济损失指标仍然比较弱，因为没有统一的、科学的方法标准来计算确切的灾害影响。

图1-10显示了报道的年灾害损失量及所占世界GDP的比例（世界银行集团 2012）。在1995年、1999年、2004年、2005年、2008年和2011年这6年中，自然灾害所造成的损失超过2011年的1 500亿美元。1995年的阪神大地震和2005年的卡特里娜飓风分别占那两年的64%和57%。1999年的18起灾害及其造成的10亿美元或更多的损失以及2004年的22起灾害解释了这些年报道损失量较大的原因。2005年，除了卡特里娜飓风，其他23场巨灾把损失量推向更高的水平。2008年，1 960亿美元的灾害总损失量主要是因为中国四川汶川大地震和极冬天气，以及美国的艾克飓风（Hurricane Ike）。2011年，日本发生的地震和海啸损失达2 100亿美元，致使该年自然灾害导致的年总损失达到3 660亿美元，这是前所未有的水平。

从世界GDP水平来看，由于1995年的神户大地震、2005年的卡特里娜飓风和2011年的日本东北大地震及海啸造成相应国家超过1 000亿美元的损失，灾害受损量已超过或接近世界货币基金组织对于大灾难设定的临界值。

我们使用IMF的临界值且仅仅考虑有灾损数据的灾害和有GDP数据的国家（World Bank Group 2012），根据IMF标准计算出了世界上每个地区的大灾比例，然而中非和密克罗尼西亚的数据显示不一致。

在2 481起灾难中，336起（14%）引发的损失等于甚至超过灾害发生国年GDP的0.5%。此外，如图1-11所示，地区间的波动看上去很大。在

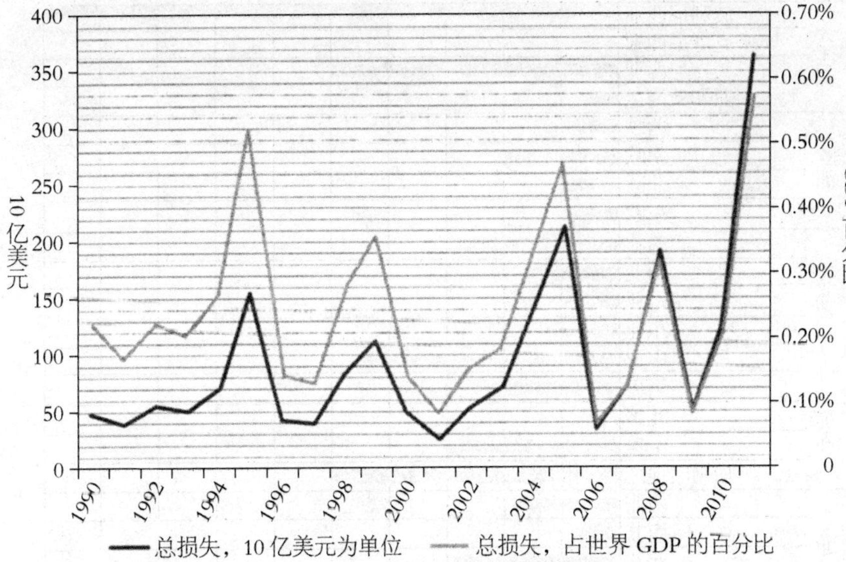

图1-10　1990—2011年已报道的自然灾害损失:全年(美元)和世界GDP年百分比

Source: Disaster data from EM - DAT: The OFDA/CRED Emergency Disaster Database. Université Catholique de Louvain, Brussels, Belgium. http: //www.emdat.be. World GDP data: from The World Bank: Open Data Catalogue.http: //data.worldbank.org/indicator.

北美洲，大型灾害出现得非常频繁，但是需要考虑到美国和加拿大的地理面积广阔而且两国经济富裕。在此背景下，一些本应造成巨大经济影响的灾害所带来的后果变弱。这同样适用于解释东亚的情况。根据该地区的自然灾害发生数量，似乎大灾难造成的破坏也被分散了。这里应考虑到中国的面积和日本、韩国的财力。这说明了用区域GDP比较合适，至少对于面积大的国家和富裕的国家而言。中非地区灾害损失等于或大于年GDP的0.5%的数据完全缺失，而这只是因为该地区极度缺乏对自然灾害影响的监控。该地区1990年到2011年已报道的124起灾害中，仅5起事件包含灾害损失的信息。

相反，一些地区的经济对于自然灾害更为敏感。在东非、加勒比地区、中亚、美拉尼西亚和波利尼西亚，至少1/3的灾害造成了等于或大于

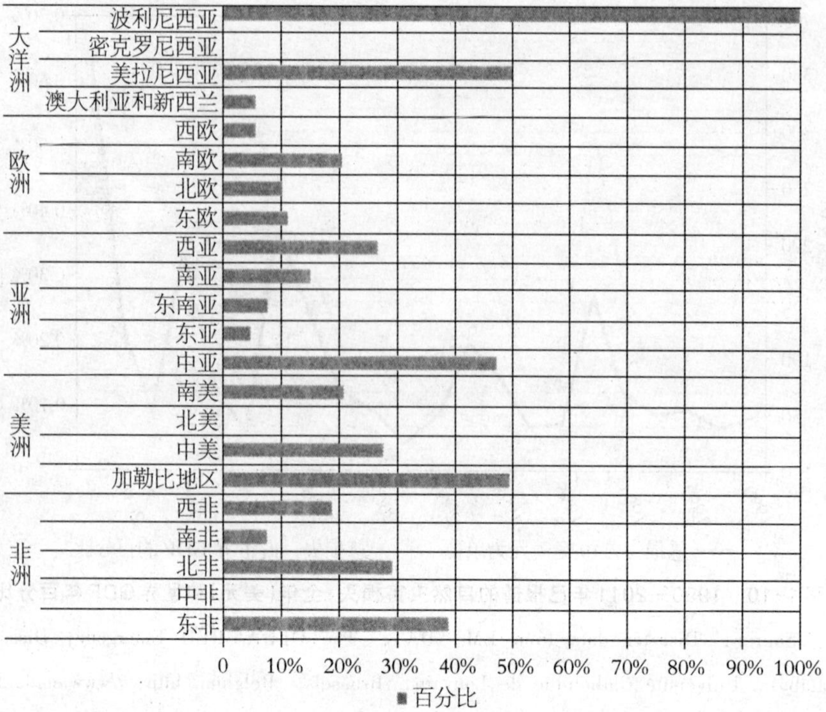

图1-11 1990—2011年自然灾害已报损失量等于或大于GDP 0.5%的比例，以地区为单位

Source: Disaster data from EM - DAT: The OFDA/CRED International Disaster Database. Université Catholiquede Louvain, Brussels, Belgium. http: //www.emdat.be. Regional GDP data: calculated from The World Bank: OpenData Catalogue. http: //data.worldbank.org/indicator.

GDP 0.5%的损失。

涉及的国家面积小可能解释其中的一些结果。然而，这些令人担忧的结果最好的解释或许是这些地区中许多国家都有贫困问题。

当考虑到自然灾害对于经济的影响时，根据灾害的类型，以及有灾损信息和可利用的GDP数据（总计 n=2 481），通常，干旱似乎比其他类型的灾害造成更大的影响。近40%的干旱引起的损失等于或大于该国GDP的0.5%。干旱是一种典型的慢热灾害事件，具有很长的持续性以及较高的空间覆盖性。这对以农业作为主要资源的国家来说，福利和食品安全都会受到重大影响。同样，地震也似乎比其他类型的灾害对经济造成更大的破坏。其造成的影响更多体现在防御措施，如抗震建筑还未修建的人口高密度城市地区。

这些结果都应从地理分布的角度出发进行检验。然而这些结果也显示出灾害的经济影响不应仅放在死板的指标下考虑，而是应联系灾害发生国的经济状况。

1.5 结语

自然灾害统计学对于决策者而言至关重要。资源的有效分配，特别是在贫困国家，完全取决于对风险全貌及灾害影响严重性的理解。灾损数据收集的加强、通信手段和媒体传播的改善、国际合作的巩固都为更好的灾害报道做出贡献，这也部分地解释了全球灾害报道上升的趋势。同过去几十年一直保持平稳状态的地理灾害相比，报道的与天气相关的灾害展示出相对强劲的上升趋势。因灾死亡或受自然灾害影响人口数量的趋势受到单个巨灾的影响。不同地区显示出不同的灾害特征，地区政策应该反映出这些情况。

灾损数据也存在局限，这应加以考虑。灾害的发生及影响的信息收集往往是为了减灾募资而不是出于统计学目的。缺乏标准的方法和定义减弱了分析和研究结果的质量。

缺乏对灾害损失的报道导致对自然灾害实际经济损失的低估，特别是在贫困国家。最后，缺乏对经济和人类影响的标准化测量方法严重影响了在时空上的比较研究。由于缺乏标准，衡量减灾上取得的进步变得困难重重。

1.6 参考文献

Brandon, C. (1997). *Economic Valuation of Air and Water Pollution in Bangladesh.* Washington, D.C.: The World Bank.

CRED (2012). EM-DAT: The OFDA/CRED International Disaster Database. Université Catholique de Louvain, Brussels, Belgium.Accessed January 1, 2012.http: //www.emdat.be.

CRED and Munich Re (2009) .*Disaster Category Classification and Peril Terminology for Operational Purposes.*CRED Working Paper No. 264. Brussels and Munich: Centre for R.

Economic Commission for Latin America and the Caribbean (ECLAC) and International Bank for Reconstruction and Development (The World Bank) (2003) .*Handbook for Estimating the Socio - economic and Environmental Effects of Disasters.* Santiago, Chile.

Guha-Sapir, D., and Vos, F. (2009). "Quantifying Global Environmental Change Impacts: Methods, Criteria and Definitions for Compiling Data on Hydro - Meteorological Hazards." In *Coping with Global Environmental Change, Disasters and Security—Threats, Challenges, Vulnerabilities and Risks*, Hexagon Series on Human and Environmental Security and Peace, Vol. 5, edited by H. Brauch et al. Berlin, Heidelberg: Springer-Verlag.

Guha - Sapir, D., Hargitt, D., and Hoyois, P. (2004) .*Thirty Years of Natural Disasters 1974- 2003: The Numbers.* Brussels: UCL Presses Universitaires de Louvain.

International Monetary Fund (IMF) (2003) .*Fund Assistance for Countries Facing Exogenous Shocks.* Washington, D.C.: US International Monetary

Fund.

Revkin, A. (2009). "Gore Pulls Slide of Disaster Trends." *New York Times*, February 23.Accessed on March 1, 2009. http://dotearth.blogs.nytimes.com/2009/02/23/gore-pullsslide-of-disaster-trends/?ref=science.

UN ISDR (2005). *Hyogo Framework for Action 2005-2015: Building the Resilience of Nationsand Communities to Disasters.* Paper for the World Conference on Disaster Reduction, Kobe, Hyogo, Japan, January 18-22.

United Nations (2000).*United Nations Millennium Declaration*, General Assembly Resolution 55/2, New York.

UNSD (2008). Composition of Macro Geographical (Continental) Regions, Geographical Sub-regions, and Selected Economic and Other Groupings, United Nations Statistics Division.Accessed January 22, 2008. http://unstats.un.org/unsd/methods/m49/m49regin.htm.

World Bank Group (2012). World Development Indicators Database. Washington, D.C. Accessed January 1, 2012. http://www.worldbank.org/data/onlinedatabases/onlinedatabases.html.

第2章　自然灾害与经济发展间的联系

阿贾伊·奇伯　拉齐德·拉加

2.1　引言：不断增长的自然灾害损失及其发生频率

近几年来，世界各地与自然灾害相关的风险已开始急剧增加。有记录的自然灾害数量已是成倍增长，从20世纪70年代早期的每年50起增加到2005年的400起（图2-1）。按固定价格的美元计算，1996—2005年间自然灾害造成的经济损失超过6 500亿美元，是1950—1959年间所遭受损失的15倍之多。[①]1996—2005年间，自然灾害受灾人口大概有20亿人。自然灾害造成的影响越来越阻碍贫穷国家的发展。人类活动的加剧对灾害的脆弱性影响程度已经成为目前研究中的热点问题。本章认为虽然自然因素是导致灾害产生的主要原因，但大部分灾害是由人为因素所引起的，并且人类发展和灾害之间有着紧密的关联。通常我们较为关注一些重大灾难事件，如地震、洪水和海啸，但也必须更多地意识到人类对自然资源的大量开采给自然带来的缓慢增长的压力，会引起灾害的发生。自然资源的不断

---

① 此处源自世界银行的独立评估小组所写的一篇报道。

开采将造成资源的大量消耗，并且将导致像洪水或饥荒一类灾害发生频率的增加。另外当很多灾害被视为是不发达的产物的同时，也有人认为很多灾害是战略性发展抉择的结果。

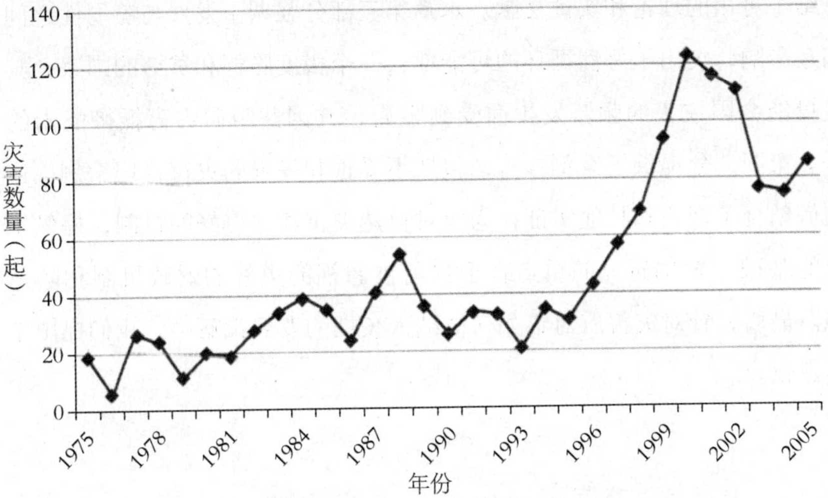

图2-1　1975—2005年水文气象灾害全球增长图

Source： R. Parker （2007）. “Development Actions and the Rising Incidence of Disasters.” Washington，D.C.：The World Bank Independent Evaluation Group.

如本书第1章所述，各类灾害发生频率的增长并不相同。特别是像洪水和暴风一类的水文气象灾害发生频率呈急剧上升趋势的同时，其他类的自然灾害发生频率并没有显著改变，仅旱灾略有小幅增加趋势（图2-1）。

越来越多的证据证明冲突、安全和灾害之间存在紧密的联系，伴随着资源压力的增大往往容易导致冲突爆发的可能性增加。灾害可以成为恶性循环的一部分，如反复出现的洪水会给自然资源增加压力，并且使未来更容易发生灾害。这种问题在中非的一些冲突中凸显，较近期的苏丹达尔富尔地区（叛乱是在20世纪70年代非洲大饥荒之后发生的）。

本章认为应该在灾害、安全和经济发展之间建立一个更全面的联系。

这样的联系不仅可以帮助政策制定者从国家层面上为应对自然灾害问

题做出更好的准备，还可以更深入理解经济发展的政策选择如何影响脆弱性。本章第二部分显示出自然灾害的短期影响比较容易理解，但其长期经济影响仍是未知的。本章中展示了一个可供观察灾害长期影响的框架，并总结了可用的理论和实证文献。本章第三部分强调了发展与脆弱性之间的相互影响，突出了恶性循环的可能性：一个极度脆弱和贫穷的国家，其发展可能会因灾害的频繁发生而受到阻碍，并因此阻碍灾害抵御能力的提升。第四部分提供了案例分析，包括不妥善和妥善的灾害管理案例。这些案例结合了理论和其他实证，为应对自然灾害建立更好的机制，提供了讨论的基础。案例研究的重点在于目前被忽视的更好的财政机制和防范措施。最后，针对灾害应对该如何被纳入长期的发展策略中，我们提出了一些建议。

2.2 自然灾害的短期和长期经济影响

一些学者已对自然灾害带来的短期损失进行了评估。研究结果表明，一份详尽的短期损失评估必须包括直接损失（对房屋、农作物、社会基础设施的损毁）和间接损失（损失的经济产出和投资、宏观经济失衡、负债增加）。世界银行估计，1999—2000年自然灾害造成的经济损失占受灾国的年度生产总值2%~15%（World Bank 2004）。

因此，自然灾害在经济上会导致严峻的短期后果，并给人类带来巨大的苦难。大大小小的灾害给人类生命、财产和区域经济带来的经济损失是巨大的，如果这些损失可以避免的话，将会获得很大的福利收益。单凭这个理由，学习如何减少自然灾害的短期影响将会非常重要。但如果我们能证明自然灾害有长期的影响可能会更重要。如何应对自然灾害的决策可以影响到未来的一代，但少有研究评估这些长期的后果。本章概述了一些过去的研究成果，以及正在研究开发中的自然灾害长期经济影响的理论和实证分析。

2.2.1 理论和替代方案：为发展道路带来积极影响的可能性

由于自然灾害在经济高速发展期频繁发生，似乎抵消灾害带来的经济影响，所以有人会认为灾害只会临时扰乱发展过程但并不会影响到长期发展。Aghion and Howitt（1998）用熊彼特的内生增长模型（Schumpeterian model of endogenous growth）对此观察结果提出了一个理论性的解释。模型中，在灾害产生增长后，新的资本投入需要有技术变革。模型结果表明，一次自然灾害甚至可以导致一个正面的整体经济影响。

学者试图去模拟灾害的长期影响。利用经济关联和替代效应参数，Albala-Bertrand（1993a）构建了一个自然灾害经济影响的宏观经济模型。模型中，作者给出了两种假设条件。第一种假设条件：设置一个一次性灾害对经济产出影响的上限值，假设所有的损失都是资本存量损失，并在短期内是均匀、不可替代的。这样的结果是经济产出的减少量与资本存量减少量成正比。作者修改模型中部分假设，比如损失是在资本和经济产出间分配的，即资本损失是以重置成本来估算的，且资本是不均匀的。研究结果发现，作者发现灾害对经济产出的影响大大减少了，作者认为这比第一个结果更接近现实。这暗示着自然灾害不太可能对经济增长有长期的影响。这个模型解释了为什么宏观经济指标在灾后的几年中会改善，并迅速回归到它们的正常水平。

Benson and Clay（2004）得出了相反结论，他们认为在灾后使用的资源不一定是额外的，并且会有很高的机会成本。他们找到了自然灾害能影响经济增长和发展道路的一些方式：

- 资本存量和人力资源可以被损毁（通过迁移和死亡），或者因为基础设施和市场的毁坏而降低了他们的生产力。
- 花费的上涨可以导致更高的财政赤字并造成通货膨胀。
- 重新分配的支出从计划的投资中提取资金。
- 即使在有经费援助时，这些援助可能不全是额外的：捐助者们倾向于在现有的年度国家项目和预算中预先支取。结果，在自然灾害后提供的援助金额是从发展援助金中转移的。

- 连续的自然灾害营造了一个不确定的气氛，使潜在投资者泄气。

各种可能的情况

灾后经济评估中常见的问题是，伴随资金流量变化的混合存储量损失所造成的混乱。因此，将灾害对固定资本和资金流量的影响区分开来是有必要的。实物和人力资本，以及公共债务就是这些固定资本的例子；它们可以被直接（基础设施、牲畜的损毁）或间接地影响，在这种情况下资金流量的变化就造成了相应固定资本的变动。财政赤字（资金流）的增长可能会促使增加公共债务；或者是投资转移（资金流）来援助救济，可能会减少实物资本存量。表明，年流量依靠于存储量：实物和人力资源存量是GDP（资金流）的决定因素。在评估一次灾害的经济影响时需要考虑这些多样又复杂的互相影响。

由于矛盾效应（contradictory effects）的影响，理论并没有对自然灾害在长期增长率上的影响提出明确的结论。它可能在概述那些需要被测试的不同情况时有用。

灾害减少了人力和实物资本的储存量，导致年经济产出的直接损失。这种短期的GDP降低也可以是直接的。例如，干旱导致农业经济产出减少。虽然常常观察到灾害在短期内带来的负面影响，但灾害在中期和长期中的影响仍处于争议之中。图2-2描述了A、B、C和D四种情境是灾害对长期GDP增长率的影响。在情境A和B中，灾害没有影响长期的收入增长趋势：灾害的打击对GDP有负面影响，从而引起重建过程中的经济膨胀（为了和初始资本存量相匹配），最后恢复到原始GDP长期趋势的均衡状态。情境C中，因为灾害已导致资本存量永久性减少，新一轮的长期均衡在低一级的GDP上又建立起来。最后，在情境D中，人力资本和实物资本的恢复带来了提高长期经济增长率的技术改革。[①]值得注意的是，不同

① 第二次世界大战战后时期的重建也有这种特点，在战争中被毁坏的国家迅速地恢复过来，与其他因素相比，新的资本存量带来更好的技术。

类型的灾害可能会与不同的情境相关联。例如，地震就更有可能与情境B或D联系在一起，因为震后通常会有引发经济膨胀的大规模重建工程，最终带来技术革命。但一次地震也可能导致人力资本的大量流失，造成长期经济增长率的降低。相反，情境A或C可能与干旱相对应，当损失仅限于年经济产出和家庭生计时，不太可能带来更大的生产潜力，除非对灌溉或者其他抗旱技术进行重大投资。对这些判定做实证检验将会很有用。

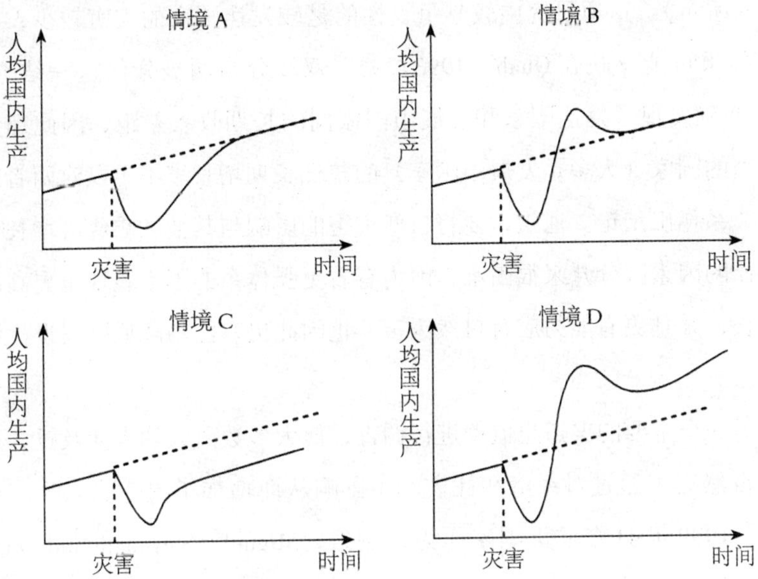

图2-2 自然灾害对人均国内生产总值可能的长期影响

Source：Authors.

2.2.2 实证性证据

第一批对灾害的长期经济影响的实证研究之一是由Albala-Bertrand（1993b）提供的。在对1960—1976年间26个国家28次灾害的统计分析中，他发现长期的经济增长率和一些其他的关键变量没有被灾害影响（与演示的情境A和B相似）。Benson and Clay（1998）提到，针对非洲撒哈拉沙漠以南，旱灾对非农业或整个经济系统的宏观经济影响的评估极为缺乏。虽然干旱的直接影响很容易被觉察到，但对非农业和宏观经济的间接和次级影响不应被忽视。通常它们没有被当做反复出现、可以潜在影响发展速度和发展模式的问题来检验。Benson和Clay发现干旱虽然会带来大规模的经济影响，但影响的范围参差不齐，这取决于一些因素，其中最主要的是经济的复杂程度和增加的产业关联度。

Benson（2003）在一个涵盖115个国家的横向研究中发现1960—1993年间一些经历过更多灾害的国家，其平均GDP增长率均较低（如演示的情境C所示）。这项研究中较具争议性的是较发达国家的灾害较少，因此研究结果可能反映在Quah（1993）关于双峰分布两极分化这一结论中。Quah的确发现了发达国家和发展中国家间的长期收入差距，因此那些受灾频繁的国家（大多是发展中国家）的较低长期增长率不足以对两者间的因果关系作出结论。通常，要将自然灾害的影响与其他影响经济增长和发展途径的因素区分开来很困难，因为有着更强体系的国家表现出更高的经济增长，并且更有能力应对自然灾害，也因此更有能力降低巨灾发生的可能性。

另一个主要的渠道也值得进行调查，但大多数研究均未涉及过，那就是：自然灾害通过对经济和社会产生影响从而增加了内战的风险。利用1981—1999年41个非洲国家作为案例组，Miguel，Satyanath and Sergenti（2004）发现，5个百分点的经济负增长突变（用极端降雨变化检测的）将会导致下一年冲突发生的可能性提高了50%。

一些模型则以这些传导途径之一为重点而构建。例如，当Cochrane（1994）在探索灾害对一个国家债务的影响时，国际应用系统分析研究所给灾害对资本积累的潜在影响建立了模型。运用循环的凯恩斯宏观经济增长模型（Keynesian growth model），作者假设复原成本全部来自于外国借款，并因此导致了利率的增长。这样的后果不但会引起债务上涨，同时也会导致长期投资和经济增长的降低。

尽管如此，所有文中提到的研究均存在一定的争议。Lavell（1999）指出在文章中列举的模型都需进行经验分析和评估，以便将真实情况和预计的业绩作比较。针对这些问题实证分析工作目前做得不够充分。

此外，另一个没有受到足够关注的问题是不同类型的自然灾害会产生不同的后果。例如，Benson和Clay（2004）注意到地质灾害和水文气象灾害间需要有所区分。虽然地质灾害发生频率较低，但通常变动越大就越有可能产生熊彼特式创新（Schumpeterian innovation）并刺激灾后经济增长，而水文气象灾害通常发生频率更高，制造的不确定气氛不仅会破坏投资环境并且需要适应成本。如Albala-Bertrand的研究所述，大多数经历了地震的国家在灾后两年相较于前两年获得了更高的经济增长率。而大多数经历过其他灾害的国家灾后增长率相对较低。

实证研究已显示出自然灾害可以对经济增长有积极的长期影响。Skidmore and Toya（2002）的研究显示更高频率的气候灾害（与地质灾害截然不同）与更高的人力资本积累率相关，提高了全要素生产率，经济也有增长（如情境D所示）。由于灾害降低了对实物资本的预期回报，因此增加了相对的人力资本回报，从而导致更快速的经济增长。另外，由于资本得到了补充，再加上新的技术，因此有助于提高经济增长率。他们也认为自然灾害提高了采纳新技术的适应性和技术成熟度。但是相反的情况也有可能是真实的：反复遭受灾害的人们可能会采取更多针对采纳新思想和新技术的规避风险的行为。对于地质灾害，同样的研究发现了对长期增长的负面影响，但它的系数在统计上并不显著。Okuyama（2003），Okuyama，Hewings and Sonis（2004）甚至认为在灾害打击到资本存量时旧的资本更有可能被暴露，所以这个替代资本存量可能会制造出正面的产出冲击，并且可能对经济的永久增长率产生积极影响。

关于自然灾害作为熊彼得的创造性破坏（Schumpeterian creative destruction）的一个工具的论点已经被人批评，如Cuaresma，Hlouskova and Obersteiner（2007）。他们使用重力模型研究进口方面的技术溢出效应，研究发现自然灾害（特别是中长期的气候灾害和短期的地质灾害）风险更高的国家，技术溢出也更少。他们还证明了越发达的发展中国家从灾后技术溢出中获得的利益越多。因此，巨灾风险倾向于负面地影响技术吸收，越是欠发达的国家其效果越强。除此之外，在发展中国家知识溢出的长期模式中，巨灾风险的变量趋向于成为国家之间差异的重要决定因素。

这里提出了一些问题，即灾害对经济增长的影响的分析如何能与决定长期经济增长的政策与机制的分析保持一致。Popp（2006）认为一个国家应对灾害的能力也取决于其自身体系强度，特别是那些承担灾害应对的机制。作者强调了风险和不确定性之间的区别，以及各种类型灾害在频率和影响方面系统的信息是十分重要的。风险来自于灾害高频发生，而不确定性来自不能足够精确地认知风险，因此给灾害发生的可能性添加了保险费用。保险公司将风险保费包括到灾害保单中；然而，由于缺少足够的信息，不确定性保费也要被加上，这样通常会造成过高的保险花费。不确定性保险费影响了所有的投资决策，并可能在长期对发展造成比灾害本身的损失更大的阻碍。

考虑到宏观经济研究所面对的将自然灾害影响孤立出来的困难，微观经济的结果可以为观察灾害长期后果提供有价值的信息。利用来自津巴布韦的一组面板数据，Alderman，Hoddinott and Kinsey（2004）发现在1982/1984年旱灾期间，12至24个月大的儿童的成长更有可能停滞[①]在幼儿阶段——一种营养不足的表现。被旱灾影响的群体被发现比正常人要矮2.3厘米，而且在13年至16年后的测量中他们平均少获得了0.4个年级的教育。这个研究突出了自然灾害在贫困国家对人力资本造成的不可逆转的长期后果。Carter et al.（2006）利用来自埃塞俄比亚（1998/2000年旱灾）和洪都拉斯（1998年飓风米奇）的纵向固定样本数据，研究了不同类别的家庭分别如何应对灾害。他们的研究显示了“贫困陷阱”（在阈值水平以下的家庭没有能力应对灾害，也不能恢复到他们原本的福利水平）的存在。洪都拉斯较富裕的家庭能够在飓风后的三年左右恢复他们的资产，但那些

① 一个儿童如果他的身高和年龄有两个标准偏差，在国际标准以下，将被认定为发育不良（ACC/SCN（2000）. *Fourth Report on the World Nutrition Situation* Geneva: ACC/SCN in collaboration with IFPRI）。

年收入在250美元以下的家庭无法做到，并会陷入低均衡水平。在埃塞俄比亚，较贫困的家庭却比较富裕的家庭恢复得更快，但是是相对于一个较低的均衡水平而言，这暗示了“贫困陷阱”的存在。Dercon（2007）解释说，这种情况暗示“贫困陷阱”的存在与人力资本相关联，造成了永久的低人力资本和低收入的状态。

运用以模拟为基础的计量经济学方法，根据一个应用于津巴布韦乡村的一组数据增长模型，Elbers and Gunning（2003）发现与灾害相关的风险减少了他们所观察地区46%的平均资本存量。他们的研究中最有创意的部分是区分风险事后（受打击后直接观察到的）和事前（对风险代价最高的行为反应，如使投资受挫）的影响。研究显示风险事前的影响占了总负面影响的2/3，强调了大多数专注于事后影响的研究的不足。这同样解释了频繁发生的灾害如何能对一个一次性的巨灾（没有事前影响）产生显著不同的影响。另外，这些研究还展示了一个一次性灾害的代际效应，如果此灾害导致了不可逆转的决定，如增长的辍学率或是对医疗重视不够造成疾病。灾害应对机制的设计必须考虑到这种打击。

当评估自然灾害的整体损失时，太多的关注点被放在了重大灾害事件上。Lavell（1999）强调频繁发生的较小规模灾害的重要性。这些小规模的灾害可能不会被记录在统计数据库中，因为它们过小无法牵扯到中央政府机关。Lavell的说法是：“那些‘较小灾害’所积累的损失可能就会造成大规模的灾害。”

此外，在许多案例中显示，较小但重复发生的灾害的措施很少。在气候变化和人类活动的影响下，土地退化和水土流失加剧，对贫穷地区产生的后果空前巨大，如作物减产。在乌干达的Kabal，Kisoro and Mbale地区，每平方公里中密集居住着超过250个居民，而经评估此地区的80%~90%的土地受到水土流失的影响（乌干达国家环境管理局2008）。土地退化是一个全球性的问题。世界银行评估报告（1997）指出，拉丁美洲80%的穷人、亚洲60%的穷人和非洲50%的穷人都居住在以低生产力、土地退化和自然灾害脆弱性高为特点的边缘土地上。

鉴于实证分析相关方法上的困难，让我们看看那些关注于定性证据的研究提供了什么。Benson and Clay（2004）进行了一系列案例分析，突出了灾害的长期负面影响。例如，Khan and Hossain（2009：144）发现在孟加拉国，“应对洪水的基础设施不足已经成为生产活动投资和装机容量利用率的约束”。相似的，菲律宾在改进它的交通系统和实现社会基础设施需求上有着极大的困难，因为该国极易遭受洪水和风暴一类的自然灾害。1979年的多米尼加岛（拉丁美洲）和1995—1998年的蒙特色拉特岛（美洲）就是由于自然灾害而移民造成相当大人力资本流失的例子。显然，还需要进行更多的定性和定量的研究工作来探索这些问题。

2.3 发展和脆弱性之间的相互作用

在进入下一步分析前，需要阐明脆弱性的定义。自然灾害的脆弱性可以被分为两个主要的组成部分：灾害冲击的风险程度和灾害抵御能力。灾害冲击的风险程度是影响居民的自然灾害发生频率和量级的一个函数，而被灾害影响的居民比例，部分是由人们对居住地的选择所决定的。在一些案例中，这些选择是自愿的，比如人们更愿意住在海边或河边。在另一些案例中，选择是非自愿的，即当人口压力驱使人们住到边缘地区的时候。恢复力是应对自然灾害的能力，包括应对（土地和建筑规范、更好的灾害预测）和响应（如筹资机制、灾后援救）。因此得出：

$$V=f(NH, P, R)$$

其中，V 是脆弱性，NH 是自然灾害的数目和强度，P 是暴露在灾害风险中的人口，R 是恢复力的级别。人们期望的是 NH 和 P 增加脆弱性，而 R 会降低脆弱性。在这个框架中要注意的是气候变化能通过增加 NH 的强度及频率和增加受灾人口比例来影响脆弱性（V）。

2.3.1 发展策略及其对灾害脆弱性的影响

Hewitt（1983） and Blaikie et al.（1994）已经对自然灾害和发展的近期研究做出重大的贡献。他们强调社会结构在形成脆弱性中的角色。Sen（1981）的研究以及Drèze and Sen的共同研究（1989）都首先考虑到饥荒不仅仅是自然灾害，也是一个可以避免的经济和政治的大灾祸。他们指出饥荒并不是主要由缺少食物造成而是由缺少经济、社会和政治力量的使用权造成的。这项研究强烈地影响了在发展中世界关于饥荒的防治和管理的想法，以及灾害是人为或政策引起的观点。

要继续这项分析的话，重要的是要理解自然灾害不是一个完全的外在事件。自然灾害被看做是有着自然触发的人道主义灾难速描。或者，如Wisner更加挑衅的说法，自然灾害是人类发展的一次失败（Pelling 2003）。由于缺乏防备，自然灾害让人类更为脆弱。因此，自然灾害的风险绝不能再被当做是发展规划的外在因素而是核心要素。

2.3.1.1 自然灾害脆弱性的决定因素

良好的经营、可持续的经济发展通常会降低自然灾害的风险性。减少在农业部门工作的人口比例会增强一个国家的恢复力，因为生产力总体水平对水文气象条件的敏感度变得更低了。部门间的协作是御灾力的另一个决定因素：有着高度二重性、拥有大规模资本密集型采掘业的国家对自然灾害较不敏感。例如，干旱对非洲的博茨瓦纳、纳米比亚或者赞比亚的宏观经济的影响有限，所有这些地区主要都是从矿业获得资源。但是有一些类型的发展模式会增加灾害风险性。比如全世界大量的人口和资产转移到沿海地区，这样导致了风暴、龙卷风和海啸发生的风险性大大增加。Parker，Little and Hueser（2007）的研究显示，目前世界上大概1/4的人口住在距海岸100公里以内。全世界25个超大城市的14个都在海岸，7个离海岸只有几小时的车程。没有计划的城市发展以及缺乏有效的建筑规范已经使世界上许多城市地区极易受到灾害伤害。迁移也是一个应对策略，因此人们被迫搬出险境，像是在蒙特色拉特岛（美洲）由于火山原因或者在达尔富尔（苏丹）因为逐渐减少的资源使得人们选择迁移。

- 财政体系

发展通常与一个更好的财政体系相关联，使得灾害的影响更广泛地消散开，尤其是当它促进了小规模的储蓄和转移时。例如，在津巴布韦，1991/1992年的旱灾后，一个良好发展的财政体系促进了从城市到乡村地区的转移。后面我们会讨论小额贷款的角色和重要性。

- 贸易开放度

经济越开放，交易限制也越少，因此，任何为了救灾和灾后重建而增加的进口不会取代正常的进口。另外，在更加开放的经济中，能较容易控制当地灾后的通货膨胀。然而，还是需要更多关于贸易开放度是怎样帮助或阻碍从自然灾害中恢复的调查研究。

- 制度

决定一个国家的御灾力最重要的因素之一是政府将备灾优先化的意愿。这包括了为减灾备灾做出长期的义务承担，甚至是在没有灾害发生的前些年间。此类义务也应该包括透明度、更好的相关花费报告、灾后重新安置以及恰当的土地使用和建筑法规。

可是自然灾害和政治不稳的同时发生会造成戏剧性的后果。近期的一个例子是2002年在津巴布韦的案例。由于在一些地区发生的干旱加上洪灾，安哥拉、莱索托、马拉维、莫桑比克、斯威士兰、赞比亚和津巴布韦全部遭受食物短缺之苦。然而几年前作为南非的“面包篮”（产粮区）的津巴布韦，变成了这个区域最容易受灾的国家。政治暴力、通货膨胀刺激、失业、种族矛盾、土地改革问题和猛增的艾滋发病率极大地削弱了国家提供有效救援的能力。

- 公众意识和制度响应

只有消息灵通、关注自然灾害相关风险的人群能恰当地激励政府给予备灾减灾足够的投资。在土耳其，尽管经常发生灾害事件，但公众意识仍非常低。马尔马拉地震（1999）唤起了新一级别的公众认知度，不仅是由于这场灾难空前的规模，也是因为它主要发生在市区，让政治家、当地市政府、建筑承包商以及土木工程师很难忽视他们的职责（Özyaprak 1999）。土耳其已经发生了一系列地震，每一次地震后灾害应急响应都会得到改进。但在马尔马拉地震来袭时，土耳其的灾害响应系统崩溃了，主要的灾害响应部门变成了重建部下的一个小部门。[①]自从马尔马拉地震后，土耳其已经在备灾方面采取了更主动的方式，特别是为伊斯坦布尔做的城市规划，让其能够应对更大的地震。

Toya and Skidmore（2007）运用多国经济学分析显示，有收入、教育成就和开放程度更高、经济体系更完善和政府开支更少的国家所遭受的自然灾害损失会更低。

2.3.1.2 由于人为因素造成脆弱性的案例

1972—1973年，萨赫尔地区（Sahel）经历了一场毁灭性的旱灾，成千上万的人和上百万的动物死亡（de Waal 1997；Mortimore 1998）。这场大灾难是自然因素和人为因素共同作用的结果。之前60年代末和70年代初的旱灾增加了人们的脆弱性，尤其是在乡村地区，旱灾耗尽了物资存量（存款、粮食、动物），还通过健康状况恶化或者城乡移民减少了人力资本。乡村社区最为脆弱的原因有：

- 由于糟糕的通信和交通而形成孤立；
- 由于微弱的农村代表性而使政策制定偏向城市；
- 集中于短期的稳定而不是长期的经济发展；以及
- 以为当地消费而提供的食品生产为代价，把重点放在产业投资和农业转种经济作物（Baker 1987；Shaw 1987；Rau 1991）。

随后的事实强调了那些人为因素的相关性，萨赫尔地区遭受了不少与70年代早期可相提并论的旱灾，但没有一次导致了如此巨大区域规模的

① 土耳其部门的协调已经遭到破坏，就像美国联邦应急管理部（FEMA）在“9·11”事件后归到整个美国安全机构下遇到的问题一样。结果，FEMA，一个曾经被推举为灾害应对模范的机构，变得不起作用，在美国路易斯安那州遭受卡特里娜飓风时不能有效地做出应对。

饥荒（Mortimore 2000）。虽然自然灾害增加了短期的脆弱性，但人们在长期中开发了许多策略来应对干旱，诸如农业多样化和移民。

假若这样，在以农村为主的国家，大多数人不能支付或无法获得进口食品，这些国家把重点放在产业化、经济作物和出口收入上，会增加自身的脆弱性。这个例子说明了地方层面具有适应能力，以及这种“自上而下”的发展方式固有的危险，特别是这个发展方式是基于与乡村社会的真实情况脱离的全球经济学范式（Pelling 2003）。

2.3.2 脆弱性和发展之间的复杂关系

当脆弱性未被纳入考虑时，相当大的发展工作的努力会被浪费。在洪都拉斯发生米奇飓风（1998）后，卡洛斯·弗洛雷斯（Carlos Flores）总统声明洪都拉斯的发展倒退了30~50年。的确，70%~80%的交通基础设施被摧毁，包括几乎所有的桥梁和二级公路。1/5的人口无家可归，粮食和动物的损失导致食物短缺，疟疾、登革热和霍乱相继爆发（国家气候中心 2004）。

Mohamed H. I. Dore and David Etkin（Pelling 2003）指出了在制度层面具备适应能力的重要性。他们通过观察发达国家应对目前气候条件的方法，定义了具备适应能力的必要条件。作者注意到六个条件：

- 发达国家有了解气候的技术诀窍。
- 它们拥有专用于气候及相关风险研究的资源。
- 它们开发必要的技术去应对气候变化。
- 它们通过政府灾后援助计划和保险市场分担风险。
- 保险市场通过诸如可扣除的最小值、使损失最小化的返利或者没申请索赔的保险费回扣的途径调解道德风险问题。
- 它们在所有政府层面的应急响应方面投入资源。

满足这六个条件通常花费昂贵，并要求高质量的体系和人力资本。因此一个国家必须是比较发达才能达到一个高自然灾害御灾力所需要具备的必要条件。同时，一个脆弱的国家会因有极高风险的灾害而给它的发展过程带来极大伤害。所以，贫穷国家有被困于恶性循环的风险，在此循环中由于它们的低程度发展，很容易受伤害，这种易受损性通常会通过自然灾害将它们带回发展的最初阶段。我们前面虽然总结了关于个体的“贫穷陷阱”的文献，但可以想象整个国家由于反复受灾而陷入低水平均衡陷阱，使其不能提升它的人均增长率。如图2-3a所示，高脆弱性可能会带来的结果是频繁的大规模自然灾害。虽然一次灾害通常可能不会有长期的影响（如图2-2中情境A所示），但连续的灾害无法让一个国家恢复它的资本和其他生产能力。最后结果不仅极不稳定而且也没办法达到灾害没发生时所期待的增长线。这对像埃塞俄比亚这样易受伤害的国家尤其如此，因为其农业占了它国内生产总值（GDP）的41%，占劳动力的80%以及出口量的80%。在埃塞俄比亚反复发生的旱灾导致了比没有旱灾时更低级别的均衡增长。毫无疑问，脆弱性只是许多能解释一个最不发达国家发展停滞的因素之一，但是它的作用不容忽视，包括通过间接渠道发挥的作用，诸如使私人投资泄气或者增加政策不稳定的风险。虽然逆转事实可能会很困难，但更进一步对脆弱性和发展之间的联系进行研究会很有价值。

为了渐渐摆脱这种状况，一个有高度灾害风险的国家需要非常有意识地将御灾力和降低脆弱性作为它发展政策的一部分。一些学者，例如Katrina Allen（Pelling 2003），研究更加深入，她认为针对自然灾害的御灾力和发展之间的区别主要是理论性的，相较于本地社区，它们的区别对政府机构更有意义。在地方层面，御灾力和发展都与民生不足有紧密的关系。与之相似，人道主义危机不能从社会政治环境中分离出来。根据Allen的研究，要将脆弱性从更广范围的社会背景的风险治疗症状中而不是原因中独立出来。在下面的案例分析中最后一个案例阐述了如何共同解决脆弱性和贫穷。

如果Nicholas Stern勋爵（2007）结合了更严峻的气候变化影响的预测是正确的，那么我们也必须考虑收入和消费暴跌的可能性。图2-3b解释

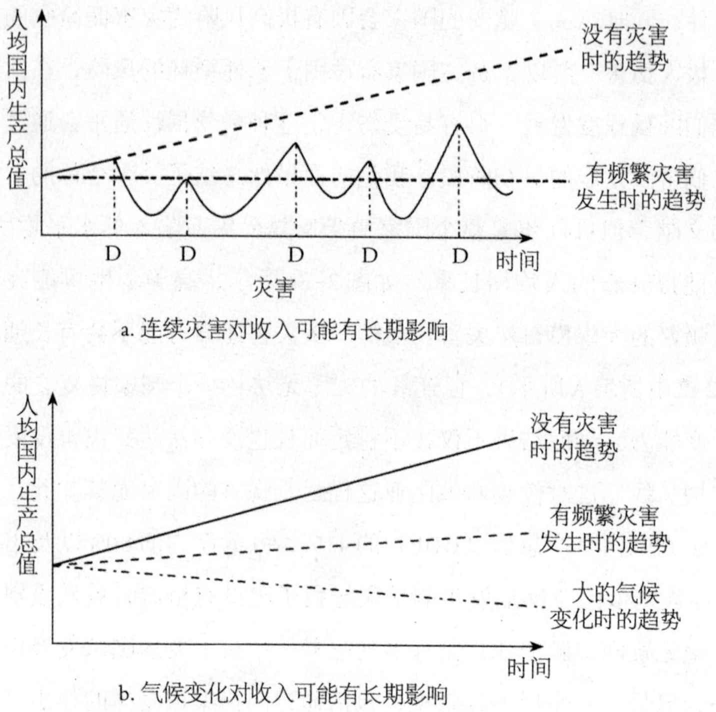

图 2-3　对收入可能有长期影响

Source：Authors.

了这样一个没有任何防范和应对措施的情况。这种异常严峻的情况可能会导致贫困、营养不良，甚至饥荒大大增加，同时也会对发展造成严重的干扰。气候变化可能是终极的自然灾害，有着可能让国家遭受人均GDP急剧下降的巨大负面影响。

2.4　案例分析

2.4.1　厄瓜多尔 La Josefina 滑坡

1993年在La Josefina发生了一次巨大的滑坡，地点在厄瓜多尔南部靠近昆卡城的多山地区。滑坡掩埋了整个山谷，将河流阻断了33天，期间1 000公顷土地遭受了洪水。此次洪水灾害总共造成200人丧生以及14 000人无家可归，土地和建筑都有损坏。农田、工厂和住宅基础设施的损失达到了几百万美元。

本案例是人为和自然因素共同造成自然灾害的一个极佳的案例。这个地区长期容易受到滑坡的侵害；在滑坡点以下，过去的滑坡残痕大概有35个。但这不应该掩盖人类的责任。这个地区有着密集的农村人口，在土地改造以后，土地被划分成过小的一些区域，由没有什么集约农业经验的农民经营着。顺着坡单行种植玉米是一个常用的做法，然而这就导致了严重的土地侵蚀。

灾害过后，在33天的洪灾期间，非政府组织和省政府的低效率和被动性受到了批评。Codevilla（1993）认为在当地居民有过多的救援依赖性，大家仅仅是等待被救助。他们没有应对灾害的体制结构。

Morris（Pelling 2003）建议的一个方案是要推广一个软工程处理方式（形成低耗能适应）而不是硬工程处理方式（尝试与自然的力量相抗衡）。这些建议是从Abramovitz（2001）的忠告中得出的，他主张加强土地使用控制，限制集约农业，以及在重点区域植树造林。这意味着对自然灾害带来的完全不受控制的重大风险的认知，以及接受由集约农业带来的更高短期生产力和维持更有复原能力的生态系统带来的长期利益之间的权衡。

2.4.2 莫桑比克成功的灾后恢复

在一个脆弱的国家，一次灾害就能让来之不易的发展成果受挫。莫桑比克是世界上最贫穷的国家之一，69%的人口在贫困线以下。1992年，长达17年的内战结束，之后人均国内生产总值平均增长为6%直到2000年的洪灾。那次洪灾造成700人死亡、650 000人无家可归，受灾人口达450万人（总人口的1/4）。洪水冲毁了140 000公顷的农作物和灌溉系统，350 000头牲畜失踪或受重伤，6 000名渔民损失了至少50%的船只和器具，还有大概500所小学和7所中学被毁坏。

然而，莫桑比克似乎已经成功地从灾害中恢复了过来。重建计划为改进服务和基础设施提供了机会（Cosgrave et al. 2001），许多受灾的人得到了援助，还有学校和卫生设施的恢复和重建鼓励了新的社会结构的发展，例如协会和社区委员会。

这次的成功可以用不同因素来解释（详见世界银行 2005），这些因素中有1999年国家灾害管理协会的创立和防灾文化的发展。其中也有大量直接的援助流入，以上全部取决于政府建立了一个重建计划去强化国家的重建和发展政策。计划的目标不只是简单地恢复到先前的发展水平，而是要形成社会和经济的进步以便增强对未来灾害的防御力。进步的一个明显标志是联合国儿童基金（2002）提到的对2001年洪灾应对的重大改进。他们采取了备灾措施，包括预置食物、船只以及其他救灾设备，也联系了邻国来协调受灾人群失去住所的问题。

重建工作成功的要素之一是相当高额的捐赠，2000年5月份有大概4.5亿美元的捐赠，加上政府的支持，维持了宏观经济的稳定性。这些援助资金流动抑制了灾害的负面影响，让经济迅速恢复到高增长水平。因此，人们不认为2000年和2001年的洪灾造成了持久的负面经济影响。

2.4.3 降低脆弱性和减少贫困的结合

如果不把灾害应对和发展看做两个分开的活动，那么计划和项目能否内在地结合这两个目标？使用这个方式的例子来自于世界最贫穷国家之一的尼日尔，它的项目由“小型农村经营（Small Rural Operation）”执行。项目耗时11年（1988年到1998年），以一个长期食物短缺的地区为研究对象。它的目的是通过广泛运用现有的、简单的、低成本的技术加强淡季农作物生产来降低面对旱灾的脆弱性。更高的作物密度、更高价值作物的种植和非农作物活动的多样化带来经济产出的显著提高，让35 000名左右的农民受益。在这种情况下，减少贫困和食物安全这两个目标就不可能分开来达成，因为它们与农村人口的生计紧密相关。如果要打破灾害的恶性循环和低水平的发展，需要更多这样的组合方式。在本章2.2节“自然灾害的短期和长期经济影响”标题下，我们所呈现的许多微观经济证据证明了贫困陷阱的存在，家庭由于灾害发生陷入了贫困。如果这些家庭由于自然灾害的发生临时陷入贫困，会发展成长期的贫困。因此，反贫困计划必须通过自然灾害触发特殊的安全网络机制，来帮助家庭避免陷入贫困陷阱。

2.5 应对自然灾害和为自然灾害做准备

2.5.1 财政机制

当政府不依靠增加财政赤字来资助救灾和灾后重建时，它们通常会转向国际援助或者重新分配支出。然而，也有其他针对分散风险的解决方案。这部分讨论了每个解决方案的优点与缺点。

2.5.1.1 现有的方法

• 财政赤字

当一个政府不得不去满足紧急需求时，更高的支出导致更大的财政赤字是一个简单的方案。尽管如此，债务的长期花费是众所周知的，要把这个选择作为最后的手段。Benson and Clay（1998，2004）发现受干旱影响的撒哈拉沙漠以南的经济，其中六个案例分析中的五个都显示在旱灾后政府借款有显著的增长，除此以外，自然灾害对整体的预算赤字没有影响。

• 重新分配支出

应对紧急灾后需求最常见的方法之一就是预算资源的重新分配。这个方案在保证国内贷款和货币供给在控制范围内的同时，迅速地提供资金。但是，它是从计划的投资中转移资金，因此会阻碍发展。一个主要的担忧就是灾后资金的重新分配应该遵循正规的流程而不是根据紧急的决策，这样资金才不会从对国家长期发展至关重要的项目中抽离出来。但是事情经常并非如此，重要的长期发展还是受到了影响。

• 国际援助

国际机构在帮助利用有限资源来应对灾害的国家中发挥着主要的作用。然而，Benson and Clay（2004）认为灾后援助资金流入不是额外的。在他们的三个案例分析中（多米尼加岛、孟加拉国和马拉维），他们观察到灾害对整体援助水平影响甚微。捐赠者预先支付，因此减少了随后几年的援助。世界银行（2006）的IEG报告确认除了一个“突出灾害恢复贷款（ERL）”的存在，贷款重新分配在极其脆弱的国家中是使用最频繁的灾害应对方式，而这些重新分配几乎不会带来好的结果。

来自不同捐赠者的大量援助流入也造成了接收国家管理上的困难。接收国家必须注意到不同的捐助者规定的条件，这会耗费时间，并且捐助者会使接收国家减少决定重建资金分配或设定自己的事务优先次序的能力，限制了接收国家的行动自由。

在救灾和恢复阶段，越来越多的国家在协调捐助者方面取得了更大的自主权，但是制度能力仍然受到了限制，协调也可以由一个捐赠者提供。在1989年苏丹旱灾后，世界银行与其他捐助者合作组织了救灾，并避免了不必要的工作交叉。当自然灾害在一个政治动荡的国家或者体系不牢固的国家发生时，国际社会必须特别关注。

Benson and Clay（2004）批评当灾害发生时过度地依赖国际援助。自然灾害通常在本质上扩大了援助承诺和实际援助支付之间的差距。在一个紧急事件中，小的延误可能都会导致严峻的社会和经济后果。另外，更普遍的，援助流入可能不能应对灾害年度损失的迅速增长。我们需要看看其他可选的方案。但如果自然灾害管理必须被看做经济发展不可缺少的一部分，那么特殊的灾害资助机制可能实际上引导着国家去避免把关于建筑灾害管理的基本选择变为它们的发展战略。

2.5.1.2 财政风险机制

- 保险

正如 Freeman et al.（2002）所注意到的，目前在世界上最贫困的国家，不到1%的自然灾害损失被正式地投保。财政风险减少机制当然可以被开发来减少灾害管理中的援助依赖性。然而，保险事业的扩大已经被它的高费用所限制：巨灾保险费会比保险统计决定的预期损失高出好几倍（Froot 1999）。此外，要管理保险制度就需要牢固的管理体系。管理条例必须保证保险公司是足够谨慎的并且规模足够庞大，以便使风险分散或者获取再保险。另外，理赔需要明确的、协商一致的触发条件，但这些条件通常很难定下来。

仔细观察发达国家，多数情况下自然灾害的保险市场不完全是私有的。政府部门发挥着主要作用，通常为企业提供巨灾再保险。结果，代理人被鼓励采取有风险的行为，知道他们在灾害中可能不会承担所有的损失。要限制道德危机的话，可以根据减少损失方法的执行和对建筑、土地使用分区法规的遵守情况来提供保险。以这种方法，保险公司可以通过创造恰当的动机对国家的备灾减灾工作做出贡献。

政府提供保障设施的第二个问题是没有消除风险，而只将它从地方级别转化成国家级别。虽然一个富裕国家的政府可能有能力承担这些费用，但一个贫困国家就可能没有同样的承担能力。为了应付预算上额外的压力，政府本身可能会需要求助于其他资金来源，比如国际援助。

- 决定索赔诱因

可能的解决方案是建立一个所谓的“指数”保险体系，其支出可能会被像是极端降水一类的参数观察所触发。没有受损评估就处理的索赔可以加速转移并减少交易成本，但是目前要找到一种与经济成本紧密相关的简单手段比较困难。保险公司要能计算出精确的保险费，进一步的农业气象研究以及好的历史数据都是必要的。好的制度体系也需如此。例如，没有一个强有力的制度为依据，可能会出现很多跟土地业权相关的困难。

由于执行上的一些困难，指数保险的例子目前还少有存在。涉及多米尼加岛、格林纳达、圣卢西亚和圣文森特岛香蕉出口的Windward Islands Crop保险公司（WINCROP）有一个接近于参数启赔型（parametric trigger）的验证系统（Benson and Clay 2004）。因为保险的险种覆盖了每种农作物，所以评估损失很简单。当灾害发生时，5%的针对受影响的作物的健康监测给出了受损庄稼的比例，避免了漫长的损失评估程序。索赔金额是在过去三年中平均出口数量的基础上计算得出的。保险费的支付是有保证的，因为支付金额是直接从出口收益中扣除的。然而，这个计划面临一些困难，比如高协方差风险、保险费过低但由于政治原因不能提高的事实和长期下降的香蕉价格。到目前为止，WINCROP保险公司由于法律限制和极高的再保险率，已经不能为其他农作物扩展保险计划了。

在2006年1月份，世界银行为“加勒比巨灾风险保险基金”（CCRIF）的创立发起了前期研究。其目的是让“加勒比共同市场”（CARICOM）能以比各州为自己争取到的更低的利率使用责任保险，这样做是由于以下三个原因：

1）参与的政府会联合经营并因此使风险分散；

2）捐赠伙伴会为了减少国际再保险需求对储备基金做出贡献；

3）使用一个预先约定的参数启赔型保险会减少交易成本和道德危机。

参数启赔型保险会在一次重大地震或风暴发生后立即给予现金支付，在政府额外资源流通的同时，帮助政府迅速资助灾后重建（World Bank 2007）。高度自然灾害风险已经促使加勒比政府去寻找创造性的解决方案。

- 将风险直接分散到资本市场的手段

诸如“灾害债券”的一些手段可能会减少财政和外部均衡的灾后压力。其原理非常简单，因为债券的拥有者会收到定期的支付。然而，如果灾害发生，金额是从债券的本金和利息中提取的。债券可以快速地提供资金，但由于高额的交易费用，这种方案比保险贵两倍（Swiss Reinsurance Company 1999）。与非常优惠的灾后援助相比，发展中国家对私营市场风险转移机制的需求很低的情况一点都不令人惊讶。但在灾害反复发生的国家，可以考虑用部分的援助资金投资在基于市场的风险分散选项，类似于保险，用其中一部分援助资金作为保障设施。土耳其的地震保险体制（专栏2-1）就是一个例子，结合了其他的机制让风险能够得以更有效地分散。

专栏2-1　国家（地区）使用灾害风险融资，一些成功的案例

土耳其为私有房屋屋主提供的地震保险。“土耳其巨灾保险共同体”(TCIP) 建立于1999年马尔马拉余震期间。它为私有房屋屋主提供了有效定价的地震保险。世界银行通过一个承诺的1亿美元或有贷款机制提供了TCIP的最初投资，并在2004年将贷款金额扩大到1.8亿美元。TCIP的总风险资本需求的资金来源是商业再保险（目前超过10亿美元）和盈余积累。与组织刚建立时覆盖60万个家庭相比，TCIP在2006年卖掉了超过250万张保单（即20%的渗透度）。

为加勒比国家政府提供的国家预算保险。在“加勒比共同市场”(CARICOM) 的请求下，世界银行协助开发了“加勒比巨灾风险保险基金”(CCRIF)。CCRIF允许加勒比国家政府购买参数启赔型保险，以便在重大地震发生或附近发生飓风后，得到及时的流动资金和预算支持。这个加勒比地区机构是世界上第一个地区灾害保险机构。目前有16个政府参与CCRIF，自2007年6月1日起就生效，并由私营部门管理经营。CCRIF能在暴风季节前以具有吸引力的条件获得1.1亿美元的再保险能力。

为蒙古牧民提供的指数型牲畜保险。牲畜保险计划是蒙古政府为使牧民免受由严冬和伏旱造成过多的牲畜死亡而设计并执行的。在世界银行500万美元备用信贷的支持下，凭借各保险公司构建集体储备和政府提供公众再保险，蒙古建立了一个牲畜保险赔偿资金池。2005—2008年，指数型牲畜保险的可行性在选择区域试行，测试了私营保险公司提供这种产品的准备程度和牧民的购买意愿。在第二个销售季（2007年4月—7月），大概有60万头牲畜受保（10%的保险渗透度）。

为印度农民提供的气候指数保险。印度政府请求世界银行的技术支持，来进一步改善该国国家农业保险计划（NAIS），并帮助国有农业保险公司开发创新产品，如以气候为参数的保险。2007年春天，新的气候参数保险产品在卡纳塔克邦试行，保单销售超过4万张。在2007年秋天，这个国家农业保险公司将气候保险扩展到其他国家，主要在NAIS计划下提供一个早期索赔付款机制。

为墨西哥提供的灾难债券。效仿2003年在中国台湾的成功案例，在世界银行的技术支持下，墨西哥政府的一个部门以一个历史性的低利息传播发放了一个1.6亿美元的三年灾难债券。它的目的在于覆盖影响墨西哥城的地震风险，作为一个整体战略的一部分，在主震后的余震期间争取到4.5亿美元。如果在某段时间里，一次超过了界定震级的地震袭击了国家指定的一些区域，政府将有能力从中提取资金。如果在资金有效期内没有灾害发生，所有的钱将退还给投资者。这是第一次由一个主权国家发放灾难债券。

哥伦比亚针对自然灾害的应急信贷。哥伦比亚政府在2005年与世界银行协商了一个1.5亿美元的应急信贷额度。这会在一次重大灾害事件中给政府提供即时的流动资金。

Source：Lester and Mahul（2007）.

• 小额贷款机构

小额贷款机构可以帮助部分极脆弱的、还没有其他机构涉及的人群，来缓和灾难带来的影响。自然灾害对家庭有着深远的影响，包括生命损失，还有房屋、牲畜、粮食储备，以及生产性资产，诸如农具的损失。这些资产必须更换，必须满足家庭基本需求直到他们能够再次获取收入。在没有小额贷款机构时，贫困家庭可能会被迫依赖于高利贷。

可是，小额贷款机构的风险是非常高的。在孟加拉国，1998年洪灾以后，从孟加拉银行重新筹集的大量资金防止许多小额贷款机构陷入破产。政府的承诺是关键，因为高协变性风险可能会导致小额贷款机构在灾害期间面临问题。为了避免小额贷款使用者的不良影响，将常常需要来自政府部门或捐赠者的一个或有负债。由来自世界不同地区的小额贷款机构进行风险统筹安排，可能是分散风险的另一个方法。

- 增加援助支付的灵活性

在指责贫困国家政府部门只期待灾后外部支援而在它们的发展政策中减灾部分做得不足时，"道德危机"这个词经常被用到。保险的花费可以非常高，它可能通过从投资或其他有高机会成本的开销中转移资金而带来长期的经济影响。假如是这样，不仅在国家层面上依赖于国际支援是合理的，在集体层面上也是合理的，因为国际支援是一个能减少自然灾害所带来的长期负面影响的解决方案。一个国家在没有国际资助的情况下，应对与自然灾害有关的风险的能力可能会极大地取决于它的发展阶段。基于这个原因，分散风险的保险和工具直接与资本市场相关联（如灾害债权）可能对中等收入国家来说容易使用。然而，在最不发达的国家，由于风险规避，保险业保持沉默，唯一的解决办法可能就是进行恰当的干预：支援的流入必须被调整到满足灾害后的紧急需求中。

之前提到的支援的限制（例如协调工作的延迟或缺乏）本质上是由于捐助机构倾向于被动反应而不是去预测灾害。Guillaumont（2006）提议说，援助可以给那些接受一些预先定义的紧急状况管理规则的国家提供保障。这种从事后条件到事前条件的转换，可以减少相当多的延迟和道德危机。我们知道灾害会发生，但并不知道发生在何时何地。既然这样，一种选择是依靠一个地区性或全球性的灾害机构。根据最近的一项评估，世界银行已经建立了一个"灾后重建和灾害响应全球组织"（GFDRR），该组织资助了几个国家，帮助地区和国际组织辨认灾害风险，开发风险缓释和风险融资战略，为降低风险和加强地区预警、知识共享、应急准备方面的合作建立了制度和法律体系。如果使用该组织的程序是预先通过的协议，那么这样一个组织（一旦扩大）可能也会减少在灾后重建项目中常见的一些捐助者协作问题。

甚至当救灾处于被动时，如果支援能更加灵活地提供，那么支援行动可以变得更有效。直到最近，很多灾后支援是以物资和服务的形式给予的，比如粮食、衣物和物资捐赠。这样会造成运输业的噩梦，并且在任何情况下都不是帮助受灾家庭最有效的方法。资金援助通常会好得多，因为它让家庭能针对他们的需要做更好的选择、保持家庭和社区原封不动（因为人们不需要移动住处去寻找收入）、帮助陷入临时贫困陷阱的家庭保有他们的资产，并确保更迅速地进行灾后恢复和重建工作。资金注入受到毁坏的地方经济中，也能帮助恢复商业活动，因此创造了工作机会（恢复的过程通常会较长）。但资金援助并不是多数捐赠者倾向的首选，不过这种情况在慢慢变化。

另一个值得关注的方法是免除债务，以迅速减少受灾国家的财政压力，这个方法已经得到了实施。此方案可以避免跟捐赠者捐助资金相关的惯常延迟。这种方法对严重负债的贫困国家尤其有效，这些国家的债务偿还事务将其他重要用途的稀有资源挤出。

2.5.2 必须改进备灾

2.5.2.1 自然灾害的可预测性

就预测不久的将来哪里更可能发生灾害而言，大多数自然灾害风险是可预见的；可是这种预测在国家发展策略中还非常罕见，即使在极脆弱的国家。甚至一些最发达的非洲国家，比如南非，相对估计的每年自然灾害带来的经济损失达10亿美元，而仅在预测研究上花费500万美元。如果预测研究能更好地为减灾、备灾和危机管理公共决策做出哪怕一点贡献，将证明坚持气候预测研究工作是正确的。在洪水、海啸和暴风预警系统上的投资同样也能帮助挽救成千上万的生命，甚至能减少灾害带来的财政损失。在气候预测方面还有很大的改进空间：气候观测站的密度比“世界气象组织”建议的最低级别少8倍，非洲的观测报告率是世界最低的（Washington，Harrison and Conway 2004）。但即使没有得到更好的预测数据，我们已经可以将国家按照已有的事后灾害数据（图2-4）分为不同的易损类别。

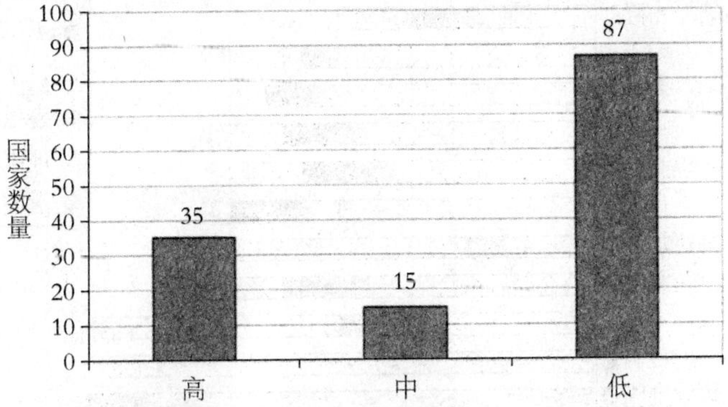

图2-4　国家自然灾害风险级别

注：高=超过50%的GDP处于危险中；中=30%~50%；低=30%以下。

Source：M. Dilley（2005）. “Natural Disaster Hotspots：A Global Risk Analysis.” Washington，D.C.：World Bank Publication.

2.5.2.2　计划救灾和重建工作

如上一部分所说，辨别出一些极高自然灾害风险的国家是有可能的。例如，在图2-4中，我们可以将国家分为高风险（超过50%的GDP处于危险）国家和中等风险（30%~50%的GDP处于危险）国家。在137个国家当中，有50个国家被划入中等和高等风险的类别。图2-5展示了非洲风险最大的一些国家，这些地方在1996—2005年间至少发生了10次灾害。在灾害处于周期性反复发生的国家，备灾必须是发展战略的核心而不是事后的反思。这些国家的基础设施应该具备抗灾能力。我们不断地发现这些高风险国家中的多数，在一次灾害后建设的基础设施必定在下一次灾害后重建。我们还发现这些国家现有建筑规范的执行效率低下。例如，土耳其1999年马尔马拉地震中，15 000人死亡，造成死亡和毁灭的主要原因是住宅法执行的缺失。

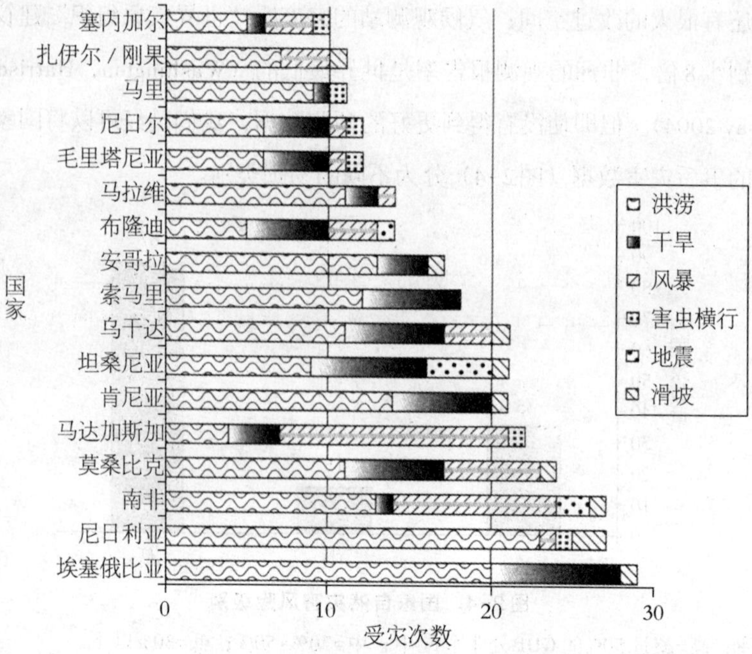

图 2-5　非洲国家自然灾害风险级别

Source: Authors.

受灾国家在下一个十年发生另一起灾害的几率是非常高的。然而，表2-1显示，即使在这些灾害高频发生的国家中，只有两个国家已经将灾害风险管理的部分合并到他们的减贫战略文件（PRSPs）中。

表 2-1　**在非洲发展战略中被忽视的自然灾害**

灾害数量（1996—2005）[a]	国家数量	在PRSP中包括了灾害探索的国家数量
21~29次灾害	7	1（莫桑比克）
11~19次灾害	6	1（马拉维）
1~9次灾害	18	1（加纳）
总计	31	3（10%）

Source: Authors.

[a]这张表格只包括了那些有PRSP（减贫战略文件）的撒哈拉沙漠以南的国家。

一个更为雄心勃勃的议题可能会包括通过设计降低易损性的发展途径和战略来阻止或减少自然灾害发生的频率。当然，发展本身是要降低人们针对农业气候环境的风险性，降低脆弱性；但可以采取更明确的行动，比如更好的水资源和土地管理，更好的基础设施和房屋，以及在可能会增加自然灾害的脆弱性的行动上更小心谨慎。

为了做出合理的决策，必须预测灾害，即使是在紧急状态下。在风险高的国家，政府应该准备一个明确定义的政策框架，来满足紧急需求和将灾害的长期负面后果最小化。这个框架应该包括一个个体发展计划和项目的优先级系统，以确保任何预算的重新分配不会破坏最优先发展的计划。

Stern（2007）也将发展看做是对气候变化长期适应的一个关键问题。此外，他提出了一些在培养气候变化适应能力中必不可少的特定发展领域：

- 收入和粮食安全；
- 教育和医疗系统；
- 城市规划和公共服务及基础设施的条款；
- 男女平等。

在发展中国家，适应气候变化的花费很难估计，但最高会达数百亿美元。然而，这远不及不作为的后果所带来的损失。加强适应能力的坚决措施包括综合所有国家层面、地方层面和各领域的规划过程和宏观经济预测。一个国家核心部门的介入，如财政、经济或规划部门来负责调适主体工作，这会是政府承担义务的一个象征（Sperling 2003）。

2.6 结语

本章的目的是将关注点集中在自然灾害对长期发展不断增长的影响，以及在脆弱的基础上发展的相互影响。在回顾了现有的文献后，许多需要进一步研究的领域已经出现了。

第一，在自然灾害对经济的长期影响上还未达成共识。一些作者认为虽然在受灾害冲击的一年中观测到随之发生的负面影响，但通常会伴随着经济扩张，使经济迅速恢复到长期平衡。其他作者认为人力和物质资本的减少会阻碍一个国家的长期发展，尤其当灾害频繁发生的时候。由于技术方面的困难，之前的研究几乎还没有为确认其中任何一方面提供有说服力的实验性证据，需要进行理论性和更好的实验性研究。

第二，进一步对自然灾害长期影响进行理论性和实验性的研究将需要更详细的灾害分析。这些影响很有可能因灾害的类别和频率，以及国际支援和受灾国家的社会经济条件不同而有所差异。不详细的方法可能会产生误导。

第三，冲突、自然灾害和脆弱性之间的联系需要得到更多的关注，特别是在撒哈拉沙漠以南的非洲，当地人口压力、土地退化和沙漠化问题正日益激增。

第四，可选择的筹资机制的作用需要更多的调查研究，包括研究这些机制如何能够扩展以及内在道德危机和协变性怎样能减少等问题。筹资机制包括基于市场的工具（比如保险和债券）、地方资金（比如用小额贷款计划降低脆弱性）和预先安排的全球性或地区性筹资机制。

第五，目前的开发计划大多数都有忽视灾害风险的问题。这是由于有限的公众认知造成的动机缺乏引起的吗？经济开发计划和战略如何通过国家级规划更清晰地、集中地与减少灾害风险结合起来，这点必须受到更多的关注。

2.7 参考文献

Abramovitz, J. (2001). "Averting Unnatural Disasters." In *State of the World 2001*, edited by L.R. Brown. London: Earthscan.

Aghion, P., and Howitt, P. (1998). *Endogenous Growth Theory.* Cambridge, Mass.: MIT Press.

Albala-Bertrand, J. M. (1993a). "Natural Disaster Situations and Growth: A Macroeconomic Model for Sudden Disaster Impacts." *World Development* 71 (9): 1417-1434.

——. (1993b). *The Political Economy of Large Natural Disasters with Special Reference to Developing Countries.* Oxford: Clarendon Press.

Alderman, H., Hoddinott, J., and Kinsey, B. (2004). "Long-Term Consequences of Early Childhood Malnutrition." Department of Economics, Dalhousie University at Halifax, Canada. Mimeographed.

Baker, R. (1987). "Linking and Sinking: Economic Externalities and the Persistence of Destitution in Africa." In *Drought and Hunger in Africa: Denying Famine a Future*, edited by M. H. Glantz. Cambridge: Cambridge University Press.

Bangladesh, Economic Relations Division, Ministry of Finance and Panning Commission (2000). "Memorandum for Bangladesh Development Forum 2000-2001." Dhaka.

Benson, C. (2003). "The Economy-wide Impact of Natural Disasters in Developing Countries." Draft Ph.D. diss., University of London.

Benson, C., and Clay, E. (1998). "The Impact of Drought on Sub-Saharan African Economies: A Preliminary Examination." *World Bank Technical Paper*, No. 401.

——. (2004). "Understanding the Economic and Financial Impacts of Natural Disasters." *World Bank Disaster Risk Management Series*, No. 4.

Blaikie, P., Cannon, T., Davis, I., and Wisner, B. (1994). *At Risk: Natural Hazards, People's Vulnerability, and Disasters.* London: Routledge.

Carter, M., Little, P., Mogues, T., and Negatu, W. (2006). "Poverty

Traps and Natural Disasters in Ethiopia and Honduras." *World Development* 35 (5): 835–856.

Cochrane, H. C. (1994). "Disasters, Indebtedness and Faltering Economic Growth." Prepared for the 9th International Seminar on Earthquake Prognostics, September 9–23, San Jose, Costa Rica.

Codevilla, U. (1993). *Antes que las Aguas nos Alcancen.* Cuenca: Rumbos.

Cosgrave, J., Fidalgo, L., Hallam, A., and Selvester, K. (2001). *Independent Evaluation of Expenditure of DEC Mozambique Floods Appeal Funds March 2000–December 2000.* London: Valid International and ANSA.

Cuaresma, J., Hlouskova, J., and Obersteiner, M. (2007). "Natural Disasters as Creative Destruction? Evidence from Developing Countries." *Economic Enquiry* 46 (2): 1–13.

Dercon, S. (2007). "Fate and Fear: Risk and Its Consequences in Africa." Paper prepared for the African Economic Research Consortium, Oxford University, Oxford.

De Waal, A. (1997). *Famine Crimes: Politics and the Disaster Relief Industry in Africa.* Oxford: James Currey.

Dreze, J., and Sen, A. (1989). *Hunger and Public Action.* Oxford: Clarendon Press.

Elbers, C., and Gunning, J. (2003). "Growth and Risk: Methodology and Microevidence." *Tinbergen Institute Discussion Papers*, 03–068/2.

Freeman, P., Martin, L., Mechler, R., and Warner, K., with Peter Hausman (2002). "Catastrophes and Development: Integrating Natural Catastrophes into Development Planning." *World Bank Disaster Risk Management Working Paper Series*, No. 4.

Froot, K. (1999). *The Financing of Catastrophe Risk.* Chicago: University of Chicago Press.

Guillaumont, P. (2006). "Macroeconomic Vulnerability in Low-Income Countries and Aid Responses." In *Securing Development in an Unstable World*, edited by F. Bourguignon, B. Pleskovic, and J. Van der Gaag. Annual World Bank Conference on Development Economics—Europe, 2005. Washington, D.C.: World Bank.

Hewitt, K. (1983). *Interpretations of Calamity*. London: Allen and Unwin.

Khan, A. R., and Hossain, Mahabub (1989). *The Strategy of Development in Bangladesh*. Basingstoke and London: Macmillan.

Lavell, A. (1999). "The Impact of Disasters on Development Gains: Clarity or Controversy." Latin American Social Science Faculty (FLACSO) and The Network for the Social Study of Disaster Prevention in Latin America-LA RED. Paper presented at the IDNDR Programme Forum, Geneva, July 5-9, 1999.

Lester, R., and Mahul, O. (2007). "Facilitating Countries' Access to Catastrophic Risk Financing Some Recent Successes." Mimeo. World Bank.

Miguel, E., Satyanath, S., and Sergenti, E. (2004). "Economic Shocks and Civil Conflict: An Instrumental Variables Approach." *Journal of Political Economy* 112 (4): 725-753.

Mortimore, M. (1998). *Rots in the African Dust*. Cambridge: Cambridge University Press.

——. (2000). "Profi le of Rainfall Change and Variability in the Kano-Maradi Region 1960- 2000." Working Paper, No. 40, Drylands Research, Crewkerne, Somerset, UK.

National Climatic Center (2004). "Mitch: The Deadliest Atlantic Hurricane since 1780." Accessed December 28, 2008. http://lwf.ncdc.noaa.gov/oa/reports/mitch/mitch.html.

Okuyama, Y. (2003). "Economics of Natural Disasters: A Critical

Review." Research Paper 2003-12, Regional Research Institute, West Virginia University.

Okuyama, Y., Hewings, G., and Sonis, M. (2004). "Measuring Economic Impacts of Disasters: Interregional Input-Output Analysis Using Sequential Inter-Industry Model." In *Modeling the Spatial and Economic Effects of Disasters*, edited by Y. Okuyama and S. Chang. New York: Springer.

Osborne, P. (2002). *Is Zimbabwe on the Brink of Genocide*? London: Chameleon Press.

Özyaprak, S. (1999). "Yapisal Degisim Zamani mi?" (Is It Time for Structural Changes?) *Financial Forum* 11: 9.

Parker, R., Little, K., and Hueser, S. (2007). "Human Actions and the Rising Incidence of Disasters." Independent Evaluation Group Evaluation Brief, No. 4. Washington, D.C.: World Bank.

Pelling, M. (2003). *Natural Disasters and Development in a Globalizing World.* London: Routledge.

Popp, A. (2006). "The Effects of Natural Disasters on Long Run Growth." *Major Themes in Economics* 8: 61-81.

Quah, D. (1993). "Empirical Cross Section Dynamics in Economic Growth." *European Economic Review* 37: 426-434.

Rau, B. (1991). *From Feast to Famine.* London: Zed Books.

Sen, A. (1981). *Poverty and Famines: An Essay on Entitlements and Deprivation.* Oxford: Clarendon Press.

Shaw, T. (1987). "Towards a Political Economy of the African Crisis." In *Drought and Hunger in Africa: Denying Famine a Future*, edited by M. Glantz. Cambridge: Cambridge University Press.

Skidmore, M., and Toya, H. (2002). "Do Natural Disasters Promote Long-

Run Growth?" *Economic Enquiry* 40: 664–688.

Sperling, F. (ed.) (2003). *Poverty & Climate Change: Reducing the Vulnerability of the Poor Through Adaptation.* African Development Bank, Asian Development Bank, UK Department for International Development, European Commission, German Federal Ministry for Economic Cooperation and Development, Netherlands Ministry of Foreign Affairs, Organization for Economic Cooperation and Development, United Nations Development Programme, United Nations Environment Programme. Washington, D.C.: World Bank.

Stern, N. (2007). "The Economics of Climate Change." *The Stern Review.* Cambridge: Cambridge University Press.

Swiss Reinsurance Company (1999). "Alternative Risk Transfer (ART) for Corporations: A Passing Function of Risk Management for the 21st Century?" Swiss Re sigma No. 2.

Toya, H., and Skidmore, M. (2007). "Economic Development and the Impact of Natural Disasters." *Economics Letters* 94–1: 20–25.

Uganda National Environment Management National Authority (2008). *State of the Environment Report for Uganda.* Kampala: Republic of Uganda. http: //www.nemaug.org/national_s_o_reports.php.

UNICEF (2002). *Mozambique: Energy Preparedness and Response Plan 2002.* New York: UNICEF.

Washington, R., Harrison, M., and Conway, D. (2004). *African Climate Report: A Report Commissioned by the UK Government to Review African Climate Science, Policy and Options for Action.* London: UK Department for Environment, Food and Rural Affairs, and the Department for International Development.

World Bank (1997). *World Disaster Report.* Oxford: Oxford University Press.

——. (2004) "Natural Disasters: Counting the Cost." March 2, 2004. Accessed December 28, 2011. http: //go.worldbank.org/BD449R1HY0.
——. (2005) . "Learning Lessons from Disasters Recovery: The Case of Mozambique." *Disaster Risk Management Working Paper Series*, No. 12.
——. (2006) . "Hazards of Nature, Risks to Development, An IEG Evaluation of World Bank Assistance for Natural Disasters." Independent Evaluation Group, Washington, D.C.: World Bank Publications.
——. (2007) . "Results of Preparation Work: Caribbean Catastrophe Risk Insurance Facility." Washington, D.C.: World Bank. http: //siteresources.worldbank.org/OECSEXTN/Resources/ResultsofPreparation WorkontheDesignofaCaribbeanCatastropheRiskInsuranceFacility.pdf.

第3章　自然灾害影响评估以及防灾所带来的经济效益[①]方法和应用

斯戴尔·纳弗鲁德　克里斯汀·马格努森

3.1　引言

自然灾害比如洪水、风暴、火山爆发和地震通过对个人市场交易产品和公共非市场交易产品的影响，给千家万户带来福利损失。这些影响包括：

- 对公共健康的破坏，例如生命损失（死亡）和由于伤病下降的健康状况（患病率）；
- 对个人产品的破坏，例如房屋和家用物品、农产品、小型企业；
- 对环境的破坏，比如水质、土地、生物多样性、生态系统；以及
- 对其他公共产品的破坏，比如供电、饮用水供应、学校、医院以及其他公共建筑、现存文化遗产、道路、桥梁和其他基础设施。

对极端事件所造成的损失的经济评估，是指在事后评价所需赔偿和应

① 斯戴尔·纳弗鲁德和克里斯汀·马格努森分别来自于挪威生命科学大学经济与资源管理系和挪威SWECO集团。本章是作为Microdis（Microdis是"极端事件的健康社会和经济综合影响：证据、方法和工具"的缩写）项目的一部分，由欧洲委员会（European Commission）"第六次研究、技术开发和示范框架计划"项目资助。

采取的减灾措施，同时事前也会对防灾/减灾措施进行成本–效益分析，以预防自然灾害或者减轻灾害的影响。

虽然在自然灾害造成的整体经济损失中，公共产品的损失占据了很大一部分，然而很少有针对其经济价值的研究。这是由于公共产品非市场的属性及其市场价格的缺失，使得对它进行经济价值评估变得十分困难。因此，本章旨在介绍两种能够应用于评估自然灾害影响的方法：市场评价法和非市场评价法，特别是如何将这两种方法适用于估算预防自然灾害损失给发展中国家带来的社会福利。

然而个人产品能用市场价格来估价，非市场评价法则用于对公共产品造成的影响进行经济评价，如公共卫生（死亡和伤病），环境质量（空气、土壤、水质），生态系统服务功能以及现存文化遗产。这些方法通过在市场中购买同公共产品有关的私人产品的交易行为（显示性偏好，revealed preference，RP），或者在构建的假定市场购买公共产品的行为（陈述性偏好，stated preferences，SP）得到关于个人（家庭）对于公共产品的偏好。

由于大部分的非市场评估实证研究已经在发达国家进行，而且是在与自然灾害无关的背景下，所以面对发展中国家自然灾害频发的情况，急需新的、基本的非市场评估研究。这些新研究中有一种方案是将发达国家已有的评估研究（以及在发展中国家新研究）的价值结果进行转移。这一做法通常称为“效益转移”（benefit transfer）。由于损失成本也能转移，所以通常使用“价值转移”（Navrud and Ready 2007）。虽然效益转移比展开一项原始研究成本更小，速度也更快，然而其跨越时间、空间、社会、文化、环境背景，使得转移的价值结果也更为不确定，因此我们会检验效益转移法，证实公共产品在国内和国际间转移的经济价值，以及评估极端事件产生的危害成本及效益转移的潜力，或者防灾所带来的收益。

3.2 非市场评价法

例如，由于自然灾害对生态系统产品和服务的破坏造成的家庭福利损失，可以在个人支付意愿（WTP）的基础上进行评估从而避免导致这样的损害，这样的方法被称作总经济价值（TEV）。TEV可分为：

- 使用价值，受个人实际使用公共产品的驱使；以及
- 非使用价值，受以下期望驱动：保留未来使用权（选择价值），保留产品（存在价值）以及把产品遗赠给下一代（遗赠价值）（图3-1）。

不同的非市场评价方法能够估算一部分或者全部的总体经济价值。因此对环境质量、文化遗产和健康影响的经济评估通常建立在个人偏好的基础上，无论是对与非市场交易产品有联系的市场交易产品的可观测偏好行为（显示性偏好）或者在关于非市场交易产品变化的调查中的陈述性偏好。表3-1概括了不同类型的RP和SP评估方法。

RP法可分为直接法和间接法。*直接市场评价法*包括使用市场价格来评估生产损失。以洪水和水土流失造成的作物损失为例，这种方法最简单的方式就是收集农民汇报的灾害引发的实际损失数据（比如作物损失）；或者以一个通用和可转移的“剂量效应函数”（dose-response function）为基础进行预测。（剂量效应函数说明“剂量”和“效应”这两者之间的函数关系。举例来说，“剂量”指洪水发生时的严重程度和持续时间，“效应”是洪水造成的不同作物的年损失。）

损失的货币衡量方法是将观察到的受影响作物的市场价格乘以物理或者生物上的损失量级。因此，无论是行为适应（behavioral adaptations）还是价格反应（price responses），都不用纳入考虑范围。上面这种简单的乘法运算为经济行为和经济价值提供了一个准确的预估——在这种收入总额发生变化的情况下——只有经济主体在以下方面受到限制：经济主体能够

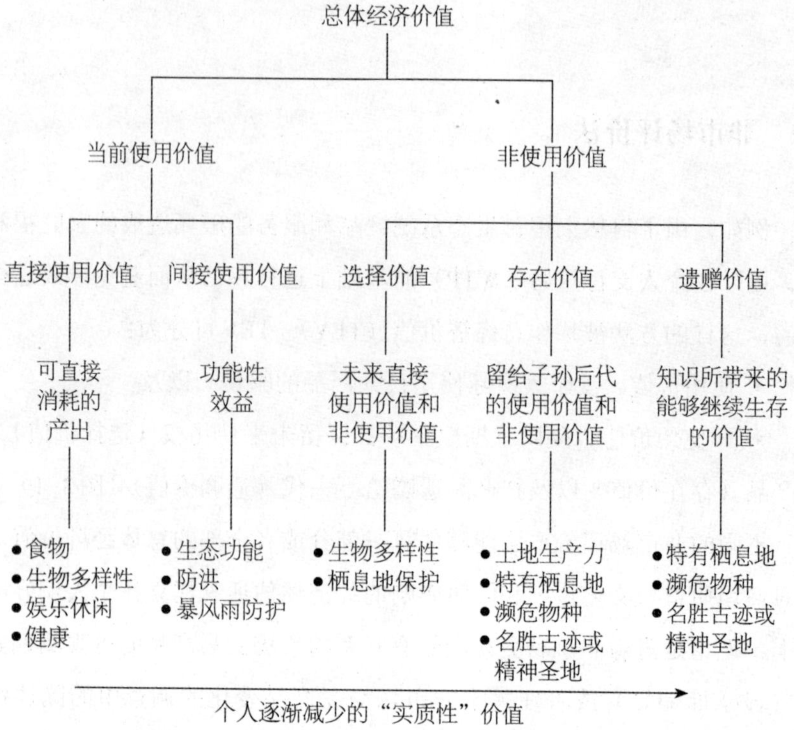

图3-1 生态系统商品和服务的总体经济价值分解图

Source: Based on M. Munasinghe and E. Lutz (1993). "Environment Economics and Valuation in Development Decision - Making." Washington, D.C: World Bank, Environment Working Paper No. 51.

表3-1 **非市场评价法的分类**

	直接法	间接法
显示性偏好（RP）	市场价格/生产力损失法	家庭生产函数（HPF）法
	重置成本（CR）/复原成本	-旅行费用（TC）法
		-防护费用（AC）法
		特征价格（HP）分析
陈述性偏好（SP）	意愿调查法（CV）	选择实验（CE）/选择模型法

Source: Authors.

适应环境效应且这种效应足够小，小到对相对价格（relative prices）几乎没有或者根本没有影响。这些假设在灾害的影响仅局限在当地并且作物在竞争性市场上广泛交易的情况下才可能会实现，这样价格对于受影响的地区或者农民才具有外生性。然而，如果作物损失是来自于洪水，并且影响了较大的区域，物价上涨，就要对消费者剩余和生产者剩余发生的变化进行计算。如果农民采取了预防性措施，比如转向种植对极端事件不那么敏感的作物（如从种植水稻转为在洪水和风暴导致盐水侵蚀的红树林地区养殖虾），那么货币衡量方法会对危害成本估计过高。因此，应谨慎使用这种方法，且阐释清楚假设物。

另外一种直接RP法是重置成本法（replacement cost method），也称为复原成本法（restoration cost method）。这种方法通过土地和肥料的市场价格计算出替换流失的土地和营养物质所需的费用，从而常用于估算水土流失造成的经济损失。这种方法也被用来计算失去的生态系统功能价值，比如红树林自然形成的防洪功能。同时，通过分别计算修建堤岸和废水处理厂的费用，还能估算出湿地具有的防洪和废水处理功能所带来的经济价值（Bystrom 2000）。这一替换过程假定替换物对于失去的生态系统服务是完美的，并且不会给自身带来负面影响。然而情况并非总是如此。例如，堤防可能不能完全保护受威胁地区，而且一旦洪水侵袭这些地区，堤防可能会增加淹没地区的时间，因而造成更大的损失。此外应牢记，替换成本或复原成本可能与受灾家庭蒙受的福利损失没有太大关系。

直接RP法最大优势在于使用相对简单。但是正如之前提到的，这种方法忽视了个人对于环境舒适度变化的行为反应，还模糊了效益和成本之间的区别——由于福利损失可能比替换物的花费要小得多，人们实际上是否愿意支付估计的替换物项目费用是无法保证的。在一些情况下，人们的福利损失比替换费用要大得多。

间接RP法主要分为两组：家庭生产函数法（包括旅行成本法和防护费用法）以及特征价格分析。

家庭生产函数法（HPF）涉及调查被评估的公共产品的替代品或补充品的消费变化。HPF法包括旅行费用（TC）法和防护费用（AC）法，并且将实际行为作为评估基础。然而，旅行成本和防护成本都限定为使用价值。不会引起直接消费的非使用价值，如果仅靠观察市场补充物或替代物是无法估算的。

旅行费用法已被广泛用于衡量游憩活动的经济价值（Bocktael and McConnell 2007）。到游憩场所的花费（比如，海滩、河流、国家公园或名胜古迹），再加上参加率、游客贡献以及关于替代场所的信息，都用来作为一种衡量在该替代场所进行的游憩活动的使用价值的标准。只要旅游是出行的一部分，那么旅游就被视作对休闲娱乐的需求，经济学上称为“弱互补品”（weak complement）。旅行成本模型建立在一系列严格的假设上，虽然这样的假设很少能满足，并且其结果对于旅行成本模型参数、功能形式的选择、旅行时间和替代场所的处理等反应都是很敏感的。然而，旅行费用法使用起来相对经济（同SP法比较的话），还能对场所当前的质量给出其自然资源使用价值（比如海滩、河流、国家公园等的娱乐使用价值）的合理而可靠的估计值。因此，TC法可以用来评估由于河水泛滥或是飓风，本应进行的娱乐活动和海滩休闲失去的游憩价值（recreational value），即计算由于极端天气造成的旅客流失天数乘以估计的每个游客日的游憩价值（假定这一价值在灾害事件前后都一样）。以同样的方式，南亚海啸造成泰国热门旅游景点的海滩游憩的价值损失可用旅行费用法来评估。

还有一种HPF法是防护费用法，也称为防御性或预防性支出。举例来说，防护输入（averting inputs）包括购买瓶装水和净水系统，以及其他减轻洪灾对于个人影响的措施。这些输入替代了环境属性发生的变化；在效果上，消费者个人环境的质量是集体环境质量以及防护输入使用质量的一个函数。理性的消费者会在当购买的输入品和集体环境的边际代替率等于价格比率时支付防护输入。通过明确替代率和了解替代品的支付价格，我们可以推断出消费者愿意为环境变化支付的金额。家庭生产函数法与转移成本法的共同点是，都使用互补品的数量变化来估算环境质量变化的价值。

特征价格（HP）分析法指的是对于交易商品中单个属性的隐含价格的估算方法。一些环境产品和服务可被看做市场商品的属性，如住宅物业（residential property）（Bockstael and McConnell 2007，第七章）。比如，买下一个住宅物业时，本次购买可能会包括以下属性，如靠近喧闹的街道、机场和污染的水道；养猪场的异味、工厂、污水处理厂和废弃物处理场；暴露于空气污染；接近公园或风景。由于这些属性的舒适度不同，房价会发生部分变化。另外一种方法（称为享乐主义工资模型）分析不同职业的工资所承担的不同级别的死亡风险，从而揭示出作为补偿应得到的赔偿数额，因为所从事职业死亡风险越高，工资也应越高。这种工资和风险上的差别可以结合起来估算生命价值（VSL），也可以看做避免死亡的经济价值。

自然灾害影响福利的一种显著方式与生命损失、伤病和健康状况恶化息息相关。对于直接或间接受到影响的家庭来说，这些损失包括生产力损失、医药费用、住院费用以及福利损失。经济学上的生命价值依赖于是否自愿暴露于死亡风险（尽管受到警告，是否仍然决定居住在泛滥平原；或者发生洪灾时，当其他人都撤离时，而你仍然决定留守），是否可以在一定程度上控制风险（比如开车还是乘坐飞机）、死亡前遭受的痛苦和受折磨的程度、死亡的年龄（因此损失的寿命）、支付能力（这取决于收入（税后净收入）以及生活成本）。享乐主义工资模式可用于估算生命价值，但是这种分析模式常常依赖于特定行业的工资和死亡风险数据，这隐藏了在同一行业里不同工作类型是多样的，每种工作都承担着不同的职业风险的事实。Shanmugan（2006）在印度南部的金奈（马德拉斯）区，使用享乐主义工资模式估算出的生命价值是134万～147万美元（这一研究会在本章后面详细讨论）。然而这一数字并不能代表同一地区受影响总人口的生命价值。

由于住宅物业常缺乏包含决定房地产价格的该房地产和周边环境的属性以及公共产品的详细数据的数据库，收集特征价格数据的成本往往较高。特征价格函数对于参数和函数的形式非常敏感，而且在有数据的情况下，要找到衡量房地产环境属性的方法常常很困难，这种方法需要住宅物业的竞购者在竞标房地产时，能够意识到边际变化并且拥有这些变化的完整信息。下面举两个例子：

1. 交通噪音级别的数据通常是没有的，使用附近道路行驶车辆的年平均数量或者车辆与该道路的距离作为噪音级别的替代变量（proxy variable），就能够很容易评估所有与道路交通相关的外部因素（包括意外风险、空气污染带来的健康影响、屏障效应（barrier effects）和污物）。

2. 通常房地产会在附近道路车流量较少的周日向潜在买家展示，因此，买家给该房地产的出价是建立在道路交通噪音级别信息不完整的情况下。发展中国家的房地产市场比起发达国家更有缺陷：缺乏房产价格、房屋特点及其周边环境数据。然而，要得到一个近似数，我们可以运用估定价值（assessed value）（或者如果有的话可用市场价格，来校正市场缺陷）进行实地调查，记录对房产价格有潜在影响的特征，比如使用房产到河流的距离作为洪灾风险的替代参数。

然而（间接）RP法是建立在被评估的非市场交易产品相关的产品市场中的实际行为上（因此在此关系中，非市场交易产品的价值在一系列严格的假设上被抽离出来），SP法通过构建假定产品市场来衡量被评估的环境产品。这一市场的假定性质是SP法的主要争议点。然而SP法不必对市场行为、市场交易补充物（marketed complements）和替代物、市场交易产品和非市场交易产品之间的关系做出严格的假设，和RP法相比，这是SP法自身的优势。SP法还能够衡量包括使用价值和非使用价值在内的总体经济价值，得出“正确”的福利措施，估算公共产品的质量和数量在未来会发生的变化。

陈述偏好法可分为直接法和间接法。意愿调查（CV）法目前使用得最多，但是近几年间接法中的选择实验（CE）法/选择模型法越来越受欢迎。这两种方法主要的区别在于虽然CV法是一种典型的双选法（表决），而CE法是使用一系列关于描述了不同特点或属性的两种备选项（经常是关于现状的备选项），包括选择这种替代方法所需的成本。CE法是用来识别偏好以及公共产品的不同属性，而CA法是将产品看做一体进行评价。

*意愿调查价值评估法*构建出场景，在这个场景中提供政府未来可能会采取的不同行动（Mitchell and Carson 1989；Bateman and Willis 1999）。在最简单也是最普遍使用的条件价值评估问答模式下，调查对象在两个方案中会被要求做出二元选择：一个是现行政策，另一个是比现行政策花费更大的替代政策（比如一个防洪计划）。会告知调查对象如果选择非现行政策的选项，政府开销会增大（比如增税，调控带来的价格上涨，或者使用费）。接着，调查对象会被询问在上述代价下，是否会支持或反对执行替代的政府政策。替代政策对于提供什么、如何提供、花费多少，以及如何支付（比如支付手段）都必须明确注明。这种衡量支付意愿的方法称为*二元离散选择（DC）*。在这种封闭式条件价值评估模式下，也可以让调查对象以二元或多元支付意愿问题的方式评价多元离散选择。在回答过程中，可以采用开放式提问的方式。调查对象会被直接问到他们最愿意为替换政策支付的是什么。作为直观辅助道具，通常会使用一张数额从零到比期望值更高数字的支付卡。然后，得出的数据可以运用统计学处理为区间数据。例如，如果调查者对支付50美元为最高限额表示“赞成”，但是对支付100美元表示“拒绝”，那么我们可得出受调查者支付意愿的范围。

意愿调查研究中主要挑战之一就是如何以浅显易懂又科学正确的方式来描述由新政策/新项目所带来的非市场交易产品的变化。另外一项挑战是即使人们对于非市场交易产品的变化抱有积极的支付愿望，但在支付意愿为零的情况下，能找到一种既现实又公平且不引起抗议行为的支付方式。考虑到收入税会增加，人们可能不同意为新政策买单，因为他们认为税收已经很高或者认为新提出的环境税不切实际（因此调查对象的回答没有显示出实施新政策能得到的实际福利收益）。然而，如果是同改善环境相关的现有收费增加，如提高废水处理厂的价格换来水质的改善，就很有可能被认为是可行且公平的，这时调查对象所表示出的支付意愿更为“真实”。

意愿调查法的可靠性也引发了一些担忧（特别在人们是否实际上会为表示的“真实”支付意愿买单方面）。美国国家海洋和大气管理局（NOAA）召集了著名专家组建了一个小组来研究这个问题，由诺贝尔获奖者肯尼斯·阿罗和罗伯特·索洛联合担任主席。1993年1月，专家小组发表了一篇报告，内容包括“意愿调查研究能够得出足够可靠的估计值，从而成为自然资源破坏（包括消极使用价值损失）的司法或行政裁决的出发点”（Arrow et al. 1993）。专家小组建议提出自然资源损害评估（NRDA）的诉讼案件中意愿调查法的使用指南（NRDA是指自然资源损失的经济价值的评估，如海底意外石油泄漏，污染方补偿用户和受到此次事件影响的非用户）来帮助确保意愿调查法在非使用价值（又称为消极使用价值）上的可靠性，包括采用面对面的访问方式，二元离散选择提问，对产品及其替代品的细致描述以及进行多次不同的检验。

自小组报告发表以来，一些关键的理论和方法论问题得到了检验和分类。最简单的就是对著名的经济格言“成本越高，需求越低”进行检验。这一价格敏感性测试可以很容易地用二元离散选择的形式来检验，当随机确定的项目成本增加，观察在实际应用中几乎不会下降的赞成该计划的比例是否会下降。范围检验近几年来最为受到关注。它涉及检验人们是否愿意为估值产品在数量或质量上的较大范围而不是较小范围的改善买单。批评者时常争论意愿调查法对于范围的不敏感是源于所谓的“温情效应”，他们认为支付改善环境的产品的行为能获得道义上的满足，与实际环境产品的特点无关。目前已经有大量关于范围敏感性的假设检验（也称为“嵌入分析”），同时一篇关于实验证据的文章认为，大部分意愿调查研究检验范围时发现，支付意愿对范围是敏感的。也就是说，尽管支付意愿处于略微下降趋势，人们更愿意为数量大的公共产品付钱（Carson 1997）。

找到好的意愿调查工具需要大量的开发性工作，典型的包括焦点小组，有深度、一对一的采访，预先测验和前期研究。这些工作帮助人们判断产品和设置的情景是否合理且易懂。把技术性材料翻译成普通大众也能看懂的形式常是件困难的事情。前面推荐的一对一采访模式会增加意愿调查的成本（Arrow et al. 1993）。邮件、网络和电话调查价格非常便宜，但是邮件和网上调查更容易受到抽样选择偏差的影响（如将问卷返回的人比没有返回问卷的人对这个话题更有兴趣），如果这项产品比较复杂或者需要实际的道具辅助，电话调查就会出现严重的缺陷。在许多发展中国家，一对一采访是唯一可行的选择。当文盲率高时，必须记住要小心设计辅助道具。如果问卷需要翻译成当地文字，事后应回译为初始语言（通常是英语），并且检查问题是否和原意一致。在收入水平较低的发展中国家，支付意愿不一定以钱来衡量，可以定为愿意用实物来做出贡献。比如，愿意为被评估的公益事业项目贡献劳动力（工作量）。（参见越南成功将这一方法应用于森林防火项目的案例，Hung，Loomis，and Thinh 2006）

意愿调查法所得出的结果对于处理潜在异常值极为敏感。开放式的调查问卷通常会引出大量所谓的抗议性零观察值（protest zeros）和一小部分过度极端反应。在采用离散选择的意愿调查法问卷中，计量经济模式的假设常常能对估计平均值和平均支付意愿产生重要影响。任何缜密的分析在关于如何处理涉及特殊数据的问题时都会做出一系列判断性抉择，同时这些抉择必须清楚注明。

严谨设计和严密管控的意愿调查能够得出有用的估计结果。估计结果的可靠性和结果的有效性依赖于调查的设计（问卷设计）及其执行。目前，从成本效益高、说服力强的意愿调查中已经获取了很多经验，在发展中国家也是如此（参见 Whittington 1998 年的一篇关于在发展中国家进行意愿调查的问题和经验的文章)。虽然这种方法已广泛应用于对环境有影响的项目的成本-效益分析，然而用于评估极端事件造成的破坏的案例还很少。

市场营销、运输和心理学文献采用选择实验（CEs）法已有一段时间，而且这种方法是产生于联合分析，并且在研究市场营销和运输中已普遍使用。选择实验和典型的联合分析法不同点在于个体被要求从一系列属性中选择，而不是对这些属性进行排位或评级。根据选择实验法，被调查者会被要求从3个或更多的一组选项中选出最赞成的选项，通常情况下有几组多项选择题。例如，会让被调查者从没有防洪计划同时家庭也不会有额外开销的现状和两套防洪计划中选择，其中一套计划每户每年支付50欧元能够避免河流X和Y未来发生的所有洪灾，然而另外一套计划支付20欧元，只能避免河流X当前一半的洪灾。因为选择实验法是建立在属性上(也就是说，之前的例子中，这些属性是货币成本（monetary cost），河流的数量以及两条河流洪水发生次数下降的百分比)，这让研究者能对属性和情景变化进行估计。此外，在特定属性受到破坏的情况下，作为属性的其他产品的补偿量是可以计算的。(正如选择实验法的情况，由于货币也是属性之一，所以也是以货币为基础的补偿。)这也是可运用于自然资源损害评估的方法之一。基于属性的方法对衡量用于补偿的其他“产品”的类型或数量是必需的（Bennett and Blamey 2001)。这种方法可以切实提供更多关于可能采取的一系列替代政策的信息，同时，和选择实验法相比，还减少了所需样本量。然而，由于必须描述的产品数量和采用的统计方法，选择实验法的问卷设计常常更为复杂。

陈述性偏好法也可以用于评估伤病和死亡。对于伤病，身体疾病的发作/症状必须用调查对象可理解的方式进行详细描述（参见如Ready et al. 2004)。陈述性偏好法还能评估生命价值。发展中国家的应用请参见Bhattacharya et al.（2007)，在本章后面会继续讨论。

总而言之，显示性偏好法和陈述性偏好法都能用于评估发达国家和发展中国家的自然灾害损失，但是在发展中国家，这两种方法需要进行适当的调整。例如，在评估支付意愿时，应根据劳动力而不是货币来衡量。(作为欧洲“Microdis”项目的一部分，我们在选择的亚洲国家中进行洪水损失评估调查时，劳动力和货币两项指标都会使用)

3.3 价值转移法

由于发展中国家几乎没有灾害损害评估的显示性偏好和陈述性偏好研究，我们往往依赖于从发达国家的类似研究中进行价值转移。之所以选择价值转移，还有一个原因是通常没有足够的时间来做第一手评估研究。目前主要有两种价值转移的方法：

1.单位价值转移

a.简单单位价值转移

b.调整收入差异后的单位价值转移

2.函数转移

a.价值函数转移

b.元分析

方法1中，原始研究地（通常称为研究地）的单位价值被认为代表了政策地（价值转移目的地）的价值，利用公式（3.1）调整（a）或不调整（b）两地的收入水平差异。

$$WTP'_p = WTP_s(Y_p/Y_s)^{\beta} \qquad (3.1)$$

WTP_s 为原始研究地支付意愿的平均值，Y_s 和 Y_p 分别为研究地和政策地的收入水平，β 为被评估的公共产品的支付意愿收入弹性（如弹性为0.8，那么当收入增加1%时支付意愿增加0.8个百分点）。

方法2中，估算原始研究地的支付意愿函数并转移到政策地（a）；或用元分析法估算几个不同研究地的效益函数（b），并把政策地的自变量价值放入函数中计算该地的支付意愿。意愿调查所得到的效益函数可以是该地、产品特征以及被调查者特点的支付意愿的函数。元分析还要将不同研究的各自特点视为一个变量，因为即便是细微的方法差异都可能影响价值的估算。

关于价值转移的详细的指导原则很少。在美国，已经有了一些涉及价值转移关键部分的指导方法。这里要提到 Desvouges et al.（1998）的研究，他们试图制定一套价值转移的指导原则，用以评估产生的空气污染物对环境和健康造成的影响。我们提出以下八步原则（根据 Navrud 2007），适用于受到自然灾害影响的环境和其他公共产品的经济评估：

1. 明确政策地被评估的环境产品的变化。
2. 明确政策地的受影响人群。
3. 进行文献综述，确定相关的一手研究（基于数据库）。
4. 评估一个或几个研究地价值的相关性和质量。
5. 选择和汇总一个或几个研究地可供使用的数据。
6. 把研究地的价值估计结果转移到政策地。
7. 计算总效益或总成本。
8. 评估不确定性和可接受的转移误差。

3.4 价值转移的有效性和可接受转移误差

转移误差产生于研究地的估计结果应用于政策地时，这些误差与研究地和政策地的一致性呈负相关。假定存在潜在的元分析函数，跨越时间和空间将一种资源（比如一个湖泊）或一项活动（比如游泳或休闲垂钓）的价值同市场或政策地和研究地联系起来。此外，假设一个原始研究项目样本来自于这个元分析函数。这里的元分析函数是建立在已有研究的估计结果上（每个估计结果或每项研究都是观测得到的结果），并且把各地的价值与该地的特点和属性联系起来，包括市场特点、地理位置特点、空间特点以及时间。这一系列中的任意因素对价值转移的准确性影响程度是一个实证性的问题。政策点与研究点一致性越高，期望误差值越小。

在价值转移有效性检验中，会在不同的地点进行两个或多个平行评估研究。然后，从研究地（或从几个研究地的合并数据集）假设价值转移到已经同样进行了一项初始/原始研究的政策地，在政策地我们已进行了一项初始/原始研究。然后把转移了的价值 WTP_T 与政策地原始评估研究得出的估计结果进行对比。转移误差（TE）作为被转移估计结果和政策地的估计结果的差别会折算为百分比。

$$TE = \frac{|WTP_T - WTP_P|}{WTP_P} \tag{3.2}$$

Ready et al.（2004）对五个欧洲城市呼吸系统疾病得出的意愿调查估计结果作转移测试后指出，即使 WTP 的分布率在这五个城市中都一样，他们仍然测出平均转移误差为16%。因此，他们指出，实际得出的38%的平均转移误差率应参照这一随机样本误差的背景水平来评估。

过去10年已有大量的学术研究来检验不同环境产品的替换价值转移方法的有效性。然而，使用经典数据测试，即使极小的转移误差也会被忽略。通常我们假设在 t 检验中，被转移的政策地价值和在政策地进行的新的原始研究发现的“真实值”是相等的。Bergland，Magnussen，and Navrud（1995）从统计学角度否定价值转移。他们在两个同时进行的意愿调查研究中，观察两个邻近且相似的湖泊是否出现类似的水质改善，研究结果表明平均转移误差少于20%。然而学术研究要求的准确度可能要超过政策制定者认为可以接受的标准，特别是在成本-效益分析中。Kristofersson and Navrud（2005）建议使用等价检测时要恰当并且提供清楚的补充说明以弥补经典检验法的缺点。等价检测法检验原始价值估计结果和转移价值估计结果之间虚假设（null hypothesis）的不同（在多数情况下，我们更为期待出现不同价值而不是相同价值）。在进行有效性检验之前，等价检测对转移误差进行恰当的解释。另外，在进行有效性检验之前，规定一个可接受的转移误差，等价检测将统计显著性和政策显著性两个概念合并到一个检测中来。Kristofersson，Navrud（2007）；Muthke and Holm-Mueller（2004）已运用这种检验方法。

在发展中国家，已经有一些研究检验过跨国效益转移的有效性和可靠性。Alberini et al.（1997），Alberini and Krupnick（1997）为避免一次健康损害事件的发生，将美国的 *WTP* 估计值转移到台湾，他们发现4个可能的平均转移误差为34%（由 Ready and Navrud 计算 2006）。Chestnut et al. 将美国的平均 *WTP* 估计值转移到曼谷、泰国后发现，根据被评估的健康损害的事件的不同，转移误差在18% ~ 35%间变动（引用自 Ready and Navrud 2006）。Barton and Mourato（2002）发现，当把葡萄牙的 *WTP* 估计值转移到哥斯达黎加来避免健康损害事件时，转移误差在87% ~ 130%之间。Ali and Belhaj（2006）在关于改善空气质量的研究中，将摩洛哥和埃及的 *WTP* 估计值转移后发现转移误差为60% ~ 220%。

Ready and Navrud（2006）对至今为止的跨国效益转移研究进行调查后发现，跨国效益转移的平均转移误差从20%~40%不等，单个转移误差可高达100%~200%。函数转移法与单位价值转移法相比，并不见得表现更佳。当我们缺乏相似的国内评估研究，国际研究的元分析就十分有用了，但也可能产生较高的转移误差。有效性检验同样支持这样的假设：研究地最好靠近关注的政策地。研究地离政策地越近，被评估的产品和受影响使用者群体有可能会更接近，因此转移误差会更低。转移有效性检验认为，如果人们体验过被评估的环境产品，那么转移误差会是相似的，然而使用价值的转移误差并没有比非使用价值低。Lindhjem and Navrud（2008）评论了最近这些关于收益转移有效性检验的文献，并且完成了一项森林使用价值和非使用价值的元分析和单位价值转移的实证比较，结果显示单位价值转移这项简单技术（特别是来自国内研究）和更为复杂的元分析表现一样。

即使我们不能决定用于不同政策的转移误差可接受的一般水平，但是可以概括出成本-收益分析（CBA）（例如防洪措施）中的可接受转移误差在一般决策规则中该如何判断。

价值转移中估计值的误差来源主要有两种：

- 误差与研究地单位价值/价值函数的估值有关；
- 研究地价值转移到政策地出现的误差。

通过在原始评估研究中使用“最佳做法”指南，我们能使第一种误差最小化。出现第二种误差是因为我们常常需要在时间和空间上转移估计结果。为了检验不同类型的环境商品，经过不同价值转移过程的有效性检验得出的结果显示，空间上价值转移的个体转移误差从几个百分点到上百个百分点变化。然而无论是国内还是国际价值转移，平均转移误差似乎都在± 20%~40 %（Ready and Navrud 2006），许多情况下，在CBA中认为是可接受的转移误差。这时必须进行敏感度分析（sensitivity analysis）来观察估计值的区间是否会影响CBA的结果。关键转移误差的大小（比如让项目净现值（NPV）为零的迁移误差的大小）也应计算在内，特别是在我们怀疑迁移误差可能过大的情况下。这些情况包括进行国际价值转移的研究地的环境产品比较复杂，同政策地的产品在大小、变化趋势、环境质量的初始水平、有无替代品（缺乏）、受影响区域的大小、人口类型（当地最受影响人口占全国人口）等方面有显著差异。

3.5　自然灾害影响的评估方法应用举例

本章我们有选择性地回顾了一系列实证研究。这些研究运用了评估自然灾害影响的最实用的方法。我们将聚焦最易受自然灾害影响的发展中国家。

3.5.1 运用享乐价格理论及意愿调查法评估死亡率

自然灾害最严重的影响之一即是带来人的死亡。生命价值（VSL），或者说死亡若能避免所能带来的经济价值，产生于人们愿意支付多少去降低微小的死亡风险。VSL可以从调查（意愿调查法及选择实验）中获取，也可以通过分析劳动市场数据来判定工人愿意牺牲多少工资以换取更小的死亡风险（享乐工资）。例如，在一个陈述性偏好调查里，调查对象愿意平均一次性支付500美元来降低万分之五的死亡风险。我们需要将500美元乘以2 000（与统计寿命价值相等，就需要预设一万分之一万的死亡概率）。这意味着一个VSL为100万美元。接下来，我们将使用来自印度的两项研究分别从陈述性偏好法及显示性偏好法的角度加以论证。

Shanmugam使用印度劳工市场的原始数据，从印度工人愿意用死亡风险换取更高工资的显示性意向计算VSL。研究的主要目的在于从发展中国家的角度探讨长期健康政策带来福利的贴现率。Shanmugam对印度工人在作出工作决定时使用的隐性贴现率进行估算，同时，对统计寿命价值、超出预期寿命的年隐性价值、边缘寿命价值也作出了估算。

Shanmugam（2006）运用了Moore and Viscusi（1988，Shanmugam于2006年报告）由享乐工资理论发展而来的折损预期寿命法。这一方法是“建立在亚当·斯密关于风险性工作需要风险补偿性工资差异的命题之上”。

研究数据来自1990年针对调查印度南部马德拉斯区制造工厂的522名男性蓝领工人的数据。研究发现了工人基于跨时健康风险与变量生命价值之上的隐性贴现率。生命周期每一年的估算隐性价值为97万到106万卢比（54 000美元到59 000美元）（1990年价格）。Shanmugam由此推算出一个人的未来寿命的隐性价值为243万到265万卢比（134万到147万美元）。这远远超出了工人的年收入。作者认为这不一定是前后矛盾，因为这代表了规避极小风险的资金率，而非工人为延长寿命所支付的资金。

Shanmugam将他的VSL估算结果与维斯库斯研究中所列结果（1993年引用）相比较，进而总结出他的估算结果比发达国家的估算价值要低，但是与中国台湾的估算结果接近。台湾的数值由刘（1997，Shanmugam 2006引用）估算，位于13.5万美元到58.9万美元之间（1990年美元价格）。

Shanmugam进一步发现工人折损未来寿命年限的隐性贴现率是在7.6到9.7之间。这一区间与私人债权人贷款的市场利率（为8%）很接近，但是比银行利率12%要低，这与之前发达国家的现场研究结果是相一致的。这一结果也为运用市场利率来评估健康福利提供了支撑。作者认为这些估算结果可以帮助印度及其他发展中国家的政策制定者等群体进行健康项目的评估，并且可以和发达国家相关的数值进行对比。

Bhattacharya et al.（2007）对印度德里死亡风险抑制进行了评估。他们采访了上班族并估算了他们愿意为降低路上交通事故死亡风险而支付金钱的意愿。结果发现，在德里，正如在大部分的发展中国家城市，所有的交通事故死亡中有一半是行人。30%的死亡率发生在自行车以及其他两轮交通工具的驾驶者和乘客中，5%的死亡率发生在小轿车驾驶者和乘客中。这与发达国家的情况非常不同，也说明应用于高收入发达国家的交通事故评估方式不一定适用于发展中国家。他们提出的更合理的评估方式是把情景加入考虑因素之中，包括调查对象每天将会面临的选择——如是否愿意购买一个更安全的摩托车头盔——从这些选择来估算VSL。

研究调查了1 200位上班族是否愿意支付金钱来降低他们自己的死亡风险。

（1）作为行人；

（2）作为两轮交通工具驾驶者；

（3）作为上班族，不考虑出行方式。

基于持有高中学历，驾驶两轮交通工具上班，在工作过程中不乘坐交通工具的上班族的平均支付意愿调查发现，他们偏向的VSL为130万卢比。作者倾向于采用这一估算结果，因为它显示了暴露降低在高交通事故风险中的人群死亡风险的效益。这一结果高于目前世界银行（主要基于以前的收入）用于评估道路安全项目效益的数值及其他印度学者的研究数值（Bhattacharya，Alberini and Cropper在2007年的研究结果，Mohan在2001年提供的数据是53.5万卢比）。从另一方面来说，Bhattacharya，Alberini and Cropper发现，当高收入发达国家的公共项目评估通过收入调整、假定项目的收入弹性，以单位价值转移的形式转移到印度，其VSL比他们估算的数值大。参见公式（3.1）。

3.5.2 运用意愿调查法评估洪灾风险敞口及风险抑制

Brouwer et al.（2009）运用意愿调查法来评估孟加拉国的洪水减灾。每户家庭需要说明他们为减少洪灾风险愿意支付的金额，以及相应的洪灾对生活和家庭的影响。针对不同风险敞口等级所表明的支付意愿的敏感度是对居住冲积平原的居民进行测试的，他们面临每年定期洪水和五到十年一遇的洪灾风险。作者认为调查对象在“知道”他们面临的风险的情况下，避免了许多在沟通承担风险和减灾时可能遇到的困难。他们提到当目标人群（也就是样本）大部分都是文盲的时候，风险沟通显得尤为重要。Brouwer et al.在案例研究中发现，使用意愿调查法时出现了一些问题，特别是关于调查对象缺乏财力资源这方面。他们发现半数无力为降低风险支付资金的调查对象都愿意通过其他方式进行弥补。这表明，调查对象实际上有积极的支付意愿，如果在允许通过其他方式（如增加工作小时/工作日）弥补的情况下，应将这种支付意愿纳入考量。

Brouwer et al.（2007）另一篇基于孟加拉国数据上的论文，研究了环境风险、贫困以及脆弱性之间的关系。他们调查了700名住在梅克纳河旁，没有任何洪水防护措施的冲积平原居民，询问他们关于洪水风险敞口、洪水问题、洪水破坏以及应对机制的问题。调查发现，就家庭层面的灾前准备及社区层面的灾后救援而言，受洪水威胁最大的人群往往也是准备最不充分的人群。较低收入和较少能获取生产性自然资产的家庭更易暴露于洪水的风险之中。研究结果进一步显示，单个抗灾能力弱的家庭在灾害面前更为脆弱，因为从社区层面来看，收入和资产分配的差异在高风险敞口区域会更加突出。

3.5.3 运用重置/复原费用法评估生态系统功能

Badola and Hussain（2005）评估了印度Bhitarkanika红树林生态系统的风暴防护功能。他们研究的出发点是红树林提供的生态系统服务，在发展项目下的红树林生态系统转化过程经常被忽视。他们运用重置费用法来评价Bhitarkanika红树林生态系统的风暴防护功能，从而计算出规避风险后的危害成本。由于红树林而实际避免的破坏是在1999年10月份飓风袭击了这个区域后进行评估的。关于当地人口和经济条件的生态经济数据是从这个区域的35个村落中收集而来。人口、土地使用和就业结构、资源利用以及观念和态度的数据是通过对其中三个村落中10%的住户做问卷调查得来的。以下这些村子被选中：一个是被红树林保护着的，一个是没被红树林保护的，第三个是在临海的一边建有堤岸。收集的这些数据是用来比较采取不同防护措施的不同村子的损坏程度。在入户调查中，作者采集数据来评估村子的社会经济状况、房屋、牲畜、渔场、树木和其他村民拥有的资产所遭受的实际损坏，以及洪水的发生率、级别和持续时间。

作者为各家庭在房屋毁坏（范围在0～19）、树木损坏（百分比）、其他私人财产损毁（金钱）、以货币计算的牲畜死亡、房基损毁和田野洪水泛滥、田间涝渍（天数）、灾后维修和重建费用、风暴侵袭的这一年的收益和在风暴之前放出的幼鱼（小鱼）的损失（以货币形式）等方面做了损失评估。三个村落住户总的货币损失是通过结合灾后维修和重建费用，以及其他私人财产，如船、渔网和家用产品的损坏、牲畜的损失和农产品损毁计算出来的。

作者发现在有红树林保护的村子，变量要么有最低的不利因素值（比如房屋损坏），要么有最高的正面因素值（比如粮食产量）。在村里，家庭遭受损失最大的不是有红树林庇护的村子而是靠堤岸的村子（153.74美元），接着是既没有红树林也没有堤岸的村子（44.02美元）和受红树林保护的村子（33.31美元）。这清楚地显示了替代方法假设中堤岸不是红树林的完美替代品，甚至比既没有堤岸也没有红树林的村子遭受了更大的损失（因为要花费更长的时间让堤岸后的水退去）。因此，为了替代失去的生态系统服务功能而采取的重置成本法的负面影响不太适合于评估本案例中的福利损失。

研究还发现，当地居民意识到并且感激红树林所展现的保护他们的生命和财产不受飓风袭击的功能，还愿意配合森林部门修复红树林。

3.5.4 经济效益和减灾项目费用的价值评估

Rose et al.（2007）汇总了美国联邦应急管理局（FEMA）减灾项目的效益和成本的经济学分析。在这个研究中，根据规避的损失，为实施与地震、飓风和洪水相关的减灾活动计算未来储备，通过美国的三个主要自然减灾项目和各种各样的补充项目资助。这些项目强调了两种减灾活动："计划"和"过程"减灾。计划减灾包括采取实际措施以避免或减少灾害损失。代表性的活动包括探测、评估或重置房屋或其他受洪水威胁的建筑结构；强化建筑物和生命线来抵抗地震或飓风的破坏力，并改善排水系统和土地条件。过程减灾包括开展一系列能够对政策、实践和计划产生降低灾害风险和损失的活动。这些活动特别注重于评估致灾因子、脆弱性和风险：进行规划，确认减灾措施、政策和实践，并设置优先顺序；开展研究来开发新的技术性减灾策略；教育决策者和建筑赞助者；促进项目的选择、设计、资助和建设（Rose et al.2007）。

作者提到，虽然成本计算方面已经相对简单，但收益或者说规避的灾害损失就较难评估了，“因为它们不受单一结构或特定时刻的限制，并且在短期里是极度不确定的。”作者还特别提到两个复杂性。第一个是低估了未来价值的呈现；第二个是需要在概率上表达规避的损失，以捕捉它们不稳定的发生频率和严重性。此研究的目的在于扩展考虑到的损失的范围，包括公共设施运行中断造成的营业中断损失、环境和历史的效益，以及减灾活动中津贴产生的效益。作者为了达到估计的效益使用了不同的方法，包括市场价格、直接财产损失以及规避环境和历史性的损失带来的利益转移。

3.5.5 基于市场价格的方法

第9章调查了印度孟加拉邦洪水灾害、震级和损毁的性质和范围。该章给出了一个关于市场价格如何用于评估自然灾害损失的案例。

3.5.6 运用特征价格法评估洪水风险

Daniel，Florax and Rietveld（2007）讨论了特征价格法以评估降低洪水风险带来的效益。按照这些作者的说法，有据可查的是，房价容易受洪水风险影响，而且如果近期发生洪水，那么之后，由于洪水风险房价会出现更大的贬值。作为事前评估和事后评估这两者之间的例子，他们指出事后评估的洪水风险是1993年荷兰默兹河发洪水前的两倍。此外，他们参考了之前已经说明的在1993年遭受洪水地区的房价在灾前比处在安全区类似的房屋低7%，1993年洪灾后较灾前降低了大约14%。

作者对默兹河畔的几座城市使用了特征价格模型，包括了从1990年到2004年间的房屋销售数据。他们发现洪水对近期受洪灾侵袭区域的房屋价值的总体影响很大，价格下降了7%到13%，他们还发现价格的下降在几年后并没有消失，虽然有些人认为贬值可能会停止。作者认为这种情况可能是由于人们越来越关注气候变化，因此也更加重视洪水（以及其他极端气候事件）风险。

3.5.7 运用意愿调查法评估疏散经济价值

Zhai and Ikeda（2006）运用意愿调查法研究了日本应急疏散所带来的经济价值及其与洪灾风险承受度之间的关系。"洪灾风险承受度"这个词是用来表示人们对洪水发生的范围和频率所能接受的程度。此研究采集了人们为避免疏散带来的不便和疏散可能带来一定的损失而愿意支付的金额（*WTP*）。超过半数的人真正经历过一次洪灾疏散，认为不方便。回答中人们感觉最为不便的就是信息缺乏和粮食短缺。为避免目前的不便，估计的 *WTP* 接近计算的疏散经济价值的一半。作者发现"洪灾风险承受度"和"住房自有"是决定人们 *WTP* 的重要因素。他们还发现，那些接受洪灾风险的人比不接受的人对洪灾风险控制（事前）措施有更低的 *WTP*，比起事后措施，他们更愿意为事前措施买单。

3.6 结语

本章回顾和简述了自然灾害影响的几种评估方法。我们展示了在缺乏时间和资源来进行新的原始评估研究的情况下，如何进行价值转移，还提供了几个灾害影响评估的原始研究实例。由于发展中国家是自然灾害最频发的地区，因此主要是来自发展中国家的例子。这些国家仍然需要更多的原始研究。

尽管应用灾害评估方法的案例数量不多，但从中依然可以得出一些结论。

首先，我们需要更多的原始研究来充分了解和评估不同类型自然灾害的影响，这对于缺乏此类一手研究的发展中国家来说更是如此。由于灾害损失的非市场评估和防灾措施的社会效益研究少之又少，因而缺少可供借鉴的研究，效益转移的可能性也受到限制。新的，一手的，在设计、实施和撰写报告的过程中就考虑到效益转化的这类评估研究十分必要。

必须采用不同的方法来评估自然灾害的不同影响。没有任何一种方法能评估出所有灾害对市场（如房屋、牲畜、谷物）和非市场（生态系统、环境质量、社会影响、健康）两种类型产品的全部影响。对同一种影响使用多种独立的评估方法有利于测试方法的有效性和可靠性，进而降低评估的不确定性。

对公共产品（如健康、环境或文化遗产）造成的破坏，其影响必须规定由可以计量的物理单位（如死亡人数）来评估。无论是影响评价(IAs）中所列明的影响，还是针对这些影响的预防（或适应）项目，都需要新的一手评估（运用本章前面提及的偏好法）。

鉴于做评估研究的多为发达国家，且适用于发达国家的实际情况，我们必须认真考虑这些方法能否以及如何才能适用于发展中国家的制度、文化、宗教和社会环境。例如，可以把询问支付意愿的陈述性偏好法调整为询问在货币支付的基础上同时允许实物支付或用实物支付替代货币支付的情况下人们的意愿，以便让经济拮据的家庭也能表达其偏好。这些家庭往往是最能从风险抑制中获利的。同样重要的是，支付机制的选择（无论是货币支付还是实物支付）必须可靠，而非即兴。

同样，Bhattacharya et al.（2007）的研究表明，设计相关的情景对得到有效的结果也很重要。发展中国家交通事故致死的情景应考虑到死亡人群多为行人和骑自行车的人，这点不同于发达国家（大多数重大交通事故影响司机和乘客）。如果对政府及其机构存在不信任，那么应避免使用政府项目作为物资/预防项目的供应方，而是使用如非政府组织或其他组织或营造人们更为信任的情景。被选为评估产品的项目必须具备较高的可能性成为供应方。公正在所有陈述性偏好的情景和调查中都很重要。对于发展中国家的易受灾人群来说，这一点尤其重要。

上述回顾的研究证明，在发展中国家进行关于预防死亡的评估研究也是可能的，但目前几乎没有相关的实证研究。上述研究还表明，仅仅把死亡人口的生前收入加总并不是人口死亡数据所代表的所有经济价值。Bhattacharya的研究进一步证明了应谨慎使用发达国家（有大量的实证研究）的生命价值估值，因为即便是调整了收入差异，数值也可能不同。因此，生命价值不仅仅取决于收入，还可能涉及其他社会经济、文化、宗教和体制因素。进一步来说，这些研究表明人们确确实实低估了风险抑制带来的未来效益。两个研究都没有在与自然灾害非常相关的情境下进行。Bhattacharya et al.（2007）的研究表明，评估情景和环境可能十分重要。无论如何，为了避免“以往收入”这一可能大大低估灾害破坏程度，或导致对灾害影响预防措施投资不足的概念，这些数据，包括其他类似研究的数据都可以当作评估灾害死亡人数的近似值来使用。然而，评估灾害预防带来的死亡人数减少的研究还很缺乏。

以上提到的案例研究进一步表明，进行评估调查，甚至是在低收入、高文盲率的灾害多发地区呈现复杂的风险抑制情景都是可能的。但这些案例也指出，在构建、实施调查，以及阐述结果时应考虑当地的情况。我们看到有很大一部分人为洪灾预防的支付意愿为零，但他们中的许多人也表示愿意在可能的情况下支付实物。这是因为收入最低的人群生活在最容易发生洪水的地区，也可能因为缺乏灾前准备和灾后救援而遭受损害。这一事实对如何进行此类评估研究、如何使用此类研究有着指导意义。研究的方法不正确，或者研究结果被错误解读都可能使误导多于启发。好的研究，正如前文提到的那些，可能有助于更好地认识减灾防灾机制及其价值。

因为缺乏发展中国家的第一手研究资料，所以需要考虑效益转移的方法。但是把发达国家的调查转移嫁接到发展中国家很可能出现转移误差，因此必须谨慎对待。例如，Daniel，Florax and Rietveld的研究表明，将发达国家的生命价值结果转移到印度会造成价值虚高。同时，在全球不同地区使用不同的生命价值结果也会引发一些重要的，单凭正确的评估方法所无法回答的道德问题。

我们有必要使发展中国家现有的为数不多的原始评估研究适用于该国

家的其他地区和其他的发展中国家。在此之前，在得到满意的结果之前，我们需要仔细地在一个极端事件的环境下测试同一国家内部和不同国家间的可转移性，建立基于环境的转移误差和转移原则。另外，还需认真地、尽可能多地涵盖不同的灾害影响，以便评估灾前预防和灾后影响的总经济价值（TEV）。与此同时，在整合不同评估方法所得到的总经济价值和估计结果时，还要注意重复计数的风险。

最后，除了上文讨论的转移的空间维度，还有转移的时间维度。本书中的研究主要让我们看到在某一个特定的时间点的价值。一旦我们想得到一幅自然灾害的“完整经济图”（灾前和灾后），时间变量就尤为重要。一些影响在灾前和灾后、“灾后立即”和“灾后一段时间”有着不同的评估结果。Daniel，Florax and Rietveld（2007）的研究发现，荷兰洪灾刚发生后的评估值是洪灾前预估的两倍，且影响在数年之内都没有消失。基于目前的研究很难对灾前、灾后、灾后短期和灾后长期的评估方法给出一个综合的建议，但当目标是展现全貌时，必须认真考虑时间维度。

这一点还提醒我们，尽管探寻极端事件的全貌大有益处，但正确地做起来并不简单。尤其是在发展中国家缺乏数据和评估研究的情况下，我们相信，研究者们应当判断灾害的主要影响，并评估它们，随后逐渐加入新的影响和更为复杂的短期、长期效果来丰富全貌。这正是我们在Microdis的多国家破坏评价研究这一项目中所尝试做的。

3.7 参考文献

About-Ali，H.，and Belhaj，M.（2006）.“A Multi-Country Analysis of the Consistency of Benefit Transfer.” Paper presented at the Third World Congress of Environmental and Natural Recourse Economics，July，Kyoto，Japan.

Alberini, A., and Krupnick, A. (1997). "Air Pollution and Acute Respiratory Illness: Evidence from Taiwan and Los Angeles." *American Journal of Agricultural Economics* 79: 1620–1624.

Alberini, A., Cropper, M., Fu, T., Krupnick, A., Liu, J., Shaw, D., and Harrington, W. (1997).

"Valuing Heal Theffects of Air Pollution in Developing Countries: The Case of Taiwan." *Journal Environmental Economics and Management* 34: 107–126.

Arrow, K. J., Solow, R., Leamer, E., Portney, P., Radner, R., and Schuman, H. (1993). "Report of the NOAA Panel on Contingent Valuation." 58 Fed. Reg. 58, 4601–4614 (January 15, 1993).

Badola, R., and Hussain, S. A. (2005). "Valuing Ecosystem Functions: An Empirical Study on the Storm Protection Function of Bhitarkanika Mangrove Ecosystem." *India, Environmental Conservation* 32 (1): 85–92.

Barton, D. N., and Mourato, S. (2002). "Transferring the Benefits of Avoided Health Eff ects from Water Pollution between Portugal and Costa Rica." *Environment and Development Economics* 8: 351–371.

Bateman, I. J., and Willis, K. G. (1999). *Valuing Environmental Preferences: Theory and Practice of the Contingent Valuation Method in the US, EU, and Developing Countries.* Oxford: Oxford University Press.

Bennett, J., and Blamey, R. (eds.) (2001). *The Choice Modelling Approach to Environmental Valuation.* Northampton, Mass.: Edward Elgar.

Bergland, O., Magnussen, K., and Navrud, S. (1995). "Benefit Transfer: Testing for Accuracy and Reliability." Discussion Paper D-03/95, Department of Economics, Agricultural University of Norway. Revised version in Florax, R. J. G. M., Nijkamp, P., and Willis, K. (eds.) (2000). *Comparative Environmental Economic Assessment: Meta Analysis and Benefit Transfer.* London: Kluwer Academic Publishers.

Bhattacharya, S., Alberini, A., and Cropper, M. L. (2007). "The Value of Mortality Risk Reductions in Delhi, India." *Journal of Risk and Uncertainty* 34: 21–47.

Bockstael, N. E., and McConnell, K. E. (2007). *Environmental and Resource Valuation with Revealed Preferences: A Theoretical Guide to Empirical Models.* Dordrecht, The Netherlands: Springer.

Brouwer, R., Akter, S., Brander, L., and Haque, E. (2007). "Socio-economic Vulnerability and Adaptation to Environmental Risk: A Case Study of Climate Change and Flooding in Bangladesh." *Risk Analysis* 27 (2): 313–326.

Brouwer, R., Akter, S., Brander, L., and Haque, E. (2009). "Economic Valuation of Flood Risk Exposure and Flood Risk Reduction in a Severely Flood Prone Developing Country." *Environment and Development Economics* 14 (3): 397–417.

Bystrom, O. (2000). "The Replacement Value of Wetlands in Sweden." *Environmental and Resource Economics* 16 (4): 347–362.

Carson, R. C. (1997). "Contingent Valuation Surveys and Tests of Insensitivity to Scope." In *Determining the Value of Non-Marketed Goods: Economic, Psychological, and Policy Relevant Aspects of Contingent Valuation Methods*, edited by R. J. Kopp, W. Pommerhene, and N. Schwartz. Boston: Kluwer.

Daniel, V. E., Florax, R. J. G. M., and Rietveld, P. (2007). "Long Term Divergence between Ex–Ante and Ex–Post Hedonic Prices of the Meuse River Flooding in The Netherlands."

Paper presented at the meeting of the European Regional Science Association, August 29-September 2, 2007, Paris.

Desvousges, W. H., Johnson, F. R., and Banzhaf, H. S. (1998).

Environmental Policy Analysis with Limited Information: Principles and Applications to the Transfer Method. Cheltenham, UK: Edward Elgar.

Hung, L. T., Loomis, J. B., and Th inh, V. T. (2006). "Comparing Money and Labour Payment in Contingent Valuation: The Case of Forest Fire Prevention in Vietnamese Context." *Journal of International Development* 19 (2): 173–185.

Kristofersson, D., and Navrud, S. (2005). "Validity Tests of Benefit Transfer—Are We Performing the Wrong Test?" *Environmental and Resource Economics* 30 (3): 279–286.

——. (2007). "Can Use and Non - Use Values be Transferred across Countries?" In *Environmental Value Transfer: Issues and Methods*, edited by S. Navrud and R. Ready. Dordrecht, The Netherlands: Springer.

Lindhjem, H., and Navrud, S. (2008). "How Reliable Are Meta-Analyses for International Benefit Transfer?" Ecological Economics 66: 425–435.

Liu, J.-T., Hammitt, J. K., and Liu, J.–L. (1997). "Estimated Hedonic Wage Function and Value of Life in a Developing Country." *Economic Letters* 57: 353–358.

Mohan, Dinesh (2001). "Social Cost of Road Traffic Crashes in India." *Proceedings 1st Safe Community Conference on Cost of Injuries.* Viborg, Denmark.

Mitchell, R. C., and Carson, R. T. (1989). *Using Surveys to Value Public Goods. The Contingent Valuation Method.* Washington, D.C.: Resources for the Future.

Muthke, T., and Holm-Mueller, K. (2004). "National and International Benefit Transfer Testing with a Rigorous Test Procedure." *Environmental and Resource Economics* 29 (3): 323–336.

Navrud, S. (2007). "Practical Tools for Benefit Transfer in Denmark—

Guidelines and Examples." Report to the Danish Environmental Protection Agency, Copenhagen.

Navrud, S., and Ready, R. (eds.) (2007). *Environmental Value Transfer: Issues and Methods.* Dordrecht, The Netherlands: Springer.

Ready, R., and Navrud, S. (2006). "International Benefits Transfer: Methods and Validity Tests." *Ecological Economics* 60 (2): 429-434.

Ready, R. C., Navrud, S., Day, B., Dubourg, R., Machado, F., Mourato, S., Spanninks, F., and Rodriquez, M. X. V. (2004). "Benefit Transfer in Europe. How Reliable Are Transfers between Countries?" *Environmental and Resource Economics* 29 (August): 67-82.

Rose, A., Porter, K., Dash, N., Bouabid, J., Huyck, C., Whitehead, J., Shaw, D., Eguchi, R.,

Taylor, C., McLane, T., Tobin, L., Ganderton, P., Godschalk, D., Kiremidjian, A., Tierney,

K., and Taylor, C. (2007). "Summary of Economic Analysis of Benefis and Costs of FEMA Hazard Mitigation Projects." Accessed February 20, 2009. http://bechtel.colorado.edu/~porterka/Rose-et-al-2007-NHR-BCA.pdf.

Shanmugan, K. R. (2006). "Rate of Time Preference and the Quantity Adjusted Value of Life in India." *Environment and Development Economics* 11: 569-583.

Viscusi, W. K. (1993). "The Value of Risks to Life and Health." *Journal of Economic Literature* 31 (4): 1912-1946.

Whittington, D. (1998). "Administering Contingent Valuation Surveys in Developing Countries." *World Development* 26 (1): 21-30.

Zhai, G., and Ikeda, S. (2006). "Flood Risk Acceptability and Economic Value of Evacuation." *Journal of Risk Analysis* 26 (3): 683-694.

第4章　灾害风险管理和气候适应的成本-效益分析

——以孟加拉国为例

莱茵哈德·梅勒和K.M. 纳布尔·伊斯兰

4.1　引言

成本-效益分析（CBA）是一种广泛用于预估项目开发效率的重要决策支持工具。它被用于组织、评估和呈现成本、效益以及项目内在的得失，从而促进基层、地区、中央政府和国际援助机构在内的公共权威部门所致力的公共福利（Kopp et al. 1997）。目前已有包括手册在内的，关于使用CBA和其他评价方法探讨自然灾害风险的具体文献（参见Benson and Twigg 2004）。美国国会1936年《防洪法案》规定，在防洪项目中使用成本-效益分析，并且自20世纪50年代起就被用于评估减轻风险的项目。事实上，它已经成为美国联邦应急管理局（FEMA）和美国陆军工程兵兵团等机构半个多世纪来的标准做法。英国环境、食品和农村事务部以及世界银行均广泛呼吁在灾害风险管理相关的项目和政策上使用成本-效益分析（参见如Ministry of Agriculture 2001；Penning-Rowsell et al. 1992）。

预防性灾害风险管理措施已被发现产生了可观的回报。一项回顾性分析指出，美国4 000个减轻灾害风险项目的投资中，平均效益-成本率是4（MMC 2005），包括抗震房屋改造以及物理防洪项目。另一项分析梳理了21份关于发展中国家开展的灾害风险管理项目的研究，包括抵御海啸的红树林种植，重新安置处于高危地区的学校。除极个别项目，这些研究都发现了相似的高效益-成本比率（Mechler 2005）。还有一项前瞻性研究分析了在圣卢西亚、印度尼西亚、土耳其和印度这些高风险的发展中国家进行房屋结构更新和改造以抵御飓风、洪水和地震灾害的成本和效益，同样得出了很高的投资回报率。该研究还指出，在涉及量化关键成本效益指标，使用概率分析时存在多重挑战，而这两点是正确解释灾害风险厚尾现象的关键（参见World Bank and United Nations 2010；Hochrainer-Stigler et al. 2010）。

这些挑战部分解释了为何有关预防性措施有效性和效益的证据仍寥寥无几，因此造成了我们严重偏向于依赖灾后响应而非灾前风险管理。“在缺乏切实的经济效益和社会效益证明，面临预算有限的情况下，许多政策制定者宁愿继续花大价钱在关注度高的灾后响应上，却不愿投入相同的资金去减少风险”（Benson and Twigg 2004）。

本章旨在丰富这一类的研究，在发展援助的环境下评价成本-效益分析在自然灾害风险管理和气候适应上的潜力和挑战。为此，我们评估了孟加拉国的风险管理存在的风险和取得的效益。孟加拉国或许是全球最易遭受洪灾的国家，同时也面临着巨大的发展挑战，全国1/3的人口每日的人均生活支出不足1美元。英国国际发展署（DFID）在孟加拉国开展了ORCHID计划[①]，探讨自然灾害、环境变化的脆弱性与发展程度、资金援

① ORCHID英文全称是Opportunities and Risks of Climate Change and Disaster，即气候变化与灾害的机会和风险，由英国国际发展署（DFID）制定。该方法认为人们应对自然灾害的危险和气候变化愈发脆弱，这给许多地方的援助者援助产品组合构成威胁，但却缺乏对脆弱性和风险的系统性评估，以及如何减少和管理风险。ORCHID的主要目标在于开发一种气候风险的监测方法，以此将国家援助产品组合中的气候风险管理作为一种减少灾害风险和适应气候变化的途径。ORCHID研究的过程包括国家层面的计划和项目审查，以及更广的战略评估，把捐助者的活动同国家的优先顺序和计划统一起来。根据当下和未来的气候、灾害、暴露和脆弱性的信息，着眼重点计划和正在实施的发展辅助活动，以此发现高风险的活动，将适应和降低风险整合进当下正在进行中和计划中的发展辅助的机会。ORCHID承认在信息有限和不确性的情况下做决定很复杂，但同时也注重提高DFID工作人员和国家合作伙伴的意识和兴趣。整个过程也试图批判性地评估适应性风险管理应对的局限（anner et al.，2007）。

助之间的关系。本章正是基于这项研究。

人类和社会都在时刻准备迎接自然灾害的挑战，试图最大限度地降低应对自然灾害和其他外部冲击的脆弱性。孟加拉国拥有大量的可用信息和数据，从中也反映出该国为降低脆弱性做出的努力。表4-1列举了1974年至2004年间孟加拉国几次洪灾的影响。[①]

表4-1　**孟加拉国30年间重大洪涝灾害影响**

年份	死亡人数	受灾人数（百万）	受灾面积（平方千米）	资产损失（百万美元）	资产损失GDP占比（%）	预计复发周期（年）
1998	918	31	100	2 128	4.8%	90
1988	2 379	47	90	1 424	5.5%	55
1987	1 657	30	57	1 167	4.9%	13
2004	285	33	56	1 860	3.3%	12
1974	28 700	30	53	936	7.5%	9
1984	1 200	30	Na	378	2.0%	2

Source：Islam 1997，2000，2005，2006；CRED 2007；World Bank 2006.

虽然1998年洪灾比1974年更严重，破坏力更强，影响范围更广，但造成的伤亡人数却更少（1974年29 000人，1998年900人），资产损失占GDP的比重更低（1974年资产损失占GDP的7.5%，1998年占4.8%）。脆弱性大幅度降低的一个重要原因就是在两次灾害之间大量投资物理性的灾害风险管理。但和成本相比，这些干预措施的效益却没有得到评估。

成本-效益分析正是一种提供量化信息的工具，以便为所有可选的风

① 一般情况下，灾害数据列举死亡人数、受灾人数，较少情况下列举直接经济（库存）损失，即对物理结构的影响，如道路、建筑和其他资产。

险管理和气候适应项目制定优先顺序。本章采用概率分析的方法，旨在为有助于孟加拉国应对当前和未来极端事件的，性价比高的灾害风险管理和气候适应（“不可逆转”）项目制定优先顺序并具体实施。

本章的一个关键发现在于，为了有效讨论当前和未来的灾害风险、风险管理和应用的潜能，就必须把根据环境因子（灾害、气候变化）和社会经济因子（暴露度、脆弱性）得出的风险预估作为基础。并非所有的风险组成因素都能有足够的可用信息，因此分析结果会依赖于一些关键的假设。但过去几年间，利用近年来建模技术和数据的创新发展，以一种基于风险的，地域设置更加明确的方式来为极端事件建模取得了长足的进步。地域气候模型、统计降尺度法、气候和社会经济降尺度技术，这些更适用于分析当地极端事件模式的方法更多地被使用（Goodess et al. 2003）。我们认为，在评估自然灾害风险时，从风险分析的角度来应用上述方法，通过损失频率函数把自然灾害风险同引发自然灾害的地球物理信号、社会经济因子和脆弱性结合起来，这一点很重要。这样一种极端事件风险概率性的呈现（同时讨论参数的不确定性）更准确地反映出这些事件低概率但后果严重的性质，以及与之相关的可能产生的社会经济影响。

本章构成如下，首先讨论成本-效益分析（CBA）的关键点及其在评估灾害风险管理中的优势和局限。其次详细讨论成本-效益分析在灾害风险管理中的应用以及采取的系统性步骤。随后提出两种风险、成本和效益的评估框架，然后将该框架应用到孟加拉国的风险管理实例。最后总结研究过程中获得的认识。

4.2 成本-效益分析在评估灾害风险管理中的优势和局限

成本-效益分析是政府和公共权威机构对公共投资项目和公共政策的

社会效益进行评估的主要技术。一般情况下，成本-效益分析被用于组织和呈现成本和效益，以及两者之间的折中关系，最终用于评估项目的经济效益。运用成本-效益分析多是出于这个目的（参见 Dasgupta and Pearce 1978），尽管在具体实施和复杂程度上有所不同。专栏4-1展示了成本-效益分析的一般特点和原则。

专栏4-1 成本-效益分析的主要原则和特点

- **是对比有无的方法**：成本-效益分析比较实施项目/投资的情况和不实施项目/投资的情况，而非比较项目/投资前后的差别。
- **注重“最佳项目”的选择**：成本-效益分析是用于筛选出最佳的项目，而非计算开展一个项目本身的吸引度。
- **着眼全社会**：成本-效益分析走的是社会福祉的路线。社会效益必须高于成本才能让一个项目有吸引力。要解决的问题是某个项目或政策是否为全社会增添价值，往往不会纠缠于赢家和输家之间的平衡。
- **显示性偏好与陈述性偏好**：显示性偏好法能观察和使用所研究的商品的市场价格（例如灾后重建房屋使用的材料的价值）。陈述性偏好可用于那些不能直接被观察的价值（例如“防”灾的总价值）。这种情况下，陈述性偏好通过调查来收集。
- **分析范围有清晰定义**：只计算在某一特定的社区、区域、地区、国家范围内的损失，该地理范围以外的影响或抵消不再考虑。

成本-效益分析的几大局限也必须考虑进来。其中一个重要的问题就是缺乏对效益和成本分布的解释。[①]成本-效益分析走的是实用主义路

① 成本效益分析的一般原则是 Kaldor-Hicks 原则，即获益于某个项目或政策的人能够潜在地补偿因该项目受到损失的人（Dasgupta and Pearce，1978）。但补偿是否真正地执行往往不重要。同时，人们提出了解释成本和效益分布的方法，但并没有实际使用（Little and Mirrlees，1990）。

线，认为社会福利由个人福利聚集而成，并随着项目和政策而改变。[1]如果通过市场价格或“支付意愿”[2]来衡量偏好，则应谨记，支付能力更强的人会更重要。另外，成本-效益分析不能解决争议性项目中（例如核能发电、生物技术、河流治理；另参见 Wenz 1988，Gowdy 2007）经常出现的巨大的价值判断的差异。另一大难题是如何评估非市场化的价值，例如与健康、环境以及一般公共产品相关的价值。尽管存在对上述例子的评估方法，但往往涉及提出争议性的假设，尤其是针对人类生命的价值。还有一个重要的问题是折现，将未来的成本和效益赋予高贴现率，这种做法显示出当前的强烈偏好，但同时潜在地将重担转移到未来几代人身上。虽然成本-效益分析的主要功能在于提示项目的实际评估阶段和选出最优选项，但它之于整个项目周期的其他阶段也很重要，特别是对于明确项目、预选有潜力的项目以及排除其他项目（Brent 1998）。同时，在评估阶段，如果该项目确实对社会有附加价值，成本-效益分析通常被用于它的事后评估。

总的来说，在意识到有关评估无形价值和效益成本的社会分布的局限的情况下，成本-效益分析确是一大实用的工具。它的优势在于能清晰而严谨地评估成本和效益、获利和损失，能够有效地将这些变量货币化，并借此做出更加透明的决策。由此看来，成本-效益分析是一种支撑连贯且系统化决策的框架，提供一把通用的项目评估的货币标尺（Kopp et al. 1997）。对许多（政府）决策者来说，经济效益是一个非常重要的方面，对于灾害相关的政策亦是如此。例如，在美国，对成本-效益的考量“不时地主导关于自然灾害的政策争论”（Burby 1991）。然而，成本-效益分析应当被视为一种决策的指导，引导得出社会偏好的近似值，而不是某项

---

① 个人偏好聚合形成社会福利函数也没有确切的聚合规则。正如 Arrow 在不可能性定律中指出的，由于做出社会选择时往往会满足于直觉上认为可行的标准，因此不存在这样一个福利函数，它包括个人偏好得出的不同社会状态下的社会等级。这大大限制了成本-效益分析，因为这个分析方法的主要假设是认同个人偏好应当计入社会选择的评估。解决这个困境的惯常方法是引入评判标准，即设定一个追求社会福利最大化的决策者或观察者，可以是政府、项目评估人或者代理（参见 Dasgupta and Pearce，1978）。

② 支付意愿指个人愿意支付某种产品或服务的最大金额。相关的另一个概念是接受意愿（WTA），指个人愿意放弃某种产品或服务的最低要求金额。

投资的确切的经济效益表现。因此，成本-效益分析和经济效率考量不应单独使用，而应成为融合社会、经济、文化因素的大决策框架的一部分。

4.3 成本-效益分析在灾害风险管理中的应用

在灾害风险环境下，成本-效益分析的主要应用是评估灾害风险管理（DRM）项目。本研究将该应用拓展至适应气候变化，它与DRM有许多有相似的特点（Sperling and Szekely 2005）。我们将分析过程中的关键因素并且将其分解为四个步骤，如图4-1所示。

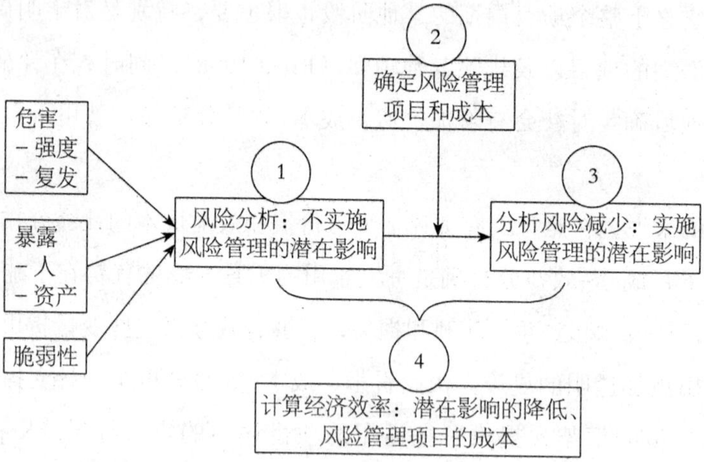

图4-1 根据危害和脆弱性得出的风险评估框架

Source：R. Mechler (2005). "Cost-Benefit Analysis of Natural Disaster Risk Management in Developing Countries." Disaster Risk Management in Development Cooperation, Working Paper, GTZ, Eschborn, Germany.

4.3.1 第一步：风险分析

为明确问题和定义问题做准备，必须评估风险在没有风险管理的情况下所具有的潜在影响。这需要评估和整合致灾因子、暴露度和脆弱性。同时，全球气候变化的影响导致的灾害负担在潜在地发生变化，因此评估需要注意较高的不确定性，并且尽可能采用最优化的科学方法。灾害风险通常被定义为对人、资产或环境产生潜在影响的可能性。自然灾害可能引发多样的影响，通常分为社会、经济和环境类影响，也会根据是否由某个事件直接引发或由于间接的、宏观经济影响而反复出现来分类（图4-2）。

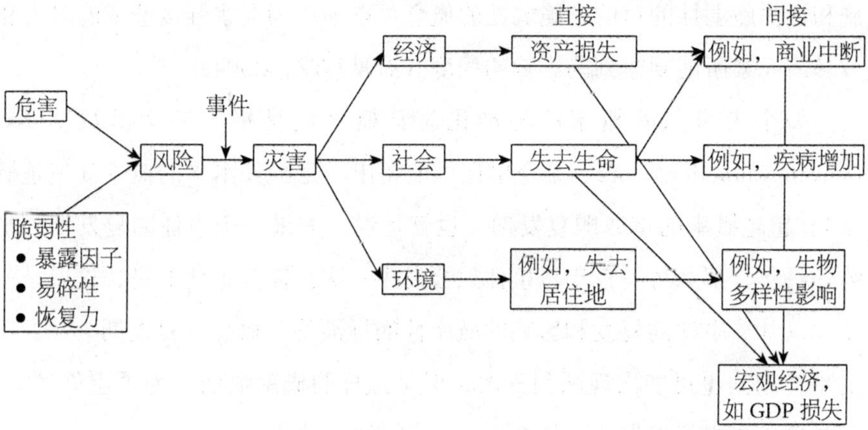

图4-2 自然灾害风险以及灾害的潜在影响类型

评估自然灾害风险和潜在灾害影响的标准方法是理解这样一个事实，自然灾害风险是致灾因子、脆弱性和暴露的结果。灾害以一种特定的强度和频率影响某个区域。灾害分析包括决定这些灾害的类型，以便得出灾害发生的概率。为了系统化地反映天气，天气生成器是一个依据观察到的天气来生成未来天气的有效工具。在许多地方，气候变化已经在频率和（或）强度方面严重影响与天气相关的事件（IPCC，2011），因此，在分析中首先需要考虑气候变化对灾害的影响。为了得到区域或当地的未来天气模式，全球气候模型得出的信息必须降低规模以适用于当地信息，这一任务需要大量的专业知识、资源和数据。

其次需要明确人、资产和环境暴露在某种灾害中的程度。这涉及评估目前和未来的社会经济走势。解释暴露的变化非常重要，这是因为未来的破坏和损失[①]的减少往往会被暴露在危险中的人数和资产价值的增长抵消掉。

此外还要评估当人暴露在危害中，面对一定灾害强度相关的因素，以及重现期的脆弱性。脆弱性有不同的解释，它是一个多维度的概念，包含物理、经济、社会以及环境这几大类因素。出于使用成本-效益分析来实施和评估脆弱性的目的，脆弱性的概念可以缩小为灾害强度造成的对人和被暴露元素所能观察到的影响的程度（参见GTZ，2004）。

一个灾害风险概率的标准化统计概念就是损失频率函数（loss-freqyency function），表示某个事件可能超出一定损失水平的概率（超越概率）。超越概率的倒数即复发期。也就是说，如果一个事件的复发期为平均一百年，那么每一百年该事件只会发生一次。需要记住的是，这只是一个用以计算事件的复发和影响的概率性的标准统计概念。复发期为一百年的事件期间也可能出现两到三次，但是这样的概率很低。为了避免误解，超越概率优于复发期这一概念。

损失频率曲线的另一个重要元素是曲线下方的区域。这一区域（由概率计算出的损失总和）代表了预估的年损失，即在一段更长的时间内预计会出现的损失的总量。这一概念有助于将非频发事件和损失值转变为可用于规划的年度数据。

虽然潜在的影响很多，但实际操作中只有很有限的一部分影响被评估。本章的重点，也是本书的重点是研究能以货币的形式量化的影响。通常分为三类：直接、间接和宏观经济影响（ECLAC，2003）。直接经济损失通常指事件中资产（或货物）遭到即时的损坏和破坏。直接的货物损失会间接影响商品和服务的“流通”，进而影响家庭和企业。最后，评估宏观经济影响涉及估计对各个经济指标造成的聚合影响。例如GDP、消费、通货膨胀以及救灾和重建相关的政府支出。由于宏观经济

① 文献往往对破坏和损失不加明确区分。本章中，破坏指物理影响，损失指直接或间接的货币化的影响。

影响反映的是间接影响，同时也反映出救灾和重建工作，因此这些影响不能被简单地加在直接或间接影响之中，这可能导致重复计算（ECLAC，2003）。同时在汇总直接和间接影响时也要小心避免重复计算。

4.3.2 第二步：确定风险管理措施和相关成本

基于风险评估可以确定有潜力的风险管理项目和备选项目。

成本-效益分析的成本是开展一个项目的具体成本——投资和维护成本。也存在财务成本，即项目所需的金额。但更有趣的是所谓的机会成本，即不能将资金用于实现别的重要目标而导致的效益的流失。我们有大量的潜在的预防和准备措施以及金融手段来降低风险，或是为风险买单。表4-3列举了一些这样的措施。

这些措施或降低风险（预防和准备），或转移和分散风险（风险金融）。预防和准备旨在减少损失，而保险和其他的风险金融工具并非直接减少损失，而是降低损失的可变性。实际上是分散和存储风险。[①]

专栏4-2 灾害风险的损失频率函数

例如，表4-2和图4-3列举出了Mechler（2005）计算出的秘鲁皮乌拉的洪灾风险值，评估了10年、50年、100年和200年一遇的洪灾导致的损失。以100年一遇的洪灾为例，其年发生概率为1%，将造成约17亿索尔的损失。最末栏表示概率和损失的乘数积，所有积之和为预估的年损失。

① 保险以及其他风险金融机制都基于样本数量大这一原则，即随着观测次数增加，概率分布的预测更准确，平均值的变化减小。

表4-2　**通过损失频率函数计算秘鲁的灾害风险**

复发周期（年）	年概率（%）	损失（百万2005年秘鲁索尔）	风险：概率损失/百万2005年秘鲁索尔
10	10.0	0	0.0
50	2.0	675	13.5
100	1.0	1672	16.7
200	0.5	3344	16.7
年预估损失			46.9

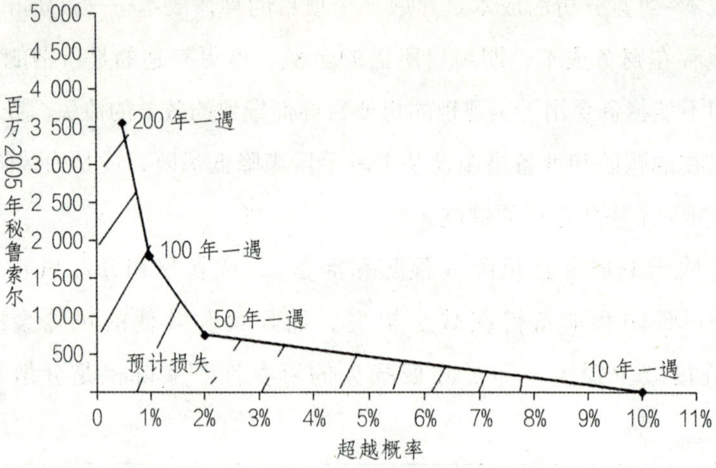

图4-3　损失频率分布示例

表4-3　**风险管理措施一览**

类型	预防	准备	风险金融
效果	降低风险	降低风险	转移风险（减少变量）
重点项目	物理和结构性弱化工作（如水利、修筑堤坝）	早期预警系统，通信系统	对公共基础设施、私有财产和小额保险进行风险转移（通过（再）保险）
	土地使用规划和建筑标准	应急计划和紧急响应网络	其他的风险转移
	事前风险管理经济刺激	安置、设置和撤离计划	国家和地方储备基金

Source：Modified based on IDB 2000.

4.3.3 第三步：降低风险的效益分析

在投资项目的传统成本-效益分析中，效益指与不实施该项目相比得到的额外收入。但对于灾害风险管理，效益来自避免直接、间接和宏观经济成本而节约的收益，也来自项目收入可变性的降低。通常我们试图用货币数额来衡量成本和效益，但它们往往不是通过货币形式表现出来的，如生命的损失、环境服务，或是极端事件的影响，并且有一些影响和效益由于评估的困难而被遗漏。一般情况下，显示性或陈述性偏好法有一定的方法加以区别（Parker，Green，and Thompson 1987）。显示性偏好法使用商品的市场价格，如重建一栋受损建筑所需的材料成本。操作中还涉及合计可避免的重建成本。相反，对于非市场化商品的价值，如防洪安全的价值，陈述性偏好法通过直接询问遭受风险的人来获得。显示性偏好法是灾害风险管理里更普遍的使用方法，因为数据在一般情况下都能获得。然而陈述性偏好法要求有具体的调研。

4.3.4 第四步：计算经济效率

最后，通过对比项目周期内的成本和效益来评估经济效率。随着时间变化，产生的成本和效益需要折现，以便使当下和未来的影响存在可比性。从经济学的角度来看，今天的一美元比10年后的一美元价值高，因此，未来的价值应折现。最终在一个普遍的经济效益决策标准框架下比较成本和效益，评估效益是否高于成本。成本-效益分析有三大重要的决策标准（参见Dasgupta and Pearce 1978；Dinwiddy and Teal 1996）：

- 净现值（NPV）：未来的成本和效益经折现，计算出两者间的差额，即某一年的净折现效益。项目周期内的净折现效益之和即净现值。一个固定的贴现率被用以代表某个项目公共资金的机会成本。若NPV为正（效益高于成本），则该项目可行。
- 效益成本比（B-C）是净现值的一个变量：项目周期内的总折现效

益除以折现成本。若该比率大于1，即收益高于成本，说明该项目能够提升社会价值。

- 内部收益率（IRR）：与前两个标准使用固定的贴现率不同，内部收益率把折现净效益定为零，以此计算贴现率（或内部效益率）。如果某一项目的内部收益率超过事先给定的公共资本的平均收益率（例如亚洲开发银行（ADB）规定公共资本收益率为12%（参见Hecker 1995）），则该项目可行。

大多数情况下，三种方法均可。[①]本章研究采用效益成本比这一标准。

4.4 风险评估框架：自然灾害管理相关的成本和收益

评估灾害风险、风险管理的潜力、成本和效益以及气候适应有两种评估框架。哪一种方法恰当取决于具体的成本-效益分析目标、数据状况、可用资源以及经验（表4-4和图4-4）。

在倾向资源密集型的、基于风险的前瞻式框架里，灾害和脆弱性的数据相结合，可用以得出风险和减少风险的估值。前瞻式风险预估的理想状态是，风险可以如上文所述的结合灾害、暴露和脆弱性信息来预估。但这样全面的风险评估常常不可行，因为受到数据、时间以及资金的限制，尤其是在遭受风险的区域大，灾害种类不止一种，或者有大量资产暴露在风险中，且脆弱性不一致的情况下。在可用的数据有限的情况下，回顾式和基于影响的框架往往使用过去的损失作为现有的脆弱性、危害和风险的基础。在损失函数不变，或调查范围过大而不能使用损失函数的情况下，这样的评估方式更适用。

---

① 在大多数情况下，三种方法相当（见Zerbe and Dively，1994；Dasgupta and Pearce，1978；Brent，1998），但各有局限。净现值法在选择恰当的贴现率上有不确定性。内部收益率的最大缺点在于有时不能被明确地定义。有些内部收益率可以被明确定义，如果它是一个多项方程式的解。如果是一个n次多项式，那么就有n个根和n个内部收益率供选择。这样一来就不知该选择哪一个内部收益率(Dasgupta and Pearce 1978)。内部收益率和成本效益比的一个重要问题是不能被用于两个相互排斥的项目，即不能同时实施的项目，如决定修两排车道或三排车道的高速路。内部效益率不适用于初期资本支出高的大规模项目。同时，内部收益率高但只能短期维持的项目比回报低但持续时间长的项目更受欢迎。

表4-4　**成本-效益评估类型及相关案例研究**

评估类型	方法	数据要求	成本和适用性
前瞻式评估——以风险为基础	根据危害、暴露度和脆弱性评估风险	关于危害、暴露度和脆弱性的本地数据和具体资产数据	更准确，但时间、数据密集（精确至几人/年） 更适用于小规模风险管理措施，如校舍或建筑物抗震加固 适用于：项目前评估或完整项目评估
回顾式评估——以影响为基础	使用过去的损失作为过去风险的体现，更新后用于评估当下的风险	过去事件的数据、暴露和脆弱性的变化信息	评估结果更加粗糙，但对于发展中国家来说更加现实和典型。更适用于大规模的风险管理措施，如暴露因素多样且不同的河流盆地地区的洪灾预防。需要过去损失的经验 适用于：评估（灾后）或信息研究

Source：Mechler 2005.

评估极端事件的风险和减少风险的效益存在大量的不确定性，对于频率小但后果严重的自然灾害更是如此。一个关键的局限就是数据。表4-5大致展示了评估风险所需要的关键数据源。寻找有关风险元素的数据往往耗时又费力。特别是关于某种灾害造成的破坏程度（脆弱性）这样的信息时常不可能得到。因此，许多情况下只能简单地基于过去的影响来评估。

虽然我们提出灾害的影响应依据影响出现的概率来评估，但考虑到风

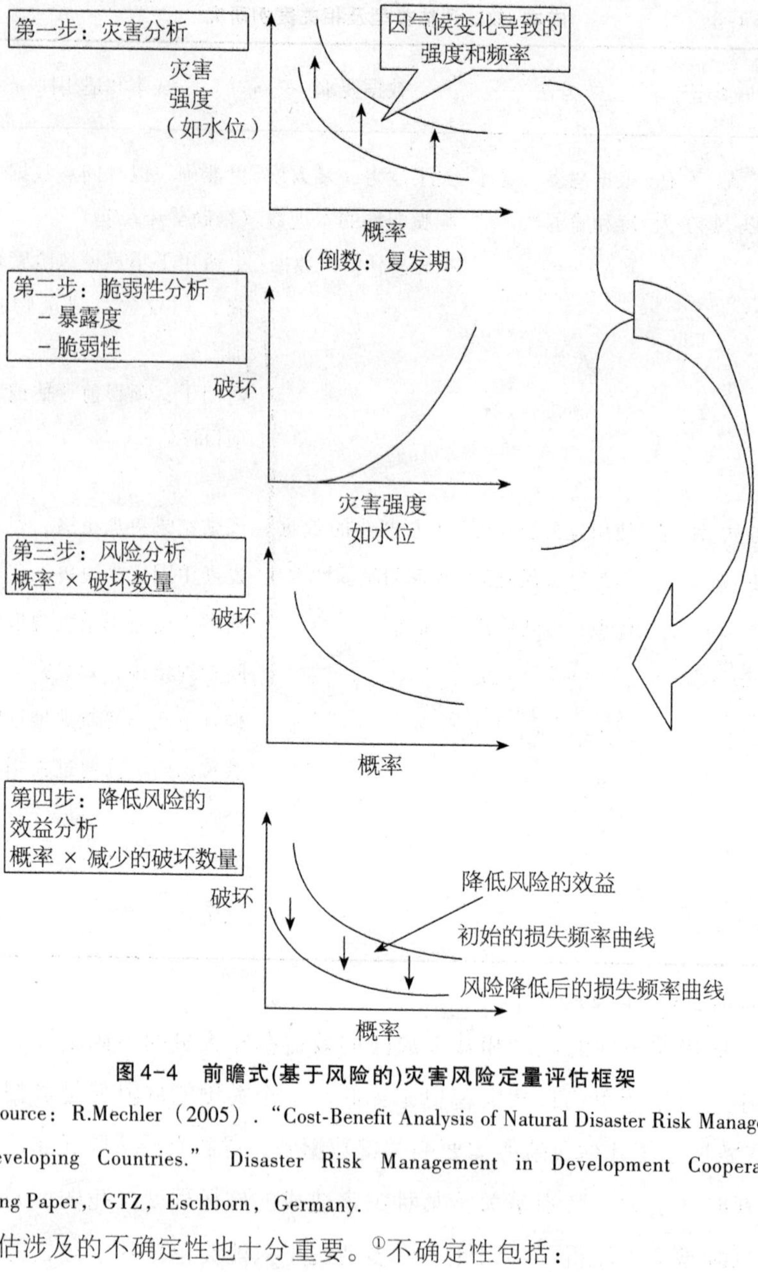

图 4-4　前瞻式(基于风险的)灾害风险定量评估框架

Source：R.Mechler（2005）．“Cost-Benefit Analysis of Natural Disaster Risk Management in Developing Countries.” Disaster Risk Management in Development Cooperation，Working Paper，GTZ，Eschborn，Germany.

险评估涉及的不确定性也十分重要。[①]不确定性包括：

① 风险和不确定性紧密相关。Frank Knight 曾做过一个著名的区分。当不确定性能够量化，能够进行概率评估时，风险就是“可测的不确定性”（Knight，1921）。但这通常不可能，敏感性分析往往被用来解释重要的不确定性。

表4-5　**危害、暴露、脆弱性以及影响信息的数据源**

组成	数据来源	数据获取度
危害	科学出版物和官方统计、灾后出版物、权威地质气象和水文权威机构、当地政府、灾害管理机构。气候变化：全球环流模型、区域降水规模	时常可获取数据，与天气相关的事件或需创造一个天气产生器，气候变化加大复杂性
暴露度	统计机构、私营企业、灾害管理机构	部分数据通常可获取
脆弱性	专业工程报告、灾害管理机构	通常不可获取，取其他来源或过去事件的信息做近似值。需做调研或使用专家评估获取

- 灾害的复发：评估往往是基于有限的数据点。
- 不完整的损失评估：不是所有相关的直接、间接以及次生影响都有可用的数据，尤其是非货币化的影响。
- 脆弱性：往往不存在脆弱性曲线。
- 暴露：人口增长、城镇化扩大，以及社会福利进步的变化需要考虑在内。
- 准确测量风险管理项目的效益难度大。
- 折现：贴现率越高，项目生命周期内的效益越低，因此贴现率对于评估结果有非常重要的影响。.
- 估值问题：使用多种汇率、紧缩指数以及不同的成本概念（替换、市值）。
- 另外，气候变化的不确定性来自预估的自然灾害的频率和强度的变化。最新的IPCC报告中有这方面的考虑，但当下仍难以量化（参见IPCC 2011）。

下一节对适应项目的评估将对具体的不确定性来源进行更加详细的讨论。在评估包括环境变化在内的动态环境变化中的灾害风险管理选项时，孟加拉国和ORCHID均采用了这两种框架。一方面，回顾式分析重点在于粗略评估孟加拉国在气候变化的情况下全国范围内现有和未来的风险（见专栏4-3)；基于成本效益分析的前瞻式方法被用于评估具体的当下正在进行的，以及计划采取的灾害风险管理项目。后者将在下一节中介绍。

4.5 评估具体适应项目成本-效益的前瞻式框架

专栏4-3中列举的回顾式分析得出的预估值显示出适应的重要性（以及有关考虑气候变化和气候变化政策时的假设)。这种由上至下对适应的评估所依据的范围广，没有具体到某个地区，且依赖于最近出现的适应项目。同时，适应并非没有成本，相反可能有极大的机会成本，这在分析中没有体现。这类的评估，以及对适应的一般化的讨论存在一个关键的问题(Stern 2007)，即这种适应的范围和程度。达到某种程度，适应或自然出现，或需要某种计划和干涉。

为了更清晰地解释这些关键问题，本章接下来将以前瞻式（基于风险的)，自下而上的成本-效益分析来讨论孟加拉国现行的以及计划采取的适应项目。在基于风险的框架下评估因选择不同的适应和减少风险项目而产生的风险和效益，我们应用了上文讨论的四个步骤。本章讨论的这个项目涉及通过修筑土台抬升孟加拉国北部河流流域岛屿（Char[①]地区）的地基。[②]

专栏4-3 运用回顾式方法评估全国范围内的风险管理和适应措施

ORCHID项目使用回顾式方法分析灾害风险以及气候变化可能带来的潜在变化，并得出一个全国范围内的解决方案，试图以此为详细的成本效益分析和具体的适应项目做准备，研究适应的重要性和相关模型假设。[③]项目研究了孟加拉国在可能的气候变化的条件下，以下两种情况目前、2020年以及2050年全国范围内所有资产风险的集合：

① Char即孟加拉语中的“岛屿”。

② 同时也有关于孟加拉国道路和高速公路系统的防洪研究。该研究是英国国际发展署援助的“道路和高速公路政策管理、预算和技术援助支持”项目中的一部分。

③ 更多细节参见Islam and Mechler（2007)。

（1）不采取任何额外的适应项目的情况；

（2）根据以往适应的推测，大力采取适应措施的情况。

分析指出，如不采取适应措施，环境恶化会导致（直接）资产风险的加剧。相反，大力采取适应措施，即便灾害频率发生变化，（直接）资产损失占GDP的比重也会降低。图4-5中的a和b分别代表两种情况下孟加拉国资产面临风险的结果。

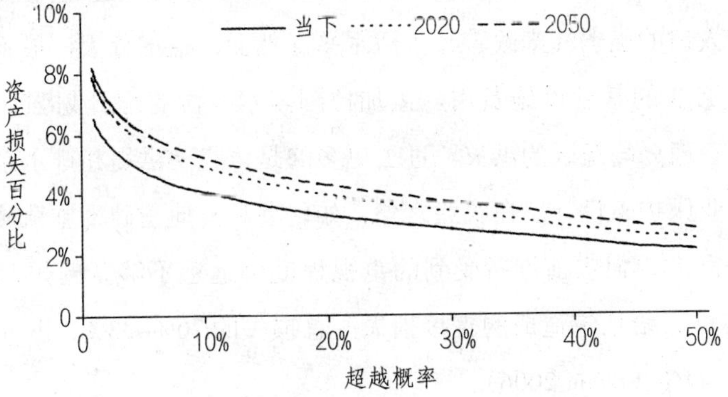

（a）假定无适应措施资产损失百分比超越系数

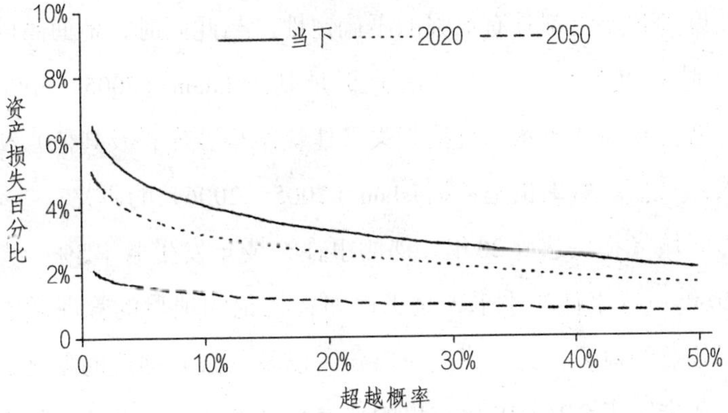

（b）假定已采取有力的适应措施资产损失百分比超越系数

图4-5　资产风险占GDP比重评估（是否采取适应措施）

注：复发期（以年为单位）为超越概率的倒数。例如，超越概率为10%，即复发期为10年。

Source：Author's calculations.

4.5.1 岛屿（Chars）地区的河流洪灾风险

孟加拉国河流流域居住着全国最贫穷和最脆弱的社区，超过80%的人口极度穷困。该区域的居民面临严重的洪灾风险。Char地区居民的生命与河水的流动变化，以及由此导致的岛屿形成和侵蚀息息相关。因此，Char区域的居民对洪灾和侵蚀有极高的脆弱性。在这种环境下，英国国际发展署（DFID）援助了Chars生计项目（CLP），旨在通过降低Char地区的贫穷人口的脆弱性来改善其生活水平。然而，这部分人口最不具备资源来支付必要的基础设施费用。孟加拉国家水资源管理计划强调的是应对，而非管理岛屿地区的洪灾。过去更多的是依靠防洪堤和排水系统，主要出于农业保护来设计。在农业之外，如住宅和其他基础设施领域，即便潜在损失巨大，但灾前准备受到的重视程度仍远远不够。例如，1998年和2004年洪灾给住宅造成的直接损失占总损失的20%~33%，占非农业损失的40%~44%（Islam 2006）。

要给Char地区居民遭受的风险定量是件困难的事，因为洪灾在强度、持续度和频率上都具有很强的不确定性。与此同时，地面高度和居民房屋的地基高度也不同。本章的分析是基于Islam（2005，2006）的研究，同时考虑到重建成本的直接损失（建筑结构、库存及其他）和间接损失（收入）。[①]基准概率也是依据Islam（2005，2006）的研究。

阴影区域（损失达到20年一遇的事件，或年发生概率5%）表示风险达到了20年一遇事件的水平，是下面即将讨论的项目的管理对象，也是我们计算效益的对象。为了说明灾害频率以及（或）强度的变化，对未来风险的预测借鉴了ORCHID研究里的自然科学部分，该研究是基于孟加拉国2020年和2050年的IPCC SRES B1气候情景（参见Nakicenovic et al. 2000）。在这样的气候情景下，ORCHID项目计算出洪灾地区相应的变化

① 在效益评估时，对于建筑材料成本（结构性破坏）和国家收入成本（库存破坏），我们使用恰当的紧缩指数，使其变为当下的价格。

和相关概率（见图4-6），由此得到2020年和2050年与当下相比的风险曲线。

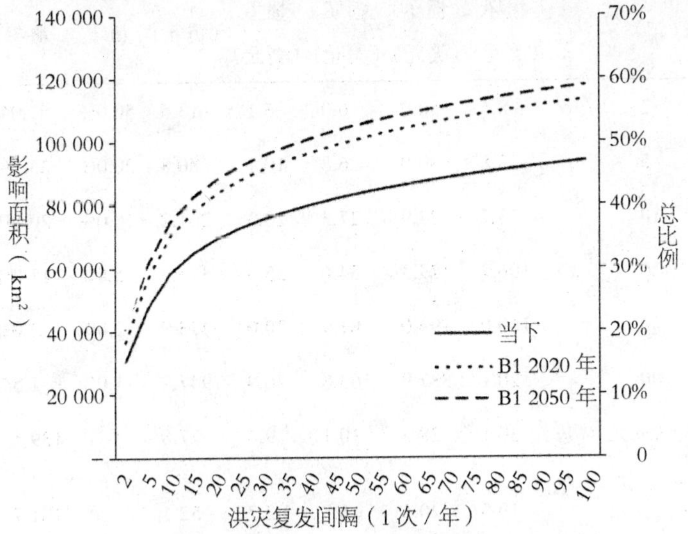

图4-6　2020年和2050年受洪灾影响面积增长

Source：T. M. Tanner et al.（2007）．“ORCHID：Piloting Climate Risk Screening in DFID Bangladesh.” Summary Research Report，Institute of Development Studies，University of Sussex，UK.

我们通过改变洪灾的复发间隔来修正损失的复发频率（见图4-6）。例如，根据本分析，年概率为20%或复发周期为5年的一笔80.8美元的损失，到2020年复发频率会增加，变为3年一周期（年概率33%）。

4.5.2　明确项目和成本：抬升宅基至洪灾临界水平以上

由Char生命项目援助的Char地区宅基抬升（housestead raising，以下称HS）项目旨在提供在宅基抬升领域已经证实的技术（将不同地点的宅基抬升至有记录的最高洪水深度）。这个项目的基本设想是在受助者的土地上修筑土台，设置宅基单位“bari”，抵抗复发周期为20年的洪灾形成的洪水高度。一个宅基单位包含四户房屋，最多容纳20个人，面积为600平方米（见表4-6）。

表4-6 **洪灾风险以及当下、2020年、2050年按计划避免/降低风险产生的效益**

洪灾复发周期（年）	结构损坏（美元）	库存损坏（美元）	其他损坏（美元）	收入损失（美元）	合计（美元）	基准概率	2020年概率	2050年概率
2	8.4	0.0	0.0	5.1	13.5	50.0%	67.0%	67.0%
5	33.8	30.0	6.8	10.1	80.8	20.0%	33.0%	43.0%
10	73.7	79.9	27.3	20.3	201.2	10.0%	20.0%	25.0%
20	106.7	129.3	54.6	25.3	315.9	5.0%	11.0%	13.0%
50	160.0	194.0	81.9	38.0	473.9	2.0%	3.0%	4.0%
100	320.1	387.9	163.8	76.0	947.8	1.0%	1.5%	2.0%
预计损失（美元）	30.1	28.2	10.1	9.4	77.8		139.1	173.1
预计避免损失——20年一遇事件（美元）=CBA中的效益	19.5	20.5	6.8	2.7	52.1		101.7	126.1

注：我们假定物理层面的宅基项目对于（间接）收入损失的减损为50%。因为无论是否发生洪灾，房屋建筑工程是有益的。但如果道路等基础设施受影响，将导致某些经济活动的中断。

该适应项目的防洪面积需覆盖四户居民、一口手动管井、一间厕所。项目假定居民将拆除各自的房屋，并在统一的平台上重建。由于松动的泥土易受洪水冲刷，因此要求加固和（或）定期维护。

参与此次项目的为Char地区的重点区域，由布拉马普特拉河沿岸的五个区组成。[①]项目将覆盖布拉马普特拉Char土地上的20个分区约1 000个村庄，人口共计约250万。孟加拉国政府把项目周期定为25年。把房屋、道路、水供给和卫生设施抬升至洪水线以上是孟加拉国传统的防洪措

① 区域从北部的古里格拉姆延伸至南部的希拉吉甘地区。另外三个区域是Jamlpur，Gaibanda，Bogra。

施。[1]不是所有的家庭都有资源这样做，尤其是在重点河道附近缺乏保护的Char地区。我们假定国际发展署会给予Char生计项目更多的支持来全面重点提升Char地区居民的生活水平。

该适应项目是在最低程度上针对洪灾建造一个台基，以保证洪水不会影响居民的日常生活。抬升的高度不仅要考虑观测得到的最大洪灾水平，还要考虑气候变化导致的海平面上升的影响。因此，有关该区域最大洪灾水平的信息对于规划宅基抬升高度至关重要。要准确地评估每一块宅基的抬升高度非常困难，因为每一所房屋、每一处地点原有的基面水平不一。另外，由于空间多样，某一水平的洪水复发周期（洪灾频率）难有一致定论。因此，除非对该区域的土地使用、土地高度和水文情况进行详细的调查，否则评估缺乏令人满意的科学基础。在不具备这些信息的情况下，最大洪水高度一直以来都是依据当地居民的记忆。

一份实地调查发现，Char地区的居民甚至会受到两年一遇的洪水影响。另外，有33%的居民遭受过洪水高度更大的洪灾。为了抵御洪灾，房屋需平均抬升0.9米。例如2004年的那场洪水，复发周期为15年。在此基础上继续抬升0.6米，安全系数会更高。据计算，将地平面抬升1.5米能有效抵御复发周期为20年的洪水（CLP的评估结果）。

宅基抬升项目可分为两个小项目，取决于社区能否承受相应的成本。项目A将四户居民，每户150平米的宅基抬升至统一的高度，再分户重建房屋。其他基础设施，如管井和下水道设施也由项目修建。项目B只统一抬升宅基，再由受益人重建各自房屋和其他基础设施。我们将分别分析以上两种项目。表4-7为两种项目的预估成本。

据预测，A项目每户居民从援助方获得的资本投资约233美元，B项目为143美元。抬升建筑物地基至洪水平面以上能消除相应级别的洪水造成的损失。另外，抬升其他设施也能减少或消除洪灾引发的破坏。最后，总成本的2%需用于项目的运营和维护，这部分成本由项目提供。

① 虽然项目针对Char地区，但也适用于任何受洪灾影响的区域，包括沿海地区。

表4-7　**宅基抬升项目相关信息和成本**

项目	成本预估值/美元	重要假设
Char地区人口	2 500 000	
平均家庭规模	5	
抬升Bari数量（包括4个家庭）	125 000	
单个平台平均面积（4个家庭×150m²）	600	
覆盖房屋数量	500 000	
覆盖人口	2 500 000	
工程生命周期	25年	
单个平台平均土方量（600m²×1.22m）	732m³	
居民土地上修建每土方成本	0.8	
项目A		给水、厕所以及房屋重建成本由项目承担
单个平台成本		
土方成本	564.7	
泥土夯实、草皮、绿化成本[1]	*9.2*	
拆除/重建成本	61.4	
CLP型管井成本（每四户居民一口）[2]	*69.1*	
CLP型管井平台（每四户居民一个）	26.1	
CLP型公厕（每四户居民四间×3 300孟加拉塔卡）[3]	*202.7*	
单个平台总成本（四户居民）	933.3	
每个家庭总成本	*233.3*	
项目B		给水、厕所以及房屋重建成本由居民承担
单个平台成本（2007年价格）	564.7	
泥土夯实、草皮、绿化成本	9.2	
单个平台总成本（四户居民）	573.9	
每个家庭总成本	*143.5*	
项目总成本		
项目A	116 657 143	
项目B	71 742 857	
运营和维护成本	项目成本的2%	由项目承担

4.5.3 Char地区灾害风险管理效益评估

从损失避免或减少的角度看，项目A和项目B的效益相当。通常，在不确定的情况下在当地实施适应措施时，任何大的假设都最好能够建立在与受影响的Char居民和管理者交流的基础之上。我们使用三角形法对多渠道获得的信息进行交叉检验。[①]Char地区居民的认识对收集洪灾频率、深度和持续度等信息大有助益。

以下因素对防洪结构工程设计和洪灾反应策略有各自的价值和指导意义：

- 洪灾频率
- 洪水深度
- 洪水持续时间
- 地面水平和平台高度
- 房屋材料对水的敏感度

我们考虑Char地区的两种房屋类型：（1）泥土地面和波纹铁皮墙（EC）；（2）泥土地面和茅草墙（ET）。这两种低成本房屋类型目前分别占Char地区居民的33%和67%。

表4-6中的阴影部分展示了20年一遇的洪灾（复发率5%）的单项损失类别的减损效益，同时也分别展示了基准线（当下）、2020年和2050年的总损失。[②]相对于总损失，每个受影响家庭分别获益52美元、102美元和126美元。基于这些数据，气候变化每年会减少2.6%的损失，这部分损失的减少可被视为效益。为计算年效益以及25年项目周期内的效益，在2008至2032年间我们使用这一数字（图4-7）。

有一些额外的潜在效益没有包含在计算中，例如洪灾对健康的负面影响。洪灾与水传播疫病发病率间有显著的相关性，如腹泻和痢疾（Islam，

① 分析的主要信息源是Char生计项目秘书，孟加拉国政府（2001），Islam（2005，2006），以及潜在的受益者。使用适用且恰当的紧缩系数。

② 对于收入损失，我们假定损失将减少50%，如上文所述。

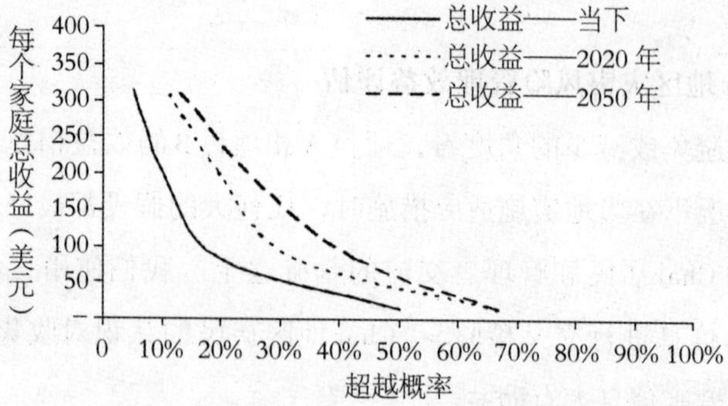

图 4-7 当前、2020 年、2050 年总收益

2006；Islam，1998）。[①]该项目计划包含一些低成本的改善水供给和水卫生的措施，将有益于预防水传播疾病。

4.5.4 经济效率计算

表 4-8 是项目 A 和项目 B 各自的预估效益-成本比。贴现率设定在 0~20%范围内，针对不同的贴现率预估基准效益成本比，以及在成本、效益增加（50%）的情况下的比率。

项目 A 代表修建房屋和配套设施，项目 B 代表只修建房屋。从最优比率来看，A、B 项目在假定的条件下均能获益。项目 B 效益更大（效益-成本比更高），这是由于该项目居民承担部分成本，进而降低了项目成本。例如，贴现率为 12%时，项目 A 的效益-成本比为 1.4，项目 B 为 1.9，这常被用作发展中国家公共资金的标准机会成本比例，如孟加拉国。

如果假定成本和效益不那么乐观（例如成本增加 50%，效益减少 50%），随着贴现率升高，两个项目均无效，这是由于被视为效益的那部分减少的损失折旧变大。贴现率越高，减少的那部分损失降低为 0 的速度越快（见图 4-8）。这种情况下，两个项目在经济效益上均不可取。然而，这些适应措施（抬升房屋和住宅）在防灾，进而避免巨大的洪灾损失的同时也能创造就业机会，为贫穷且易受灾害影响的 Char 地区居民带来额

① 相关系数 r=0.66，显著度超过 99%（Islam 2006，1998）。

表4-8　**宅基项目A的效益-成本比**

贴现率	0%	5%	10%	12%	15%	20%
基准预估值	2.8	2.1	1.6	1.4	1.3	1.0
成本+50%	2.4	1.7	1.2	1.1	0.9[a]	0.7[a]
成本+50%，效益-50%	1.2	0.9[a]	0.6[a]	0.6[a]	0.5[a]	0.4[a]

a该贴现率下缺乏经济效率，且成本高于效益。

宅基项目B的效益-成本比

贴现率	0%	5%	10%	12%	15%	20%
基准预估值	3.2	2.6	2.1	1.9	1.7	1.4
成本+50%	2.9	2.2	1.7	1.5	1.3	1.1
成本+50%，效益-50%	1.4	1.1	0.8[a]	0.8[a]	0.7[a]	0.5[a]

a该贴现率下缺乏经济效率，且成本高于效益。

外的收入。以几户居民为单位抬升宅基还可能产生社区凝聚力这类的社会效益。这些效益是无形的但能对社会造成可观的影响。鉴于相关家庭极度贫困，项目A（不涉及社区的参加）或许更适合。项目B也有一定的副作用，但受益人在贡献的过程中会获得激励。

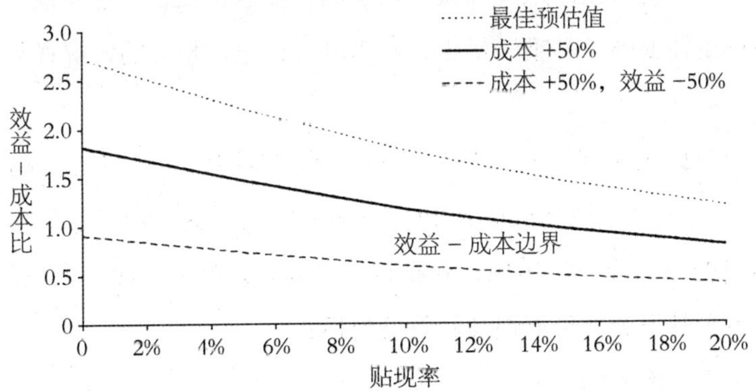

图4-8　A项目不同贴现率和不同假设下的效益-成本比

4.6 讨论和总结

本章运用成本-效益分析对孟加拉国应对与气候相关的极端事件采取的风险适应项目进行经济效率讨论和评估。我们选择了Char地区的干预项目来检验得出的研究方法。这个方法为优化和实施高成本-效益的灾害风险管理提供信息，同时帮助社区获得可供选择的应对当下和未来强度或频率可能增大的极端事件的气候适应项目。

我们运用成本-效益分析的方法来评估中选适应项目的经济风险和效率，解释不确定性和不断变化的危害、脆弱性和暴露的推动力。分析中运用的一个关键概念是通过损失频率函数以概率的形式表示风险和因降低风险产生的效益。在评估公共事业领域的干预产生的效益时，我们采用陈述性偏好的方法，使用可获得的产品的市场价格，如重建一座受损的建筑所需的成本。这涉及在重建成本中合计潜在可避免的影响。显示性偏好法在灾害风险管理中更常见，这是因为数据一般来说可以获取，但陈述性偏好法要求有具体的调查。我们采用基于风险的框架（前瞻式），将灾害、暴露度和脆弱性的数据同风险和减少风险的预估值相结合。这些预估值和假设的不确定性很强，且难以量化，应当时刻谨记。相应的，解释数据时也应谨慎。

被分析的灾害风险管理项目计划让孟加拉国河流流域的岛屿（称为Chars）上的单片宅地抵抗最大20年一遇的洪灾。这个项目已经作为Char生计项目的一部分开始实施，包括以一个bari为单位（四户家庭的宅地）修建土台。其资金、经济损失和效益包括：

- 房屋的结构性损失
- 避免的库存损失
- 收入损失，以及

- 其他可避免的损失，如清扫成本

分析结果显示，在最优情况下该项目的效益–成本比在1.4~3.2之间存在经济效益。分析使用了标准假设和成本、效益的数据。Char生计项目已经抬升了Char地区超过9万个家庭的宅基。目前在计划种植香根草和树木以保护洪水造成的斜坡地带的水土流失。

评估极端事件的风险和减少风险的效益充满很强的不确定性，尤其是本章分析的这类频率低但影响严重的灾害事件。不确定性尤其与以下因素有关：

- 危害的预估以及由此产生的变化（例如气候变化）
- 资产和人员的暴露
- 脆弱性（此处指某一危害强度的破坏程度）
- 降低风险的效益
- 折旧率的正确选择，以及
- 评估影响时所用到的成本概念

由于数据有限，且研究范围广，本章所作的评估不能进行定量的不确定性分析（例如使用置信区间）。相反，我们使用了敏感性分析来呈现项目不同的成本、效益和贴现率。不同假设的结果对参数和变量有很强的敏感性：如果成本和效益的假设偏向悲观，且运用敏感性分析来考虑不确定性，那么随着贴现率增大，项目将最终无效。

在气候变化政策的讨论中，极端事件及其潜在影响，以及适应的范围越来越重要。这也是由于越来越多的实证和研究发现，气候变化会引发极端事件的强度和频率的增加，诸如飓风和洪水。通过模型来表示极端事件的风险和风险适应已经出现，但如何更好地利用基于风险的、地域上更加具体的模型，如何运用近来在模型技术和数据上的创新和进步，仍有很大的空间。这么看来，本章对孟加拉国气候变化适应措施的成本和效益评估可被视为一次对这些问题的探索。随着数据和建模技术的进步，类似的方法亦可帮助受灾害影响的群体更好地规划和适应气候的变异与变化。

4.7 感谢

本研究是受国际发展署对ORCHID项目的资金支持，所有观点、错误或遗漏都由作者自己承担。

4.8 参考文献

Arrow, K.（1963）. *Social Choice and Individual Values.* 2d ed. New York: Wiley.

Bangladesh Bureau of Statistics（BBS）.（Various Yearly Issues）. *Statistical Year Book of Bangladesh.* Dhaka: Bangladesh Bureau of Statistics.

Benson, C., and Twigg, J.（2004）. *Measuring Mitigation: Methodologies for Assessing Natural Hazard Risks and the Net Benefits of Mitigation—A Scoping Study.* Geneva: International Federation of the Red Cross and Red Crescent Societies, ProVention Consortium.

Brent, R. J.（1998）. *Cost - Benefit Analysis for Developing Countries.* Cheltenham, UK: Edward Elgar.

Burby, R., ed.（1991）. *Sharing Environmental Risks: How to Control Governments' Losses in Natural Disasters.* Boulder, CO: Westview Press.

CRED（2007）. EM - DAT: International Disaster Database. Centre for Research on the Epidemiology of Disasters, Université Catholique de Louvain, Brussels, Belgium. http://www.emdat.be.

Dasgupta, A. K., and Pearce, D. W.（1978）. *Cost - Benefit Analysis: Theory and Practice.* London: Macmillan.

Dinwiddy, C., and Teal, F. (1996). *Principles of Cost-Benefit Analysis for Developing Countries.* Cambridge: Cambridge University Press.

ECLAC (2003). *Handbook for Estimating the Socio - economic and Environmental Effects of Disasters.* Mexico City: ECLAC.

Goodess, C. M., Hanson, C., Hulme, M., and Osborn, T. J. (2003). "Representing Climate and Extreme Weather Events in Integrated Assessment Models: A Review of Existing Methods and Options for Development." *Integrated Assessment* 4: 145–171.

Government of the People's Republic of Bangladesh. (2001). *National Water Management Plan.* Vol. 3, *Investment Portfolio.* Dhaka: Ministry of Water Resources.

Gowdy, J. (2007). "Toward an Experimental Foundation for Benefit-Cost Analysis." *Ecological Economics* 63: 649–655.

Gramlich, E. M. (1981). *Benefit - Cost Analysis of Government Programs.* Englewood Cliffs, N.J.: Prentice-Hall.

GTZ (2004). "Risk Analysis—a Basis for Disaster Risk Management." Guidelines, GTZ, Eschborn, Germany.

Hecker, G. (1995). "A Review of the Disaster-Related Activities of the Asian Development Bank: An Economic Perspective." Disaster Prevention for Sustainable Development: Economic and Policy Issues, World Bank, Washington, D.C.

Hochrainer-Stigler, S., Kunreuther, H., Linnerooth-Bayer, J., Mechler, R., Michel-Kerjan, E., Muir-Wood, R., Ranger, N., Vaziri, P., and Young, M. (2010). "The Costs and Benefits of Reducing Risk from Natural Hazards to Residential Structures in Developing Countries." Wharton Risk Management and Decision Processes Center Working Paper Series WP2010-12-0.

IDB (2000). "Facing the Challenge of Natural Disasters in Latin America and the Caribbean: An IDB Action Plan." Inter-American Development Bank, Washington, D.C.

IPCC (2011). "Summary for Policymakers." In Field, C. B., Barros, V., Stocker, T.F., et al., eds., *Intergovernmental Panel on Climate Change Special Report on Managing the Risks of Extreme Events and Disasters to Advance Climate Change Adaptation.* Cambridge: Cambridge University Press.

Islam, K. M. Nabiul (1997). "The Impacts of Flooding and Methods of Assessment in Urban Areas of Bangladesh." Ph.D. diss., Flood Hazard Research Centre, Middlesex University, London.

———. (1998). "Health Aspects of Flooding-Evidence from Macro-level Data on Incidence of Diseases in Bangladesh." Research Report No. 155, BIDS, Dhaka.

———. (2000). "Micro and Macro Level Impacts of Urban Floods in Bangladesh." In *Floods*, Vol. 1, edited by D. J. Parker. London and New York: Routledge.

———. (2005). *Flood Loss Potentials in Non-agricultural Sectors: Assessment Methods and Standard Loss Database for Bangladesh.* Dhaka: Palok Publishers.

Islam, K. M. Nabiul, and Mechler, R. (2006). *Impacts of Flood in Urban Bangladesh: Micro and Macro Level Analysis.* Dhaka: A H Development Publishing House and Community Development Library.

——— (2007). *ORCHID: Piloting Climate Risk Screening in DFID Bangladesh: An Economic and Cost Benefit Analysis of Adaptation Options.* Institute of Development Studies, University of Sussex, UK.

Knight, F. (1921). *Risk, Uncertainty, and Profit.* Boston and New York:

Houghton Mifflin.

Kopp, R. J., Krupnick, A. J., et al. (1997). "Cost–Benefit Analysis and Regulatory Reform: An Assessment of the Science and the Art." Discussion Paper 97–19, Resources for the Future, Washington, D.C.

Little, I., and Mirrlees, J. (1990). "Project Appraisal and Planning Twenty Years On." *Proceedings of the World Bank Annual Conference on Development Economics*, S. Fischer, Washington, D.C.

Mechler, R. (2005). "Cost - Benefit Analysis of Natural Disaster Risk Management in Developing Countries." Disaster Risk Management in Development Cooperation, Working Paper, GTZ, Eschborn, Germany.

Ministry of Agriculture (2001). "Flood and Coastal Defence Project Appraisal Guidance." London.

Nakicenovic, N., Alcamo, J., Gruebler, A., Riahi, K., Roehrl, R. A., Rogner, H. H., Victor, N., et al. (2000). "Special Report on Emissions Scenarios (SRES)." Special Report of Working Group III of the Intergovernmental Panel on Climate Change, Cambridge University Press, Cambridge.

OAS (1991). *Primer on Natural Hazard Management in Integrated Regional Development Planning*. Washington, D.C.: Organization of American States.

Parker, D., Green, C., and Th ompson, P. (1987). *Urban Flood Protection Benefits: A Project Appraisal Guide*. Aldershot, Hants, UK: Gower Publishing.

Penning-Rowsell, E., Green, C., Thompson, P., Coker, A., Tunstall, S., Richards, C., and Parker, D. (1992). *The Economics of Coastal Management—A Manual of Benefit Assessment Techniques (The Yellow Manual)*. London.

Rahman, F. A. K. M. (2006). "The Impact of Floods on Major Highways and Mitigation Options." In *Options for Flood Risk and Damage Reduction in Bangladesh*, edited by K. U. Siddiqui and A. N. H. A. Hossain. Dhaka: University Press Limited.

Siddiqui, K. U., and Hossain, A. N. H. A. (eds.) (2006). *Options for Flood Risk and Damage Reduction in Bangladesh*. Dhaka: University Press Limited.

Sperling, F., and Szekely, F. (2005). "Disaster Risk Management in a Changing Climate." Informal discussion paper prepared for the World Conference on Disaster Reduction on behalf of the Vulnerability and Adaptation Resource Group (VARG), Washington, D.C.

Stern, N. (2007). *The Stern Review on the Economics of Climate Change*. Cambridge: Cambridge University Press.

Tanner, T. M., Hassan, A., Islam, K. M. N., Conway, D., Mechler, R., Ahmed, A. U., and Alam, M. (2007). "ORCHID: Piloting Climate Risk Screening in DFID Bangladesh." Summary Research Report, Institute of Development Studies, University of Sussex, UK.

Wenz, P. (1988). *Environmental Justice*. Albany: State University of New York Press.

World Bank (1989). *Bangladesh Action Plan for Flood Control*. Main Report, Dhaka.

———. (2006). World Development Indicators. Washington, D.C.: World Bank.

World Bank and United Nations (2010). *Natural Hazards, Unnatural Disasters: The Economicsof Effective Prevention*. Washington, D.C.: World Bank.

Zerbe, R. O., and Dively D. D. (1994). *Benefit-Cost Analysis in Theory and Practice*. New York: Harper Collins.

第5章 未来的挑战：气候变化下的风险管理和成本-效益分析

史蒂芬·阿勒卡特

5.1 绪论

气候变化已成为国际争论中的重要政策问题，关于气候变化对自然致灾因子和自然灾害的影响特别引人瞩目。事实上，气候变化将会改变气温、降水量、径流量和海平面在内的所有气候变量和环境变量。在极端条件下，这些变化尤其可能影响这些变量。

近年来，随着经济、社会对灾害的脆弱性显著上升，这些致灾因子可能发生的变化尤为重要。即使是最富裕的现代社会面对自然灾害也是脆弱不堪。自1950年以来，全球范围内投保或未投保的灾害损失持续增长，使得这个问题无法回避。

本章第一部分引用政府间气候变化专门委员会近期开展的文献评估报告（IPCC 2007），回顾现有的关于气候变化和极端气候事件的文献，并且研究自然致灾因子造成的后果。接着讨论致灾因子和自然灾害之间的联系，并且认为如果实施了充分的应对措施和风险管理策略，致灾因子的增加并不一定会导致灾害增加。最后一部分对比新奥尔良和荷兰的风险管理，强调实施有效的应对策略会遇到的障碍以及提出应对这些障碍的方法。最后一部分阐释了这些困难，并且在保护新奥尔良免受飓风影响这个具体案例上提出了一些假设方案。

5.2 气候变化和极端事件

2007年，政府间气候变化专门委员会第四次评估报告出版发行。报告总结了目前关于气候变化及其潜在影响的现有知识，特别回顾了反映气候变化和所谓的“极端事件”之间联系的文献。报告研究发现总结如下。

5.2.1 从社会经济情景到大规模气候变化

对气候变化进行调查要求预测人为温室气体（GHG）排放是如何参与到这个过程当中的。当然，这种变化取决于许多因素，包括人口变迁、经济增长、科技发展以及文化选择。政府间气候变化专门委员会（IPCC）的评估报告基于一系列描述这些因素未来演变趋势的情景。这些情景在IPCC的“排放情境特别报告”（SRES）中进一步得到阐释（Nakicenovic and Swart 2000）。SRES中呈现的情景众多，目的在于使用简单的假设，把世界可能会演进的方向通过各种可能的方式都囊括进来。比如世界如何能变得更加全球化或者仍保持地区化，又或是经济发展会在多大程度上聚焦工业生产。根据选取的情景，SRES认为到2100年二氧化碳排放量将会从每年110亿吨（$GtCO_2$）增加到每年1 360亿吨（$GtCO_2$），凸显未来温室气体排放难以预料。

根据每个温室气体排放的情景、碳循环和气候模式（或大气环流模式，GCMs）能够得出气候情景，即所有的气象变量（气温、降水、风等）可能出现的变化。根据这些模式，全球气温在21世纪将升高1°C到

6°C，这取决于未来温室气体水平和采用的气候模型。

实际上不同的模型会得出迥异的预测结果，然而所有的模型都显示出几乎相同形式的气候变暖。在A1B情景中，一个中等范围的情景假设了2050年世界排放峰值，在2100年达到了每年50GtCO_2，同1960—1999年相比，全球温度在2090—2099年将增加2.8℃。但是全球变暖在陆地上的变化比起海洋更为显著，高纬度地区比热带地区更大。值得注意的是，全球温度增加2.8℃导致极地地区的气温上升了6℃。这些差异显示气候变化及其影响将会是非常多样化的。

当然气候变化并不仅仅与气温有关。降水模式也会被改变，比起气温变化，降水变化更加不确定。高纬度地区和热带地区降水量增加，中纬度地区特别是中美和地中海地区，南非和澳大利亚降水量减少。

气候变化也会引起全球海平面上升。这是由两方面原因造成的：

- 海水温度增高，导致海水膨胀和海水容积增加；
- 山区以及高纬度地区（特别是格陵兰）的陆地冰盖融化。根据IPCC，到2100年海平面将会升高18厘米至59厘米。然而最近的IPCC报告明确指出一些重要的过程并没有被纳入预估，而且所使用的模型低估了当前冰盖消失的速度。早期将这些过程纳入考量的尝试显示，到2100年海平面实际将升高140厘米（Rahmstorf 2007）。

5.2.2 极端事件的后果

模型预测的气温、降水以及其他气象变量大规模的变化显示，所有与这些变量（热浪、干旱、洪水、寒潮等）有关的极端事件都会受到影响。对于一些类型的极端事件，IPCC结论如下：

5.2.2.1 热浪

事实上可以确定的是未来热浪将会变得更为频繁和激烈。在大多数环境模型和排放场景中，像2003年夏天那样造成超过70 000人死亡在欧洲会变得平常。这意味着在这些地区每个夏天都会比2003年更热。

5.2.2.2 干旱

干旱的演变会根据位置发生变化。然而，已经被干旱折磨的大多数地区极有可能在未来年份降雨量减少。这些地区是地中海盆地、欧洲东南部、南非、澳大利亚和中美地区。水资源的短缺加剧是因为：

- 年降水量的变化；
- 降水季节循环加深，预计冬季降雨量增加，夏季减少；
- 山区积雪的缓冲作用减少，因为山区的冬季降雨以积雪的形式储存起来，在春天和夏天融化缓慢；
- 由于气温升高，蒸发更快。

5.2.2.3 狂风和风暴

气温升高，大气环流会改变，影响各地的风力和风暴，但将热带风暴和温带风暴加以区分有助于评估风力致灾因子未来如何变化：

- 热带风暴出现在热带地区并且特别具有破坏性。最强的风暴是北大西洋的飓风和太平洋的台风。这些气候变化下风暴的演变仍在被热烈地讨论，而且到目前为止还没有达成共识（例如 Webster et al. 2005；Emanuel 2005；Landsea 2005；Hallegatte 2007a）。目前最佳的猜测是热带风暴的数量在未来可能会减少，但是强暴风雨的数量可能会增加，特别是北大西洋地区。

- 温带风暴在高纬度地区中部造成严重损失，例如1999年12月袭击欧洲洛萨和马丁的风暴。未来气候模型中关于温带风暴的演变还未有定论，一些模型预测在最大风速下会有小幅上扬，然而另外一些模型预测结果是小幅下降。模型还认为这些风暴的轨迹可能会向更高纬度地区移动。

5.2.2.4 河流洪水

随着降水量改变，河川径流也会相应变化。这可能对洪水风险有重要影响。一些地区的洪灾风险会下降，然而其他地区的洪灾风险会上升。尤为重要的是，年降水量和河川径流可能下降，而且极端河川径流增加。因此，在这种情况下年河川径流并不是一个好的洪灾风险指标，而且需要注意的是，目前许多河岸受人为修建的影响严重。水流受各类基础设施影响和管理，如河堤、桥梁或者水库，这些基础设施根据径流力度来设计，未来往往会发生变化，因而适应力较差。在气候变化的情况下，这种不适应性可能会放大径流变化，特别是最极端的河川径流。

5.2.2.5 沿海洪水

气候变化造成的海平面上升，会增加风暴潮引发洪水的风险，即由于低气压和风暴形成的强风造成频繁的高水位线。实际上，海平面上升带来的最大损失可能不是来自平均海平面上升而是短期极端事件对海平面造成的影响。正如2007年孟加拉热带气旋风暴锡德或者2005年新奥尔良市的卡特里娜飓风所引发的灾难性后果所示，这些风险已经实质存在。大型城市尤为脆弱。Nicholls et al.（2007）调查了全世界超过100万人居住的城市的沿海洪水风险，发现暴露在百年一遇的风暴潮中——也就是说发生概率为1%——城市人口已超4 000万，预计随着城市发展到2070年，受灾人数将扩大到1.4亿，并且海平面将上升50厘米。

5.2.2.6 春寒

幸运的是，气候变化并不会导致所有极端气候事件增加。春寒的负面效果巨大并且预计在频率和强度上都会降低。

5.2.2.7 局部高污染周期

气候变化的一个间接影响是局部高污染周期频率的增加。例如，臭氧浓度很大程度上取决于气候条件，特别是气温、保温层和风。气候变化可能助长引发大量污染物高度集中的大规模条件再出现的频率。

5.2.3 极端事件造成的损失

最近几十年，极端事件造成的保险和非保险损失已显著增长（Munich Re 2007），气候变化在这一过程中的角色也已得到广泛讨论。此外，许多天气相关的灾害已经产生了巨大的社会经济上的后果（比如

1998年洪都拉斯和尼加拉瓜的飓风米奇以及2002年欧洲中部的洪水，2003年欧洲热浪，2007年孟加拉的锡德飓风和2008年缅甸的纳尔吉斯飓风）。这些事件都增加了全球变暖对致灾因子影响的担忧。然而总的来说，当前灾害损失的增加全由社会经济因素驱使，特别是沿海地区人口增长，风险地区财富不断积累以及减灾措施减少。

此外应强调的是，近年来即便某些事件发生的可能性或因环境变化而增加，但所有的重大事件在没有人类影响的环境下也可能发生。例如，Stott，Stone and Allen（2004）认为2003年欧洲热浪由于人类对气候的影响，其严重程度才更为加剧，但是不能认为气候变化造成热浪的发生。一般而言，气候变化应被认为是影响了气候事件频率上的变化：任何单一事件都不能断定为气候变化的结果，只有当某些类型的事件反复出现才能归咎于气候变化。

5.2.4 关于未来气候不确定性的讨论

意识到气候变化的预测具有很大的不稳定性是很有必要的。这种不确定性是由各类因素引发的。首先，正如前文所述，未来温室气体排放量并不确定而且依赖于人口统计、经济、技术以及子孙后代的需求。显然，如果控制排放量并且排放增长率低于预期，那么气候变化在速度和强度上都会降低。

其次，气候模型仍然在统一的温室气体浓度变化如何演变为气候变量（气温、降水等）的不同变化这一问题上存在差异，从全球范围来看，这些模型在变量的变化程度上存在分歧（比如温室气体浓度增加将导致全球平均气温如何增加），但是在区域变化上的差异更大。所以，极端气候事件在未来的变化难以预测，这给管理未来的风险和从长期后果出发作出风险决策造成了困难。本章第四部分将讨论这些不确定性带来的后果。

5.3 极端事件和自然灾害之间的联系以及适应的作用

前文所述可得出一个结论：气候变化很有可能加强了许多地区自然致灾因子的影响。尤其那些针对目前致灾因子的分布设计而成的环境基础设施，可能对于新的灾害适应能力较差。致灾因子的增加尤为令人担忧的原因在于：

- 自然灾害已经造成大量人员伤亡；
- 自然灾害对于经济系统造成的影响（参见 West 和 lenze 1994 年关于安德鲁飓风以及 Hallegatte 2008 年对卡特里娜飓风的分析）；而且
- 一系列自然灾害对经济增长和发展的影响（参见 Benson and Clay 2004 以及 Hallegatte，Hourcade and Dumas 2007，关于自然灾害潜在的“贫困陷阱”效应的分析）。

但是致灾因子增加并不一定会转化为更多的灾害，风险管理政策和基础设施才对未来灾害影响的变化起到关键性的作用。在气候变化之前致灾因子已经增加的地区能证明合理的风险管理起到的作用。

荷兰和美国的新奥尔良市这两个地区由于当地地层下陷以及海平面升高，致灾因子正处于上升趋势。因为全球海平面升高，预计世界上的许多地方在下一个世纪将遭受以上两个地区在21世纪所遇到的灾害。对这些地区如何管理和适应不断增加的致灾因子进行调查，或许能为相关适应策略提供有益的见解。[①]

5.3.1 新奥尔良

20世纪，新奥尔地区平均10年地层下陷5厘米，相当于100年中，当

① Burby，Nelson，and Sanchez (2006)在佛罗里达和路易斯安那提供了一个风险管理实践的对比研究。他们的分析显示，即使是在美国，风险管理实践也差异巨大并且在很长一段时期里会带来或多或少的损失。

地的海平面上升50厘米，这同预计的21世纪气候变化导致海平面上升的数量级是一致的。然而正如Muir-Wood and Grossi（2006）或者Burby，Nelson and Sanchez（2006）详细阐述过的那样，管理新奥尔良不断上升的致灾因子的工作还远未尽如人意。

新奥尔良始建于1718年，在19世纪早期成为美国南部最大的城市。由于该地区能够起到防护作用的天然堤岸非常少，大多数城市修建在筑有排水渠和人工堤岸，使用水泵人工抽干的天然沼泽地区。从20世纪初期开始，随着更可靠的电动泵的使用和防洪堤的发展，城市发展更为迅速。尽管拥有防护系统，新奥尔良在1915年、1947年、1965年和2005年仍然遭受了四次洪水。在1915年，一个四级的飓风袭击了城市，造成庞恰特雷恩湖防护系统失效。城市的一些地区水位线达到13英尺（4米），用水泵耗费了4天时间才把洪水排出城市。这次事件之后，水泵站被更新换代，排水渠沿岸的堤坝也加高了。

然而在1947年，一个三级的飓风再次导致庞恰特雷恩湖的堤岸崩溃。洪水席卷了30平方英里，水位线达到6英尺（1.8米），15 000人被迫撤离。1915年洪灾后，政府立即对防护系统进行了重大改进，堤岸也相应修高并且得到了扩展。然而在1965年，贝齐飓风（三级）登陆奥尔良时，洪水再一次袭击了城市。大约有13 000户家庭遭受洪灾，60 000人无家可归，53人死亡，造成超过10亿美元的经济损失。这次事件促使美国国会通过1965年《洪灾控制法令》并且催生了一项雄心勃勃的保护新奥尔良计划。该计划预计在13年内全面完工。然而由于面临环境保护争端等困难，该计划搁浅，并且最终修订为“高水平计划”（high level plan）。这项计划开始于20世纪80年代中期，进程缓慢，当2005年卡特里娜飓风袭来时被认为完成了60%~90%。2005年防护系统的彻底失败证明了无论是修建过程还是维护都没有得到充分的监督和检测。这一系列灾害最明显的还是每一次灾后便系统地执行雄心勃勃的防护升级措施，但缺乏长远的风险管理行动。

5.3.2 荷兰

同样在荷兰，地层下陷引起海平面在20世纪每10年升高大约2厘米。荷兰在1953年遭受了一次大洪水，导致超过1 800人死亡和大面积的破坏。但是该事件的应急响应工作并不仅仅体现在建筑工程方面，还同时设立了一个三角洲委员会（the Delta Committee），从机制和技术角度进行应急响应管理。该委员会在1960年发布了三角洲计划（the Delta Plan），其中包括一个工程计划——三角洲工程。三角洲委员会也引入了一种全新的方法，以决定对抗洪水所需的防护级别。通过使用成本-效益法，三角洲委员会确定了一个可接受的洪水风险水平并且从中得出了最佳的保护级别。

荷兰水资源防护法也要求风险分析中所使用的水位线和浪高以及防护措施的设计每五年更新一次，并且水资源防护必须根据这些新的环境条件进行评估。当然，这种应对工作并不能让风险消失，荷兰在20世纪90年代由于低估了洪水强度，再次遭到洪水袭击。但是荷兰的风险管理没有陷入新奥尔良那样的循环，仅仅在灾难证明了防护措施有缺陷后才进行改进。

新奥尔良和荷兰响应工作上的主要区别在于荷兰设立了机构来管理风险（定期衡量风险，更新标准和方法，发展应急响应策略）；而新奥尔良更注重物理防御，在每一次事件发生后开始执行措施然后逐渐淡忘忽略，一直到新的灾难发生。这些抵御洪水风险的不同方法所产生的影响如图5-1所示，该图展示了一段时间内，这两个案例中的风险是如何演变的。通过观察新奥尔良可以看到，使用被动反应式的风险管理方法，洪水风险会显著增加。采用主动的策略，正如荷兰，虽不会让灾难消失，但是能让风险控制在可知范围内。

有趣的是，由于每五年修订一次水位线，荷兰很自然地将气候变化对自然风险的影响纳入考虑，这使得该国即使容易受到灾难威胁，但遭受气

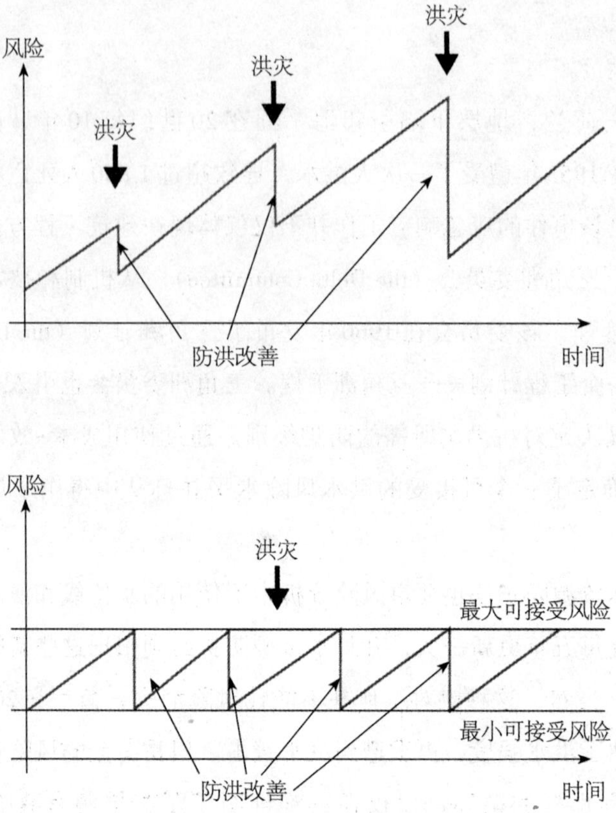

图 5-1　两种风险管理策略

Source: P. Grossi and R. Muir - Wood (2006). "Flood Risk in New Orleans: Implications for Future Management and Insurability." Accessed on January 26, 2009. http: //www.rms.com/Publications/NO_FloodRisk.pdf.

候变化所带来的巨大损失的可能性更小。当然，这种方法需要定义最大可接受风险水平。要做到这点，需要使用建立在防护成本和规避洪水损失基础上的成本-效益法，这种方法在本章后面会提到。

5.4　适应的障碍

许多地区，如新奥尔良，很有可能还没能适应当前所处的气候环境。

如果这些地区适应能力差，那是因为许多适应措施的实施遇到了障碍。这部分将会梳理这些障碍。

5.4.1 财政和制度障碍

许多贫穷国家容易遭受自然灾害，但由于财政困难或缺乏专业技术人员，不能实施那些能够减少脆弱性的措施。比如，令人惊讶的是在发展中国家的大多数超大型城市中甚至缺乏基本的基础设施。无论是在当前还是在未来逐渐温暖化的世界，修建基础设施（例如设置环境卫生网络）将会大大减少很多自然灾害带来的影响（比如城市洪涝）。但是做这些工作将需要巨额资金（Satterthwaite et al. 2007），而这些资金却不总是能够获得的。世界银行、联合国开发计划署以及联合国气候变化框架公约预计，到2030年适灾所需财政资金大约在每年90亿美元到1 660亿美元。虽然算法还值得商榷，但如此大的数量已足够证明资金是未来适应气候变化的重大障碍。

另外一个障碍是如何获得专业知识和合适的技术。一个例子就是引入在一些国家已经得到发展的废水回用技术（比如以色列），这项技术如果能够被许多发达和发展中国家采纳，将给干旱管理带来很大的改善。

然而资金和技术并不足以实施有效的适应措施。正如路易斯安那和荷兰在风险管理上表现出的不同，机制、法律环境以及政策都非常重要。这两个地区的不同并不在于其承受能力，更大程度上是机构组织的不同造成的。另外一个更明显的例子是纽约和上海的洪涝防护水平，两个城市都极端暴露于沿海洪水风险之中。前者不具备抵御百年一遇的极端事件的防护能力；而后者尽管财政资源更为有限，却拥有优秀的防护水平，能够抵御千年一遇的洪水（Nicholls et al. 2007）。

5.4.2 不确定性的角色

还有一个问题在于为风险分析和风险管理策略提供信息，“评估”长期的气候情况和相应的风险（Hallegatte 2009）。一个常见的例子就是近几十年来佛罗里达的人口增长和飓风带来的资产风险。这一增长发生于飓风活动极少的时期，在这段时间经济活动者“遗忘”了该地区飓风风险的正常水平。这种变化使得佛罗里达在飓风正常活动期极为脆弱。在未来，气候变化将会明显增加气候和极端事件的不稳定性，这意味着不采取准备措施，风险将会变得更大。比如在许多地区，气候模型甚至在降水未来变化的指数上都未达成一致。

这些不确定性使得实施最优化风险管理策略变得十分困难，特别是许多策略要求具备预测可能会发生的事件的重要能力。比如，在保护泰晤士河水闸免受风暴潮袭击这一案例中，在做出修建水闸的决定到完全投入使用已经过去了30年：管理自然风险需要预测在未来几十年自然致灾因子将会如何变化，但是关于气候变化的不确定性是做出这些预测的主要障碍。

5.4.3 我们如何应对这些障碍？

要最大程度限制气候变化对未来产生的影响必须推广最佳的适应实践。要做到这点可以利用特殊资金来帮助应对财政障碍（比如联合国气候变化框架公约适应基金正在创建绿色气候基金）。此外技术转移也非常有用——比如共享最有效的废水处理方法——在讨论中气候谈判已经包括了这一层。即便总是需要考虑到当地的条件和环境，识别出最佳的实践和进行交流对于适应计划的设计也大有帮助。在2011年的德班联合国气候变化框架公约大会上建立的适应委员会，其最主要的作用可能就是找出优秀的实践。这一国际委员会预期利用现有的国际经验，为支持国家适应计划的发展提供建议和支持。

优秀实践的交流也可以是非正式的。比如在欧洲，许多国家正处于改变主要灾害的保险系统的过程中（比如丹麦、意大利、法国），并且通过比较欧洲现有的各类系统为其决策提供信息。值得期待的是，在这一过程中会普及最高效的系统，而且系统考虑了当地的需求和限制，做出了相应的调整。

5.4.3.1 不确定性的管理

在制定有关适应或者长期基础设施决策之前等待未来气候的不确定性减少或者消失是不可能的。相反，必须对适应决策框架进行修正，这样决策才能将不确定性纳入考虑范围。这意味着，比如设计基础设施以：

- 应对相较以前更大范围的气候状况；并且
- 这一范围在现在和将来保持较高不确定性

在这种情况下，优化特定气候条件下的基础设施设计可能并不是最佳的策略。一个更好的方法是发展新策略，特别是创建那些能够应对气候变化内在不确定性的策略（案例参见 Lempert and Schlesinger 2000; Hallegatte 2009）。这些新方法的案例都经过无悔行动（no-regret actions）的挑选以及在基础设施规划中涵盖了“安全边际量”，对于所有可能发生的气候变化都能产生效益（比如改善卫生保健系统）。

需要强调的是，适应气候变化也可能为不同环境和地区改善风险管理方法提供了一个好机会。因为目前的实践在全球变暖的背景下有可能是不可持续的，必须执行更多强有力的风险管理策略。大众对于气候变化的认识可能会触发这些策略的实施，但是即使没有气候变化，这些策略也是人们所希望的。

5.5 保护新奥尔良抵御飓风：实例

新奥尔良是有效地适应气候变化（以及有效的风险管理）遇到障碍的一个有趣实例。这部分将使用成本–效益分析法阐释这些障碍以及在具体情况下的解决方案。即使一些学者对于能否长期保护该城市持怀疑态度，并且已经提出不要这么做，分析中我们仍假设新奥尔良将完全重建并且回到风暴前的状态（参见 Giegengack and Foster 2006）。

5.5.1 成本-效益分析法的不确定性

即使已经提出了其他的决策框架（如预警原则），自然灾害保护系统的设计通常是建立在成本-效益分析法（CBA）的基础之上（案例参见Arrow et al. 1996）。在CBA的框架下，与能应对四级飓风的系统相比，如果防护系统升级的额外花费比从预期能够减少的洪水损失的附加收益低，那么新奥尔良为应对五级飓风修建的洪水防护系统只会受益。虽然看起来令人惊讶，但考虑到卡特里娜飓风毁灭性的影响，即便新奥尔良拥有抵御五级飓风的防灾水平，也不一定能如显示出来那般有用。

在新奥尔良，实行五级飓风防护系统使用成本-效益分析法需要评估系统中的成本，也就是 C ，以及预期收益 B 。在新奥尔良重建初期阶段，政府评估了五级飓风防护的成本大约是320亿美元，相比之下四级防护大约是50亿美元。因此五级防护的新增成本（additional cost）是270亿美元。巨大的差异是因为五级飓风的风暴潮比四级飓风的最高风暴潮都要高得多。关于这其中的成本还有很大的不确定性，但本章为了着重关注不那么普遍的其他不确定因素，本章假设这些不确定性是明确的。

防护效益（protection benefits）可定义为由于防护系统升级可避免的预期损失量的净现值。因此这些效益可计算为扣头（discounted sum），从现在开始每年防护系统的整个使用寿命，五级飓风袭击新奥尔良的发生概率，乘以四级飓风和五级飓风之间的差异。这里的差异考虑到现实中同样的收益在近未来比起更远的未来是过高估价的，所以经过了折算。因此有三种参数值是必要的：贴现率（ δ ），发生概率（ p ），以及该年可避免的损失 n（ dn ）。根据这些参数值，很容易计算出预期收益值 B ：[①]

$$B=\sum_{0}^{+\infty} p\left(\frac{1}{1+\delta}\right)^{n} d_{n} \tag{5.1}$$

① 假设防护系统使用寿命无限，结果选自合理的范围，作为参数的选定值，检验发现其对防护系统敏感性弱。实际上，如果 $\delta \approx g$ ，这里 g 是经济增长率（见后），系统使用寿命就成为一个重要的变量。

假设损失随着时间的推移，同经济增长速度保持相同的比率(g)增长，考虑当前自然灾害造成的经济损失的增速（Mills，Roth，and Lecomte 2004；Munich Re 2007）。这是一个保守的假设。预期收益如下：

$$B=\sum_{0}^{+\infty}p\left(\frac{1}{1+\delta}\right)^{n}d_{0}(1+g)^{n}\approx\frac{pd_{0}}{\delta-g}\tag{5.2}$$

这里，d_0 表示如果五级飓风现在就袭击新奥尔良，那么防护系统可以避免的损失量。如果防护系统的成本 C 比预期收益 B 低，那么应该建立该防护系统。

从历史经验来看（观察20世纪的飓风频率），可评估得出五级飓风袭击新奥尔良的年发生概率大约是 p =1/500（H. Saffir，quoted in Schwartz 2005）。美国管理和预算办公室（OMB）对联邦政府的各项规定进行成本-效益分析，通过使用3%和7%两种不同的贴现率来分析政府决策。这两种贴现率也被用来评估所选贴现率结果的稳健性。

假设四级防护并没有减少五级飓风引发的损失，这种情况很有可能出现，因为没有防护系统和防护系统破损实际上并没有区别，所以五级飓风形成的洪水靠近没有防护措施的新奥尔良海岸所造成的影响接近于卡特里娜飓风引发的洪水。因此后者造成的损失可看做修建了完备的防护系统后未来可避免损失的近似值。新奥尔良洪水的成本，不包括新奥尔良和路易斯安那所有风灾的损失，大约在500亿美元（根据路易斯安那重建局的数据，是卡特里娜飓风造成的直接损失的50%~75%）。

如果把伤亡人数考虑在内（大约有1 000人死于洪水）就提出了一个难题：计算失去生命的成本。因为“人类生命的价值”这个表述本身就有问题，意味着市场可买卖人类生命，所以更倾向于使用一个让人接受的表述：“为减少风险，社会的支付意愿。”即生命的价值要看风险类型和预计的事件发生概率，在美国大多数估值在100万美元到1 000万美元左右。然而在之前的分析中我们假设了一个完善的撤离计划，即使没有硬件保护也可以最大限度地降低人员伤亡。因此与伤亡人数相关的支付意愿这里忽略不计。

新奥尔良五级防护系统的预期收益可用公式5.2算出：折现率为7%时收益为20亿美元，折现率为3%时收益为100亿美元，比起该系统的建设成本要低得多。显然，这一粗略的估计否定了五级防御系统：这意味着从经济学角度上看，在多少有些遥远的未来，[①]生活在卡特里娜飓风的噩梦中是一种更为理性的做法。

然而这一估算并不充分，因为没有考虑到那些有重大影响的重要过程。根据OMB的要求，当存在很大不确定性而且经济意义超过10亿美元（OMB 2003）时，我们将再次检验CBA的参数，[②]并且提出替代值。

5.5.1.1 发生概率的新估值

第一个CBA是根据历史经验来评估五级飓风登陆新奥尔良的概率，然而这个估值不一定可靠。实际上，洪水防护系统的使用寿命非常长，当然这样长的使用寿命源于基础设施（河堤、海堤、桥梁）。但是总而言之，都源于洪水防护系统将会在很长一段时间内促进城市的发展。有关防护系统的决定将会至少制约洪水防护直到下一个世纪。在此期间，除了社会科学参数，比如人口变迁、资产脆弱性和资产价值，两种因素将影响飓风风险：当地地层下陷和气候变化。

气候变化通过两种渠道影响飓风风险：海平面上升和改变飓风活动。实际上上升的海平面能使任何风暴潮带来更具毁灭性的后果，地层下陷也是如此。这样一来，目前五级飓风才能引起的洪水的概率可能会增加，因为威力较弱的飓风也能引发这样的洪水。气候变化改变飓风风险的第二种方式是直接增加飓风登陆的发生概率。正如前文提到的，关于气候变化对于飓风活动的影响还存在巨大的不确定性。Emanuel（2006）预计在21世

① 年发生概率1/500意味着在接下来的100年中，五级飓风有20%的可能袭击新奥尔良市，在200年内，有33%的可能性。

② 在成本-效益分析法的必要假设中，分辨出源于政治程序的政治选择（如贴现计划）和理论上通过进一步研究（比如未来发生概率）能够解决科学上的不确定性之间的区别是很有帮助的。

纪飓风潜在强度可能增长10%，最大风速增加15%。Hallegatte（2007a）认为这种变化使得美国五级飓风的年登陆概率变为现在的3倍。新奥尔良在当前的气候下，五级飓风登陆概率据估计是千年一遇；但它曾经的概率为百年一遇，且在当时的气候环境下，潜在强度已经增加了10%。其他模型和研究者已经得出了更多积极的结果（参见 Landsea 2005）。这一评估结果在下文会作为最坏情况来考虑。

5.5.1.2 可避免损失的新估值

另外一项主要的困难在于评估防护系统升级后可避免的实际损失。我们使用卡特里娜飓风袭击的直接损失作为未来一场洪水可能引发破坏的替代值。然而一些学者指出保险公司评估的直接成本可能不是总成本（overall costs）理想的替代值，特别是发生大规模事件时（如 Tierney 1995；Lindell and Prater 2003；Hallegatte 2008）。实际上，直接成本被过于放大：

- 通过短期（例如通过扰乱生命线服务）和长期（比如由于需求激增，能源成本、保险公司破产、更大的公共赤字、住房价格带来的局部通货膨胀）在空间上或局部传播到其他经济系统；
- 通过应急响应（比如失去信心，预期改变，不平等加剧的间接后果）；
- 通过财政紧缩损害灾后重建（比如低收入家庭不能很容易地通过财政补贴重建家园）；并且
- 通过技术限制减缓重建过程（比如获得熟练工、装备和物资调运上的困难，调动工人）。

要评估这些效应带来的影响，Hallegatte，Hourcade and Dumas（2007）引入了经济放大率（EAR）来衡量经济总成本和灾害带来的直接损失之间的比率。然而这一比率在小规模灾害中小于1，如果使用一个简单的模型会发现，经济放大率在新奥尔良洪水一样的大规模灾害中大幅增长。该增长主要源于重建过程中生产损失的资本重置费用的增加。举例来说，如果一座价值100万美元的工厂被摧毁并且马上得到重建，那么损失就是100万美元；如果重建被推迟了1年，总损失就是重置成本和一年产值的总和。对于住房，房屋被损毁后，重建如果滞后一年，那么总成本等于房屋重置费用加上这一年的住房费用。在广义上，这些生产损失的价值在某些方面很高，特别是当威胁到基本需求时（住房、健康、就业等等）。对于新奥尔良的卡特里娜飓风，Hallegatte（2008）估算了新奥尔良卡特里娜飓风的EAR在1.44左右，这意味着500亿美元的直接损失可能演变为720亿美元。另外一些类型的损失没有包括在此次估计中（如扰乱社交网络或心理创伤成本）。这些损失确实都难以评估，所以我们这里忽略不计。

我们假设新奥尔良市以卡特里娜飓风袭击之前的相同格局重建，而且即使洪水防护系统没有进行任何改进的情况下，所有新奥尔良市的居民都会返回到城中。这一假设与观察结果以及现实预期相悖。如果新的居民数量低于卡特里娜飓风登陆之前，那么新的洪灾成本肯定会大幅降低，这就使我们对于可避免破坏的估值过高。但是必须谨记，洪水防护系统将在至少一个世纪内保护新奥尔良市，因此相关变量是长期的人口数量而不是下一个十年。要猜测新奥尔良的人口在21世纪会达到多少也很困难。接下来，我们假设出于两种原因新奥尔良的人口数量很快回到初始水平，第一，我们假设居民因为某种原因愿意回到这座城市并且继续居住下去；第二，新奥尔良的地理位置优越，拥有一个重要的港口，创造了活动和工作并吸引了人口。

如果使用事件发生概率的新估值（现在的 p =1/1 000，从2100年起线性增加，稳定在1/100）以及潜在破坏值（ d_0 =720亿美元），升级防护系统的预期收益在贴现率为7%时为45亿美元，贴现率为3%时为540亿美元。人们常认为对于长期项目，应该使用最小（3%）贴现率。根据这个比率，五级防护系统是盈利的，净现值达到270亿美元，即投资回报达到了100%而且效益-成本比等于2。

5.5.1.3 抵消风险，风险规避，公平偏好

其他因素也应纳入我们的分析中进行考虑，尽管这样做会遇到很多困难。

第一，不考虑洪水防护系统的道德危机和平等问题是无法进行评估的。洪水防护系统通过国家税收建立，就像统一的保险费，可以成为人们定居在风险地区的动机，因为他们不用为所选居住地的风险付费。这个 Wiener（1998）称为“抵消风险”的问题，减少了防护系统的收益。

第二，贴现率是本分析的重要参数，其他政府随着时间的推移（比如英国）根据未来经济形势或者其他原因，更倾向于使用逐渐降低的贴现率（如 The Green Book，UK Treasury，参见 OXERA 2002；Hallegatte 2008）。使用这样的贴现率会增加防护系统的收益。

第三，一个使用我们的方法来评估防护系统的组织被认为是风险中性的（risk-neutral）。一个风险中性的组织并不在意风险，也就是说它看不到损失 1 美元和有 10%的概率损失 10 美元之间的区别，因为预估损失在两种情况下都是一样的。理论上，这样的组织不会去支付保险费。然而关于采取防护措施以免遭受大规模洪水，仍有充分的理由来支持风险规避行为：人们可能实际上宁愿支出额外的钱（风险溢价）以免付出高昂的代价，规避致命的洪灾风险。

第四，灾害的破坏主要是影响很小一部分人口，而且通常最贫困的地区遭受的影响最大。另一方面，防护系统是用纳税者的钱修建而成的，其在社会阶层中的分布可以更为公平。因此不平等厌恶（aversion to inequality）由于不公平性的防护和后果两方面的诸多影响，进而整体上影响了防护系统所获收益。最后列举的这两种因素——风险规避和不平等厌恶——增加了防护系统的收益。

衡量这四种因素的影响非常困难（参见 Hallegatte 2006），但是它们的联合效益很有可能是支持防护系统的。

这个 CBA 得出的主要结论是贴现率、间接损失以及气候变化将如何影响自然致灾因子，在根本上都存在不确定性，这说明此分析不能对五级

防护系统的可行性提供一个确切的答案。根据各种参数，这里的CBA对防护收益给出的评估值大约是20亿美元到540亿美元。

从这令人失望的结果中可以得出两个重要结论。第一，由于这些不确定因素，适应气候变化和风险管理决策只能通过政治程序完成，而且专家无法评估给出准确的理想防护级别。第二，必须发展具体策略以应对前所未有的不确定性（例如 Nicholls and Leatherman 1996；Fankhauser, Smith，以及 Tol 1999；Hallegatte 2009）。下一部分描述了根据新奥尔良市的情况制定的一些策略。

5.5.2 应对不确定因素的策略：寻找稳健性

在不确定的情况下，应该采取方便更新、可逆而且灵活的策略。如果地方当局致力于保护新奥尔良免于遭受五级飓风，那么受保护区域内的居民和投资就有可能增加。接着就有必要将风险控制在之前已告知投资者和市民的级别。因为海平面的上升和地层下陷，防护系统必须定期升级。因此，在设计防御措施时必须考虑未来升级的需要。有一些方法能让未来的升级更简单和经济，比如在选择水管理的长期基础设施参数时留有余度(水渠、排水管等)。

同样，河堤和海堤的防护能力也有限。万一发生巨大的气候变化，是不可能靠升级防护设施就能避免损失的，就是说在特别脆弱的地区最好立即放弃防护系统而不是继续提供这些在未来会失效的保护而让更多的人和财产处于风险之中。因此，考虑到不确定性，某些地区应放弃进行城市化建设，以防几十年后被迫从密集的城市化地区中撤离。所以在防护系统的设计阶段就必须辨别出将来如果飓风活动或海平面上升超出预期无法保护的区域。如果可能，这些区域应该避免额外的城市化。

同样，使用河堤和海堤硬件防护系统并不是唯一可行的策略。建立在预警系统上的软件防护（比如撤离计划和保险机制）也十分有效。软策略具有出现可用新信息时易于调整的优势：如果飓风活动超出预期，可以快速修改预警系统或者保险计划，而这是河堤和海堤系统无法做到的。

更重要的是，硬件和软件策略互补且必须一起设计。例如，当飓风临近新奥尔良时，如果人们能够撤离而且财产都得到充分保障，那么可以下调防护可接受水平。如果无法获得保险以及进行技术性撤离，那么必须尽可能提供最高级别的硬件防护。

5.5.3 财政、技术以及制度障碍

随着政治程序明确充分的防护，以及防护系统的建立，其他障碍出现了。如果荷兰比新奥尔良的防护措施更好，并不是因为防护水平的不确定因素或者设计缺陷，而是由于以下所述的执行和维护问题。

第一，新奥尔良的防护花费在300亿美元左右。路易斯安那州年人均GDP为32 923美元，新奥尔良有400 000名居民，保护新奥尔良需要花费该市超过两年的人口收入。即使联邦政府伸出援手，在这样一个已经有经济困难的州进行投资也不是易事。所以，防护沿海洪水是一项非常沉重的财政负担，这也解释了一些案例中投资效率低下的问题。

第二，从技术角度保护新奥尔良也并非易事，早期的防御措施在卡特里娜登陆时失败了。一旦决定修建防御工事，必须确保提供实际可行的防护水平。

第三，保护新奥尔良需要坚定的政治承诺。如果没有遵循一个周密的长期维护计划，随着气候变化和地层下陷导致洪水风险增加，没有进行定期升级就去修建一个宏大的洪水防护系统，那么必然会出现巨大的负面后果。在一个最糟糕案例的情景中，防护系统的存在会给所谓的被保护区带来投资和人口的增加，被保护区在几十年后会逐渐被忽视也将不会被保护，这比一开始就不实施防护措施的风险甚至还要高。因此，实施防护系统应被看做一项长期的承诺。

同样，避免来自未来洪水防护系统产生的消极后果，需要周密的设计和执行来保护已经城市化的地区，阻止未保护的洪水易发地区的城市化进

程。严格制定风险导向的土地使用规划就变得至关重要，反过来要求强有力的制度和政治意愿。

如果未能克服这三种障碍，那么就算解决了气候变化和其他不确定因素造成的设计问题也收效甚微。尤其是风险管理和应对气候变化的研究不应仅仅关注这些问题的技术层面，也必须对财政和制度问题进行研究。如果所有这些问题都考虑到了，这种有效的风险管理也只适用于新奥尔良市。

5.6 结语：自然致灾因子全球性增长的后果

气候变化将修改所有气候参数，特别是这些参数的极端分布。参数的变化将以许多方式影响自然风险：春寒的死亡人数很有可能明显降低，然而热浪造成的破坏会更大。洪灾风险在一些地区会增加，特别是沿海地区，而在另外的地方会降低。高污染事件有可能愈发频繁。更重要的是，许多风险管理基础设施（比如河堤和海堤、建筑物）会根据新的形势被淘汰，这意味着致灾因子愈发有可能演变为灾害。

然而如果采取相关的适应措施，从改变土地使用规划和水利基建的投资再到改善保险系统，这些变化不一定导致生命和财产的损失急剧增加。尽管如此，实施最优化适应策略还面临许多困难，而且过去的经验显示风险得到很好管理的地区在全球范围都受人瞩目。本章重点强调主要的障碍，即融资约束、技术和机制问题以及与气候变化和其他长期变化相关的不确定因素。如何应对这些障碍已有一些方案：国际应对和风险管理基金、技术转移、优秀实践交流以及能够应对气候不确定性的稳健投资策略。

措施的设计和实施方法、气候变化的经济成本千差万别（参见Hallegatte 2007b）。特别是自然灾害对于经济增长和不平等的消极影响

(Benson and Clay 2004) 使得气候变化的潜在影响令人担忧，特别是对于发展中国家（参见 Adger et al. 2003；Hallegatte，Hourcade，and Dumas 2007；Lecocq and Shalizi 2007；Satterthwaite et al. 2007）。因此，气候变化以及适应需求将会使风险管理作为发展战略和基础设施设计的一部分变得尤为必要。要做到这一点也需要更多风险管理者和气候科学家之间的研究与合作。

5.7 参考文献

Adger，W. N.，Huq，S.，Brown，K.，Conwaya，D.，and Hulme，M.（2003）. "Adaptation to Climate Change in the Developing World." *Progress in Development Studies* 3（3）：179–195.

Arrow，K. J.，Cropper，M. L.，Eads，G. C.，Hahn，R. W.，Lave，L. B.，Noll，R. G.，Portney，P. R.，Russel，M.，Schmalensee，R. L.，Smith，V. K.，and Stavins，R. N.（1996）. *Benefit - Cost Analysis in Environmental，Health，and Safety Regulation.* Washington，D.C.：American Enterprise Institute Press.

Benson，C.，and Clay，E.（2004）. *Understanding the Economic and Financial Impact of Natural Disasters.* Washington，D.C.：World Bank.

Burby，R. J.，Nelson，A. C.，and Sanchez，T. W.（2006）. "The Problem of Containment and the Promise of Planning." In *Rebuilding Urban Places after Disaster：Lessons from Hurricane Katrina*，edited by E. L. Birch and S. M. Wachter. Philadelphia：University of Pennsylvania Press.

Emanuel，K.（2005）. "Increasing Destructiveness of Tropical Cyclones over the Past 30 Years." *Nature* 436：686–688.

——.（2006）. "Climate and Tropical Cyclone Activity：A New Model

Downscaling Approach." *Journal of Climate* 19: 4797–4802.

Fankhauser, S., Smith, J. B., and Tol, R. S. J. (1999). "Weathering Climate Change: Some Simple Rules to Guide Adaptation Decisions." *Ecological Economics* 30 (1): 67–78.

Giegengack, R., and Foster, K. R. (2006). "Physical Constraints on Reconstructing New Orleans." In *Rebuilding Urban Places after Disaster: Lessons from Hurricane Katrina*, edited by E. L. Birch and S. M. Wachter. Philadelphia: University of Pennsylvania Press.

Hallegatte, S. (2006). "A Cost-Benefit Analysis of the New Orleans Flood Protection System." *AEI-Brookings Joint Center*. Regulatory Analysis 06–02.

——. (2007a). "The Use of Synthetic Hurricane Tracks in Risk Analysis and Climate Change Damage Assessment." *Journal of Applied Meteorology and Climatology* 46 (11): 1956–1966.

——. (2007b). "Do Current Assessments Underestimate Future Damages from Climate Change?" *World Economics* 8 (3): 131–146.

——. (2008). "An Adaptive Regional Input - Output Model and Its Application to the Assessment of the Economic Cost of Katrina." *Risk Analysis* 28 (3): 779–799. DOI: 10.1111/j.1539-6924.2008.01046.

——. (2009). "Strategies to Adapt to an Uncertain Climate Change." *Global Environmental Change* 19: 240–247.

Hallegatte, S., Hourcade, J. C., and Dumas, P. (2007). "Why Economic Dynamics Matter in Assessing Climate Change Damages: Illustration on Extreme Events." *Ecological Economics* 62 (2): 330–340.

IPCC (2007). *Climate Change 2007: The Physical Science Basis. Contribution of Working Group I to the Fourth Assessment Report of the Intergovernmental Panel on Climate Change*, edited by S. Solomon, D. Qin, M. Manning, Z. Chen, M. Marquis, K. B. Averyt, M. Tignor, and

H. L. Miller. Cambridge and New York: Cambridge University Press.

Landsea, C. W. (2005). "Meteorology: Hurricanes and Global Warming." *Nature* 438: E11–E13.

Lecocq, F., and Shalizi, Z. (2007). "How Might Climate Change Affect Economic Growth in Developing Countries? A Review of the Growth Literature with a Climate Lens." Policy Research Working Paper 4315. Washington, D.C.: World Bank.

Lempert, R. J., and Schlesinger, M. E. (2000). "Robust Strategies for Abating Climate Change." *Climatic Change* 45 (3/4): 387–401.

Lindell, M. K., and Prater, C. S. (2003). "Assessing Community Impacts of Natural Disasters." *Natural Hazards Review* 4: 176–185.

Mills, E., Roth, R. J., and Lecomte, E. (2004). "Availability and Affordability of Insurance under Climate Change: A Growing Challenge for the U.S." Accessed on December 28, 2011. http: //www.pewclimate.org/docUploads/Ceres% 20--% 20 Insurance% 20&% 20Climate% 20Change% 202005.pdf.

Grossi, P., and Muir-Wood, R. (2006). "Flood Risk in New Orleans: Implications for Future Management and Insurability." Accessed on January 26, 2009. http: //www.rms.com/Publications/NO_FloodRisk.pdf.

Munich Re (2007). "Topics Geo Natural Catastrophes 2006." Munich Reinsurance Company, Munich.

Nakicenovic, N., and Swart, R. J. (2000). *Emissions Scenarios 2000—Special Report of the Intergovernmental Panel on Climate Change.* Cambridge: Cambridge University Press.

Nicholls, R., and Leatherman, S. (1996). "Adapting to Sea-Level Rise: Relative Sea - Level Trends to 2100 for the United States." *Coastal Management* 24 (4): 301–324.

Nicholls, R. J., Hanson, S., Herweijer, C., Patmore, N., Hallegatte, S., Corfee - Morlot, J., Chateau, J., and Muir - Wood, R. (2007). "Screening Study: Ranking Port Cities with High Exposure and Vulnerability to Climate Extremes." OECD Environment Working Papers. Paris.

Office of Management and Budget (2003). Informing Regulatory Decisions: Report to Congress on the Costs and Benefits of Federal Regulations and Unfunded Mandates on State, Local, and Tribal Entities.

OXERA (2002). A Social Time Preference Rate for Use in Long - Term Discounting: A Report for ODPM, DFT and DEFRA.

Rahmstorf, S. (2007). "A Semi-Empirical Approach to Projecting Future Sea-Level Rise." *Science* 315: 368–370.

Satterthwaite, D., Huq, S., Pelling, M., Reid, H., and Lankao - Romero, P. (2007). "Building Climate Change Resilience in Urban Areas and among Urban Populations in Low-and Middle-Income Nations." Background paper prepared for the Rockefeller Foundation, IIED. London.

Schwartz, J. (2005). "Full Flood Safety in New Orleans Could Take Billions and Decades." *New York Times*, November 29.

Stott, P. A., Stone, D. A., and Allen, M. R. (2004). "Human Contribution to the European Heatwave of 2003." *Nature* 432: 610–614.

Tierney, K. J. (1995). *Impacts of Recent U.S. Disasters on Businesses: The 1993 Midwest Floods and the 1994 Northridge Earthquake.* Disaster Research Center, University of Delaware.

Webster, P. J., Holland, G. J., Curry, J. A., and Chang, H.– R. (2005). "Changes in Tropical Cyclone Number, Duration, and Intensity in a Warming Environment." *Science* 309: 1844–1846.

West, C. T., and Lenze, D. G. (1994). "Modeling The Regional Impact of

Natural Disasters and Recovery: A General Framework and an Application to Hurricane Andrew." *International Regional Science Review* 17: 121-150.

Wiener, J. B. (1998). "Managing the Iatrogenic Risks of Risk Management." *Risk: Health, Safety and Environment* 9 (39): 40-82.

第6章　自然灾害与保险行业

安吉莉卡·沃茨

6.1　引言

自1950年以来，自然灾害所造成的总损失及保险损失都大幅增长（图6-1）。增长的原因包括人口增加、人口密度增大、城区资产增值、高风险海岸及峡谷地区的发展、现代社会和科技的复杂性，以及全球变暖的后果日益凸显（Munich Re 1999）。这些因素在短时期内将持续存在，因此损失的加剧在所难免。与此同时，数以百万计的人缺乏足够的保险覆盖来应对自然灾害所带来的金融风险。

本章将介绍保险市场的相关问题以及不同国家应对具体风险时所面临的挑战。具体内容包括保险业的发展史、现代保险和再保险原则，以及目前的保险深度。通过分析自然灾害给各保险市场和各经济体所带来的全球性损失，可以看出发展公私合作伙伴关系在应对风险时的必要性。本章还将阐明小额保险的职能，介绍一些公私合作的成功案例，并探讨将自然灾害风险转移到资本市场所面临的挑战。

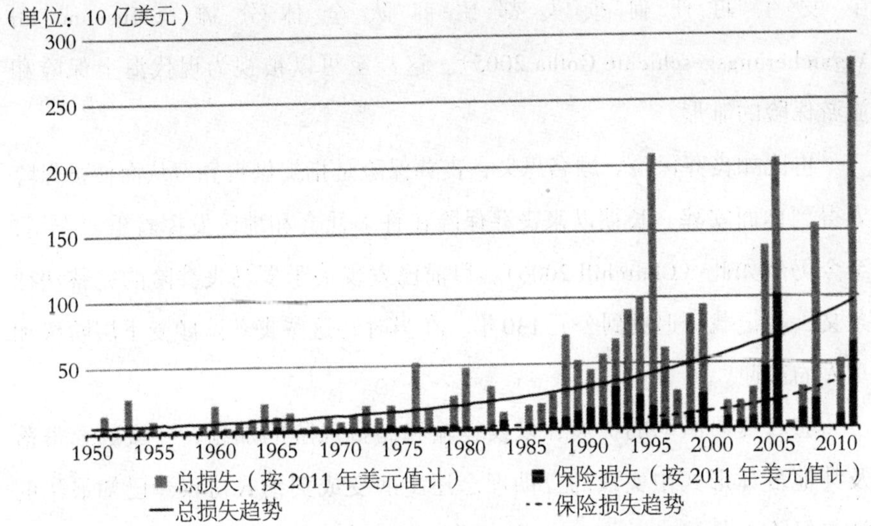

图 6-1　1950—2011 年间重大自然灾害所造成的总损失与保险损失

注：该图所示的总损失与保险损失已换算为现值美元。表中的趋势曲线印证了自1950年以来的巨灾损失的增长。

Source：Munich Re，NatCatSERVICE.

6.2　自然灾害保险的发展历程

保险的基本原理是建立一个由众多投保人连接而成的团体，投保人支付保险费形成共保基金库，一旦损失发生，投保人获得与损失相应的赔偿金。有的情况下，投保人所获得的赔偿需要扣除事先约定由投保人自行承担的“自留风险”金额，这份自留额通常被称为免赔额。

我们都希望保护自己的资产不受意外事故和自然灾害的侵扰。这种对物质安全的需求已有几千年的历史。在专营保险人出现之前，人们通过获取家庭成员的援助来应对危机。随后这种互助共济的原则从家庭延伸到部落、村庄或其他群体形式中。

例如，我们知道，几千年前在美索不达米亚的商道上，凡是商队在途中发生的任何损失都由商队全体分摊（Museum für Versicherungsgeschichte Gotha 2005）。这甚至可以被视为现代海上保险和旅游保险的雏形。

再比如丧葬保险。顾名思义，丧葬保险是指提供丧葬费从而使被保险人得到体面安葬。长期以来丧葬保险在许多社会和地区发挥着重要作用，至今仍然如此（Churchill 2006）。目前已发现关于罗马丧葬险的完整法律条文，其记载可追溯到公元130年。在当时，这些丧葬险颇受下层阶级和军人的欢迎。

随着贸易活动的扩展，以及运输和储备风险的加剧，在家庭、群落及其他群体形式中实践的互助理念逐步演变成契约式协议。已知最早的海上保险单是签订于1347年的热那亚保险单。该保单规定，如果船舶或货物中途发生损失，则投资人支付约定的金额作为赔偿。“保险”和“保险单”两个词由此诞生。随后，保险这一观念由意大利传播到西班牙、法国、英国、荷兰和德国（Museum für Versicherungsgeschichte Gotha 2005）。

随着17、18世纪欧洲尤其是英国制造业的发展和工业化进程，火灾保险兴起。它为由火灾引起的建筑、机械和储备物资损失提供经济赔偿。由于这类涉及“火灾和物品”保险单通常是私人投保，因而其保险费及可保性都经过精确计算：保险费根据风险程度和过去损失经验按等级收取。可以说直到几年前这一直是保费的标准算法（回溯性承保）。然而，由于2004年和2005年遭受的巨大损失，加之气候变化及其带来的风险得到进一步证实，保费的计算开始纳入风险变化因素，转向预期性承保的计算方式。

在过去的几个世纪里，对欧洲和北美地区来说，火灾一直是最恐怖的灾害。1666年的伦敦大火，1775年的里斯本火灾，1842年的汉堡火灾，1850年的旧金山火灾和1871年的芝加哥火灾加剧了人们对毁灭一切的火灾的恐惧，同时也凸显了大城市的脆弱：大量人口聚居在一些狭窄地区，且住房多为木结构。在这种情况下，火势极速蔓延，整个城镇瞬间夷为平地。为了降低火灾风险，同业公会决定达成火灾相互保险协定。这些火灾保险公会中最早的一家于1537年在德国北部成立。

在较大的城镇则产生了一些所谓的火灾保险合约，这是一种由房主组成的民间合作社。当成员遭受火灾以致住宅被毁，其经济赔偿由合作社承担且只用于房屋重建。1676年，这些火灾合作社合并成立了“汉堡火灾保险社”（Hamburger Feuerkasse）。这是公认的世界上最早的专营保险的公司（Hamburger Feuerkasse 2008）。1688年，爱德华·劳埃德开设了一家以自己名字命名的咖啡馆，即伦敦劳合社的前身，咖啡馆逐渐发展为那些寻求航运保险的船东的主要会晤场所。1769年，伦敦劳合社成立，并随后在英国海上保险领域扮演传奇性的角色（Insurance Information Institute 2008）。

有记载的第一家自然灾害保险公司是1797年在德国北部梅克伦堡州成立的“德国雹灾保险组合”（Deutsche Hagelversicherungs-Gesellschaft）。而在美国，天气灾害保险险种直到19世纪晚期才出现（Mills，Lecomte，and Peara 2001）。尽管在1880年以前此类险种仅在美国东部发行，但其最初形式已是通过保单合约提供针对火灾和风暴损失的自然灾害保险。

1880年慕尼黑再保险公司成立之际，大部分自然灾害损失都属于火险保险责任范围。1906年4月18日清晨慕尼黑再保险迎来了自成立以来的第一个严峻挑战。那天清晨旧金山爆发大地震，1/5的城区沦为废墟，总共28 000幢房屋被毁。其中大部分房屋毁于由地震引发的持续了四天四夜的大火。这次地震造成3 000余人死亡，总损失高达5.24亿美元，其中约2亿美元损失受保。慕尼黑再保险公司总共赔付1 100万美元（原值），几乎等于当时公司净保费收入的11%。相对于公司保费收入，这次地震赔付是迄今为止慕尼黑再保险公司遭受的最严重的亏损事件（图6-2）。

图6-2　1906年 美国旧金山大地震

Source：Munich Re archive .

1906年旧金山大地震后不久的1923年，东京地震爆发（保险损失5.9亿美元）。然而，与旧金山大地震同等规模的巨灾发生在距其将近40年以后，这就是保险损失为5亿美元的飓风贝斯蒂（Besty）。首起保险损失上十亿美元的巨灾事件是1983年袭击美国的飓风阿丽西亚（Alicia），造成保险损失15亿美元。此后，巨灾亏损一次比一次严重。这种趋势始于2004年北大西洋飓风季，期间共发生四次大飓风，分别是飓风查理（Charley）、飓风弗朗西斯（Frances）、飓风伊万（Ivan）和飓风珍妮（Jeanne），造成总计320亿美元的保险损失。仅一年以后，这项记录便被损失620亿美元的飓风卡特里娜打破。

表6-1所列出的20起给保险业造成最严重损失的自然灾害中，16起灾害与天气相关，其余4起属于地质灾害。全球保险行业已经意识到气候变化所带来的挑战。早在1973年，慕尼黑再保险公司就发表了一项研究成果，引起了人们对气候变化的可能性及其固有风险的关注（Munich Re 1973）。

表6-1　**1980—2008年间导致保险行业损失惨重的自然灾害**

年份	损失事件	受灾地区	保险损失（百万美元，原值）
2005	飓风卡特里娜	美国	61 600
2008	飓风艾克	美国、加勒比海地区	18 500
1992	飓风安德鲁	美国	17 000
1994	地震	美国、洛杉矶北岭	15 300
2004	飓风伊万	美国、加勒比海地区	13 800
2005	飓风威尔玛	墨西哥、美国、加勒比海地区	12 400
2005	飓风丽塔	美国	12 000
2004	飓风查理	美国、加勒比海地区	8 000
1991	台风梅莉	日本	7 000
1999	冬季风暴洛塔尔	欧洲	5 900
2007	冬季风暴基利尔	欧洲	5 800
2004	飓风弗朗西斯	美国、加勒比海地区	5 500
1990	冬季风暴达里亚	欧洲	5 100
2008	飓风古斯塔夫	美国、加勒比海地区	5 000
2004	飓风珍妮	美国、加勒比海地区	5 000
1989	飓风雨果	美国、加勒比海地区	5 000
2004	台风桑达	日本、韩国	4 700
1998	飓风乔治	美国、加勒比海地区	4 200
2001	热带风暴阿利森	美国	3 500
1999	台风巴特	日本	3 500

Source：Munich Re，NatCatSERVICE.

如此巨额损失已经超出了单个的地方性保险公司所能承受的范围。因此，在19世纪中叶，再保险诞生。它通过将风险分散到世界各地保险公司的方式，对保险人承担的风险进行保险，从而使风险具有可保性。当时，这些可承保风险的再保险公司包括1846年成立的科隆再保险公司、1863年成立的瑞士再保险公司和1888年成立的慕尼黑再保险公司。

6.3 再保险的作用

再保险在世界范围内针对保险的各种产品线广泛展业，因此，它是对风险责任的最佳分配方式。再保险有助于提升原保险人的承保能力，避免产生重大经济损失。同时，它也对风险责任进行保险，否则，这些风险的程度之高、代价之大将是保险人的经济能力所无法承担的。

原保险人——往往也是地方性保险人——通常要承担超出其赔付能力之外的风险，因此，实行再保险可以将部分风险责任转移给其他保险人，并由此增加可用于抵抗风险的资本池（图6-3）。事实上，原保险人将自行承担免赔额，这份免赔额等于投保人所承担的免赔额与损失额度的偏差，超出这个差额范围的部分，由再保险人进行赔付。在再保险基础上可通过转分保实现风险的再一次分散。转分保实质上是将再保险业务再次分保给其他再保险人的交易。通常，再保险业务的分保通过分层的方式进行，每一层的再保险额度都设计为一定的价格区间，以便各支付能力不同的原保险人接受。较高层的再保险业务仅针对损失额度较大的灾害风险。这种分层再保险的安排有助于将风险转分给众多的再保险人（每层再保险额度的接受人）。①

根据再保险的原理，地方性保险公司可以承担一小部分风险，而主要的承保风险和可能产生的损失则被转嫁到国际市场。1988年飓风吉尔伯特的案例就说明了这一点。1988年9月，吉尔伯特飓风袭击加勒比地区多

① 推荐阅读：R. Philippe Bellrose，*Reinsurance for beginners*，5th ed. (Witherby & Co.，2003)，ISBN 13:9781856092395.

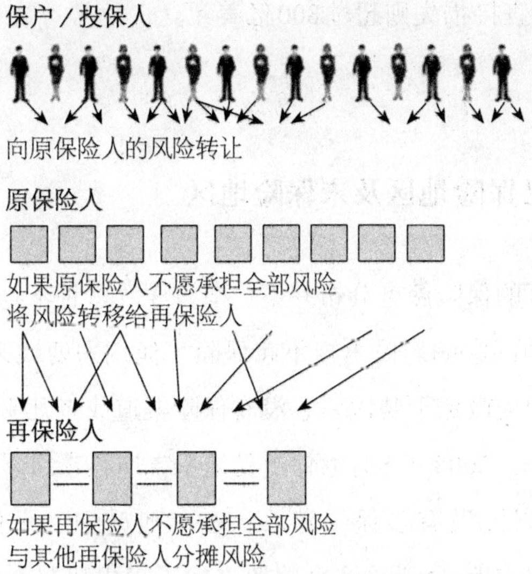

图6-3 从保户到再保险人的风险转移过程图解

Source：Munich Re.

个海岛，其中牙买加受灾严重。据报道，当时狂风阵阵，时速高达每小时320公里，一波一波的海浪足有8米高。这次飓风后，总共有一半的房屋被严重损毁。香蕉种植业遭到重创，造成的保险损失总计7.2亿美元。但是，其中大部分保险损失（6.9亿美元）由全球范围内的再保险公司共同承担。地方性保险公司仅赔付3 000万美元。

另外两个例子是2001年艾尔萨尔瓦多地震和2002年捷克共和国洪灾。其中每一起灾害所造成的保险损失中有95%的部分均由再保险行业承担（Munich Re 2003）。

因此，受灾国家仅仅担负一小部分损失，而余下的大部分损失由国际公司和国际市场共同承担。这种做法使那些遭巨灾重创的国家能更快地实现经济复苏。

然而，对许多人来说，保险就像买不起的“奢侈品”，更为不幸的是，那些没有能力购买保险的人往往也是重灾国家的居民。例如，2008年5月中国的四川大地震就发生在农村及相对贫困的地区，导致保险索赔约3亿美元，而直接损失则超过800亿美元。

6.4 全球的已保险地区及未保险地区

全球各地区的保险深度分布并不均衡。导致这种不均现象的最显著原因是许多发展中国家的居民承担不起保险。他们需要钱来维持基本生活。也有一些国家因为政治形势因素，没有保险渠道或者几乎不存在保险。缅甸就是一个例子。2008年5月缅甸遭受纳尔吉斯热带风暴袭击，大片地区被毁，且受灾居民没有参保。随后，在喀他赫纳（哥伦比亚）召开的2008年小额保险国际会议对这个问题进行了集中研讨。如今，非政府组织和小额保险机构都在努力寻求可行的小额保险方案。

保险范围的计算方法有很多。其中一种是计算平均每个国家保费总额，但是这种算法会导致大量的数据偏差，尤其是对人口稠密和疆域辽阔的国家而言。更准确的人口或住户的投保率可以通过人均保费得出。不过即使是在人均保费充足的富裕国家，仍然有很多人买不起保险。例如，美国的人均保费是2 000美元，但如果考虑到房屋业主和承租人的保险情况，则约有1/5的人口未买保险。图6–4中的地图反映了2012年全球人均财产保险费（以美元为单位）的分布情况，包括一些政府的共保措施。

按人均保险深度的高低可将这些国家划分为四个阶段类型：

1. 保险覆盖不足（平均每人每年财产保险费低于10美元）：物资财产保险不充足。

2. 基本覆盖保险（每年财产保险费为10到100美元）：仅具备最基本的保险业务。

3. 保险程度好（每年财产保险费介于101到1 000美元之间）：物资财产（房产）保险业务比较充分或非常完备。

4. 保险程度高（每年财产保险费高于1 001美元）：这类国家的保险

程度相当完善，居民往往进行多险种投保。

对世界各地区按保险深度的详细划分表明：

• 在非洲，只有一个国家其每年人均财产保险费高于5美元。南非是非洲各国唯一的保险市场发展完善的国家（200美元）。

• 国土面积最大、人口最多的一些国家（中国、印度、俄罗斯、美国）其保险程度分别处于四个不同的阶段。不过需要注意的是，考虑到一些工厂和跨国工程或企业（例如国际连锁酒店）占有高额保险的事实，该划分情况会由此产生偏差。同时，人口总数及人口分布也会导致在诸如城乡间人口等方面的极大地区性差异。而一些新兴保险市场发展迅速，可能促使保险深度情况在仅仅几年之内就发生很大变化。

• 南美洲各国平均财产保险费每年在10美元以上，处于基本覆盖保险的阶段。这意味着，至少单从数据层面讲，南美洲居民财产得到了“基本保障”。

• 在北美和西欧富裕的工业化国家，以及日本、韩国、澳大利亚、新西兰，每年人均财产保险费远远超过500美元。按照惯例，每户家庭会进行多险种投保，居民保险覆盖完善，程度高。

• 每年财产保险费最高的国家是卢森堡（2 900美元）、瑞士（2 100美元）和美国（2 000美元）。

下一节将利用慕尼黑再保险公司的自然灾害损失数据库，分析自然灾害对以上四组国家带来的影响。

6.5 数据来源

自然灾害数据库将自然灾害按其造成的损失划分为七个等级（图6-4），即从0级自然事件到6级巨灾。这就使每起损失事件得以细致归类，即便确切的灾害损失程度未知或难以确定。接下来本节将分析1980—

2011年间发生的1~6级的所有灾害事件。损失数据已按灾害发生当月月底的货币兑换率由本国货币换算成美元。每种类别的货币临界点已依据每年的通货膨胀（消费者物价指数）做了调整。图6-4显示了20世纪80年代与90年代，以及2000年与2010年的平均值。①

0级 自然事件	无财产损失					
1级 小规模损失事件	死亡人数为1~9人且/或小规模损害					
2级 中等程度的损失事件	死亡人数为10~19人且/或建筑损坏等其他财产损失					
3级 严重灾害						
			2010年	2000年	20世纪90年代	20世纪80年代
	死亡人数20人以上	总损失（美元计）	>6 100万	5 400万	4 200万	2 900万
4级 大灾难	死亡人数100人以上	总损失（美元计）	>2.39亿	2.12亿	1.64亿	1.14亿
5级 毁灭性 灾难	死亡人数500人以上	总损失（美元计）	>6.36亿	5.64亿	4.37亿	3.5亿
6级 巨型自然灾害	“巨灾”指该地区的自我救灾能力明显不足，需要跨地区/跨国援助，成千上万的死亡人数，且/或成百上千的灾民无家可归，大量经济损失（联合国定义）。保险损失巨大，极其罕见					

图6-4　自然灾害的七个等级

Source：Munich Re NatCatSERVICE.

① 数据来源：关于自然灾害的全球影响分析，所用数据取自慕尼黑再保险的NatCatSERVICE数据库。该数据库关于全球自然灾害的数据为慕尼黑再保险的地质灾害风险研究（Geo Risks Research）提供了主要依据。NatCatSERVICE数据库建立于1974年，目前累积词条达26 000余项。它保存着过去两千年中严重的自然灾害数据以及自1980年以来所有的自然灾害损失数据。这些系统的、准确的数据记录为精确分析自然灾害和开展灾害评估提供了条件。欲下载当前和历史自然灾害的分析及统计数据，请点击http://www.munichre.com/geo.

通过对自然灾害损失程度的详细划分（图6–5）可以看出，中等程度的灾害损失事件（2级）和严重的巨灾（3级+4级和5级+6级）的数量明显增加。而自2000年起小规模灾害损失事件（1级）的数量呈下降趋势。

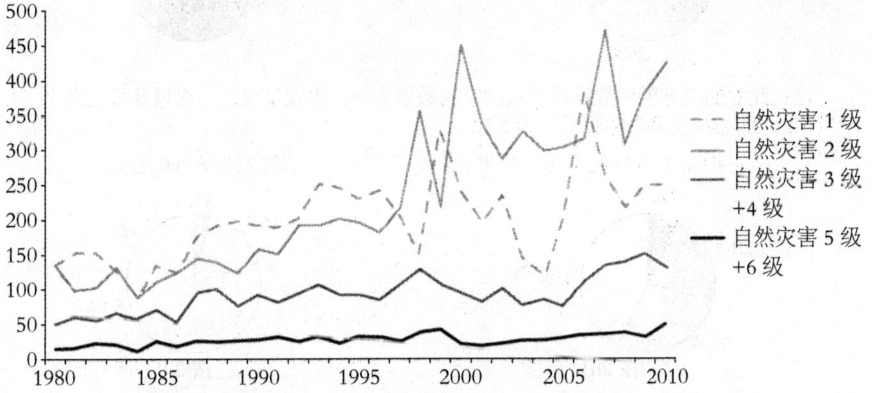

图6–5　1980—2011年间每年的自然灾害数量及其对应的等级

Source：Munich Re NatCatSERVICE .

6.6　自然灾害的影响

6.6.1　自然灾害对已保险地区和未保险地区的影响分析

1980年到2011年间全球自然灾害的地理分布基本均衡（图6–6）。60%的死亡总人数即130万余人集中在保险覆盖程度不足的地区。其中最具毁灭性的一次灾难是发生于2004年12月26日的海啸，并且几乎所有的海啸受灾国家都处于保险覆盖不足的阶段。

就死亡人数而言，保险发展完备的和保险程度高的国家其受灾情况通常不会太严重。不过，2011年日本地震和2003年欧洲热浪却是例外，因其造成的死亡人数分别为15 840人和70 000人（Robine et al. 2007）。所有遭受这两个极端自然灾害的国家都属于保险程度好和保险程度高的类型。

注：此处的灾害事件数量以受灾国家的数量为计：也就是说，一次风暴可能袭击了3个国家，那么其灾害事件数量记为3起。

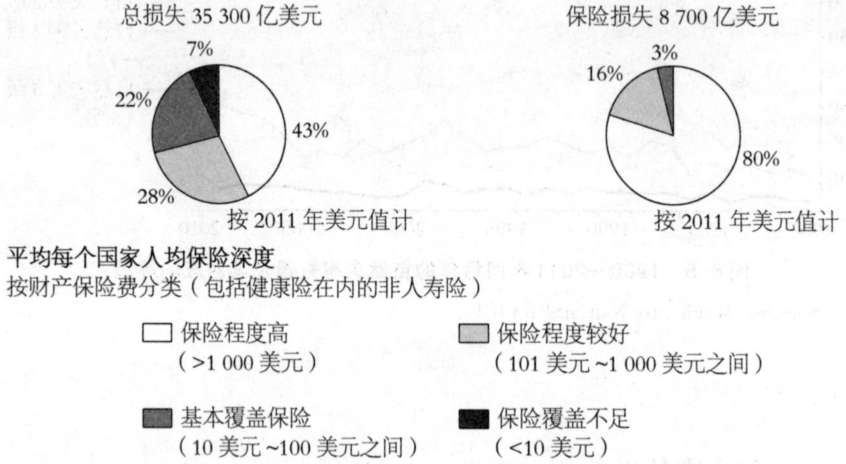

图6-6　1980—2011年间自然灾害在各发展阶段的保险市场的百分比分布

Source：Munich Re，NatCatSERVICE，World Bank.

1980—2011年间，地震、火山爆发、风暴、洪灾和由极端温度引发的灾害所带来的经济损失总量的1/3（10 000亿美元），主要集中在保险覆盖不足和基本覆盖保险的地区。将近一半的损失（15 000亿美元）由富裕的工业化国家承担，其部分原因是这些国家的工业化程度高，且生活水平相对较高。

1980—2011年间绝大部分（80%）的自然灾害保险损失不可避免由保险程度高的国家赔付，赔付总额超过7 000亿美元。预计保险损失在各个不同保险程度的国家的分配情况在短期内不会有很大变化。但是在更长一段时期内，新兴国家的保费份额将会增加。例如，有预测表明未来10年之内印度的保险市场价值将增加到约1 500亿美元，是当前市场价值的5

倍（Munich Re 2008）。印度保险市场的发展动力将主要源于国内中产阶级日益增长的需求，目前印度中产阶级人口约为3亿。2001年到2006年间，印度年均寿险保费增长约24%，年均财险保费增长约11%。然而作为拥有世界第二大人口总数的国家，印度的保险市场深度仍相对较低。若以平均保费占国内生产总值（GDP）的百分比来计量，财产险平均保费约为0.6%，人寿险平均保费约为4%。据估计，90%的印度人口没有财险覆盖。但是，就绝对保费额而言，印度紧跟日本、韩国、中国之后，在世界排名第15位（2006年排名）。专家也普遍认为未来几年内印度保险市场将持续高速扩展。

6.6.2 未来这些损失仍然可保吗?

鉴于自然灾害持续增长以及灾害损失不断加剧，受灾频繁的市场或地区其可保性限额是多少？对此问题并没有确切的答案。从长远来看，保险行业可能必须限制其在预计受灾频繁的地区发展业务。这意味着，可保性的标准是难以预测的，也是不可能达到的（Farny 2006）。如果将此具体应用到洪灾的高发区域，那么所谓“猝不及防的灾害事件”的基本预设也就不再成立了。不过面积较大的地区和国家面临着不同的情况。当前保险行业可利用的工具需要几年才能得到满足，至少还有一些条件有待成熟，比如充足风险溢价和预期性承保商对变化风险因素的考虑。这就需要有效地积累管控机制来识别并量化风险集中度。最后，增强风险意识，激发降低风险的积极性的措施也是非常关键的。这些措施的实施将使保险业有能力对抗巨大潜在损失。

6.6.3 自然灾害对各发展阶段的经济的影响分析

自然灾害数量持续增长，且没有明显的减缓迹象。例如，20世纪80年代10年间年均自然灾害数量约为400起；90年代年均630起，2002—2011年10年间年均800起。2011年，专家记录并分析了820起自然灾害事件。在受灾人数和经济损失方面，自然灾害对不同发展阶段的经济有着怎样不同的影响呢？为了比较不同的经济，按世界银行统计的人均收入可以将世界各国家划分为四组（World Bank 2011）：

- 收入阶层1：人均收入高于12 275美元
- 收入阶层2：人均收入介于3 976～12 275美元之间
- 收入阶层3：人均收入介于1 006～3 975美元之间
- 收入阶层4：人均收入低于1 006美元

表6-2至表6-4反映了各个收入阶层的国家所遭受的最严重巨灾损失和死亡人数最多的情况。

表6-2　**1980—2008年间各收入阶层国家损失最严重的自然灾害**

（标准：经济损失）

收入阶层	年份	灾害事件	地点	损失（百万美元[a]）
收入阶层1	2005	飓风卡特里娜	美国	125 000
收入阶层2	1999	地震	土耳其	12 000
收入阶层3	1996	洪灾	中国	24 000
	2008	地震	中国	>20 000
收入阶层4	1995	洪灾	朝鲜	15 000
	2008	热带风暴纳尔吉斯	缅甸	10 000

[a]原始损失。

表6-3　**1980—2008年间各收入阶层国家损失最严重的自然灾害**

（标准：保险损失）

收入阶层	年份	灾害事件	地点	损失（美元[a]）
收入阶层1	2005	飓风卡特里娜	美国	616亿
收入阶层2	2005	飓风威尔玛	墨西哥	18亿
收入阶层3	1998	飓风吉尔伯特	牙买加	8亿
收入阶层4	2005	洪灾	印度	7.7亿

Source：Munich Re慕尼黑再保险，NatCatSERVICE自然灾害损失数据库。

[a]原始损失。

表6-4　**1980—2008年间各收入阶层国家死亡人数最多的自然灾害**

收入阶层	年份	灾害事件	地点	死亡人数
收入阶层1	2003	欧洲热浪	意大利	19 300
收入阶层2	1999	山地滑坡	委内瑞拉	30 000
收入阶层3	2004	海啸	印度尼西亚	160 000
收入阶层4	1989	干旱	苏丹	150 000

Source：Munich Re，NatCatSERVICE.

图6-7反映了自然灾害在四种收入阶层国家的百分比分布。

此处的灾害事件数量以受灾国家的数量为计：也就是说，一次风暴可能袭击了3个国家，那么其灾害事件数量记为3起。

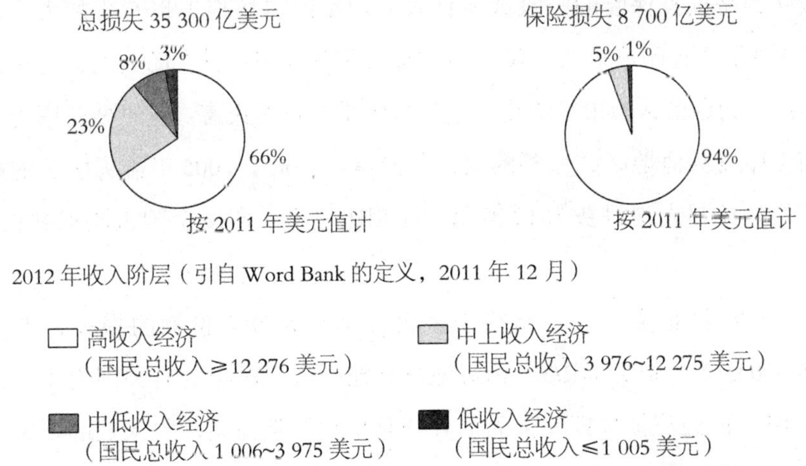

图6-7　1980—2011年间自然灾害在各发展阶段的经济中的百分比分布

Source：Munich Re NatCatSERVICE，World Bank.

最富裕的国家同时也是受灾最频繁的国家。在总共22 100起巨灾事件中，有10 400起都发生在富裕国家。其中受灾最严重的要数共遭受3 220起灾害的美国。第二组收入阶层国家其灾害记录共5 770起，其中俄罗斯、中国、墨西哥和土耳其受灾尤其严重。第三组中低收入阶层国家共遭受灾害事件4 000起。第四组低收入阶层国家共有灾害事件2 000起。

从灾害死亡人数来看，情况截然相反。死亡情况最严重的那些国家属于第四组低收入阶层，其死亡总人数达1 092 000人，这些致命灾害主要有干旱、风暴、洪灾和2010年海地地震，其中海地地震导致222 570人丧生。受灾人数大致反映了受灾地区的发展水平。许多工业化国家工程建筑相对先进，安全法规更加完善，同时具有高效的灾害管理体制和早期预警设施。这些条件会在很大程度上决定对策实施是否及时，以使更少的人遭遇紧急危险。然而，即使是在高收入国家，死亡人数也已经超过10万人，仅2003年欧洲热浪就造成7万人遇难。飓风卡特里娜造成1 300余人死亡，15 840人在2011年日本地震中丧生。

绝大部分的保险损失由人均收入高的经济体承担，这是因为在人均收入高的经济体中保险深度和资产值往往最高。但是，也有例证表明，那些被认为是没有保险的国家或者低收入国家的市场损失也有所加大。2005年7月发生在印度孟买的洪灾导致保险损失总量高达7亿美元，这次洪灾由此成为印度保险市场历史上损失最惨重的自然灾害。这主要是因为，不同于印度其他地区，孟买的财产保险深度很高。2005年孟买所在的马哈拉施特拉邦人均保费为12美元，而相比之下，印度全国人均保费仅约4美元。

在经济损失方面，富裕国家再次承担起最大份额的损失，占全球35 300亿美元损失的2/3。相对地，其他国家所承担的有关国内生产总值（GDP）的经济损失则完全为另外一种情形。然而人均收入低的国家受巨灾影响却异常高，这是很不协调的（图6-8）。

前面的分析表明，对发展中国家和新兴国家来说，是否能获取灾后财政赔偿至关重要，这一点需要采取经济适用的措施来保证。

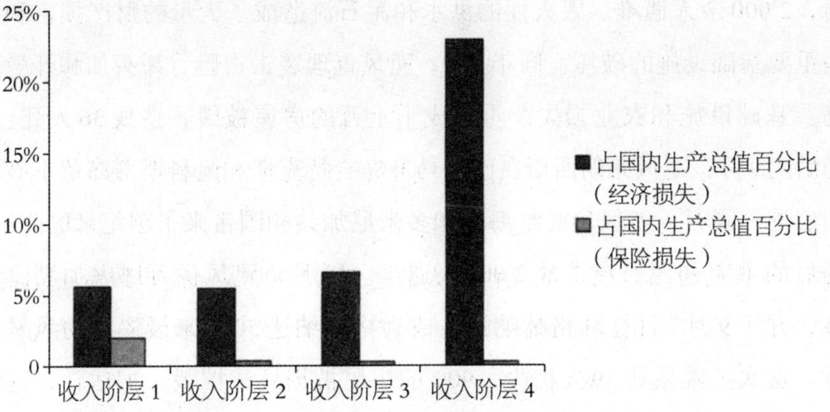

图6-8　总损失和保险损失在国内生产总值所占份额

注；收入阶层1代表最富裕的阶层，收入阶层4代表最贫困的阶层。

Source：Munich Re，NatCatSERVICE，World Bank.

6.7　公私合作伙伴关系：从灾后减灾到灾前融资

在公私合作经营领域，保险市场、政府和私营企业开展合作，共同保护那些在私营保险市场中没有投保能力的风险人群。

为减少自然灾害的不利后果，尤其是对发展中国家的不利影响，一些公私合作的保险计划已经展开实施。

6.7.1　加勒比巨灾风险保险基金

每年，飓风肆虐加勒比海域，留下死亡和破坏的痕迹。加勒比海地区平均每两年就会遭受一次毁灭性的飓风袭击。但是，很多加勒比海岛都属于联合国划分的未保险国家和/或低收入国家。这类巨灾可能使这些国家的经济发展滞后好几年。

2004年是加勒比岛国遭受自然灾害尤其是飓风灾害特别严重的一年。比如在2004年5月，海地和多米尼加共和国经历了一场创纪录的降雨，2 000余人遇难。毁灭性的洪水和泥石流造成了大量的财产损害和一些重要基础设施的破坏。同年8月，飓风查理袭击古巴、牙买加和开曼群岛。基础设施和农业损失严重，成千上万的房屋被毁，造成36人死亡。随后的9月，飓风弗朗西斯在巴哈马群岛、特克斯和凯科斯群岛留下破坏的痕迹。同月，飓风珍妮给海地和多米尼加共和国带来了创纪录的降雨；随后的洪灾和泥石流造成2 000人遇难。同月，飓风伊万肆虐加勒比海域，并于9月7日登陆格林纳达，成为格林纳达50年来最惨重的风暴灾难。这次灾难致使39人丧生，90%的房屋被损坏或摧毁。据估计，这次飓风给人口仅为10万的格林纳达造成的损失总计为9亿美元，是该国GDP的两倍。

这次灾害后，加勒比巨灾风险保险基金（CCRIF）于2007年6月1日正式成立（Munich Re 2007；CCRIF 2008）。CCRIF为16个加勒比国家在遭受飓风地震灾害时提供经济援助。到目前为止，参与CCRIF的国家和地区包括：安圭拉、安提瓜和巴布达、巴巴多斯岛、伯利兹城、百慕大、开曼群岛、多米尼加、格林纳达、海地、牙买加、圣基茨和尼维斯、圣卢西亚、圣文森特和格林纳丁斯、特立尼达和多巴哥、特克斯和凯科斯群岛。

6.7.2 加勒比巨灾风险保险基金成立的目的和理念

加勒比巨灾风险保险基金是一种灾后重建援助项目。其目的是为加勒比地区各国政府提供指数保险，以减少飓风和地震灾害造成的损失。它使政府能以最低保费购买巨灾保险，费用仅相当于政府单独购买时所需保费的一半。

加勒比巨灾风险保险基金采取参数指数为触发机制（赔付以灾害的参数测量而不是以所造成的损害为触发点），从而实现对受灾国家财政的赔付。飓风的参数是风速，地震的参数则是地面加速度。

加勒比巨灾风险保险基金的巨灾损失高达1 000万美元，在国际再保险市场上所购买的超额再保险总额是1.1亿美元，其中包括与世界银行签订的巨灾风险互换协约。[①]这意味着新兴国家将首次利用资本市场和金融衍生产品来应对巨灾风险。但是，1.1亿美元足以援助受灾国家的灾后重建吗？2004年飓风珍妮袭击海地，成千上万的房屋被毁，基础设施遭到严重破坏，1 800人丧生，造成总损失约1亿美元。如果加勒比巨灾风险保险基金早在灾前成立，就可以对海地灾后重建提供更及时的经济援助。

2007年发生的所有飓风都没能触发CCRIF的参数指数启赔机制。尽管2007年9月的飓风迪安给加勒比地区造成了重大损失，但其风速和指数值却没有达到触发点。最先触发赔付的是爆发于2007年11月的7.4级大地震。地震后，圣卢西亚政府获得赔偿418 976美元，而多米尼加政府获得赔偿528 021美元。这些赔偿金将用于两国的灾后重建工作。

2008年9月3日，加勒比巨灾风险保险基金荣获世界再保险评论奖的“年度（再）保险计划奖”。该奖项巩固了CCRIF作为全球范围内有价值的且具有革新性的巨灾保险形式的声誉，同时也有助于将CCRIF的保险理念输出到世界其他地区。

加勒比巨灾风险保险基金反映了一项保险方案在发展中国家和新兴国家所发挥的有效作用。该方案已经受到包括环太平洋地区在内的多个地区的关注讨论。

6.7.3 土耳其巨灾保险共同体

另一个以公私合作经营为基础的保险计划是土耳其巨灾保险共同体（TCIP）。土耳其地处全球的地震活跃带上，国内大部分人口居住在地震频发地区。表6-5反映了自1980年以来土耳其最严重的五次地震灾害及

① 加勒比巨灾风险保险基金（CCRIF）通过巨灾掉期的方式将累积超赔再保险顶层再保险额度的28.6%分保给世界银行。为抵消自身的资产负债风险，世界银行又与慕尼黑再保险公司签订了一份掉期协议（再保险术语称累积超赔再保险合同）。这里主要采用的是资本市场术语而不是再保险术语。世界银行虽面临风险但不会自行承担风险。慕尼黑再保险公司分保传统超赔保障数额顶层的28.6%和更低几层的主要份额。世界银行支付43万美元的保费额，占2 000万美元的2.15%。传统超赔保障数额的顶层的RoL费率也是2.15%。RoL费率是再保险保费与再保险限额的百分比；与其对应的是偿还期或清偿期。例如，若巨灾再保险限额是1 000万美元，适合该限额的保费价格为200万美元，则其RoL费率就是20%，偿还期则为5年。

其造成的巨额损失。

表6-5 **自1980年以来土耳其最严重的地震灾害**

年份	地区	死亡人数	总损失（百万美元[a]）
2003	宾格尔	176	400
1999	伊兹米特	17 000	12 000
1999	迪兹杰	845	500
1998	阿达纳，杰伊汉	144	550
1992	埃尔津詹	650	750
1983	霍拉森	1 350	800

Source：Munich Re，NatCatSERVICE，2008.

[a]原值。

重大自然灾害的威胁长期存在和国内居民巨灾保险深度低已经成为有待土耳其政府解决的财政和社会问题。这个问题促使土耳其政府于1999年建立巨灾保险共同体。在1999年8月伊兹米特地震之前，这项计划得到了世界银行的援助（Gurenko et al. 2007）。TCIP管理委员会包括来自学术界、公营及私营领域的7名委员。为了节省行政开销，建立高效的运营体制，TCIP大部分业务和经营都由其他保险和再保险机构利用其自身现有设施进行。目前，共有32家保险公司有权经营TCIP业务。土耳其财政部副部长负责监督项目实施，并对TCIP的运营情况及账目进行审计。TCIP及其收益免除一切形式的税收。

TCIP项目有四个主要目标。其首要目标是为所有已登记注册的城区住宅提供居民负担得起的且精估费率稳定的地震险。同时，它还旨在限制政府的金融风险，为未来的地震损失提供长期可用的资金储备，并激励人们在住宅建设方面采取降低风险和减轻灾害的措施。

自1999年该项日开始实施后，土耳其的巨灾保险深度增长到比以前的3倍还多。如今，TCIP为土耳其200万余户房主提供保险支持。在过去几年的一些中小级地震后，TCIP表现了其在赔付速度和赔付公正度方面的实力。由于它的低成本结构，TCIP使中低等收入的房主也有能力购买巨灾保险产品。目前土耳其全国范围内的保险密度已达到18%。

6.7.4 慕尼黑气候保险计划

第三个关于公私合营的保险计划的实例集中针对气候变化的风险。慕尼黑气候保险计划（MCII）始于2005年4月，发起方是慕尼黑再保险公司和包括保险人、气候专家、经济学家以及一些独立机构在内的其他组织（Munich Climate Insurance Initiative 2008）。[①]

MCII的主要目标是通过保险领域相关措施来应对气候变化的影响，尤其是气候变化对发展中国家的影响。MCII将通过现有组织在公私合作领域内支持并开展试点项目，促进保险相关措施的应用。此外，它还将在现有体制框架内扩展保险与其他组织和计划的合作渠道，这些现有体制框架包括联合国体制、国际金融机构、国际捐助方以及私营企业。MCII的最终目的是针对气候灾害制定有益于减少损失的措施并促进其开展实施。其中一个主要目标是在后东京协定时期引进气候保险的观念，这与“巴厘路线图”所许下的众多承诺是相一致的。

以上三个公私合作的案例，即加勒比巨灾风险保险基金（CCRIF）、土耳其巨灾保险共同体（TCIP）和慕尼黑气候保险计划（MCII）代表三种不同的巨灾损失筹资途径。但这三种途径有一个共同日的，那就是为政府和受灾者提供灾后重建所需资金的快捷筹集渠道。这样的解决方案有助于政府尝试应对巨灾所带来的金融影响。不过，保险机制并不会直接导致居民受灾程度最小化。因此，除了这些国内及国际的保险体制之外，必须采取进一步的措施来帮助受灾者应对灾害。近几年，为帮助那些支付不起

① 慕尼黑气候保险计划（MCII）的主要合作机构有：欧洲气候论坛、《德国观察》、国际应用系统分析研究所、慕尼黑再保险公司和慕尼黑再保险基金会，德国波茨坦气候影响研究所、《联合国气候变化框架公约》秘书处、联合国大学、世界银行、世界气象组织以及其他知名机构、公司和专家。

传统保险产品的个人，地区性的小额保险诞生。

6.8 小额保险

从本质上讲，小额保险与其他保险无甚区别：它们都是将个人的损失负担转移到整个集体。唯一不同的是，小额保险针对那些没有渠道获取金融工具的个人，且其保费和赔偿金都相对较低。

印度财政部部长奇丹巴兰姆（P. Chidambaram）在孟买召开的2007年小额保险国际会议的开幕式上致辞说，

> 尽管发展是贫困的最好解药，但是政府目前所要关注的重点必须转移到收入金字塔最底层的人群上来。显然，财富并不会自发渗透到社会底层。一半以上的印度人没有机会接触银行，更不要说购买保险产品了。解决这些问题和关注发展问题一样重要（Munich Re Foundation 2007）。

根据联合国数据，世界人口中人均一天花费为2美元的约有26亿人（UN 2000）。这其中又只有1/10的人有机会获得诸如信贷、保险、电汇、储蓄账户等正规金融服务。反贫穷的战争是21世纪我们所面临的最大挑战之一，巨灾和疾病是发展中国家要解决的现实威胁。满足低收入和不规则收入人群的保险需求是制定发展政策的重要部分，因为这有助于受灾居民渡过金融难关。

自从20世纪70年代晚期小额贷款在孟加拉国首次发放以来，这类计划已被证明是促进经济发展和消除贫困的有效手段。目前已有超过5亿的人口从微型贷款以及其他微型金融产品中获益（Reinhard 2008）。

小额保险是微型金融产品的重要补充形式。尽管过去几年保险计划和投保人数都有大量增长，小额保险深度仍然很低。对许多发展中国家居民来说，那些最基本的金融业务都仍显得遥不可及。小额保险中心关于小额保险发展格局的研究发现，世界上最穷的100个国家的所有穷人中，只有

3%的穷人即不到8 000万人有能力购买保险产品。

这种程度显然是不够的。特别是在气候变化的背景下，预期巨灾的强度将会更大。联合国开发计划署在2007年发布的人类发展报告（UNDP Human Development Report 2007/2008）中明确表示，当巨灾来袭时，未保险或者保险不足、低收入以及财政储备量少甚至完全欠缺都是导致家庭毁灭的高风险因素。

6.8.1 小额贷款怎样运作？挑战与机会

对低收入家庭来说，假使巨灾导致家里养家糊口的人伤痛或离世，那么它所带来的最大恶果便是使家庭失去支柱。不过，即使养家的人并没有遭受巨灾的直接创伤，他们仍可能因此失去赚钱的机会。比如洪灾后他们无法再到工作地或者由此失去他们的生计根基，比如渔民的渔船被风暴摧毁。因此，巨灾成为穷人在风险环境中所面临的最严重的威胁。

小额保险的成功离不开有效的信息渠道和足够的保险认知程度。保险政策必须简明易操作。保费支付方式也要很灵活，否则一旦投保人的保费逾期，保险业务将会失效。缺乏适当的财政基础设施意味着需要发掘新的保险销售渠道。不过同时也要有高效的行政管理以避免成本上涨，特别是在保费低廉的情况下。

鉴于巨灾带来的重大威胁，还应该发展其他业务以补充小额保险，比如特制的巨灾债券或者天气衍生产品，以及量身定制的再保险业务等，这样可以避免保险计划因单一巨灾所累积的损失而陷入困境。

6.8.2 小额贷款的适用人群

一些研究表明，极端贫穷的人群并不是小额保险的潜在客户。这些穷人需要更多的援助方案。小额保险本是针对目前正处于脱贫过程中的人群，即所谓的贫困工人，比如那些已经借助微型贷款创业的人。对于这群人来说，如果没有适当的保险覆盖，他们很可能会在头一次遭遇比如巨灾带来的经济困难后就一蹶不振，再次陷入贫困状态。

印度保险监管当局的数据显示，仅印度就有2.5亿小额保险潜在客户。如果保险业务惠及这些客户，那么许多家庭将会实现可持续的经济增长，以应对日常生活困难和极端灾害问题（Munich Re Foundation 2007）。世界银行扶贫咨询小组（CGAP）的一些关于小额保险的案例研究表明，只要保费能换来可预期的回报，穷人的投保积极性其实是很高的（CGAP 2003）。毕竟从长远来看，如果缺乏适当的保险覆盖，他们将付出更大的代价，比如他们必须靠出售家畜所得来支付医疗账单。

6.8.3 为什么选择小额保险？其他风险管理方法有哪些？

小额保险只是穷人进行风险管控的几种工具之一。储蓄、借贷或是传统的村落或家庭间的经济互助都是很常见的替代办法。但是，一旦几起灾害同时发生或者发生间隔很短，这些解决办法很快就暴露其局限性。此外，保险所蕴含的预警和防护的观念及其细致的风险评估方法使保险在防止财产损失和人员伤亡方面有着巨大潜力。和政府支持或第三方紧急援助不同，保险为人们摆脱巨灾危机提供了极其可靠的工具。过去的经验表明，巨灾后的救援力度在很大程度上取决于媒体对灾害的反应速度，包括对受灾地区的定位和对当时主流政治形势的判断（Reinhard 2008）。

6.8.4 小额保险如何操作实施？

援助组织、地方性非政府组织、政府代表和保险行业应当紧密合作。监管机构也需要制定适当的法律框架，从而为小额保险的发展提供便利。同时，人们对金融资源的需求也应得到满足。

小额保险已步入正轨，逐渐发展为一项较为完备的致力于风险最小化的保险业务。表6-6列出了一部分发展较完备的保险项目，以及一些为微型金融和小额保险成功实施提供支持的组织机构。

表6-6　　　　**关于小额保险基金和项目的实例**

组织机构		活动/项目	下一阶段活动
比尔·盖次和梅林达·盖茨慈善基金会	发起和资助了小额保险代理机构和小额保险创新机构		
小额保险代理机构	由比尔·盖茨和梅林达·盖茨慈善基金会资助	保险覆盖300万余人，并开始发展天气指数保险	截至2012年，新增11个国家获得保险覆盖，为2 100万人口提供人寿险、健康险和农作物保险
小额保险创新机构	由比尔·盖茨和梅林达·盖茨慈善基金会资助	为扶贫机构提供资金和技术援助	发布每年两次的提案请求，资助开展新保险产品试点，对技术人员就复制成功模式进行培训
微型银行“世界妇女银行”、慕尼黑再保险、Suramericana保险公司、世界银行		在哥伦比亚布卡拉曼加开展针对死亡、重大疾病、自然灾害、盗窃、偷盗、抢劫、火灾的保险项目，由此缓解居民收入损失带来的影响	
慕尼黑再保险		在印度尼西亚的雅加达开展试点项目：人们可购买一张“洪灾保险卡”（5美元），一旦芒加莱门涨水到9.5米，就可获得27美元的单项赔付	

Source：Munich Re Foundation，2008.

商业保险人越来越热衷于制订小额保险操作方案：他们开始探索小额保险市场的发展潜力。2008年11月在喀他赫纳（哥伦比亚）召开的小额保险国际会议深刻反映了这样一种趋势，即每两位参加者中就有一位来自保险公司。总的来讲，商业领域的小额保险是市场经济思想与社会责任相结合的典范。

6.9 风险向资本市场的转移

巨灾损失的持续加剧促使保险行业寻求创新性风险转移方式(ART)。这种新型风险转移应被视为再保险的补充形式而不是为了竞争。新型风险转移的原则是将（金融）巨灾风险转移到资本市场，以取代传统再保险方式。其主要作用是扩大保险业对巨额损失的偿付能力。

6.9.1 连接再保险和资本市场

通过债券和金融衍生产品将保险人承保的风险转移到资本市场的这一想法始于20世纪90年代中期。全球金融市场有利于扩大保险业的承保能力，以补充传统再保险。同时，投资商也能有机会进行多样化投资。芝加哥期权交易所（CBOT）在美国发行了诸如巨灾期货、巨灾期权等金融衍生产品，由此成为率先通过金融市场的途径来应对承保风险的几家公司之一。同时，首批风险保险债券在市场发行。初期小额债券试行后，高额债券于1997年到1998年间投入资本市场，价值从1亿美元到5亿美元不等(Munich Re 2001)。

大多数资本市场的风险转移都有一个共同点，即赔付由指数触发；这些指数或是市场损失指数，或是参数指数。市场损失指数反映了巨灾带来的保险损失。参数指数启赔在诸如地震震级、风速、风暴最小气压等巨灾程度方面制定了严格且透明的标准。

6.9.2 通过保险衍生性金融商品实现证券化

保险衍生性金融商品可分为掉期交易或期权。以市场损失指数或参数指数启赔为基础。在掉期交易中，保险人或再保险人之间相互交换各自的巨灾风险保险。例如，2003年8月，瑞士再保险公司和日本三井住友海上火灾保险公司达成协议，决定互换价值1亿美元的巨灾风险保单。瑞士再保险公司将一部分北大西洋以及欧洲暴风的保险业务分保给三井住友保险公司，以换取三井住友保险的日本台风保险业务。这些用于互换的保单都是双方的保险业务中最高风险部分。互换部分风险保险有利于双方公司分散各自的风险组合（Swiss Re 2003）。

在期权的交易中，分保人（保险人或再保险人）是买方，而投资者则是出售期权的卖方。如果巨灾损失达到或超过市场损失指数或启赔触发点，投资者必须依据期权合约条款向保险人支付一定数额的赔偿金。

6.9.3 行业损失担保

行业损失担保（ILWs）是一种针对保险人的再保险协议且通常很少达成。行业损失担保的偿付触发条件通常取决于行业损失指数。行业损失可因损失额度或地区范围的不同而不同。例如，一份行业损失担保可以在以下先行条款满足的情况下承诺赔付：

- 一场飓风造成佛罗里达州保险行业损失150多亿美元。
- 冬季风暴造成欧洲保险行业损失200多亿美元。
- 一场地震造成世界任何地方保险行业损失350亿美元。

6.9.4 天气指数保险

相较于传统保险，天气指数保险与衍生产品更为相似。一般来说，投保人（通常为农民）可任意购买任何数额的保险，当计算天气指数时，投保人所得的赔付是指数值起作用的结果，赔付金反映的是保费价格，而不是实际损失金额。这有利于简化理赔程序，因为只要指数测量正确，就无需再对赔付额进行验证。事实上，农民甚至不需要提出索赔。只要天气灾害损失达到或超过启赔触发点，那么在保险期结束时，他们将获得赔偿。

6.9.5 巨灾债券与债券发行

巨灾债券是风险连接型证券，发行方（通常是保险人或再保险人）通过发行债券将额定的巨灾风险转移到资本市场（投资方）。投资人通过一个特殊目的机构（special purpose entity）向资本市场发行债券。如果事先约定的巨灾事件没有发生，债券到期后投资人不仅会获得本金返还，还将得到一份风险保费收益。

但是如果约定的巨灾事件发生了，巨灾债券被触发，那么投资人将损失全部或者部分投资本金，这些损失资金将作为赔偿金由债券发行方（保险人或再保险人）赔付给投保人。

6.9.6 发展前景

新型风险转移市场正在不断扩大：保险连接型证券的年增长率保持在35%以上。但是，目前资本市场所分担的国际再保险市场的风险还非常有限。资本市场参与承保的大部分业务都属于巨灾领域，主要覆盖北美、日本和欧洲地区。交易成本和风险转移成本仍然很高。不过，新型风险转移市场必将得到进一步发展。PERIL公司的成立就证明了这一点。PERIL公司于2008年由德国安联集团、法国安盛公司、慕尼黑再保险、瑞士再保险和苏黎世保险集团联合成立。PERIL的目标是对欧洲巨灾保险损失进行快速评估。相应地，在美国，市场损失评估数据由作为美国保险服务所成员的财产理赔服务局在巨灾后及时提供。这类数据可用于巨灾债券或巨灾掉期的市场损失指数。预期市场损失指数将会在风险向资本市场转移的过程中扮演越来越重要的角色。

6.10 总结

全球自然灾害的规模愈来愈大，破坏性也愈来愈强，在此趋势下，世界各国必须广泛采取多种措施来改善巨灾带来的恶劣影响。各国需大力普及相关知识，提高防灾保险意识。对于身处灾害风险中的人群来说，了解灾前的防灾减灾措施和灾后的应对方法是至关重要的。保险仍然是财产保障最有效的手段。最穷国家的居民可以通过购买小额保险，获得巨灾保障，这有助于他们应对突发性灾害事件，避免陷入更贫穷的境地。此外，《联合国气候变化框架公约》秘书处（UNFCCC）将在谈判进程中讨论巨灾保险费是否应该由对气候变化负责的各方承担，而不仅仅是施加在发展中国家的穷人身上。再者，政府可以通过与世界银行、发展银行和国际保险行业在保险领域的合作来减少巨灾的金融影响，这将有助于加快灾后重建进程。最后，国际再保险人应肩负起对当前和未来的风险进行评估和再保险的任务。但是，随着巨灾所导致的具体损失日益复杂化，再保险人的任务不仅是辨识风险以及订立保险方案，他们还应该尽可能地扩大公众对再保险业务和潜在防灾措施的认知。

6.11 参考文献

Caribbean Catastrophe Risk and Insurance Facility（CCRIF）.（2008）. Accessed September 4，2008. http：//www.ccrif.org.

Churchill，C.（2006）. “Protecting the Poor：A Microinsurance Compendium，” International Labour Organization and Munich Re Foundation. Accessed February 20，2009. http：//www.munichre-foundation.

org/Stift ungsWebsite/Projects/Microinsurance/2006Microinsurance/Microinsurance_Compendium.htm.

Consultative Group to Assist the Poorest/Microfi nance Gateway (CGAP). (2003). "Case Studies." Accessed February 20, 2009. http: //www.cgap.org/p/site/c/template.rc/1.26.1436.

Farny, D. (2006). *Versicherungsbetriebslehre.* Karlsruhe, Germany: Verlag Versicherungswirtschaft.

Gurenko, N., Lester R., and Mahul, O. (2007). *Earthquake Insurance in Turkey: History of the Turkish Catastrophe Insurance Pool.* Washington, D. C.: World Bank.

Hamburger Feuerkasse. (2008). "Geschichte der Hamburger Feuerkasse, Zeittafel zur Geschichte." Accessed June 1, 2008. http: //www.hamburger-feuerkasse.de/?direkt=http: //www.hamburger - feuerkasse.de/owx_1_52_1_13_1_fac4990600708a.html.

Insurance Information Institute. (2008). *Fact Book 2007*, 161–163.

Mills, E., Lecomte, E., and Peara, A. (2001). "US Insurance Industry Perspectives on Global Climate Change." Lawrence Berkeley National Laboratory 45185, US Department of Energy, Berkeley, Calif.

Munich Climate Insurance Initiative. (2008). Accessed June 1, 2008. http: //www.climateinsurance.org.

Munich Re. (1973). *Floods*, 7–8. Munich, Germany.

———. (1999). *Topics 2000: Natural Catastrophes*, 70– 112. Munich, Germany.

———. (2001). "Risk Transfer to the Capital Markets—Using the Capital Market in Insurance Risk Management." Document No. 302– 03011. Accessed February 20, 2009. http: //www.munichre.com/publications.

———. (2003). *Topics: Annual Review of Natural Catastrophes 2002.*

Munich, Germany.

———. (2007). "Insurance Cover for Countries in the Caribbean in Place for Hurricane Season 2007." Press release, June 1. Accessed February 20, 2009. http://www.lifepr.de/attachment/3078/07_06_01_Munich_Re_press_ release.pdf.

———. (2008a). NatCatSERVICE Download - Center—Annual Statistics. Accessed February 20, 2009. http://www.munichre.com/publications.

———. (2008b). *Topics Geo: Natural Catastrophes 2007, Analyses, Assessments, Positions.* Munich, Germany.

Munich Re Foundation. (2007a). "Microinsurance Conference India." Press release, November 14. Accessed February 20, 2009. http://www.munichre - foundation.org/StiftungsWebsite/Projects/Microinsurance/2007Microinsurance/MIC2007_PressRelease.htm.

———. (2007b). "Report 2007," 18. Accessed February 20, 2009. http://www.munichrefoundation.org/StiftungsWebsite/Publications/Overview/de/2007report_Publication_summary.htm.

Museum für Versicherungsgeschichte Gotha. (2005). "Historische Entwicklung des Versicherungswesens." Gotha, Germany.

National Oceanic and Atmospheric Administration (NOAA). (2008). "The Saffir Simpson Hurricane Scale." Accessed December 15, 2008 http://www.nhc.noaa.gov/aboutsshs.shtml.

Reinhard, D. (2008). "Abgesichert aus der Armut." In *Klimwandel und Armut: Eine Herausforderung fur gerechte Weltpolitik*, Welt - sichten. Accessed February 20, 2009. http://www.pik - potsdam.de/infothek/broschueren/klimawandel-und-armut.pdf.

Robine, J., Cheung, S., Le Roy, S., Van Oyen, H., and Herrmann, F. (2007). "Report on Excess Mortality in Europe during Summer 2003."

EU Community Action Programme for Public Health, Grant Agreement 2005114. Accessed December 15, 2008. http: //www.ec.europa.eu/health/ph_projects/2005/action1/docs/action1_2005_a2_15_en.pdf.

Roth, J., McCord, M., and Liber, D. (2007). "The Landscape of Microinsurance in the World's 100 Poorest Countries." Accessed February 20, 2009. http: //www.microinsurancecentre.org/UI/DocAbstractDetails.aspx?DocID=634.

Swiss Re. (2003). "Swiss Re and Mitsui Sumitomo Arrange US$100 Million Catastrophe Risk Swap." Press release, August 4. Accessed December 15, 2008. http: //www.swissre.com/pws/media% 20centre/news/news% 20releases%202003/swiss% 20re% 20and% 20mitsui% 20sumitomo% 20arrange% 20usd%20100%20million%20catastrophe%20risk%20swap.html.

United Nations. (2000). "Message of the United Nations Secretary General, Kofi Annan on the International Day for the Eradication of Poverty." Accessed February 20, 2009. http: //www.un.org/events/poverty2000/messages.htm.

United Nations Development Programme (UNDP). (2007). "Human Development Report 2007/2008—Fighting Climate Change: Human Solidarity in a Divided World," 89-95, New York. Accessed February 20, 2009. http: //www.hdr.undp.org/en/reports.

World Bank. (2011). "Data & Statistics, Country Classifi cation." Accessed March 19, 2011. http: //web.worldbank.org/WBSITE/EXTERNAL/DATASTATISTICS/0, contentMDK: 20420458~menuPK: 64133156~pagePK: 64133150~piPK: 64133175~theSitePK: 239419, 00.html.

第7章　自然灾害减灾政策①

里卡多·萨帕塔-马蒂

7.1　引言

本章研究一系列的自然灾害减灾政策，其中包括部分国家正在实行的政策，它来自于笔者亲身和职业经历，也包括被认为与降低风险相关的政策。本章首先定义了这类政策需要考量的脆弱性因素，接下来列出了笔者认为适当的公、私部门采取的政策。特别要指出的是，国家级和地区级有效信息体系的必要性、降低灾害的规则和标准、保险以及政府资金都应纳入减灾政策的考量范围。最后，基于自身的经历和经验，作者指出了现有体系、规则、标准以及这些战略性领域涉及的资金等方面亟须修正的必要性。

① 本文仅为作者个人观点，不代表联合国拉丁美洲和加勒比经济委员会。

7.2 脆弱性因素定义

脆弱性在灾害上的定义由国际减灾战略署（ISDR）提出，但是该词起源于诸如医学、工程学以及经济学等其他多种学科。[①]虽然脆弱性一词的具体定义随着使用领域的不同而改变，但是考虑什么条件下能够回复原状或抵御特殊因素是不同定义具有的共通性。

脆弱性因素大多是人为造成的，且与发展阶段相关。为了优化减灾政策，准确地鉴别脆弱性因素潜在的社会经济影响是有必要的。在经济学范畴，脆弱性通常与财政、经济的表现相关，[②]而本章所涉及的领域，有越来越多对脆弱性因素评估的调查是与暴露于自然现象相关的。[③]

社会经济规划者以及灾后一线人员越来越多地意识到脆弱性是减少风险的关键性因素（参见图7-1），这种认识在国际减灾战略的大环境下也被广泛认可。[④]

人与社会、环境之间相互影响，这种相互性产生的内部过程会导致脆弱性，而这种脆弱性与灾害之间相互作用，就会带来风险。

这种相互作用的社会、经济体系应对外部灾难的能力是需要考量的基本因素。这种能力通常与灾前准备、灾后响应、减损措施相关，同时与之相关的是这类经济社会体系对自然过程的影响。由此可推出这样一个观点：降低风险可以理解为，为降低脆弱性而采取的通过增强物理结构而提高灾后应对及减损能力的干预措施，这类措施考虑到灾难的级别、复发情况及灾害特点，是人类无法干预的。

灾害的发生通常是外部过程的作用导致的，它的发生概率、规模、强

① 现有概念、实践和运用的回顾，参见Bankoff， Frerks， G.， and Hilhorst (2004).
② 参见http://www.imf.org/external/np/exr/facts/vul.htm.
③ 参见http://www3.cepal.org.mx/iadb-eclac-project/.
④ 参见http://www.unisdrorg.

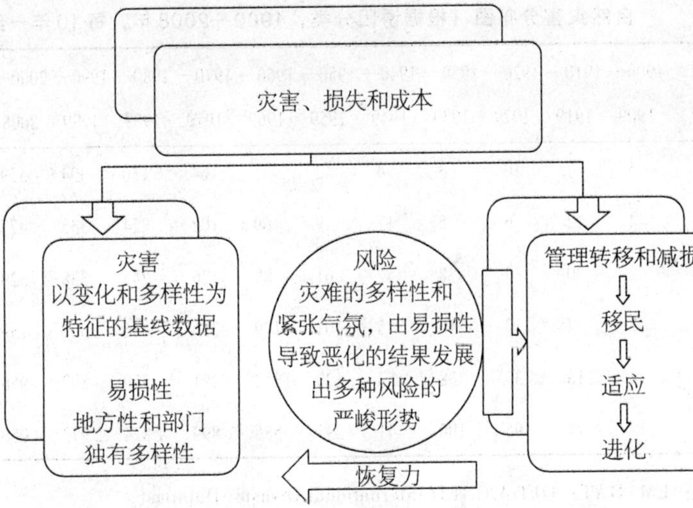

图7-1 风险管理和适应(根据气候、社会经济以及文化因素改变)

Source：ECLAC.

度、速率、速度以及持续性是在人类可影响范围之外的。但是在气候现象中，越来越多的证据显示，人类的干预是可以改变灾害的。例如，由于森林采伐导致的降雨量的改变和湿度的降低，由于城市人口密集导致的热岛效应，由于干旱、过多的降水量导致的季节变化等。

大量的气候多样性以及气候变化的证据表明，[①]风险是会随着人类的干预而增加的，伴随而来的是拥有不同程度的复发性、强度以及特点的气候灾害。水文气象灾害显著增加（见表7-1和图7-2），其累积的影响与日益缩短的重现周期降低了家庭与权力机构应对和重建社会及人类活动的能力。基于此，风险的降低需要的不仅是降低传统型灾害的措施，也需要应对新的气候趋势与改变。

专栏7-1列出了一系列在灾难中扮有重要角色的易损性因素，同时指出这些因素是怎样随着时间而发展的。

尽管针对受灾以及灾难集中爆发造成的社会、经济、环境损失的分析有所进展，但对脆弱性的经济性量化仍有待提高。尽管对灾难所造成的社

① 参见 http://www.ipcc.ch/ipccreports/ar4-syr.htm.

表 7-1　**自然灾害分布图（根据诱因分类，1900—2008年，每10年一组）**

灾难分类	1900—1909	1910—1919	1920—1929	1930—1939	1940—1949	1950—1959	1960—1969	1970—1979	1980—1989	1990—1999	2000—2008	总数
生物学类	5	7	10	3	4	2	37	64	170	394	559	1 255
气候学类	4	12	6	5	17	9	69	102	224	335	477	1 260
地球物理学类	42	30	33	38	52	61	89	126	245	338	329	1 383
水文学类	7	4	13	16	15	101	179	316	626	1 007	1 735	4 019
气象学类	14	18	33	38	53	120	212	291	559	899	956	3 193
总数	72	71	95	100	141	293	586	899	1 824	2 973	4 056	1 110

Source：EM-DAT：OFDA/CRED International Disaster Database.

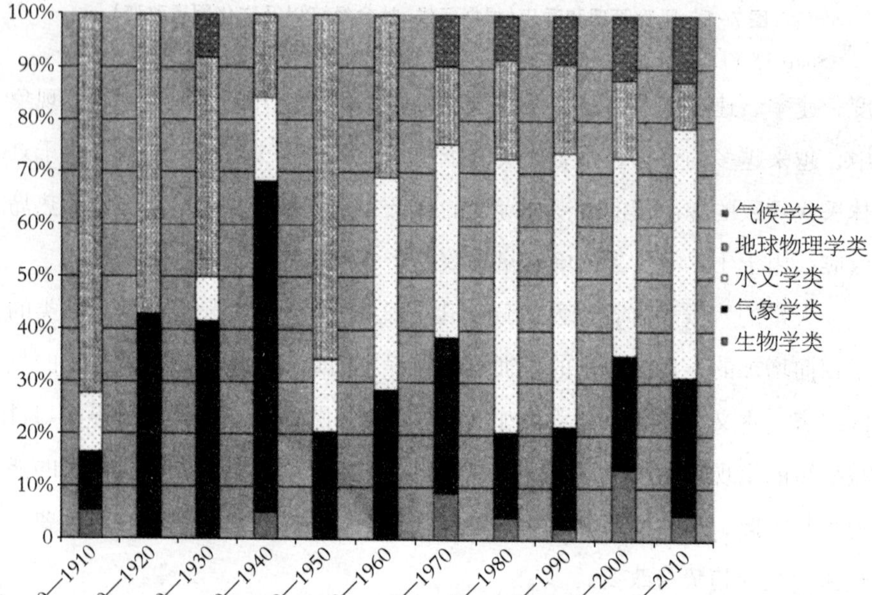

图 7-2　自然灾害相对分布（根据诱因分类，1900—2008 年，每 10 年一组）

Source：EM-DAT：OFDA/CRED International Disaster Database.

会经济影响进行系统化进程正在继续，但由于量化标准并未系统地应用于发达国家和发展中国家，现有数据（表7-2，国际减灾战略署（ISDR）根据灾害流行病学研究中心（CRED）编制）仍无法令人信服。迄今为止，多

专栏7-1　自然灾害频率以及损失增加的原因

- 世界人口呈指数型上涨。比如，1800年世界人口为10亿，而如今人口数已达69亿。
- 几乎全球范围内对生活水平要求的提高导致财富聚集，这种聚集在灾难中会遭受重大打击。
- 卫星城市中的人口与财富的集中：大量超大型城市出现，即使如东京之类的风险地区，周边地区也有3 000万居民。
- 这类开阔地带，尤其是沿海、江河流域地区的人口定居和工业化，以及危险区域的旅游业都增加了无法减缓的风险，比如佛罗里达地区的情况。
- 现代社会、科技、结构工程、设备、工具以及网络的脆弱性要求对现有标准与规范进行修正从而减少风险。
- 全球范围内正在增加的保险深度，比如被保产品的比例迅速递增，由此导致的结果就是损失险增加更加迅速。
- 全球环境变化、气候变化、水资源稀缺以及生物多样性的减少。

Source: Munich Re Group. Accessed February 20, 2009.

数信息均来源于个案研究，比如由联合国拉丁美洲和加勒比经济委员会（ECLAC）牵头，通过各类指标的完善，泛美开发银行（IADB）作为支持，并由联合国开发计划署（UNDP）协助推进，对各类灾害损失评估方法进行的研究。

这些努力旨在为决策者提供适当的、合理的决策基础，从而优化相关政策。反过来说，这类量化数据的缺乏会导致不均衡、不完善的灾后减损及风险降低政策。通过量化自然灾害给不同国家带来的影响（见表7-2）可以看出，这种不完善的政策在发达国家和发展中国家均表现明显。

尽管联合国批准的千年发展目标（MDGs）与灾害影响之间的联系并

未系统地量化，联合国减灾战略署提出了一个方法论体系，该体系主要用于汇编减灾指标，监测人类为达到千年发展目标而采取的措施是否真正减少了灾害风险（更多详情见联合国减灾战略署2008年文件）。[①]

表7-2　**根据国家发展程度、灾难类型划分，1991—2005年间报告的经济损失总额（单位：10亿美元）**

	洪水	暴风雨	干旱	滑坡	地震和海啸	火山爆发	虫害	总数
经合组织	103.27	358.49	53.77	0.31	198.61	0.02	0.14	714.61
欧共体+独联体	42.86	1.08	3.08	0.13	3.21	0.00	0.00	50.35
发展中国家	204.22	71.78	48.82	2.62	50.70	0.88	0.14	379.15
最不发达国家	14.99	4.98	0.08	0.00	2.55	0.01	0.00	22.61
未分类国家	1.09	7.28	0.95	0.00	16.90	0.00	0.00	26.22
总数	366.43	443.61	106.69	3.06	271.98	0.91	0.28	1 192.95

Source：EM-DAT：OFDA/CRED International Disaster Database.

注：与干旱相关的灾害包括极端温度。

考虑到越来越高的灾难成本（图7-3、图7-4），[②]保险业和再保险业开始逐渐考虑灾害带来的经济成本，同时开始思索这种发展趋势、气候变化以及人为脆弱性之间的联系。

然而这一点恰恰证实了，当人们开始感受到灾害带来的损失和危害时，相应的政策和工具会有所完善，从而降低损失，更好地应对风险，寻求方法从经济上、组织上以及结构上恢复到灾前状况。

① 这些数据基于联合国千年宣言路线图中列出的具体措施（秘书长在联合国大会上的报告A /56/326文件），此处稍作修改，以涵盖减少风险的因素。

② 参见http://www.unisdr.org/disaster-statistics/introduction.htm.

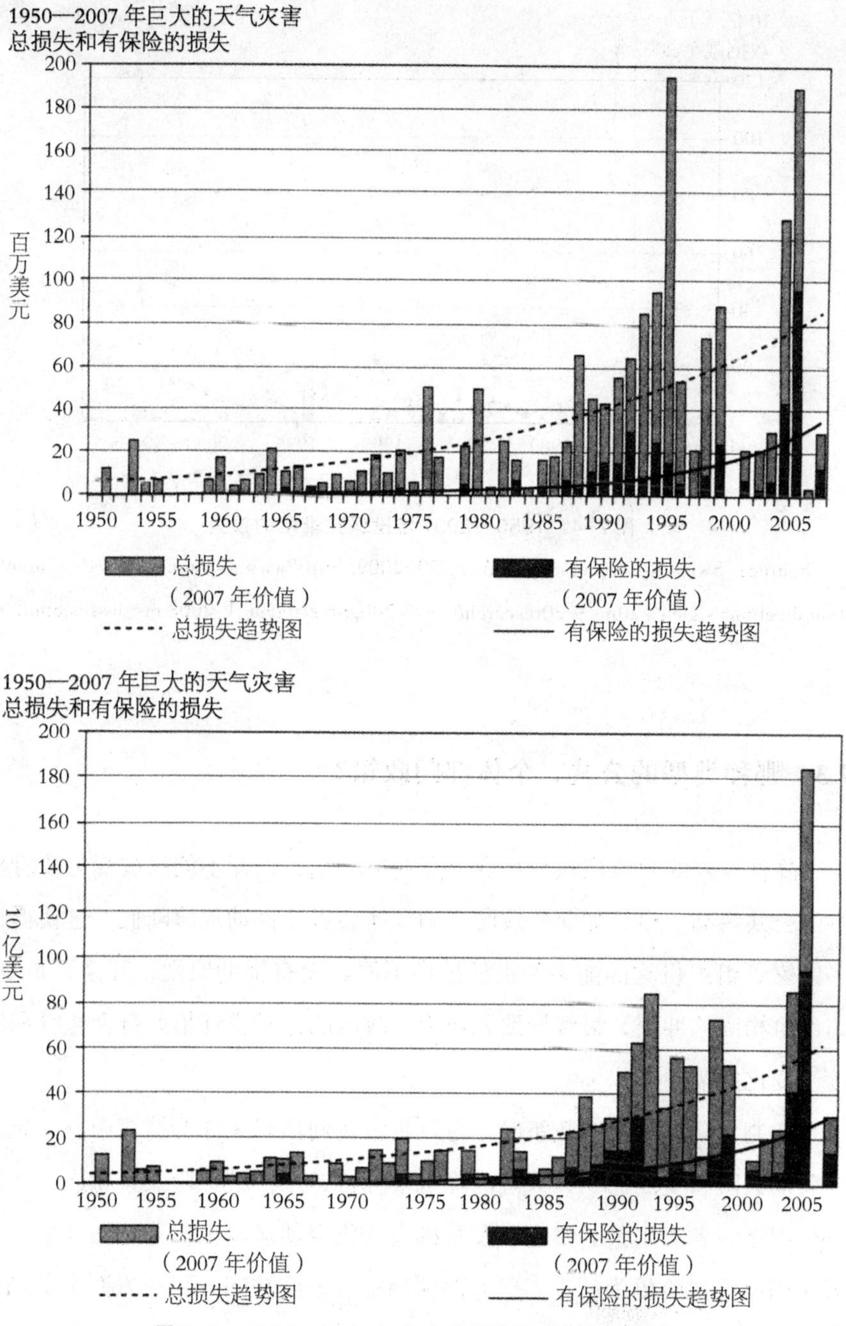

图 7-3　1950—2007 年灾害总损失及有保险的损失

Source：Natcat Service, Munich Re, data updated to April 2008

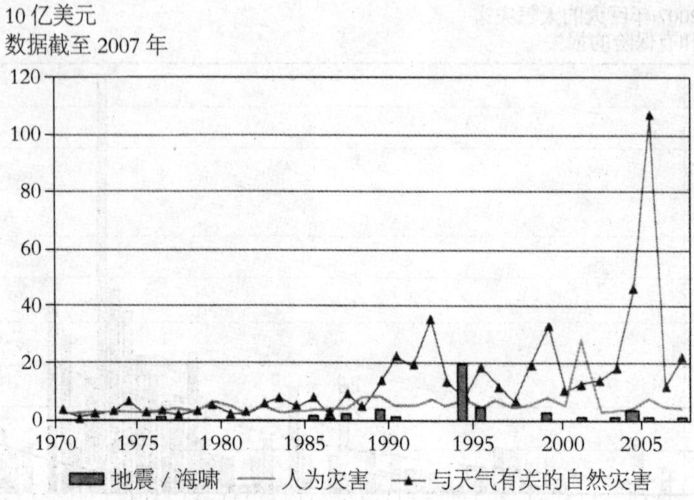

图7-4　1950—2007年投保灾难险的损失

Source：Swiss Re. Accessed February 20, 2009. http://www.swissre.com.pws/research%20publications/sigma%20ins.%20research/facts%20figures/sigma_1_2008 ins_losses.html.

7.3　哪种类型的公共、个体部门政策？

降低风险的政策应该与社会分配的风险相关，却不能仅被视为政府提供的公共商品。尽管如此，政府的确有社会责任推动风险降低。这使得许多国家、组织机构的能力和责任模糊不清，没有辅助原则，冗杂，重复，组织机构间的冲突，最终导致无作为，政府的这种责任恰好符合监管和制度上变化的需要。

在制定降低风险的政策时，可以将市场利用起来作为清算中心，无人监管的风险将受到惩罚，风险的降低被标价，跟传统保险工具相比，在这种情况下，各类工具、资金以及基础设施将会使风险大面积分摊开来。发展中国家的风险更为严重，一方面保险覆盖力度较弱，另一方面由于对贫困补偿机制、刺激经济活动的优惠政策以及国家团结的需要，灾害拉大了满足基本社会需求的差距。

然而，由于证据和各类数据都指向灾难来临及灾后重建成本的增加，决策方向必须是将风险管理发展成为一项投资、一个商业契机。要做到这一点，需要规则和制度来产生合适的市场信号和体制。从本质上来说，由于未知风险成本并未被正确地估值，我们现在的市场并不完善，需要政府干预。

在私营部门，处在风险降低政策最前沿的是保险业，或者说是再保险人，他们不仅提高了保险覆盖率，同时也研发新型工具，占据了市场上的创新型产品诸如衍生、指数、巨灾类债券的更大的市场。慕尼黑再保险公司和瑞士再保险公司都在倡导一个逐渐被人们所认识到的观念，那就是

在现阶段以及可预期的未来阶段的自然环境的变化要求经济和政治环境对此做出反应和改变，尤其是当气候变化与大量诸如水资源可利用性和能源安全等问题交错在一起的时候。[①]

从私营部门的角度来看，通过金融服务可以有效降低风险并产生有效回应。这种方式需要政府直接制定相关政策以及调整监管立法组织，这样才能为风险管理、合理风险转移以及降低灾害风险联动提供合适的动机，而这种动机也同样适用于制定降低温室气体排放影响、鼓励适当的全球性气候变化的经济活动的法规。

《关于环境变化经济学的斯特恩报告（2007）》、[②]全球圆桌会议、[③]保险损失分析、日益充满变数的美国气候法规，[④]这都表明经济部门开始认真对待气候变化问题。这一转变通过资本市场上的表现展现得更加清晰，原材料缺乏、厂址遭到破坏、营业中断等情况会影响到经济活动以及大公

① 瑞士再保险首席执行官艾建郡(Jacques Aigrain，)，原文网址 http://www.swissre.com/pws/about% 20us/knowledge_expertise/top% 20topics/our% 20position% 20and% 20objectives.html?contentIDR=c21767004561734fb900fb2ee2bd2155&useDefaultText=0&useDefaultDesc=0.（2009- 02-20）.

② 参见 http://www.hm-treasury.gov.uk/stern_review_report.htm.（2009-02-20）.

③ 2008年2月12—13日在哥伦比亚大学举行了全球气候变化圆桌会议第五次会议。见 http://www.earth.columbia.edu/grocc/ （2009-2-20）.

④ 2005年6月30日华盛顿特区白宫新闻秘书办公室发布的美国气候变化情况说明，见 http://georgewbush-whitehouse.archives.gov/news/releases/2005/06/20050630 - 16.html.（2009-02-20）.

司的股票价格，因而资本市场需要应对愈发频繁、猛烈的自然灾害导致的后果。除了资本市场，诸如农业、旅游业、医疗等在气候极端性与多样性面前更为脆弱的行业，也开始逐渐感受到气候变化带来的影响。最终，整个经济形势都会受到影响。

而从公共部门角度来看，真正开创性的工作仍需要具象化。在这方面2007年斯特恩报告以及2007年、2008年政府间气候变化委员会第四次评估报告都表达出了同样一个观点，那就是正确应对灾后适应和减损成本，同时通过关联重大灾难与其影响而建立一个降低风险的清晰的行动线，才是正确的方法。国际减灾战略平台大会①的结论为政策的潜在性改变增加了协同力。2006年，美国参议院提出一个具有代表性的议会提案，建议为排放法规建立以市场为基础的机制，奥巴马总统驳回了排放交易计划建议。②而在欧洲，欧盟排放贸易计划自2005年1月建立，到2007年已达592亿美元。

另外需要提上议程的是《兵库行动框架》，该框架于2005年1月在日本神户举行的168国政府参与的世界减灾大会上提出，针对怎样改变政策以减少灾难带来的人力、社会、经济以及环境的损失提出框架。该框架有5个重点：

（1）确保减少灾难风险成为国家和地方的优先事项并在落实方面具备牢固的体制基础。

（2）确定、评估和监测灾难风险并加强预警。

（3）利用知识、创新和教育在各级培养安全和抗灾意识。

（4）减少潜在风险。

（5）为有效反应在各级加强备灾。

尽管如此，大多数发展中国家都是被动地降低灾难风险和应对气候变

① 参见 http://www.preventionweb.net/globalplatform/.（2009-2-20）.

② 议员Pete V. Domenici和Sen. Jeff Bingaman2006年2月提出的“强制性市场导向温室气体管理系统的设计思路”，详见 http://energy.senate.gov/public/_files/ClimateChangeWhitePaper.doc.（2009-02-20）.

化，并未将其列入发展日程。通常降低灾难风险不是政府政策优先考虑的事情，往往让位给经济增长，与竞争力相关的贸易议程，或者扶贫、收入分配不均、社会边缘化以及社会分化等社会问题。健全的环境政策、可持续发展以及千年计划的实现这三者间的协同关系并没有建立和完善，社会政策议程与国家安全间的关系也刚开始显现。

尽管针对什么是合适的政策已经达成一致（专栏7-2），国家、州、地方政策调整步伐缓慢。

专栏7-2　在联合国减灾战略署全球风险减灾大会上与会者达成的目标

1. 与会者表达了对灾难风险逐渐增加的担忧，尤其针对脆弱性较高的地区，这些地区相对应的解决方案、执行《兵库行动框架》均进展缓慢。我们正在努力完成2015年实现《兵库行动框架》方面从而达到大大减少灾后损失的目标，采取行动的必要性比以往更加迫切。

2. 许多国家在许多方面都需要有快速的学习能力，比如，如何构建基本制度的能力，完善修改立法和政策框架，提供资金，完成国家性平台建设和执行行动计划。然而，有一些国家已经在这些方面积累了相当丰富的经验，希望这些国家通过分享其知识和经验，尤其是在法律法规、政策条款制定方面的经验，同时通过无偿派遣专家学者并提供资金来帮助其他的国家。联合国减灾战略署也应支持国际风险减灾平台实现其目标。

3. 需要加大在降低风险方面的投入力度。国家和地方政府的财政花费需要制订专项计划，比如划定部门风险方面经费的百分比。国际资助也应该更仔细地调控和追踪，以保证发展计划不会意外增加风险。同时，应对风险降低投资总额进行监管，对这些投资在实际风险降低方面的表现进行评估。政府和投资者应该考虑制定目标，一方面在组织内部实现，另一方面建立专门机制以保证直接拨付专用资金给处于风险中的贫困机构和地方机关。投资者应该形成一个通用准则，以确定什么是对降低风险有好处的捐助，承诺长期投资固定百分比的慈善资金。

4. 各国应尽快建立针对风险预测与《兵库行动框架》实施情况的监管和汇报体系，包括行为规范、可靠指标、基准以及目标等，从而指导行动同时增加结果的可计量性。比如，一些国家承诺到2015年学校内死亡率减至零。地区及全球范围的利益相关人同样需要建立行为可计量性系统。

5. 私有部门应该意识到在导致灾难风险以及灾后减损中自身所扮演的角色，应当积极参与并且接受政府以及民间的质疑，从而为灾难风险管理提供更好的金融工具，同时通过参与政府政策讨论以及公私部门合作为降低风险做出贡献。

6. 将降低灾难风险与可持续发展、扶贫框架和机制融入环境管理工具方面已初显成效，这是一个长期性的任务。国际减灾战略署体系的成员应发挥创新意识，增加发展、环境相关利益人包括民间团体和组织成员的参与度和承诺，也应该开发诸如筛选高风险因素、多种灾害防御措施等实用的工具。

Source: Excerpt from the proceedings of the first session of the Global Platform for Disaster Risk Reduction Geneva, June 5 - 7, 2007.

同样，这类政策支出和收益仍然没有足够令人信服的证据。另一方面，支出可以通过体制安排、资金需要以及能力建设而清晰地表现出来，但是降低风险带来的收益只表现为概率数字，这个数字基于灾难再次发生的可能性，但是无法对这种灾难发生的可能性所带来的损害进行评估，对灾难实际总影响无法充分量化。关于宏观经济的影响一直在讨论，大部分讨论都集中在多数研究中使用数据的有效性上。

7.4 建立（各国或区域间）有效信息体系的必要性

资料显示，缺乏足够的系统和广泛评估影响了在降低灾害风险上的投资，同时也不利于把降低灾害风险作为优先考虑的发展政策，进而导致了不恰当的灾害影响信息系统的产生。现有的这类系统要么是基于从若干分散渠道收集的未验证信息，要么是在采用间接手段对二手信息的收集、复核和验证过程中形成的。虽然关于死亡人数和受灾群众数据的可靠性到目前为止已有了一定程度的提高，有关经济影响的数据却仍不那么可靠。这是一套由于缺乏标准化的、未被广泛使用的评估方法。

过去30多年里在拉丁美洲和加勒比经济委员会的努力下，这类方法在拉丁美洲得到了发展。尽管如此，该地区的灾难数据仍缺乏一致性。作为该方法的具体应用，表7-3显示出了拉丁美洲和加勒比经济委员会多年来关于灾难评估所列出的一系列极端事件的累积负面影响，尝试量化了灾害和损失，在时间上也更具持续性。

虽然该方法已逐步在其他地区得到应用，但是经济评估整体上还很不一致，没有可比性且可信度不高。大多数情况下，灾害是以基础设施（住房、道路和其他公共基础设施）重建需求来量化的，或是以修复或重修成本的估算来衡量的。损失评估，也就是灾害后续带来的经济流量更加难以确定，因而快速评估甚至是案例研究往往忽略这一点。

这意味着一方面灾害的应对成本极大程度上体现的是具有替代性的重建成本（这可能和资产及资本损失的实际价值有很大差别），导致不同程度的（不能轻易区分的）过高估价。另一方面大多数的估算都围绕着公共损失，私有领域却没那么明了。而这些损害（有时候是后续损失）又可能通过保险索赔价值间接地体现。

表7-3　拉丁美洲和加勒比地区灾害评估（1972—1975年）

时期	受灾人口		累计伤害损失
	死亡人数	主要受灾人口	（单位：百万美元；参照2004年美元价值）
1972—1980	38 042	4 229 260	78 085
1980—1990	34 202	5 442 500	101 251
1990—1999	32 648	2 518 508	31 367
2000—2010（估算值）	18 032	35 478 470	50 050
1972—2005	122 924	47 668 738	260 753
年平均值	3 725	1 444 507	7 902
气象或气候灾害	50 067	22 929 198	127 923

Source：ECLAC led assessments since 1973.

在发展中国家，保险范围狭窄，保险深度有限（如图7-5和表7-4所示：大多不足10%，且主要集中于某些项目上，几乎没有覆盖低收入家庭、小型企业、农业和个体户），因此会对灾害数据明显估计不足。然而，全球知名保险公司却是基于这些数据运用各自的方法来估测重大灾害带来的全球应对成本（表7-5展示了慕尼黑保险公司、瑞士再保险公司和灾害流行病学研究中心数据库关于数据的陈列方式）。

根据灾害流行病学研究中心数据库的资料，2007年紧急灾难数据库记录了414次自然灾害，有16 000余人死亡，234 000 000余人受灾，造成大约750亿美元的经济损失（这项数据与瑞士再保险公司的估算有很大出入）。之所以做比较不是为了强调国家和地区的可用数据有时候是相冲突的，而是为了说明这是由于既缺乏（各国和区域）有效信息系统又没有共同的评估工具和方法所带来的必然结果。

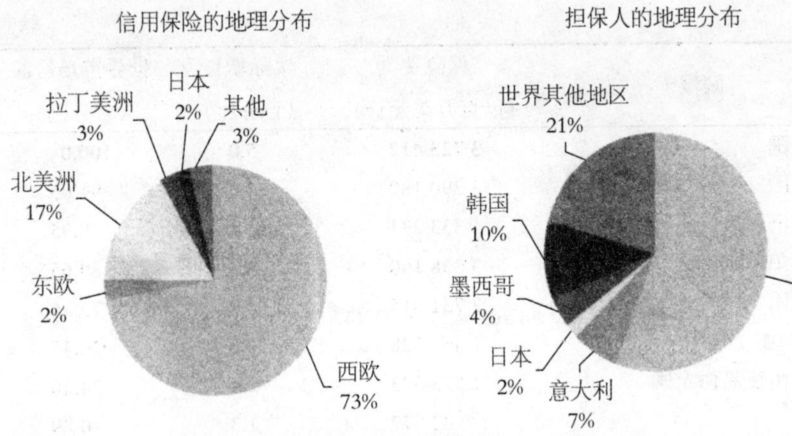

图7-5　2006年信用保险和担保人的地理分布

Source：Swiss Re, Economic Research & Consulting, sigma No. 4/2007.

表7-4　　**区域总保险增长、渗透和密度**

区域	保险费（以百万美元计）	实际增长（百分比）	世界市场份额（百分比）
美国	1 329 729	2.7	35.71
北美	1 258 301	2.2	33.79
拉美和加勒比地区	71 428	11.6	1.92
欧洲	1 484 881	7.5	39.88
西欧	1 428 806	7.3	38.37
中欧和东欧	56 075	11.4	1.51
亚洲	800 819	3.8	21.51
日本和亚洲新兴工业化国家	643 621	0.9	17.29
东亚和南亚	138 297	20.8	3.71
中东和中亚	18 901	5.6	0.51
非洲	49 667	17.5	1.33
大洋洲	58 316	2.2	1.57

续表

区域	保险费（以百万美元计）	实际增长（百分比）	世界市场份额（百分比）
世界范围	**3 723 412**	**5.0**	**100.0**
工业化国家	3 390 180	4.0	91.05
新兴经济体	333 231	16.3	8.95
经合组织国家	3 338 160	3.9	89.65
七国集团	2 731 315	4.1	73.36
欧盟15国	1 357 328	7.6	36.45
北美自由贸易协定国	1 273 373	2.4	34.20
东盟	32 977	1.3	0.89

Source：Swiss Re，Economic Research & Consulting，sigma No. 4/2007.

表7-5　**2007年自然灾难**

根据慕尼黑再保险统计的总损失排序

日期	国家/地区	事件	死亡人数	总损失（百万美元计）	保险损失（百万美元计）
7月16日	日本	地震	11	12 500	300
1月18日—1月20日	欧洲	基里尔风暴	49	10 000	5 800
6月—8月	中国	洪灾	650	6 800	-
6月	英国	洪灾	4	4 000	3 000
7月	英国	洪灾	1	4 000	3 000
6月4日—6月8日	阿曼	气旋风暴古努	70	3 900	650
10月28日—11月6日	墨西哥（塔巴斯科和恰帕斯州）	洪灾	22	3 000	700
10月	美国	山火	8	2 500	1 900
11月15日—11月17日	孟加拉国、印度	气旋风暴锡德	3 300	2 300	-
4月13日—4月17日	美国	冬季风暴	23	2 000	1 566
			4 138	51 000	16 916

Source：© 2007 NatCatSERVICE，Munich Re.

表7-5续表　　瑞士再保险公司记录的区域灾难数据

地区	数量	受灾人数	保险损失
北美洲	47	983	8 767
欧洲	35	1 088	12 431
亚洲	146	13 748	3 533
南美洲	19	1 216	2 228
大洋洲/澳大利亚	7	303	1 283
非洲	32	2 215	46
海洋	49	2 000	1 276
世界总和	335	21 533	27 564

Source: Natural catastrophes and man-made disasters in 2007, sigma No.1, 2008, Swiss Reinsurance Company (Swiss Re), Economic Research & Consulting.

灾害流行病学研究中心紧急灾难数据库2007年自然灾难数据汇总

	2007年	2000—2006年平均值
国家级灾难	414	394.7
受灾国家	133	116.3
死亡人数	16 847	73 946
受灾人数	211 000 000	234 000 000
经济损失（美元计）	74 990 000 000	81 860 000 000

Source: CRED Crunch newsletter, issue 12, April 2008.

得益于当代的信息技术，这类信息系统在技术层面上很容易实现互联，只要达成协议即可。所面临的困境不是技术难题，在很大程度上是没有形成基本的约定俗成的定义，比如灾害“直接”致死的界定，受灾人口的定义，灾难自身识别和怎样估算经济影响等。

7.5 减少致灾因子的规则和原则

在反复出现的极端天气事件面前，应当综合考虑适应、减灾及减轻风险策略，同时这些策略应包含帮助社区应对气候风险的措施。针对发展中国家的特殊情况，关注以下领域将会产生显著成果。

- 改善危险区域周边人口的居住条件，比如泛滥平原；改变施工技术以适应当地天气情况、地方文化和传统；更好地利用地域优势，降低对进口技术、样品和资源的依赖。

- 改善贫困社区的卫生和享有清洁水的现状，提高关键领域水的使用效率，不仅可以减少水资源污染，还可以为整个群体创造新的收入。城市中最常见的问题之一就是废物处理，几乎很少考虑其再次使用的价值，而是以越来越高的公共成本对其进行处理。这个领域的难题没有因为优秀试点项目而得到解决，尽管这些项目成功地将废物转化为能源，回收材料以实现经济效益，因而减少了土壤、空气和水污染。如今这个领域已经有许多良好的实践和经验可供借鉴，但是逐步扩展这批试点项目仍缺乏技术提案，而且依赖于政府资助。适当的监管措施的缺失，加之将难题留给地方政府，也意味着这一过程的分裂性和各级政府间职责分工不清。

- 早期预警系统及关于潜在灾害的公共教育也十分有限，比起社区参与，更加依赖于技术。这也就意味着没能适应当地情况，缺少社会支持和拨款，警告信息发出后应如何应对的教育不足。这类预警和检测机制有可能会是了解气候指标以及它们如何随着时间演变的主要来源。然而，地方层面上缺乏足够可靠的、一致的且有记录的气象和气候信息普遍是发展中国家的软肋。

- 在拉响警报做出灾害响应之前，需详尽考虑预防措施，这样才不会仅仅局限在为应急灾害响应做准备，才能形成一个更具工程性的观点，涉及社区组织网络以及社区设计（包括土地利用分区和施工技巧）同当地具体情况和文化的适应。社会团体包括女性在内，应当在这一过程中扮演角色以确保地方参与度和接受度。

• 提高建筑标准和严格执法不再被看做是外部施加的结果而是由内部驱动的。

• 资源在紧急情况下的更好管理也应视为适应过程的一部分，应该预先提供机会给本地供应商以在应急情况下获取必备物资。这也为区内贸易和合作提供了机会，同时降低了对外部资源的依赖。

• 公共教育应从现行的一套方案扩大为包含突发事件的准备工作和警觉意识的教育。应特别注重农产品生产者关于渐发性灾害的必要准备工作的教育，比如干旱和降雨模式的转变，这可能导致季节性干旱，进而引发山火。这类针对性教育还应改变耕作前烧荒的传统种植实践（这增加了温室气体排放），发展有机和节能农业。教育还应考虑对季节性变化模式的适应。以日渐严重和频发的拉丁美洲的厄尔尼诺现象和拉尼娜现象为例，在某些地方带来洪灾，在另外的地方造成持续干旱，总之极端气象更为严重。

• 促使天气和气象预报由短期向季节性转变不仅是教育和公众认知项目的一部分，同时也能强化气象部门的制度建设，它们大多属于政府部门且长期资金不足。这些部门也应夯实技术基础，特别是关于监测设施和监测站的现代化方面。在某些国家，气象部门间职责的交叉造成在某些地域（比如大型灌溉或者水力发电项目和流域管理委员会所在地）的重复监测，余下大量的国土无人监测或是监测不足，这些地区通常位置偏远，极度落后，却又是最为脆弱。

• 建立气象部门、中介机构和用户间的伙伴关系，促进天气预报的传播、解读和运用以应对气候风险。在这一领域，区内合作有很大发展空间，同时对外部信息源的依赖性也可能会大幅度下降。外部信息，比如像国际飓风监测，虽然至关重要，但对于局地预报或是暴洪防治，以及避免诸如山体滑坡和雪崩带来的潜在灾害方面仍十分不充分。

- 制定沿海区域发展的最佳方针。特别是那些已经意识到红树林和自然湿地在洪水减灾中起重要作用的方针政策，不仅应视为可行的环保实践，而且也是一种风险防范手段，提高了对海浪的抵御能力。越来越多的沿海地区减少本地植物种植或根除红树林，为发展旅游，不断扩大沙滩面积，大量种植非本地植物，建造高尔夫球场，是近来一系列灾害成因。

- 由于近来灾害都与泥沙淤积和流域御洪能力下降有关，流域管理和检测控制及功能恢复日渐成为关注点，而这通常是整个流域系统缺乏综合管理的结果。流域的源头遭受滥砍滥伐的影响，将自然资源消耗殆尽的同时也使得整个地区在发生非季节性强降雨时变得异常脆弱，而降雨量的增加导致了山体滑坡和主汛，杂物也随之流向下游。一旦河道自然流向发生变化或是沿海的自然环境受到了诸如鱼塘、旅游开发和港口中规划不当的码头及海堤等影响，入海水量低于正常值时，情况就更加严重了。此外，在流向大海的过程中，水的流速也可能因风暴潮而减慢，导致海平面上升，气候模式改变。

另外还有两个值得特别关注的问题，清洁生产技术的使用和生物燃料的推广。二者在减少地区碳足迹上都有巨大潜力，但带来了关于能源使用的公平和竞争问题。

许多国家已经建立起一般制度法律框架。在某些情况下，这些框架直接衍生于现有体制的重组或者与其结合，在单一体制内尝试分离应急响应功能或是统一危险控制。在极大程度上引发了行政混乱、机构竞争，并带来了优势资源的所有权和各自角色定位的困惑。风险管理政策涉及多个方面，包括环境管理，策略、政策、方案和项目的实际操作，形成了繁杂的体制和行政程序。与严格区分优势资源、技能和权力以应对与风险控制有关的灾害的概念框架相比，这些程序似乎更加注重与体制文化或者说国内传统相适应。后者所采取的方法更多与一线援助人员、设备和物流有关，而前者着重战略规划、金融资源管理以及多部门和实际多机构间交付的协调。

即使在发达国家，这些功能也混淆不清。发展中国家由于资源有限往往会对一线援助人员过度收税。国际减灾战略署《兵库行动框架》及其倡导的体制平台许多情况下使得机构间关系复杂化并引发了机构间竞争。在极大程度上来说，规划、财政和预算部门没有优先考虑这些与降低风险有关的关键因素。而原因已经提到，灾害带来的经济负担没有得到如其他经济或金融问题那样的重视，比如整体经济增长、财政缺口、对外赤字、价格波动和就业问题。这忽略了一个事实，宏观经济变量会受到重大灾害或是有累积、渐发、频发小型灾害的影响。

监测资源不足、体制实践不均衡和一系列的政治障碍都极大影响了减灾法律框架扩展的有效性。自20世纪90年代开始的第一个国际减灾十年以来，这个框架从某种程度来说还是得到了发展。

7.6 保险和政府基金

基于以上分析的原因，对降低风险的金融保护工具的需求肯定会越来越多。此外，即使风险是一个稳定值，保险和其他风险转移机制的运用仍然很不充分。有限的风险市场和传统保险机制的主导地位意味着市场上出现不合理的风险定价。①

保险公司掌控市场，这样的情形普遍存在。在某些地区，在重大灾难性事件发生后，保费提高，理赔遭拒，承保范围要么大幅缩小，要么收费极为昂贵。在这个情形下，“公共产品”（政府保护公民生命和财产安全的职责）成为公共灾难，政府也缺乏相关干预措施和规章制度。其实应倡导

① 关于金融工具在自然灾害、经济不稳定以及社会动荡和冲突时所起到的降低风险和不安全性作用的最新讨论，详见 United Nations(DESA)，*World Economic and Social Survey 2008*, *Overcoming Economic Insecurity*，Department of Economic Affairs，New York，2008(E/2008/50/Rev.1，ST/ESA/317).

一个良性循环：透明的风险评估、定价和估值，以促进减少风险投资和形成风险规避金融策略，反过来也可以降低对信贷、补贴和国家拨款的直接重建补偿的依赖。

越来越多的可用工具正在研发当中。尽管也有一些官方赞助的试点机制，但大多是私人项目。这些工具包括巨灾债券（CAT）①、参数测量、金融衍生产品和其他正在引入市场的创新工具。保险政策参数的提出等也扩大了国家和家庭的投保范围。②

在风险和成本面前，有多层次的响应机制。首先是社会和政府能够应对的风险，叫做可接受风险，主要指周期性或季节性小型灾害复发的恢复和重建需求（随着不同国家承受的经济影响和经济能力的不同而发生变化）。比这一层次更为严重的是在历史上反复出现，已知的复发风险。各国几乎没有专门基金或是常年灾害响应和恢复基金，这个层面上的资金缺口都可以通过国家预算、信贷和捐赠所实现的资源转移来解决。还存在一种与极端天气有关的更严重的风险，它们间隔期长，不仅超过了国家和地区对灾害响应和恢复的支付能力，而且成本和效益成反比。应付不同等级的风险的融资渠道是各有不同的（如图7-6所示）。

应对频发多重灾害事件所带来的可接受风险可通过储备资金来解决，由常规和升级灾害形成的多重灾害事件有两个到三个，或者稍微更长时间的重现期，这是通过对脆弱性分析、图标和图的研究而得出的。对于重现期为20到30年的灾害事件来说，有两种可行渠道，其一是预算转移和重新分配，其二是建立灾前应急基金（可包含一定程度的保险或再保险，但

---

① 灾难性债券是一种高收益债务工具，一般与保险相关，旨在筹集资金，以应对如飓风或地震等灾难的发生。特别需要指出的是，如果发行人（保险或再保险公司）因为预先说明的某些灾难而蒙受损失，那么发行人的支付利息和/或偿还本金义务要么延迟要么不再履行。巨灾债券与股票市场和经济状况的联系并不密切，因而对投资者极具吸引力。例如，对于同一种风险水平，相对于投资于另外的产品，投资者往往可以通过购买巨灾债券而获得更高的收益。巨灾债券的另一个优势在于其保险风险证券化与股票或公司债券不相关，意味着能够提供多样化风险。http://www.investopedia.com/terms/c/catastrophebond.asp.（2009-02-20）.

② 参数保险合同的赔付并非建立在对遭受损失的估算之上，而是在由专门机构（比如美国国家飓风中心或者美国国家地震信息中心）界定的某种强度的自然现象发生时自动生效。这样一来，与保险理赔相关的交易成本和不确定性显著减少。没有必要再去估算和证实损失，关于赔付也没有潜在的分歧或是诉讼。此外，受灾国可以在灾害发生的第一时间内调集资源。详见Eduardo Borensztein，Eduardo Cavallo和Patricio Valenzuela，*Debt Sustainability under Catastrophic Risk:The Case for Government Budget Insurance*，IMF/IDB，June 2007.

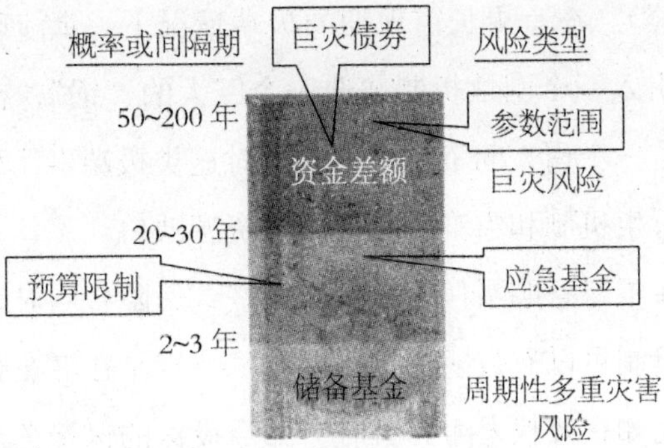

图7-6 建立风险融资需求

Source：World Bank presentation on the Caribbean Catastrophe Risk Insurance Facility.

专栏7-3 加勒比巨灾风险保险基金

加勒比巨灾风险保险基金（CCRIF），即加勒比地区机构，是世界上第一个区域性灾害保险工具，旨在为加勒比地区加入该基金的政府在遭受了飓风或地震后提供即时的流动资金。该机构允许暴露在极端自然事件的加勒比国家聚集风险，从而使各国的保险费降低了约40%。

共有18个加共体成员国和准成员国政府已证实加入其中。这种高层次准入会让该组织有效分散其投资组合风险，并获得更好的再保险条件。

继在2004年加勒比地区自然灾害造成的巨大破坏后，加共体政府首脑请求世界银行帮助该地区建立风险保险基金。2006年1月，在日本政府的资金援助下，世界银行发起建立加勒比巨灾风险保险基金的筹备研究。

投保国每年支付相称于各自具体风险的保费。例如，每年的保费可能会从20万美元到200万美元不等，相应的赔付范围也从1 000万美元到5 000万美元不等。

该机构聚集各国风险，将各国的具体风险集中成一体的、更多元化的投资组合。索赔支付取决于特定时间段内特定区域的自然灾害类型。提前设定参数范围，地震或飓风发生后自动触发。灾害的具体位置和严重程度将通过独立机构来确认。

Source：IDB Brief for Journalists，February 22，2007.

主要是自我保险）。在有更长重现期的极端情况下，牵涉现有资源的预算是不可行的；引入一个刚性机制或造一个巨大的“锅”，在预算紧张或是经济下滑时会是一个诱人的资金来源。面对这类极端事件和情形，建议通过参数范围、衍生机制和灾难债券来弥补资源缺口。

政府在之前不愿意购买保险，是因为签订保险合同对政府来说无利可图。而这些新机制可以有效解决这一问题。特别是在潜在影响缺乏具体量化的情况下，比如在政权发生更替时，如今投保的保费在未来不一定会有回报。同时由于灾害仍然被认为是自然现象，它们的出现不能归咎于公民或是政客。这一切削弱了采取相对复杂的措施，比如购买市场保险去抵消部分损失的动机。

随着这些工具的发展，保险市场和资本市场逐渐一体化。保险连接证券正大幅度地改变着市场。比如欧洲的保险和再保险市场，2005年到2006年仅仅一年间，巨灾债券市场由19.9亿美元增长到了46.9亿美元，取得了显著增长。欧盟委员会公布的《欧洲偿付能力Ⅱ法令》的第一份草案继续推动了这个增长势头，根据贸易商和专家的解读，将鼓励更大程度的风险证券化以减少资金需求。

灾害应急基金是长期基金和经常性经营预算的一个来源，这远比保险和再保险更具吸引力，因为它可以提供用于预防、强化、重建和适应项目所需的资源。对于小的发展中国家，这些工具非常有吸引力，但考虑到它们自身的灾害暴露风险和有限的经济规模，加之所处的地理位置可能会面临承保范围缩小和保险责任成本比率的降低。最近在加勒比地区，加勒比巨灾风险保险基金通过资源共享、小额贷款和小额保险机制，成功降低了运营成本、转移成本和风险共担成本（参见第6章的详细介绍）。

最近政府购买指数化保单的一个例子就是墨西哥地震债券（专栏7-4）。

这些机制给政府额外提供基金以支持那些受影响的社会阶层，特别是那些因为资产被认定为非法占有，非正式且缺乏金融准入因而不能通过正常金融机构进入市场的群体。

专栏7-4　墨西哥巨灾债券

2006年5月，墨西哥政府在金融市场投放一种新型债券，在该国太平洋沿岸的三个特定风险区域的任何一个发生地震进而影响墨西哥城郊时，都能确保赔付。这是第一个在拉美国家发行的巨灾债券，有望成为由墨西哥政府加强其对灾害，尤其是飓风灾害保护的第一步战略。

具体操作包含两个方面：其一是直接参数保险，在3年期限内墨西哥特定区域发生一定规模的地震时直接进行赔付；其二是购买两种3年期债券弥补本金，灾难发生时即刻取消。两种债券面值总额为1.6亿美元，增加了保险合同中的货币补偿额度，并将保险赔偿款增加至4.5亿美元（三个特定区域中任意一个发生地震时都将得到1.5亿美元赔偿款）。墨西哥政府的成本也分为两部分：每年有230个基点差异的巨灾债券和大约1 400万美元的直接保费。

这类操作说明购买市场保险能够防御自然灾害带来的潜在风险，因而带来经济效益。市场保险比自保更为昂贵。同时该工具较少受到政府操纵，这也是一个额外的优势。

即使这样一个小范围适度的操作，墨西哥花了3年时间才使系统有效运作，部分原因是由于内部预算核准有错综复杂的过程。

债券规模和通过这些工具投保的金额需要通过经济建模进行数学计算。[①]正如多次反映出来的那样，只有通过实际评估的运用，建模操作才可以为受保护或保险的事件提供相关的货币值。

7.7　系统、规则、规范和基金的修订

在许多案例中已经提及要全方位地对现有的风险管理过程做出修正，

① 参见Mechler et al. (2005).

本节作者会进一步做补充说明。拯救生命、财产和基础设施建设的道义责任已经深入人心，并且在20世纪90年代的“国际减灾十年”和2005年的《兵库行动框架》中得到重申。然而，其与维持宏观经济平衡的关联性却不被政策制定者所重视。如上所述，这与政策制定者不能较好地理解概率分析有关，实际经济损失的计算在许多情况下是建立在不充分和不十分可靠的数据基础上的。

目前已经面临一些新问题（大多与气候变化确定性和不断增长的灾害损失控制成本所带来的可见影响有关）。此外，鉴于非多元化、欠发达的小型经济体的实际情况，无力增加致灾因子的应对成本，因而也需要去探索新型金融工具和资源。这类新型工具不适用于常规预算、传统合作或是发展援助机制。

这类新型基金对受灾国家来说也至关重要，因为政府可以掌握资源为灾害的社会后果提供补偿，切实保障社会中最脆弱人群的基本生活。灾害响应、恢复和重建策略也不限于基础设施方面，它还涵盖了经济生活的维持和恢复。

之所以审视现有的系统、规则、规范和基金，是因为许多风险管理的通行规则和现有灾难基金以及补偿机制的特性不足以充分解决关键性战略问题：修补风险漏洞，恢复正常生活；不仅仅对人类居住区，而是对整块居住地开展可持续性保护；所有的策略都应包含在可持续土地规划和分区以降低风险的框架下。

城市、土地规划与降低风险之间的直接关系意味着法律的修改和建设能力，因为在极大程度上这些职责是由地方当局承担的。根据对多个实例的观察，分区不充分，规划、建设和土地开发许可都没有透明或直接关系到风险分析、风险和脆弱地区或环境的可持续性。改变这一切需要更改法规以提高透明度，并提高参与这些过程的官员的技术能力，同时减少自由裁量权（该权力的滥用是个普遍的情况）。

同时也需要修改或引入法律、规范和法规，以确立金融和经济工具。

当前的金融和银行法规，以及保险法规和监管机制，没有明确包括这些类型的工具，同时确立国际营销工具的自身影响力不足。更重要的是，风险拨款不足，这意味着风险由个人（无论是在个人、企业还是公司层面）延伸至整个国家或者说外化风险的状态，进而面临着主权道德风险。因此，政府的负担不均衡。最关键的是，私人（个人、企业或社区）风险拨款缺乏激励机制，不论是在保险方面通过引入风险管理作为企业的财务可行性和盈利能力公式的一部分，还是在规划、分区和建筑规范的应用中实行社区的风险管理。

最后一个议题引发了一些重要的社会思考：社区和公民必须内化风险管理这一概念。在多元文化社区，风险管理不应被视为中央政府的强制要求或者仅仅是技术要求。在许多情况下，目前的风险是源于忽视当地习俗，未充分考虑到文化和民族多样性，包括适当的性别视角。而这类要素的重估在目前的决策制定过程中是缺失的。

关于政策变化，这些结论还指出了需要分析和进一步深入研究的经济研究领域。本节讨论的一个关键问题——灾害发生时，其所带来的危害损失以及应对成本预测仍然不具有操作性。具体灾害和现有评估方法（拉丁美洲和加勒比经济委员会提出的破坏和损失评估方法）的进一步发展和应用的案例研究，并从经济学角度（具体的经济影响与何种参数事件相关联）对灾害开展深入的建模分析非常关键，远远超出了保险公司可能对这些数据的需求。此外，关于灾害的复发和气候变化之间的关系（和潜在的相关性）应加强多学科研究。

7.8 参考文献

Bankoff, G., Frerks, G., and Hilhorst, D. (2004). Mapping Vulnerability: Disasters, Development and People. London: Earthscan.

Bingaman, J., and Domenici, P. V. (2006). "Design Elements of a Mandatory Market-Based.

Greenhouse Gas Regulatory System." Accessed February 20, 2009. http: //energy.senate.gov/public/_fi les/ClimateChangeWhitePaper.doc.

Borensztein, E., Cavallo, E., and Valenzuela, P. (2007). "Debt Sustainability under Catastrophic Risk: The Case for Government Budget Insurance." Inter-American Development Bank Working Paper WP 607, Washington, D.C.

EM- DAT. The OFDA/CRED International Disaster Database, Université Catholique de Louvain, Brussels. http: // www.em-dat.net.

Intergovernmental Panel on Climate Change (IPCC). (2007, 2008). "Climate Change 2007."

Fourth Assessment Report, Cambridge: Cambridge University Press. Accessed February 20, 2009. http: //www.ipcc.ch/#.

ISDR (2008). *Indicators of Progress: Guidance on Measuring the Reduction of Disaster Risks and the Implementation of the Hyogo Framework for Action.* Geneva: United Nations, International Strategy for Disaster Risk Reduction.

Mechler, R., Hochrainer, S., Pflug, G., and Linnerooth-Bayer, J. (2005). "Modeling Financial Disaster Risk Management in Developing Countries." American Geophysical Union, Fall Meeting, San Francisco, Calif.

Munich Re Group. NatCatSERVICE statistical database. Accessed February 20, 2009. http: //www.munichre.com/en/ts/geo_risks/natcatservice/default.aspx.

Stern, N. (2007). *The Economics of Climate Change.* The Stern Review. Cambridge: Cambridge University Press.

United Nations (2008). *World Economic and Social Survey 2008*:

Overcoming Economic Insecurity. Department of Economic Affairs, New York (E/2008/50/Rev.1, ST/ESA/317).

Zapata-Marti, Ricardo. (2011). "Strategies for Coping with Climate Change in Latin America.In H. G. Brauch, U. O. Spring, C. Mesjasz, et al., eds., *Coping with Global Environmental Change, Disasters and Security Threats, Challenges, Vulnerabilities and Risks*, pp. 1341–1355. New York: Springer.

Zapata-Marti, Ricardo, and Saldaña, Sergio. (2011). "Cambio Climaticoy Desastres." In Simone Lucatello and Daniel Rodríguez Velázquez, coordinators, *Las dimensiones sociales del cambio climático: Un panorama desde México. ¿Cambio social o crisis ambiental?* Cuauhtémoc, Mexico: Colección Cooperación Internacional.

第二部分

自然灾害的案例分析

第8章　越南的自然灾害[①]

——从社会经济角度的综述

陈胡俊　裴栋

8.1　引言

位于西北太平洋热带季风区域的越南，是世界上灾害最为频繁的国家之一。它遭受着各种灾害（本章中的“灾害”通常是指自然灾害）的影响，如洪水、风暴、热带低气压、风暴潮、旋风、山洪、海岸侵蚀、冰雹、雨季、干旱以及滑坡。一年四季中，越南的每一个地区都在发生灾害，给生命和财产带来了巨大的损失，而且摧毁了社会经济和文化基础设施以及自然环境。自然灾害是经济发展的主要障碍，因为灾害会造成环境质量下降，并且拉大了贫富差距，导致人口贫困率上升，尤其是灾害频发地区。在过去10年中，极端事件已经造成7 500人死亡，严重损毁了资产，评估后的损失相当于整个国家生产总值的1.5%。越南遭受的灾害在严重性和发生频率上都有所增加（CCFSC 2005；SRV 2007）。

本章通过回顾相关案例的分析、政策、规划和策略来更好地了解发生

① 作者感谢灾害传染病研究中心对本章的资金支持。

在越南的灾害。主要关注灾害涉及的社会经济问题，比如灾害对社会经济和贫困的影响、适应策略和从国家到地区层面的制度建设。本章包括了：

- 对越南地理、气候和社会经济状况的简介，以及越南的灾害史概要；
- 对灾害在越南社会经济、医疗和环境上影响的分析性回顾；
- 讨论越南分别在国家、中央（省、区和公社）以及家庭层面的减灾策略；以及
- 对此领域未来研究的总结和讨论。

本章采用了文献研究法。从国家和地方政府、学术研究机构、相关项目和网站上收集二手资料和以前的研究。可供参考的越南灾害调研报告有限，给研究带来了限制和挑战（越南的灾害研究处于初期阶段）。第一，目前多数研究都是描述性的，并且只涵盖了一小部分研究领域。第二，涉及灾害在社会经济方面的问题的研究甚至更少。第三，可能有一些关于越南灾害的案例分析在不经意间被忽略了。

8.2 背景

8.2.1 越南的地理、气候和社会经济状况

8.2.1.1 地理位置和地形

越南位于亚洲东南部，拥有3 260公里长的海岸线，从中国南部边境延伸到包含柬埔寨的泰国湾前沿（SRV 2007）。

这个国家的地形相当多样化，包括山区、丘陵、河流、平原、海岸线和岛屿，国家的3/4被山地和丘陵覆盖。越南拥有相当密集的河道网，总共 2 360条河。平原地区通常位于河流下游，仅占本国领土的1/4。北部的红河三角洲和南部的湄公河三角洲是越南最大的两个平原。根据地形，

越南被分为七大经济区：北部山区、红河三角洲、北中部海岸、南中部海岸、中部高地、东南部和湄公河三角洲（MoNRE 2003；SRV 2007）。

8.2.1.2 气候

越南是高温、高湿度的热带季风气候。地区之间有着明显的气候变化。北部受东北季风影响，有两种典型的季节：5月到10月的热季和11月到4月的寒季。南部主要受东南季风影响，整年炎热潮湿。由于地理特征和地形位置的差异，南北部有着不同的气候条件。

越南不同地区间有细微的温差，夏天的平均温度在25℃~30℃之间变化。然而也有大的温差，北部月平均温度差10℃~15℃而南部是2℃~3℃。每年雨天大概有100天左右，总降雨量为1 500毫米~2 000毫米。大概80%~90%的降雨集中在雨季。不同地区的年降雨量也有变化，范围在600毫米~5 000毫米。洪水通常发生在雨季，而由于年降雨量分配不均匀，所以旱季会发生旱灾。每年有6到10次风暴和热带气旋直接影响越南并造成强降雨和洪水。风暴和热带气旋通常在6月到11月发生，但主要是在9月和10月。大多数的风暴和气旋发生在中部和北海岸省份，极少数发生在南部（MoNRE 2003）。如此的气候条件，让这个国家经常承受着来自风暴、热带低气压、洪水和其他灾害的威胁。

8.2.1.3 社会经济条件

2007年，越南人口为8 520万，女性占50.9%。27%的人口居住在城市。人口增长率为1.21%。整个国家的贫困率是14.8%，不同居住区贫困率有些许不同，平均期望寿命是71岁。国内生产总值结构为农业、林业和渔业，共占20.3%；工业和建筑业占41.6%；服务业大概占38%（GSO 2008）。虽然农业、林业和渔业部门在国内生产总值占比最小，但它们在社会保障中起到重要作用，特别是对于农村人口。

在过去的20年，越南经济年增长率超过了7%。这种趋势预期会持续到下一个10年。高经济增长率和高速城市化给环境和自然资源带来了巨大压力。过度开采自然资源、滥砍滥伐和环境污染也增加了自然灾害和灾难的风险（SRV 2007；Chaudhry and Ruysschaert 2007）。

8.2.2 越南自然灾害简况

越南的地理位置和地形条件造就了特殊的气候特征，这些气候导致这个国家遭受多种灾害的摧残：洪水、风暴、河堤和海岸线侵蚀、干旱、滑坡和森林火灾。在越南，一整年都在发生灾害，但每个季节有特有的灾害，每个地区又有独特的灾害特征。

如图8-1所示，越南灾害发生的频率增高了。对越南威胁最大的是洪水。在洪水季节，上游的强降雨造成高排水量和大规模洪灾。在不同地区有着不同的洪灾模式。在越南北部，洪水通常发生在5月到9月，比其他地区早，平均每年有3到5次洪水。在中南部海岸地区，河流洪水发生在9月到12月。这个地区有着短且陡峭的急流河道系统。此地区内的堤坝系统不牢固或不完善。洪水在平原上肆虐，造成了巨大损失。湄公河三角洲的洪水是由上游洪水带来的，同时也受潮汐和上游水库蓄水能力的直接影响。湄公河三角洲的洪水通常会持续很长时间（4到5个月），几乎整个地区都遭受洪灾。洪水也会发生在越南其他地区，但非常少（SRV 2007；Ninh 2008）。

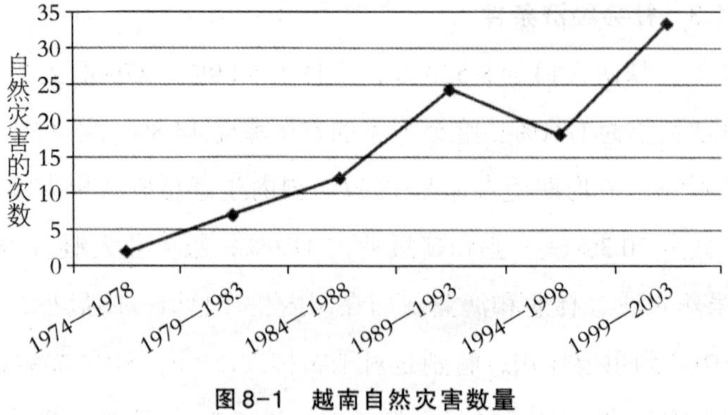

图8-1 越南自然灾害数量

Source：D.Guha-Sapir，D.Hargitt，and P.Hoyois （2004）.*Thirty Years of Natural Disasters 1974-2003：The Numbers.*

台风也是其中困扰越南的主要灾害类型之一。台风会抬升海平面，造成风暴潮和洪水。它们摧毁房屋、建筑和基础设施，产生的海浪可以毁坏保护沿海地区的堤坝。伴随着台风的倾盆大雨会造成山洪暴发并淹没低洼地区，给农业和渔业带来损失。台风暴雨带来的径流量，加入到由于季风雨而涨满的河流中，造成危及河堤的洪水，并很可能摧毁成百上千万的房屋和其他资产。越南每年会遭受4~6次台风，造成巨大的降雨和大量洪水。在1954—2006年间，有380次台风和热带气旋影响越南，其中31%袭击了越南北部，36%袭击了越南的北部中部和中部中心地区，还有33%在越南的南部中部和南部。据估计，80%~90%的越南人口会受到台风影响（SRV 2007；CCFSC 2008）。

山洪和泥石流经常在多山和多丘陵地区发生。近年来，山洪在越南已经变得更加频繁，每年会发生2~3次。山洪通常会突然暴发，规模小但后果非常严重并造成重大人员和财产损失（SRV 2007）。

干旱被认为是主要风险的第三源头，排在台风和洪水之后。近几年，许多地区再次发生旱灾。受影响最为严重的地区是中部省份，特别是在1997、1998、2000、2002以及2004年早期。1998年，成千上万公顷的稻子和其他农作物严重受旱，并造成了很多森林火灾。这场干旱造成中部和中部高原省份居民严重缺水，耗尽了整个地区小型水库的蓄水（CCFSC 2005）。

在越南，其他类型的灾害比如洪水、海水侵入、滑坡、侵蚀、旋风、飓风、地震、海啸和巨浪也会在不同时间和不同地区发生。极端的降水和气温现象呈现上升趋势，与此同时洪水、风暴和其他灾害在近几十年也是愈发频繁。尤其是由于全球变暖而带来的毁灭性洪灾和暴风雨在发生频率、强度和严重性上都有所增长（Viner et al.2006；SRV 2007；CCFSC 2008；Ninh 2008；Tran et al.2008）。

8.3 自然灾害在越南的社会经济影响

越南已经遭受了许多具有极端毁灭性的灾害。1997年，台风琳达让湄公河三角洲省份近3 000人丧生；台风琳达被认为是20世纪越南最具摧毁性的灾害。1999年，越南中部地区被一次破纪录的巨大洪水淹没，715人丧生，接近100万座房屋被淹没，成千上万座房屋被一扫而空，并造成了大概5万亿越南盾的损失（约合2.87亿美元）。这是20世纪越南与灾害相关的最大损失之一（CCFSC 2005）。2008年11月，在北部20个省份和首都河内市发生的洪灾导致至少85人死亡，摧毁或破坏了超过10万座房屋，并严重影响到基础设施和农作物。河内市美国使馆报道，总经济损失超过了4.4亿美元（USAID 2008）。

根据Guha-Sapir，Hargitt and Hoyois（2004）的研究，在1974—2003年间，越南的自然灾害受害者（死亡或受影响的人）达到69 847 607人（或是平均每年2 328 254人）。在1989年到2003年期间，报道的总经济损失为30.64亿美元或是平均每年2.04亿美元。

根据SRV（2007）的研究，越南的灾害已经造成了巨大的生命和财产损失。灾害被认为是经济增长和可持续性发展的阻碍。灾害使贫困率上升，是实现千年发展目标的巨大阻碍。灾害还导致了相当大的有着严重经济后果的损失。例如，在2005年，越南发生的灾害中有272人丧生，856 000人受到影响，总共造成超过2.95亿美元的损失（表8-1）。因此，人民生活水平降低，减少饥饿和贫困人口的工作受到了阻碍和延误，特别是在灾害发生频率高的地区。灾害会影响教育的发展，毁坏教育基础设施并中断上学时间，尤其是在山区和湄公河三角洲。灾害还会给弱势群体，如老人、残疾人、妇女儿童造成巨大问题。

表8-1　　　　　　　　　　**越南的自然灾害（2005）**

灾害类型	灾害数量	死亡人数	受灾人数	总计损失（千美元）
干旱	1		410 000	42 120
洪灾	5	184	101 893	34 000
暴风	4	88	344 160	219 250
总计	10	272	856 053	295 370

Source：Guha-Sapir，Hargitt，and Hoyois 2004.

8.3.1　经济影响

在越南，自然灾害对人们的生活有着重大的影响。其中最受影响的部门包括农业、水产业、基础设施和畜牧业。

8.3.1.1　对农业的影响

越南严重依赖于其自然资源，特别是农业和渔业，接近3/4的人口居住在农村地区（Viner et al.2006）。正如Chaudhry and Ruysschaert（2007）所指出的，洪水、风暴、台风、海水入侵和干旱的持续时间长，会影响农作物的生长期、农作物种植期和作物分布，使害虫增多以及病毒活跃。这些影响造成了主要农作物减产。然而总损失仍未被估计过。

Adger（1998）解释说台风对南定（Nam Dinh）省的水稻种植有很大的影响，但盐业生产和其他农业活动没受到影响。风暴阻碍了丰收并损毁了为第二次收成准备的稻秧。Viner et al.（2006）发现，那些带来狂风、超强降雨、山洪和风暴潮的洪灾、热带风暴和飓风的年度循环，每年会多次影响红河三角洲地区，造成大量的、反复的农业损失。Chinh（2008）调查了风暴和洪水对住户和社区的影响后，发现洪水和风暴对农业生产有重大的影响。例如，根据调查，住在堤坝区域外的住户遭受了38%~45%的生产损失，而住在堤坝内的住户遭受了36%~39%的损失。

Ninh，Trung and Niem（2007）在对湄公河三角洲的研究中发现，毁灾性的洪灾和长时间的河水泛滥对粮食作物造成了影响，导致作物产量低下和减产。洪水水势强，并伴随狂风和巨大的海浪，对灌溉系统造成了威胁。不太猛烈但会长时间淹没大片地区的洪灾有着更大的经济影响。洪水泛滥造成了食物库存和田里农作物的损失。在旱季时，干旱和盐水侵蚀影响着夏季水稻作物。

一些研究调查了灾害对越南中部的影响。Malin（2005）分别考查了Quang Tri省和Thua Thien Hue省两个地区经历过1999年洪水的人们的御灾能力和脆弱性。研究发现，在水灾地区的一些穷人几乎失去了他们所有的农作物和部分土地。

Lap，Oanh and Hirai（2005）在对越南中部Thua Thien Hue省的一些滨海泻湖的研究中发现，盐水侵蚀使得农业用地不再适合进行水稻栽培；农民们不得不转向养鱼业，然而最终他们也放弃了。研究还发现，由于多数土地是平坦的，排水不畅，给当地住户的日常生活和经济活动带来了负面影响。洪水和盐化作用也严重影响着当地社会经济的发展。

在对Quang Tri省沿海社区的一项研究中，Huy（2007）发现由于盐水的侵蚀，沿海社区住户的耕地变少了，土地过于退化以至于不适合农业生产。住户们缺乏购买耕作物品的经济来源的同时，他们的农作物不能适应灾害，土地质量也降低了。

Suu and My（2008）评估了Thua Thien Hue省梅家河流域的生计和灾难脆弱性方面的情况。研究发现在受灾地区，洪水泛滥持续时间长、连续不断，阻碍了农作物的种植。Tran等人（2008）研究了洪水对Thua Thien Hue省经济、环境和社会的影响。研究发现，由于洪水摧毁了稻田中的作物，所以对当地大部分的经济来源都产生了影响。Tran等人（2009）观察到，在旱季，Thua Thien Hue省河口周围的低降雨量和盐水侵蚀严重影响着农业生产和水产资源。

以上回顾的大多数研究都举例说明了农业作为一个易受天气影响的部门，遭受着自然灾害带来的严重影响。在统计自然灾害造成的损失的同时，还需要进行更多的研究工作。

8.3.1.2 对水产业和渔业的影响

越南在1986年启动了一个改革方案，决定从集中计划经济转变为市场经济。结果，沿海地区成千上万公顷的农业用地和湿地被转变为水产养殖池塘（例子参考Tuan et al. 2009；Tran et al. 2008）。水产业帮助创造就业机会、带来收入并改善了当地人们的生计。但是，水产业在水灾情况下是非常脆弱的。Hong（2002）的报告提到，1999年的洪水摧毁了Thua Thien Hue省超过1 000公顷的池塘并损坏了2 500公顷的泻湖护网。洪水冲走了养殖的水产品并摧毁了越南中部养殖鱼虾的池塘（Tran et al. 2008）。研究报告中还提到大概25%接受调查的经营水产的住户每年都会受到洪水的影响。洪水和风暴击溃了用于保护红河三角洲区域水产业的堤坝系统和防浪堤，造成了水产养殖的损失（Chinh 2008）。例如，据Chinh观察，2005年的6号和7号风暴导致调查区域所有防浪堤崩溃；由于海潮涌过防浪堤，未收获的水产品全部遭受了损失。水产业受到破坏，影响了当地人的生计，特别是在灾害频繁发生的区域（Suu and My 2008）。Viner et al.（2006）发现红河三角洲每年的洪灾、热带风暴和旋风给渔业造成了大量的损失。

8.3.1.3 对畜牧业的影响

越南农村的大多数住户都在畜牧业有投资，在家庭层面，这不仅帮助农民们增加了收入，使收入来源多样化，还为农业生产提供了有机肥料。

当灾害袭击当地农户时，几乎家里的所有财产都会被摧毁或遗失，包括牲畜（Malin 2005）。Ninh，Trung and Niem（2007）观察到湄公河三角洲的牲畜在洪水中被淹死或冲走。另外，任何一只在洪水中幸存的牲畜可能会在灾后死于流行病，这意味着牲畜的损失占许多农户在洪水中所受损失的很大一部分。

8.3.1.4 对基础设施的影响

自然灾害对越南的基础设施有着广泛的影响。例如，1999年的洪灾对Thua Thien Hue省的基础设施造成了巨大的影响。洪水冲破了防潮水闸，海水淹没了泻湖附近的地区（PCFSC 2000）。洪水造成1 027所学校和25 056座房屋的倒塌，并摧毁了许多道路、桥梁和远程通信系统（Nam 2008）。

例如，越南中部的海堤、村落间的道路和沿海社区主要道路等基础设施都已经被风暴带来的洪水和侵蚀所破坏。建在沙质土地上的房屋、由简易材料构筑的房屋和电线杆都倒塌了，或是被风暴和洪水摧毁了（Huy 2007）。在雨季，由于灾难性的洪水和风暴，河流流域的农作物、基础设施和居民遭受到巨大的损失。洪水使得村落被隔离，阻碍了各种服务的使用，并导致商业活动暂停。因此，洪水泛滥导致社区孤立，从而错失了很多经济机遇（Tran et al.2008）；Tran等人的研究显示，研究区域幸存的41%的家庭所在的社区道路都被严重损坏过。

洪水、风暴和旋风频繁地损毁红河三角洲的建筑物和基础设施（Chinh 2008；Viner et al.2006）。风暴经常带来暴雨，造成该区域高强度的洪水。例如，2007年10月的5号风暴在红河三角洲的许多地方造成了洪灾，超过67人丧生，成千上万的民居、桥梁和道路被损坏，还有成千上万公顷的水稻、玉米和蔬菜都被毁坏。

Ninh，Trung and Niem（2007）发现严重的洪灾摧毁了湄公河三角洲的基础设施，如道路、房屋、路堤和运河。强度较弱但会长时间淹没大面积区域的洪水对财物和房屋造成了损失，由于长期处于洪水中，建筑的结构遭到侵蚀，导致房屋损坏。

8.3.2 贫困影响

穷人应对灾害的办法较少。他们的资产更少，几乎没有保险，收入来源也较单一。灾害会将他们推入贫困的恶性循环（World Bank 2001）。当农作物损失、债务和高额医疗费耗尽了人们的资源时，一次严重的洪水会进一步加重一个家庭的债务并导致其向外迁移，或者通过逼迫他们变卖重要资产而进一步侵蚀他们的生活基础（Miller 2003）。由于低质量的建设，穷人的房屋通常经历了相对较多的损坏。Malin（2005）在对越南中部1999年洪灾的研究中提到，较富裕的人更多是在绝对数量上受到损失，而穷人的损失虽然没有那么巨大但对他们的生计有着相对较大的影响。这意味着贫困因风险增加或应对和恢复能力降低而出现更大的脆弱性。换言之，贫困和自然灾害脆弱性之间有着双向的关系。

贫困和应对洪水的脆弱性是完全联系在一起的，并在恶性循环中进一步增强（Tran et al.2008）。住在沿海社区的穷人比那些较富裕的人遭受到更多的灾害，因为他们几乎没有存款，只有很少的收入或生产选择以及有限的资源去减轻灾后的影响。穷人们也更容易受到伤害并恢复得更加缓慢（Huy 2007）。Thua Thien Hue省1999年的洪水对村民是极为惨痛的经历，特别是那些住在临时安置或简易搭建的房子里的人。贫困家庭住在比富裕家庭较低级别的底层房屋，因此穷人们遭受洪水的风险更大（Tran et al.2008）。与Malin（2005）的研究一致，本研究总结，按绝对价值计算，洪水对较富裕家庭和中等家庭造成了更多的经济上的影响和损害，但对穷人，洪水带来的损失占据了他们收入和财产中很大的一部分。此外，一次灾害带来的财产和生计损失常常使家庭更容易受到未来灾害的伤害，所以从脆弱性到灾害风险是存在循环性的。

Tran et al.（2008）发现，当地家庭在洪水后常常会失去他们的房屋、财产和生计，因此他们为了生存被迫大量开采自然资源。这个地区的高人口增长率和高人口密集度带来的压力也造成脆弱区域水产资源的过度开采。例如，集约农业活动使用的化肥和农药、周围城镇村落的有机废水直接排泄到滨海泻湖中。这些活动造成了泻湖资源的退化或减少。结果，主要依靠这些水产资源为生的贫困家庭受到的影响最大。

Malin（2005）总结：由于洪水，多数穷人都有陷入更深贫困的风险。对大部分脆弱的家庭来说，贫困的加深是一个渐进的过程，洪水不是唯一的因素。不足的稻田、健康状况差、频繁损失农作物和畜牧业的损失，使农村的处境即使在没有灾害的情况下也非常困难。在灾害发生前导致贫困的资源缺乏问题继续成为人们从灾害损失中恢复的障碍。

8.3.3 社会影响

自然灾害不仅给个体家庭带来负面影响，对整个社区也有影响。Tran et al.（2008）发现在1999年洪灾后，社区凝聚力变得更强，人们更愿意相互帮助。研究发现，虽然社区凝聚力在初期是变强了，但由于洪水泛滥和恢复过程的压力又会减弱。在洪水季节期间，Thua Thien Hue省沿海地区的工人都到城市去寻找工作（IMOLA 2006）。这带来的影响是增加了留在沿海地区人们的风险，特别是年老体弱的人，因为社区没有足够应对洪灾和灾后重建的人力资源。另外，研究还发现在洪水季节期间有大量的儿童无法上学，他们中的很大一部分可能会永远辍学（IMOLA 2006）。Ninh，Trung and Niem（2007）也提到了相似的问题。老年人和残疾人在洪灾期间可能会面对严重的健康问题，尤其当建筑需要维修时，上学的时间会被长期中断。Malin（2005）观察到越南中部的社区有更多的能力去应对1999年的洪灾，大部分人都得到来自政府、民间团体和非政府组织的支持、帮助，这使得他们能够逐步恢复过来。拥有权力和信誉去组织集体行动的当地政府、与各个村落有着紧密联系的积极的当地政府和相对公平的资源分配是帮助社区和家庭应对这种程度的外部打击并从中恢复的重要因素。社区的均一性同样是御灾力的一个重要因素。与Adger and Kelly（1999）的观点一样，Malin认为针对外部冲击的脆弱性不仅与个人掌控的资源有关，也与整个社区的御灾力有关。

当发放救灾物资的时候，社会关系网与资源的使用紧密相连。在本区内没有家庭关系网的人会面临许多问题。国家权力机关、合作社、社区组织（妇联、青少年联盟、退伍军人组织、农民协会等）、专业组织和宗教组织在帮助社区应对洪水并从中恢复上起到重要作用。例如，越南中部受灾社区的合作社是提供贫困人口生活资源的关键机构。农田水利是通过合作社对全社区成员有组织、集体安排使用的。在1999年洪灾后，小猪和籽苗都短缺。当地家庭在自己能再投资农业生产前，他们不得不等待，直到地方当局和社区组织提供籽苗。佛教协会在满足群众基本需求、运输分配救灾物资中起主要作用。在一些社区里有基督教团体，他们也会积极参与到救灾工作当中（Malin 2005）。

Ninh，Trung and Niem（2007）表示，灾后湄公河三角洲的社区组织、合作社、红十字会和其他地方组织参与了维修房屋和基础设施以及清理环境的工作。人们组织了工作团队去帮忙修复被泥沙和垃圾填满的农田。研究总结道，当受到灾害的重大影响时，地方政府、社区组织和社区团体会一起行动去处理灾害的直接后果。

Suu and My（2008）发现社区组织帮助家庭获取了贷款、购买医疗保险和使用农业拓展服务。当灾害发生时，当地群众会互相帮助，重建毁坏的房屋。

Huy（2007）发现他研究所在地的沿海社区居民有牢固的家庭和亲属关系来帮助他们应对灾害。然而，研究还显示在该调查区域，薄弱的领导力、社区组织、组织架构和与政府和行政结构的合作也连累了灾害应对和减灾工作。决策过程有时会不起作用，因为社区里的贫困人群可能会被排除在外；社区事务和减灾计划的参与可能是不平等的。

8.3.4 环境影响

人口的快速增长和自然资源的过多使用已经导致环境被破坏。人类活动，比如将湿地和农田转变为虾养殖池塘，以及不考虑环境影响的道路和基础设施建设，都给环境带来了不利影响（Tuan et al. 2009）。这些活动以及不恰当的自然资源管理导致了环境的恶化和退化，并使得一些区域应对灾害的影响更加脆弱。

自然灾害也会导致环境质量下降。例如，1999年在Quang Tri和Thua

Thien Hue省发生的洪灾将大面积的树木连根拔起，尽管扩大了森林覆盖面积还是引发了许多滑坡（Malin 2005）。

8.3.5 对健康的影响

灾害的一个间接影响是产生和传播数量庞大的垃圾，包括有害垃圾、植被、粪便、沉积物、垃圾站和化粪池的废物、医疗废物、毁坏建筑的拆迁残骸和救灾行动中产生的垃圾。这些垃圾给人类健康造成了危险。卫生设施也时常被毁坏。家庭从严重受灾地区转移到安全地点进一步给当地卫生系统造成负担。难民营的卫生设施很难进行充分管理，造成额外的水资源浪费。此外，灾害减少了处在风险中的社区里本已有限的安全饮用水和卫生设施。洪水增加了由水传播的疾病（Tran et al. 2008）。研究发现55%的调查对象声称每年的洪水对卫生系统造成了严重的破坏。

目前只有为数不多的研究在关注与越南气候灾害有关的健康风险问题。台风和洪水后会发生痢疾；水污染会增加皮肤疾病和结膜炎。呼吸道疾病和登革热也与洪水有关（例子见Few，Tran，and Hong 2004；Few and Tran 2007；Few，Ha，and Chinh 2007）。需要注意的是，这些研究都没有包括任何对健康影响的定量测定。

长期的洪涝对湄公河三角洲的个人健康造成了严重问题，特别是对于生活条件贫苦、食物储存有限、水资源不清洁和卫生状况恶劣的老年人和残疾人。流行病例，如沼泽热、登革热、痢疾和其他许多病，也会在洪水后传播（Ninh，Trung，and Niem 2007；Few and Tran 2007）。

Kien，Shaw and Ninh（2008）回顾了气候变化和灾害对越南人的健康、脆弱性和适应能力的当前和潜在的影响。他们的研究显示，住在沿海社区的人极易遇到由洪水和风暴引起的健康问题。此研究着重强调了越南公共卫生体系中一系列的挑战和不足。例如，社会经济改革对医疗体系的影响没有经过深思熟虑；医疗相关政策是以传统的由上至下、中央集权的方式制定的；由于薄弱的公共医疗和卫生环境，登革热、疟疾、肺炎以及与水有关的疾病风险一直都很高。研究还建议，将健康相关问题清楚地包括在灾害影响和脆弱性的整体评估中是有必要的。这样一个倡议将帮助关键的机构和人员建立将灾害整合进卫生部门时所需要的能力。

对已有文献的综述显示，只有数量有限的研究报告对越南自然灾害的经济、社会、环境和健康影响进行了文件性说明。相关资料不完整，然而也有少数可靠的、关于这个国家受到的自然灾害影响的定量评估。大多数关于灾害对经济部门影响的证据对农业、水产业和渔业、基础设施以及畜牧业是可用的。但是灾害对其他部门，例如旅游业和娱乐业、林业和生物多样性还少有涉及。那些研究报告确实报道了灾害带来的经济损失，然而只是些初步的数据。此外，还没有人尝试去区分灾害的短期和长期影响，或者直接和间接的影响。

8.4 越南灾害防御、应对和减灾

为了有效地预防和减少自然灾害，特别是洪水和风暴，越南已经在不同部门、不同聚居地、各个管理级别都建立了代理机构。这些各级别代理机构的职责简要介绍如下。

在国家级别，“防洪抗风中央委员会”（Central Committee for Flood and Storm Control，简称CCFSC）负责协助政府观测和调查年度洪水和风暴防备方案和计划的制订和实施。CCFSC也会指挥劳动力和设备流动，以便响应紧急状况。CCFSC对当地行政机构都有管理权，可以在面临洪水和风暴时指示他们行动。另外，CCFSC会组织灾害预防和减灾工作研究会，作为分享经验教训和技术的一种途径。

在省、地区和市镇级别，人民委员会建立了地方“洪水风暴管制委员会”（简称CFSC）。这些地方委员会负责帮助各自的人民委员会在相关区域建立并执行洪水和风暴的防护措施，例如组织堤坝防护、支持洪水和风暴防灾和减灾以及处理洪水带来的后果。

各职能部门和中央政府部门同样建立了“洪水风暴管制部门委员会”。这些委员会的主要职责包括实施洪水、风暴防灾和减灾措施；保护部门委员会管辖下的居民、物质和技术材料；管理应急事件中使用的材料和设备；在应急状况下给受灾区域及时供应材料设备，并在洪水或风暴后提供支援。

8.4.1 国家策略

洪水和风暴防御、应对和减灾被认为是越南社会经济发展的重要措施，尤其在1986年以后。越南已经通过《水利堤防条例》（1989）、《洪水和风暴管制条例》（1993）、《水灾策略》（1994）、《水利堤防法》（2006）和多种指导这些法律和条例的法令，提出了应对自然灾害的策略模式。2007年，《自然灾害防御、应对和减轻至2020年国家策略》由越南总理批准通过（SRV 2007）。

此国家策略提出综合的和特定地区的灾害防备、应对和减轻措施。综合措施包括：

- 合并法律、政策制定和组织机构的体制；
- 人类资源和社会动员模式的发展；
- 增加财政资源；
- 提升社区意识；
- 与防灾、应灾和减灾相关的研究；
- 确保堤坝、水库和水坝系统的有效性；
- 加强搜索与营救能力；以及
- 促进国际合作与整合。为不同地区提出了具体的措施（见表8-2）。

表8-2 **区域特殊的防灾、应灾和减灾措施**

地区	主要方法	特殊措施
红河三角洲和中北部	防御洪水，采取措施应对干旱和风暴	- 加强河堤系统防洪能力 - 修建新水库，为下游地区安全调节水位 - 改进河道排洪能力 - 实施海上堤坝恢复方案，在沿海省市修建堤防
中部海岸、东南部和岛屿	为了发展，自发进行灾害防御和适应工作	- 为可能发生的灾害在居住区、工业区和旅游区做准备 - 改变农业和畜牧业基础设施以适应地区灾害的特点 - 强化堤坝、修建水库、疏通河道 - 为船只建造风暴避难所；建立沿海台风和海啸预警站 - 促进防止河口淤泥沉积的方案研究
湄公河三角洲	和洪水共存	- 制订洪水管制计划，主动防御洪水 - 在洪水水位以上修建群居住所，改善排洪能力，修建海上堤坝和其他建筑来阻止盐侵蚀，保障干净水 - 增强湄公河流域国家间的合作，以便合理利用和保护水资源
山区和中部高地	积极防御自然灾害	- 在地图上标出极易发生山洪和滑坡的区域 - 建立地方警告和通信系统 - 构筑防御建筑来防止滑坡和山洪 - 扩大排洪系统 - 为防范洪水和干旱修建水库 - 与接壤的国家在灾害预警、搜寻和营救上加强合作
海域	积极防御和应对	- 为海上交通工具和船只建立管理系统 - 建立通信系统，将灾害预报和警告传给出海船只 - 建立专业搜救队伍 - 与其他国家在灾害预警、搜寻和营救上加强合作

Source：SRV 2007.

最近几年，政府在防灾减灾上付出了相当大的努力。从中央到地方级别，备灾所需的物质性和技术性基础设施已得到改善，协调整合灾害应对工作有了实质性进展。重要的政策和决定已实施，例如给“和洪水共存”区域（湄公河三角洲）、分散和蓄滞洪水区域（北部地区）和“避免和适应”区域（中部地区）的一些政策。政府完成了大量结构性的工作，例如建设水库、抬高堤坝、修建船只庇护所等。也采取了非机构性措施，包括复原森林、整修通信系统、改进预测系统、国际合作、提升社区意识和巩固洪水风暴管制以及搜索营救的组织机制（SRV 2007）。

越南最近在灾害防御、应对和减轻方面有了一些成果。例如，在应对2005年的“达维风暴”中就获得了很大的成功。为了应对风暴，各级有关部门、武装力量和社区协会都参与了转移大量国家和私人的资源，以便疏散居民和渔船至安全地带（Phuong 2007）。

以上文献的回顾提到，政府已经非常关注防灾、灾害应对和减灾。但是在越南，减灾和灾害管理方面还是有很多限制和挑战。限制和局限性包括了不能完全满足要求的预警系统，特别是在发生山洪、滑坡和旋风的情况下。局部地区的防灾活动不充足。山区的社区没有收到及时的灾害警告，尤其是山洪和滑坡警告。用于备灾和减灾的基础设施还是欠佳，对灾害防御和应对基础设施上的投资有限。应急救援、损失恢复和复原是有限的，并且有时会受协调不佳和缺乏合作的影响。搜寻和营救工作由于缺少设备和器材而受到限制。对灾害和环境保护之间的关系的认知度还是较低（CCFSC 2005；Phuong 2007；SRV 2007）。

越南防灾、应灾和减灾上特有的挑战是日益增长的灾害频率和严重性；社会经济和人口数量的高速发展和增长，以及高速发展的城市化和工业化，这些都促使灾害发生频率增加。其中包括了与旅游业相关的施工工程和未考虑潜在灾害影响的工业、居住区修建。在特定聚居地不同类型的灾害阻碍了该地区制订备灾减灾策略和行动计划（CCFSC 2005；Phuong 2007）。

8.4.2 省、地区和市镇级别策略

之前讨论到在省、地区和市镇，各地防洪抗风委员会（CCFSC）负责帮助同级的人民委员会计划、协调并执行防灾、应灾和减灾等工作。

各省和地区负责执行国家的防灾减灾政策。省、地区和市镇级别的地方当局参与制定法律文件的不同部分，并参与计划、管理和监督关于灾害防御、应对和减灾的项目和计划。例如，Nam Dinh省的地方政府已确定并实施能为灾害防御、应对和减灾做出贡献的结构性措施（如修水库、清理泄洪道、强化堤坝管理和保护工作等）和非结构性措施（灾害预测、认知、教育）（Viner et al. 2006）。红河三角洲的市镇和地区已在负责海上堤坝的修建。市镇当局针对他们为防范风暴筹集到的收入，正式采用了一些资金使用策略（Adger 1998）。

Nam（2008）的研究显示，在备灾和减少灾害影响工作中，Thua Thien Hue省实施了一系列行动，包括：

- 重新布置水产养殖农场和鱼苗育种池；
- 修建水坝，防止盐水向上游侵蚀；
- 通过封死由1999年洪水冲开的连通大海的通道防止海岸被侵蚀；
- 修建上游水库以降低洪水峰值；以及
- 为小船居民（住在泻湖小船上的人）制订安置计划。

除此之外，当地部门组织了重新安置项目去保护脆弱区居民的生命，将他们迁至安全地点以减少灾害风险。

地方政府与湄公河三角洲的农民一起修建和维护稻田周围的堤坝系统，试图控制洪水，保护农作物。地方部门和政府在鼓励家庭在风暴和洪水季节前至少一个月主动参与许多行动（修理房屋、加固基础设施等）上起到重要作用。市镇级部门在洪水和风暴季节前会组织年度的减轻灾害影响培训课程（如应急救援）。通过大众媒体，将灾害相关警告、指导和建议告知处于危险中的居民和社区。

8.4.3 家庭层面

越南各地区的家庭已经采取了关于防灾、应灾和减灾的各类措施。这些措施通常是基于地方经验、认知和经济实力制定的。

红河三角洲的居民以多种方法应对洪水和风暴的影响，包括通过减少农业投资增加水产业和渔业投资来改变他们的经济结构。其他方法还包括建立排放系统以减少盐水侵蚀，并修建更好、更坚固的基础设施（Chinh 2008）。

越南中部的农民通过调整他们的农业活动，比如改变作物种植历，更换种子、作物类别，实行农作物轮耕，提早收割和将作物转移到高地，来稳固农业生产（Malin 2005；Huy 2007；Suu and My 2008）。山上的农民农业生产多样化以降低脆弱性，因为这样可以降低对作为主要经济来源和食物保障的水稻的依赖性（Malin 2005）。家庭通过迁移来增加附属非农业收入来源，以维持他们的收入级别（IMOLA 2006）。居住在沿海社区的人们利用各种方式应对灾害，例如在更高的地方修建房屋或抬高地基，可以避开洪水的房屋，用沙袋保护房屋，在风暴前加固房梁和屋顶等（Huy 2007；Tran et al. 2008）。一些家庭用钢丝将茅草屋顶固定在屋顶框架上。一些家庭用沙袋保护他们的波状钢屋顶。一些家庭拿竹子制作救生筏；有时也会将香蕉树树干作为救生筏备用材料。其他人修建一些小屋棚来保护他们的家畜。有小船的家庭会在洪水来临时将船准备好。人们储存应急必需品，并参与绘制他们地区的洪水地图和疏散路线（Phuong 2007）。人们采取了一些步骤去避免风暴、洪水后和在长期淹水期间的病害风险，他们通过参与环境的清理（清除固体垃圾、动物尸体等），尝试确保水和食物的安全并使用蚊帐防蚊虫（Few，Ha，and Chinh 2007）。

湄公河三角洲的农户在他们的农田周围修建并维护堤坝系统，试图控制洪水并保护农作物。农户们采取适合抵御洪水的措施，比如巩固稻田的堤防、抬高稻谷仓库、将动物转移至更安全的地方以及储存应急食物、柴火和药物。人们通过基于洪水的生计来适应洪水；通过培养额外的蔬菜作物使种植园多样化；通过种植蘑菇、扩大养鱼池、增加果树种植地面积等使生计多样化。一些农户季节性地到城市或者农场做体力劳动工作，或者在当地做散工（Few，Tran，and Hong 2004；Ninh，Trung，and Niem 2007；Few and Tran 2007）。

8.5 总结和未来发展

一系列关于应对不同灾害影响的研究已经在越南进行了。然而关于这些影响的数据还不完整，现有的证据指出，越南的灾害对经济部门造成了严重影响，贫困度增加，个体住户和社区受到负面影响，造成环境退化并引起健康问题。

现在需要更准确、全面和系统化的灾害影响信息，以便强有力地支持政策制定者、政府官员和国际捐助方进行灾害管理。这样的信息应该阐明各部门和聚居地的脆弱性。这对政策制定者和捐赠者都很有用，帮助他们更有针对性地使用资金来源，以加强越南对气候灾害的适应能力。这也会帮助政府制定恰当的国家和部门政策，特别是针对灾后重建、备灾和减灾。

可是，现有的大多数研究只是描述性的。除了其他方面的原因，这可能是由于缺乏严谨研究所需要的专业知识、数据、设备和工具。另外，现有研究很少涉及其他经济部门受到的影响，比如旅游业、娱乐业和林业；对商品和服务流动的长期影响；对宏观经济的影响；以及非市场影响，比如对生物多样性的破坏。因而，系统地、全面地理解灾害对越南社会经济的影响的研究能力是有限的。这打开了未来经济研究的空间。例如，旅游业在许多沿海省份，比如Quang Ninh，Thua Thien Hue和Quang Nam，都是重要的经济活动，但这些地方灾害频繁发生。灾害对旅游业可能带来的影响可以是研究的一个重点领域。由灾害造成的生物多样性的潜在经济价值损失是另一个可以运用经济学分析工具的研究领域。

回顾越南灾害防御、应对和减轻措施表明关于灾害的公众教育和社区认知度以及与灾害相关的法律政策实施的重要性。本章也建议，在设计有关灾害防御、应对和减轻方面的计划和政策时，需要将它们置于每一个地区、部门以及整个国家的社会经济发展战略的主流当中。

8.6 参考文献

Adger，W.N.（1998）．“Indicators of Social and Economic Vulnerability to Climate Change in Vietnam.” CSERGE Working Paper，GEC 98- 02，University of East Anglia，Norwich，UK.

Adger，W.N.，and Kelly，M.（1999）．“Social Vulnerability to Climate Change and the Architecture of Entitlements.” *Mitigation and Adaptation Strategies for Global Change* 4：253–266.

CCFSC（Central Committee for Flood and Storm Control）．（2005）．“National Report on Disasters in Vietnam.” Working paper for the World Conference on Disaster Reduction，January 18–22，Kobe–Hyogo，Japan.

——．（2008）．“Introduction about Disasters in Vietnam.” Accessed July 20，2008.http：//www.ccfsc.org.vn/DMU_En/Disaster + M - anagement/Charateristics/General+information+on+natural+disasters+in+Viet+Nam.htm.

Chaudhry，P.，and Ruysschaert，G.（2007）．“Climate Change and Human Development in Vietnam.” Human Development Report 2007/2008，Human Development Report Office，Occasional Paper，2007，New York.

Chinh，N.Q.（2008）．“Household and Commune Adaptation Experience and Strategies for Sea Level Rise in Nam Dinh Province，Red River Delta.”

Paper presented at the EEPSEA Climate Change Conference, February 13-15, 2008, Bali, Indonesia.

Few, R., Ha, N.H., and Chinh, N.C. (2007). "Climatic Hazards, Health Risk and Response.Case Study 1: Central Vietnam." Research report, University of East Anglia, Norwich, UK.

Few, R., and Tran, P.G. (2007). "Climatic Hazards, Health Risk and Response.Case Study 2: Mekong Delta, Vietnam." Research report, University of East Anglia, Norwich, UK.

Few, R., Tran, P.G., and Hong, B.T.T. (2004). "Living with Floods: Health Risks and Coping Strategies of the Urban Poor in Vietnam." Research project funded by British Academy (Committee for SouTheast Asian studies), research report, May.

GSO (General Statistics Office). (2008).*Statistical Yearbook of Vietnam—2007*.Ha Noi, Vietnam: Statistical Publishing House.

Guha-Sapir, D., Hargitt, D., and Hoyois, P. (2004).*Thirty Years of Natural Disasters 1974-2003: The Numbers*.Louvain, Belgium: UCL Press, Louvain Catholic University.

Hong, V.T. (2002). "Impacts of the Historical Flood 1999 on Aquaculture in Phu Tan." In *Lessons in Resource Management from the Tam Giang Lagoon*, edited by V.J.Brzeski and G.F.Newkirk.Halifax, Nova Scotia, Canada: Dalhousie University.

Huy, H.T. (2007). "Early Warning System for Storm Management in a Coastal Community Role of Information and Local Institutions." Paper presented at the 28th EEPSEA Biannual Workshop, November 2007, Kuala Lumpur, Malaysia.

IMOLA (Integrated Management of Lagoon Activities). (2006). "Socio-economic Baseline Survey of Hue Lagoon Report—Part I." Accessed

February 2, 2007.http: //www.imolahue.org/pdf/SE-survey-I-en.pdf.

Kien, T.M., Shaw, R., and Ninh, N.H. (2008). "Vulnerability and Adaptation to Climate Change: A View from Human Health and Policy Perspectives in Vietnam." Paper presented at the EEPSEA Climate Change Conference, February 13-15, Bali, Indonesia.

Lap, N.V., Oanh, T.T.K., and Hirai, Y. (2005). "Assessment of Impacts of Sea Level Rise on TT Hue Lagoon Area." *Proceedings of National Workshop on TT Hue Lagoons*, Department of Science and Technology of TT Hue province (Hue), December: 302 - 305.

Malin, B. (2005). "Resilient Society, Vulnerable People: A Study of Disaster Response and Recovery from Floods in Central Vietnam." Doctoral thesis, Swedish University of Agricultural Sciences, Uppsala, Sweden.

Miller, F. (2003). "Society- Water Relations in the Mekong Delta: A Political Ecology of Risk." Ph.D.diss., Division of Geography, University of Sydney, Australia.

MoNRE (Ministry of Natural Resources and Environment). (2003). "Vietnam: Initial National Communication, under the United Nations Framework Convention on Climate Change." Hanoi, Vietnam.

Nam, D. (2008). "Impacts of Sea-Level Rise on Coastal Lagoon: A Case Study of Tam Giang—Cau Hai Lagoons in Central Vietnam." Paper presented at the EEPSEA Climate Change Conference, February 13- 15, Bali, Indonesia.

Ninh, N.H. (2008). "Vulnerability, Adaptation and Resilience to Climate Change: Experiences and Implications in Vietnam." Paper presented at the EEPSEA Climate Change Conference, February 13-15, Bali, Indonesia.

Ninh, N.H., Trung, V.K., and Niem, N.X. (2007). "Flooding in Mekong River Delta, Vietnam." Human Development Report 2007/2008, Human

Development Report Office, Occasional Paper, New York.

PCFSC (Provincial Committee of Floods and Storms Control of Th ua Th ien Hue). (2000). "Report on Disasters in Thua Thien Hue Province in 2000." Hue, Vietnam.

Phuong, N.T. (2007). "Vietnam Country Perspective." Paper presented at the ADB small group workshop on Large - Scale Emergencies, July 5- 6. Manila, Philippines.

SRV (Socialist Republic of Vietnam). (2007) .*National Strategy for Natural Disaster Prevention*, Response and Mitigation to 2020.November 16. Hanoi, Vietnam.

Suu, L.T.T., and My, P.T.H. (2008). "Livelihood Vulnerability and Local Adaptation Strategies to Natural Disasters in Huong River Basin: Case Study in Thuan An Town, Phu Vang District, Thua Thien—Hue Province." Paper presented at the EEPSEA Climate Change Conference, February 13–15, Bali, Indonesia.

Tran, P., Marincioni, F., Shaw, R., Sarti, M., and An, L.V. (2008). "Flood Risk Management in Central Vietnam: Challenges and Potentials." *Natural Hazards* 46 (1): 119–138.

Tran, P., Shaw, R., Chantry, G., and Norton, J. (2009). "GIS and Local Knowledge in Disaster Management: A Case Study of Vietnam." *Journal of Disasters Studies, Policy and Management* 33 (1) (January): 152–169.

Tuan, T.H., Xuan, M.V., Nam, D., and Navrud, S. (2009). "Valuing Direct Use Values of Wetlands: A Case Study of Tam Giang—Cau Hai Lagoon Wetland in Vietnam." *Ocean & Coastal Management* 52: 102–112.

USAID (2008). "Most Recent Disaster Declaration: Floods, 11 March 2008." Accessed December 1, 2008.http: //www.usaid.gov/our_work/

humanitarian_assistance/disaster_assistance/countries/vietnam/template/index.tml.

Viner, D., Bouwer, L.M., Ninh, N.H., and Thanh, N.C. (2006). "Linking Climate Change Adaptation and Disaster Risk Management for Sustainable Poverty Reduction." Vietnam country study, Ref MWH 475000177.001- 6 rev.1.November.Available at http: //ec.europa.eu/development/icenter/repository/env_cc_varg_adaptation_en.pdf.

World Bank (2001). "World Development Report 2000/01." Washington, D.C.

第9章　西孟加拉邦的减灾①

萨巴里·班德亚帕德耶　艾维达斯·古普塔
萨晏缇·森　德巴拉塔·米特拉

9.1　引言

印度频繁地遭受着一系列的自然灾害——洪水、飓风、地震和干旱——这些灾害造成生命和财产的巨大损失。在表9-1中可以清楚地看到，这个国家在1998年到2007年遭受的自然灾害的类型、数量和影响。受洪水影响的人数比例高于受飓风或地震的影响的人数比例。洪水造成了总共142.2亿美元的损失（占自然灾害造成所有损害的68.16%），而飓风和地震加起来造成了66.4亿美元的损失（占所有损失的31.83%）。

从表9-2中的研究记录中可以更进一步了解，记录描述了印度的极端事件都在何地发生并造成了怎样的毁灭性后果。

① 作者们对潘查亚特-普拉汉（Panchayat Pradhan）以及来自德霍-格拉姆-潘查亚特（Debhog Gram Panchayat）、沙璜（Sabang block）、西梅迪尼布尔（Paschim Medinipur）、西孟加拉邦的其他成员、Shyamapada Manna教授、当地保险公司，还有当地村民的友善合作，表示由衷的感谢。感谢灾害管理部门的官员、西孟加拉邦政府与我们进行的很有帮助的讨论，他们还为我们提供了一些政府文件。

表9-1　　1998—2007年印度的自然灾害

	事件数量	死亡		受影响人群		损失	
		数量（人）	占自然灾害中总数的百分比	百万（人）	占自然灾害中总数的百分比	百万（美元）	占自然灾害中总数的百分比
洪水	86	11 130	25.75	255.21	92.42	14 223.75	68.16
飓风	14	10 689	24.72	13.98	5.06	3 018.42	14.46
地震	4	21 416	49.53	6.96	2.52	3 625	17.37
总计	104	43 235	100.00	276.15	100.00	20 867.17	100.00

Source：EM-DAT，CRED.

表9-2　　关于印度自然灾害影响的文献综述

作者和出版日期	受影响地区	灾害类型和日期	主要发现
Majhi et al.（2005）	西孟加拉邦，穆尔昔达巴德区（Murshidabad）	Millennium洪水，2000年9月	400万人受困，255座村庄、7个自治市、672所小学和375所中学被冲毁，成百上千万无家可归的人被迫临时安置在街上和铁路线上
Chapman and Rudra（2007）	西孟加拉邦，穆尔昔达巴德区（Murshidabad）	Millennium洪水，2000年9月	洪水从无法预料的方向极其迅速地袭来，损毁了1 366公里的铁路轨道、9座桥和2 763公里的道路
Victoria（2002）	奥里萨邦	1999年连续的灾害，8月的洪水，10月17日—18日的飓风，和10月29日—30日的超级飓风	在10个街区范围内设立一个地方灾害管理（备灾和减灾）系统
Panigrahi（2003）	奥里萨邦	超级飓风，1999年	10 000名渔民丧生。非政府组织的援助而非政府救灾，对渔民社区有正面影响
Thomalla and Schmuck（2004）	奥里萨邦	超级飓风，1999年	预警系统失败和缺乏认知度造成大量人员伤亡
Sarangi and Penthoi（2005）	奥里萨邦	多种自然灾害发生，1971—1991年	46.4亿卢比（10.66亿美元）的财产损失
Lahiri et al.（2001）	古吉拉特邦	地震，2001年	1 580万人受到影响。总死亡人数在19 000人左右，166 000人受伤。邦内生产总值年度损失230.4亿卢比（4.933亿美元）
Singh（2003）	旁遮普邦，古达斯普尔区（Gurdaspur）	反复发生的洪水	20%净耕地面积受损
Srivastava et al.（2000）	阿萨姆邦	洪水，1998年	915平方公里的区域被淹没，51 068公顷农业种植面积被破坏。在淹水的两周里，28 028公顷农作物区和其他（比如道路网和居住点等）基础设施受到了影响
O'Hare（2001）	安得拉邦，戈达瓦里河三角洲地区	热带飓风07B，1996年11月6日—7日	最大的影响在靠近海岸位置发生。两个区，710万人受灾，64 600座房屋损毁，236 000公顷农作物区被毁坏，1 059人丧生，牲畜损失6 845头。估计损失为612.647亿万卢比（15.561亿美元）。在面对飓风灾害时，印度社会的贫困度和社会秩序对个人和社会团体设定了不同的限制
Roy, Mruthyunjaya, and Selvarajan（2002）	奥里萨邦，肯德拉帕拉区（Kendrapara）	所有类型，2002年	由于自然灾害的原因，奥里萨邦肯德拉帕拉区大概22%的农村家庭会季节性地迁往其他地区去寻找工作或谋生

Source：Authors.

在所有自然灾害中，洪水是最常反复发生的。印度自其文明开始初期就承受着洪水带来的后果。最早的一些证据可以追溯到印度河流域文明时期的洪水（Joshi et al.2007）。最近，一项重要的调查工作已经开始，研究关于这些灾害对几个亚洲及欧洲国家的经济、卫生和社会的影响。本次的研究就是这个调查的成果，被称为MICRODIS。[①]

如表9-2所示，大多数现有的关于印度自然灾害的研究只是描述性的，是基于二手资料并且没有解决减灾措施和政府政策上的问题。因此，与其他的研究相比，本章有一些独特的部分：提供了基于微观研究上关于洪水的性质和影响的详细信息，并根据脆弱性，发展了一个明确的概念框架。另外，本章包括了对政府在自然灾害方面的措施和政策的讨论。

本章的目的是运用西孟加拉邦的一个案例分析，将洪水作为一个毁灭性灾害来分析它的性质和范围、级别和破坏范围。除此之外，本章用文献证明并评估了印度在处理洪水中采用的政策。

本章分为五个部分。第一部分介绍了我们关于洪水脆弱性的标准，并应用到印度各邦。第二部分我们展示了西孟加拉邦洪灾史并描述了洪水造成的损坏级别和范围。第三部分是西孟加拉邦德霍-格拉姆-潘查亚特的案例分析。第四部分，我们讨论了本地区处理洪灾时采用的公共政策。最后一部分总结本章并得出结论。

9.2 印度的洪水脆弱性指标

印度有几个地区特别容易受到洪水袭击，对于成功的防灾规划，能辨认出最脆弱区域是非常重要的。这里，国际减灾战略署（ISDR）对脆弱

① MICRODIS是一个在《欧盟第六框架计划——优先主题6.3——全球变化和生态系统》资助下的综合项目。项目的整体目标是加强备灾、减灾和防灾战略以减少极端事件对社区卫生、社会和经济上的影响（CRED 2006）。

性的定义为："由增加社区对灾害影响敏感性的物质、社会、经济和环境因素或过程所决定的状况。"（UN/ISDR 2004）

在本章中，我们制定了能辨认这些印度的脆弱地区的"脆弱性指标"。这个指标尝试捕捉到比之前考虑到的更全面的脆弱性数值范围，并使用各种指标作为代表来观察脆弱性的不同方面。用来构成这个指标的变量大部分是基于国际减灾战略署的想法。文中不同的脆弱性来源包括了气候的、人口统计学的、农业的、职业的和基础设施的因素（图9-1）。

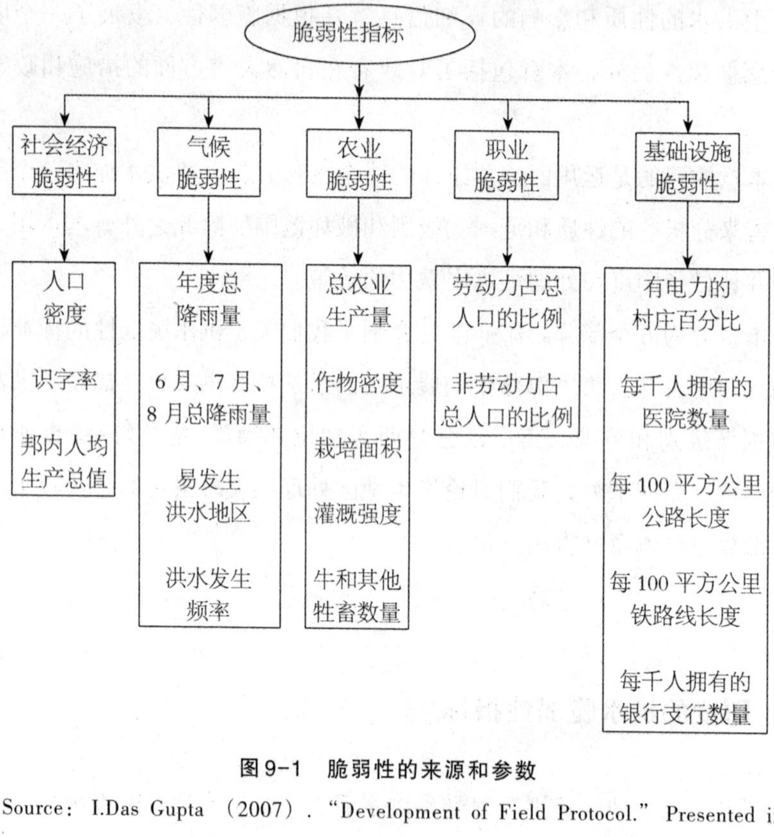

图9-1 脆弱性的来源和参数

Source：I.Das Gupta （2007）．"Development of Field Protocol." Presented in the Economic Working Group Meeting，MICRODIS，Jadavpur University，November 2-4，Kolkata，India.

用于创建我们的脆弱性指标的方法在专栏9-1中有讨论。

专栏9-1　脆弱性指数：计算方法

用来计算脆弱性指数的方法是基于联合国开发计划署（UNDP）计算“人类发展指数”时开发的基本方法。

第一步：一个地区或子区域每一个指标的维指数（Xi）是使用下面这个公式计算的：

(实际Xi − 最小Xi)/(最大Xi − 最小Xi)

识字率、邦内人均生产总值和基础设施的维指数是用公式（最大Xi − 实际Xi）/（最大Xi − 最小Xi）计算的，识字率和邦内人均生产总值越高，脆弱性将越低。

第二步：给脆弱性的五个来源（社会经济、气候、农业、职业和基础设施）分别计算一个平均指数。这个平均指数就是简单地取各个类别中指标的平均值。

平均指数i =（指数1 + … + 指数I）/I

第三步：所有的脆弱性来源通过以下公式进行合计。

$$脆弱性指数 = \left[\sum_{i=1}^{n}(平均指数 i)\alpha\right]1/\alpha/n$$

其中，

i = 每个脆弱性来源中指标数量

n = 脆弱性来源的数量（本案例中 $n = \alpha = 5$）

脆弱性指数是幂平均值。指数的值在0到1之间。在计算完邦/地区和区/子区域的指数值后，各种地区和子区域的指数排序就可以识别最脆弱、易受灾的地区。

Source：Das Gupta 2007.

9.2.1　印度的脆弱区域

表9-3显示了为印度各邦计算的洪水脆弱性指数。指数值在0到1之

间，其中等级排到1的表示最高脆弱性，0代表没有脆弱性。比哈尔邦有着0.223的等级，是全国最高的，接着是0.216的西孟加拉邦。在数值范围的另一端，泰米尔纳德邦的等级为0.109排在第13位，洪水脆弱性最低。如果我们以不同的地区分类，那么在图9-2中可以观察到在印度东北部地区，阿萨姆邦是最脆弱的。在东面，比哈尔邦、西孟加拉邦和奥里萨邦，以及在中部地区的北方邦和中央邦更为脆弱。拉贾斯坦邦、哈里亚纳邦和旁遮普邦轮流成为西北部最脆弱地区。其他地方，西面的马哈拉施特拉邦，以及南面的安得拉邦和喀拉拉邦是最容易发生洪灾的地区。

表9-3　**印度各邦的洪水脆弱性指数**

邦	脆弱性						
	社会经济	气候	农业	就业	基础设施	整体	排名
旁遮普邦	0.367	0.368	0.508	0.455	0.000	0.116	12
北方邦	0.828	0.386	0.821	0.692	0.702	0.204	3
哈里亚纳邦	0.345	0.273	0.498	0.522	0.455	0.125	11
拉贾斯坦邦	0.489	0.043	0.464	0.155	0.993	0.201	5
比哈尔邦	0.991	0.237	0.286	0.464	0.945	0.223	1
阿萨姆邦	0.563	0.526	0.244	0.331	0.792	0.168	7
西孟加拉邦	0.639	0.298	0.543	0.988	0.819	0.216	2
奥里萨邦	0.531	0.269	0.304	0.244	0.827	0.169	6
中央邦	0.503	0.155	0.465	0.195	1.000	0.202	4
古吉拉特邦	0.292	0.131	0.258	0.241	0.781	0.157	9
马哈拉施特拉邦	0.226	0.670	0.488	0.312	0.764	0.169	6
安得拉邦	0.458	0.141	0.475	0.284	0.797	0.164	8
卡纳塔克邦	0.396	0.214	0.360	0.279	0.772	0.156	10
喀拉拉邦	0.381	0.281	0.168	0.777	0.111	0.156	10
泰米尔纳德邦	0.401	0.117	0.243	0.511	0.308	0.109	13

Source：Das Gupta 2007.

注：没有其他邦的数据。

根据脆弱性指数，比哈尔邦、西孟加拉邦、奥里萨邦和阿萨姆邦是东部和东北部最容易发生洪灾的地区。恒河-雅鲁藏布江-梅克纳河（GBM）河川系统流过这一区域，它的水势和毁灭性给该区域带来了巨大的挑战。恒河-雅鲁藏布江-梅克纳河系统三角洲一般被称为“GBM”。作为一个整体来看，它由175万平方公里的区域和排水沟构成，平均每年有大概12 760亿立方米的水流入大海（Ghani 2001）。GBM流域是地球上最大、最有活力的，其特点是经常发生洪水。在此流域里，比哈尔邦、西孟加拉邦、奥里萨邦和阿萨姆邦是最容易发生洪灾的地方。接下来我们会把分析的重点放在西孟加拉邦。

9.3 西孟加拉邦的案例

西孟加拉邦地势多变，从最北部的喜马拉雅山高峰到南部沿海地区，其间有高原和恒河三角洲。西孟加拉邦占地面积88 752平方公里，有19个县和3个专区。

西孟加拉邦的气候从其南部的热带草原气候变化到北部的亚热带湿润气候。这个国家有夏天、一个雨季、短暂的秋天和冬天。西孟加拉邦是孟加拉三角洲的一部分，在整个历史进程中都遭受着洪灾，因为它的大陆由恒河-博多河河流系统形成，经历了三角洲的建立过程，洪水是这个过程当中一个必然的附属品，是沉积物（大多数的河流沉积物量大）主要的运输者。

9.3.1 西孟加拉邦的洪水

在西孟加拉邦，1960年到2007年间只有五年没有洪水（期间淹水面积不到500平方公里）。1978年，一次巨大的洪水严重地影响了西孟加拉邦的几个地区。更近一些，西孟加拉邦在1998年、1999年和2000年连续三年遭遇了可怕的洪灾。

在2000年9月末，一次被称为“千年洪水”的毁灭性洪灾袭击了恒河沿岸西孟加拉邦。洪水摧毁了西孟加拉邦接近2 000万贫困农民和邻接的孟加拉国300万人的大部分财产。在从潘格拉班斯罗伊到阿乔伊的巴吉拉蒂河西部流域，72小时连续、集中的降雨产生了巨大的洪水量，巴吉拉蒂东侧几乎所有的堤防被冲毁，整个纳迪亚、穆希达巴德绝大部分和北24区的北部地区遭遇洪灾，并持续遭受洪涝很长一段时间（Chapman and Rudra 2007）。

表9-4展示了2000年西孟加拉邦跨行政区的情况。在所有受到2000年洪水影响的地区中，穆希达巴德是受到影响最严重的地区之一。Chapman和Rudra（2007）提供了此次灾害的一些评估，近1 366公里铁路轨道被损坏，236处破损，修理需要800 000个人工日。道路方面，2 763公里路受损，整修需要400万人工日。由于此次千年洪水造成的损坏，估算累积起来总共约需要500万个人工日来进行整修。此次的支出不仅是为灾后重建提供资金，还通过乘数效应对穆希达巴德地区的本地生产总值产生了正面影响，因此那一年本地生产总值增长了11.14%。①

表9-4 **西孟加拉邦2000年地区洪灾**

受影响地区	受影响街区	受影响自治市	受损面积		受损房屋		受损作物面积		死亡和失踪牲畜			卫生基础设施	
			公顷	%	数量	%	公顷	%	牛	山羊和绵羊	家禽	受影响医疗中心	受影响医院
穆希达巴德	26	7	522 600	22	490 313	25.98	450 600	23.38	7 000	55 000	14 000	98	6
巴尔达曼	25	9	359 796	15.2	215 695	11.43	300 400	15.59	14 341	9 949	2 351	80	4
比尔宾	19	5	282 500	11.9	457 947	24.27	246 300	12.78	7 341	3 138	4 579	56	4
胡格利	18	10	290 000	12.2	152 209	8.07	240 100	12.46	56	48	21	27	1
北24区	22	18	210 400	8.9	174 580	9.25	155 600	8.08	10	9	20	9	3
纳迪亚	17	10	370 000	15.6	320 463	16.98	335 000	17.39	38	49	640	66	7
梅迪尼布尔	24	5	180 600	7.6	72 610	3.85	99 900	5.18	43	30	25	12	2
马尔达	9	1	39 740	1.7	0	0.00	22 000	1.14	0	0	0	0	0
豪拉	11	3	120 000	5.1	3 162	0.17	77 000	4.00	0	0	0	9	3
总计	171	68	2 375 636	100	1 886 979	100	1 926 900	100	28 829	68 223	21 636	357	30

Source：Ghosh 2005.

① 从西孟加拉邦的地区生产总值数据估计得出（Government of West Bengal，State Domestic Product and District Domestic Product 2007b）。

9.3.2 西孟加拉邦最近的洪水经历

由于强降雨，根据内政部灾害管理分部的数据，2007年大概10 173个村的1 008万人遭受了洪灾。表9–5显示了西孟加拉邦受影响最严重地区的受损级别。

表9–5　　西孟加拉邦不同地区2007年洪水后的受损程度

地区名	受影响人口		受影响村落		开设	安置	受损作物面	受损房屋	
	百万	%	数量	%	难民营	人数	积（公顷）	完全损坏	部分损坏
豪拉	0.259	6.37	492	5.13	112	39 220	3 213	8 797	25 925
巴尔达曼	0.512	12.59	2 402	25.06	190	53 890	92 661	5 264	27 710
穆希达巴德	0.185	4.55	241	2.51	15	n.a.	20 000	2 347	6 034
南24区	0.335	8.24	585	6.10	10	202	8 640	4 691	13 923
北24区	1.139	28.01	963	10.05	353	37 375	65 166	17 000	–
西梅迪尼布尔	0.370	9.10	385	4.02	83	18 523	300 000	40 000	–
普尔瓦–梅迪尼布尔	0.929	22.84	1 904	19.86	65	4 600	64 229	11 432	2 356
比尔宾	0.175	4.30	931	9.71	n.a.	n.a.	19 594	11 000	38 000
班库拉	0.163	4.0	1 683	17.56	28	4 650	5 560	3 325	13 550
总计	4.067	100	9 586	100	847	158 460	279 063.3	103 856	127 498

Source：Government of India 2007.

n.a.：无可用数据。

9.3.3 西孟加拉邦最易发生洪灾地区的评级

西孟加拉邦如我们的脆弱性指数所明确显示的，是印度东部最容易遭受洪灾的地区之一。表9–6展示了西孟加拉邦地区的评估指标和排名。[①]

① 方法请见框9–1。

表9-6　**西孟加拉邦各地区的洪水脆弱性指数**

地区	脆弱性						
	社会经济	气候	农业	就业	基础设施	指数	排名
大吉岭	0.373	0.444	0.036	0.019	0.249	0.096	9
杰尔拜古里	0.232	0.589	0.251	0.172	0.079	0.118	5
科奇比哈尔	0.291	0.642	0.252	0.136	0.127	0.129	4
北迪奈普	0.008	n.a.	0.329	0.148	n.a.	0.053+	14
南迪奈普	0.248	0.396	0.181	0.058	0.135	0.081	11
马尔达	0.042	0.319	0.302	0.322	0.110	0.078	12
穆希达巴德	0.113	0.263	0.540	0.627	0.174	0.136	2
比尔宾	0.212	0.177	0.408	0.216	0.200	0.083	10
巴尔达曼	0.354	0.164	0.603	0.544	0.244	0.134	3
纳迪亚	0.290	0.341	0.564	0.371	0.211	0.118	5
北24区	0.493	0.263	0.367	0.599	n.a.	0.145+	n.a.
胡格利	0.437	0.291	0.430	0.360	0.469	0.114	6
班库拉	0.234	n.a.	0.337	0.259	0.194	0.070+	13
普鲁利亚	0.115	n.a.	0.162	0.198	0.202	0.042+	15
梅迪尼布尔	0.412	0.643	0.865	0.912	0.380	0.209	1
豪拉	0.495	0.405	0.336	0.290	0.266	0.109	8
加尔各答	1.000	n.a.	n.a.	0.211	n.a.	n.a.	n.a.
南24区	0.335	0.414	0.296	0.517	0.273	0.113	7

Source：Das Gupta 2007.

n.a.：无可用数据。

根据脆弱性指标，梅迪尼布尔名列西孟加拉邦最受洪水影响的地区。这让我们对作为MICRODIS计划一部分的问卷调查实施了事前测试，此问卷将在梅迪尼布尔地区受洪水影响最大的区域之一进行，以深入了解洪水的经济影响。下一部分记录了这个案例分析。

9.4 灾害对西孟加拉邦的影响：案例分析

为了我们的研究，我们选择了西梅迪尼布尔（Paschim[①] Medinipur）沙璜街区[②]一部分——格拉姆-潘查亚特，它是受2007年洪灾影响最严重的区域（Dam Church Aid 2007）。

本研究通过专题小组讨论和以调查问卷形式对受灾地区进行家庭访问，查明他们的社会人口和经济的背景、备灾状态、预警系统工作如何、他们如何设法生存、他们遭受了什么损失，以及在洪水后复原工作是如何进行的。为了比对不同的方面并得出结论，专题讨论组测试了不同的情况同时进行了一对一访问。有两个专题讨论安排在了2008年1月18日—19日。第一个专题组由12位男性成员组成，第二组由10位女性成员组成。参与者年龄范围是18~65岁。专题组讨论的数据由手工笔记和录音来获得，专题组讨论期间没有进行个别访问。

另外还对当地家庭进行了访问，基于在德霍-格拉姆-潘查亚特不同地点多变的经济状况和职业背景，从4 000个家庭中随机筛选了15个。访问的目的在于预先测试MICRODIS的问卷调查。因此，样本非常小，调查结果应谨慎考虑。

西梅迪尼布尔位于西孟加拉邦的西南边。这次研究的区域位于该区的东南部分，距离加尔各答大概200公里。沙璜街区有13个格拉姆-潘查亚特[③]，其中受洪水影响最严重的是德霍-格拉姆-潘查亚特，它有16个格拉姆-撒散

① Paschim的意思是西部。
② “街区（block）”由格拉姆-潘查亚特片区组成，是西孟加拉邦潘查亚制度的基层。潘查亚特制度是由格拉姆、街区和区级别选举的团体构成。
③ 地方政府：一个格拉姆-潘查亚特是西孟加拉邦潘查亚特制度下的基层。潘查亚特制度由从格拉姆、街区和地区级别选举出的团体组成。

兹[①]。在这个格拉姆-潘查亚特下，Julkapur、Badalpur、Benadighi和Gumai在2007年洪灾中受影响最大。受影响的格拉姆Sansads位于Kopaleshwari河和Sati Khal（一条运河）边。这些水道随后汇入Keleghai河。这些河流不是常年自然生成的，其防洪堤没有得到很好的维护。河道在过去25年里也没有清理过淤泥。结果，这些河道的承载能力降低，造成在雨季中和雨季后河道泛滥。

2007年从6月中旬到9月的雨季期间，强降雨造成了该地区的洪灾。大概16平方公里的地区受到影响。由于洪水，大约有2 990个家庭受到影响，30座房屋严重受损，425座房屋部分受损，西梅迪尼布尔地区死亡人数达到38人。另外还有大量作物和牲畜损失，沙璜街区尤其遭受到不利影响。在雨季和雨季后的阶段，雨季造成江河流域泛滥，结果，河岸的农田被淹没，损毁了大概900公顷的作物，估计损失的货币价值接近1 000万卢比（254 000美元）。[②]虽然没有人员或牲畜损失的报道，但公共设施受到了损坏。大约28公里的鹅卵石路（morum road）[③]和28公里的泥路（kancha road）[④]被破坏，95个管井无法工作，还有一座木桥和一座混凝土桥也受到影响。受到破坏的公共设施的总价值估计也有1 000万卢比（254 000美元）。损失价值只占本地区生产总值的0.011%。[⑤]

下一步，我们将陈述在问卷调查的预先测试中所得到的主要成果。

9.4.1 社会人口的特征

表9-7展示了调研区域的社会人口特征。大多数受访者都是信奉印度教、说孟加拉语的男性。接近40%的人口属于落后阶级[⑥]。

对教育级别的观察显示出68.5%的人识字率低于西孟加拉邦的平均值69.22%（Census of India，2001），只有少数的村民受过超过中学级别的教

① 对那些在选民名册上注册的、属于一个格拉姆-潘查亚特选区选民的分组。
② 到2007年12月为止的兑换率（1美元=39.37卢比）（http：//www.x-rates.com）。
③ 由鹅卵石构成。
④ 由泥土构成。
⑤ 从西孟加拉邦的地区生产总值数据估计得出（Government of West Bengal，State Domestic Product and District Domestic Product 2007b）。
⑥ “落后阶级”是印度政府在其世袭的社会等级中用的词，指在经济和社会上都处于低下地位。具有代表性的包括达利人（Dalits）、在册种姓和其他落后阶级。

表9-7　**Debhog的社会人口特征**

指标	占调查住户的百分比
受访者的性别	
男	73.33
女	26.67
宗教信仰	
印度教	100
受访者的母语	
孟加拉语	93.33
Thare	6.67
受访者的种姓（caste）	
在册种姓	20
在册部落	6.67
其他落后阶级	13.33
普通	53.33
其他	6.67
受访者受教育情况	
识字率	68.5
最高到小学	23.91
小学到中学	31.52
中学及以上	8.69
其他	0
家庭人数和年龄分布	
0～4	26.08
14～60	64.13
60人以上	9.78
平均家庭人数	6
房屋	
泥筑房屋（Kancha）	93.33
混凝土房屋（Pucca）	6.67
租用的	0

Source：Authors.

育。根据印度人口普查（2001），当地年龄分布显示了抚养比率为36%，比本邦平均值（40%）低。

通常，房屋由泥土搭建，屋顶为茅草。只有6.67%的受访者家有水泥墙和用瓦铺的房顶。房屋的构建模式表明了受访者的经济状况，也显示了洪水给他们带来的破坏性风险。

9.4.2 经济状况

此区域的家庭收入分布模式显示出多数家庭都不富裕，因此可能更容易受到洪灾的侵害（表9–8A）。当地人的主要收入来源是农业，而当地消费方式显示了家庭将他们预算的很大比例花在了食物上。

表9–8A　　　　**德霍的经济状况**

指标	占当地家庭百分比
收入	
0～6 000卢比（0～152.4美元）	20
6 000～12 000卢比（152.4～304.8美元）	33.33
12 000～60 000卢比（304.8～1524美元）	40
60 000卢比以上（1 524美元以上）	6.67
收入来源的组成成分	
农业产品	34.76
工资和薪金	12
园艺	11.38
其他	41.86
消费模式	
食物消费	76.4
服装消费	5.1
医疗服务消费	4.35
交通消费	6.71
其他消费	7.44
保险	
人寿保险	0
人寿保险保费	–
农作物保险	0
农作物保险保费	–
贷款	
家庭[a]	60

Source：Authors.

[a]这笔贷款在2007年被各家庭取出，并不是为了补偿洪水带来的损失，而是为了这一年中其他的目的。

在保险方面，情况令人担忧。没有任何一个受访者有人寿保险或农作物保险。可是，由于各种理由，大约60%的人都有银行贷款或者自助小组。

平均土地占有量大概是0.174公顷（表9–8B）。专题小组讨论也指出了土地占有量小的问题。农业产量和由于洪水而损失的产量都取决于农田的位置。研究发现，60%的土地都位于河堤旁。到了夏天，这些河岸边的土地会被灌溉，然而在洪灾期间它们会第一个被冲毁。接近50%的土地是用浅管道井灌溉，有时也用河水。专题小组成员告诉我们，河堤旁土地的灌溉系统不成熟，因为缺少运河，只有常年使用的供水设施。

表9-8B　**德霍的经济活动**

指标	占当地家庭百分比	每个家庭的平均值
土地占有模式		
农业土地占有	60	
自家农业土地大小（公顷）		0.174
自家土地价值		44 422.28卢比（1 128.33美元）
佃农所有土地（公顷）	33.33	
土地位置		
河畔土地	60	
其他	40	
灌溉设备		
拥有灌溉设备的家庭	46.67	
没有灌溉设备的家庭	53.33	
农业生产		
种稻田农户	80	
生产值（每年）		16 712卢比（424.5美元）
生产成本		7 595卢比（192.9美元）
动物资源		
牲畜数量		3
饲养成本		163卢比（4.14美元）
牲畜价值		742.60卢比（18.86美元）
占有池塘		
家庭百分比	53.33	
池塘大小（公顷）		0.022
池塘价值		11 232.55卢比（285.31美元）
池塘收入（每年）		2 016.67卢比（51.22美元）
小规模产业活动		
平均生产价值（每年）		44 178卢比（1 122.12美元）
生产成本（每年）		33 690卢比（855.73美元）

Source：Authors.

当地住户的农业生产主要是稻田，80%的农户都在雨季和春季（Kharif and Rabi seasons）[①]种植庄稼。正常情况下，每个家庭一年的平均农业生产价值会达到16 712卢比（424美元），生产成本接近7 595卢比

① Kharif crop是指秋季收成，但在南亚次大陆（印度、巴基斯坦、斯里兰卡、尼泊尔）更多是叫做季风作物（monsoon crop）。Rabi crop在南亚次大陆是指春季收成（也叫做“冬季作物”）。

(19美元)。当洪水影响了正常生产，村民会变得愈加贫穷。

牲畜也是村民的收入来源，其中小公牛负责耕种工作。动物产品主要是用作自己消费，多余的会在当地市场上贩卖。通常，每个家庭拥有三头或四头牲畜。少数家庭回应他们有平均大小为0.022公顷的池塘。这些池塘的用途仅限于渔业、灌溉，有时用在家务劳动。这些信息也是由专题小组讨论确认的。

垫子制作也是该地区一个重要的小规模产业。专题组成员告诉我们，垫子是卖给当地市场里的代理商，甚至会卖到外地和国外。标准尺寸的垫子可以卖到大概100卢比（2.54美元)。

9.4.3 洪水的经济影响

表9-9报道了2007年洪灾带来的经济影响。

表9-9 **2007年洪灾对德霍的经济影响**

指标	占当地家庭的百分比	平均值
由于洪灾而增长的开支		
食物	38	
燃料	54.6	
平均支出水平	39.94	
洪灾带来的损失		
农业生产损失		4 789.31卢比（121.65美元）
每头牲畜损失		120卢比（3.04美元）
来自池塘的收入损失		1 946.67卢比（49.45美元）
小规模产业生产损失		17 333卢比（440.26美元）
家庭财产的维修或置换费用		
去年修好的房屋	73.33	
维修费用		1 817.5卢比（46.16美元）
家庭资产的花费		1 600卢比（40.64美元）
饮用水		
受影响家庭	60	
饮用水服务中断（天数）		18～20
交通服务中断（天数）		15～20

Source：Authors.

该地区各个家庭的开支在洪灾后发生了改变，2007年从灾前到灾后平均支出水平增长了39.94%。洪水减少了这个地区的食物供应，抬高了价格，导致各个家庭在食物上的支出水平增长38%。此外，这个地区的受访者通常使用可再生能源，比如将农业垃圾、牛粪或者树叶作为燃料。但是洪水几乎完全摧毁了这些可再生能源。受影响的家庭只有从市场购买不可再生燃料资源，如煤油或者煤，这导致燃料消费的极大增长（洪灾后立刻增长接近58%）。一些较为富裕的家庭有燃气设施以供烹饪。正常情况下，他们首先使用可再生能源，但在洪灾后，由于没有可再生能源可用，他们只能使用液化天然气（LPG gas）。这也造成了他们燃油花费的增长。

由于洪灾，在2007年最后一次雨季，每户平均农业出产损失达到大约4 789.31卢比（121.65美元），或接近22%的平均收入。在2007年，所有秋收作物生产都遭到破坏。家庭还遭受了牲畜的损失，因为村民们没有能力给牲畜提供饲料。池塘也受到严重影响，因为受污染的水溢出的污染物毒害了池塘的鱼群。

然而自然灾害对贸易的影响还研究得较少。自然灾害直接地或通过阻碍运输和通信网络减少了可出口的特定物品和服务（Benson and Clay 2003）。沙璜区域以他的垫子产业而出名，有记载说2007年由于在小规模产业中的生产损失，每户平均损失了17 333卢比（440.26美元）。

因为大多数房屋是泥筑的（由泥土建成，茅草屋顶），所以有很大比例的房屋都在2007年的洪灾中损毁。即便是最小的损坏，每户在维修房屋上仍会花费平均1 817.5卢比（46.16美元）。家庭财产，比如衣物、餐具器皿、家具、农用工具、收音机和电视也有损毁或遗失。结果，各家庭不得不去维修或替换这些物品，平均花费接近1 600卢比（40.64美元）。

由于这个区域的饮用水资源不是管道水，村民们或多或少依赖于政府建造的管道井，还要拥有他们自己的管道井。2007年，当地家庭面临18～19天的供水服务中断和饮用水受污染。另外，洪水期间积水损坏了道路、交通中断长达15~20天，给公众生活造成很大的不便。交通中断也是专题小组成员指出的一个关键问题。

9.4.4 灾害引发的被迫迁移

在应对洪水中，迁移已经被人们接受，成为一个重要的生存方式。我们的案例分析显示，洪水造成了此区域40%的家庭被迫迁移（表9-10），一般会搬到学校校舍或是政府办公室，然后在那住上6到7天。

表9-10 **2007年灾害在德霍引发的被迫迁移**

洪灾期间被迫迁移的家庭（%）	40
被迫迁移时间（平均天数）	6~7
被迫迁移的人在灾后回到家所花费的时间	
一个月内（%）	50

Source: Authors.

当在援救中心时，无家可归的家庭几乎不能使用公共设施，仅依靠于政府和非政府组织提供的食物和帮助。由于危难状况，人们会需要相当长的时间才能回到他们的家并恢复到他们正常的工作中。此外，大家这样聚集在一起会导致传染病的传播。

9.4.5 防灾准备

防灾准备被定义为遏制所预测的极端事件产生的后果而采取的安全防御措施和准备的过程。这样的准备尝试将生命损失、伤害和财产损坏降低至最小，并在灾害后提供营救、救济、康复和其他服务。

在我们专题小组讨论和家庭访问中，我们只能大概了解这个区域的防灾准备和减灾工作。虽然如此，表9-11还是展示了一些这方面的情况。我们观察到，只有一小部分受影响的家庭（14.28%）愿意舍弃他们的家园搬到一个更安全的地点。那些不愿意搬出来的人表示经济约束是他们选择留下的主要原因，而其他人不愿意离开他们的原籍。总计8%的受访者也申明他们是由于很难适应新的环境、工作场所和文化，所以不想搬到其他地方。我们的研究成果或多或少证实了其他研究的成果。例如，Matsuda（1993）发现孟加拉国住在洪泛区的农民已经适应了洪水，不愿意迁移。他们认为“全能的神知晓一切”，他们不愿为了一个安全的住所而离开他们的社区。

表 9-11　**德霍的防洪灾准备**

指标	占当地家庭百分比	每户平均值
愿意搬到更安全地点	14.28	
不愿搬到其他全地点的原因[a]		
经济上的理由	66.67	
由于祖籍/原籍问题	33.33	
其他	8.33	
为了更好地防护愿意花费的金额		
为了房屋		62 500 卢比（1 587.5 美元）
为了农作物		25 000 卢比（635 美元）
为了牲畜		8 250 卢比（209.55 美元）
想要更好防护的诱因		
低息贷款	37.5	
政府补贴	50	
其他	12.5	
预警系统	20	
来自政府的警告		
来自广播的警告		
来自电视的警告		
个人经验		
支付意愿	80	414.55 卢比（10.53 美元）
人日	73.33	5~6 天
材料	6.67	150 卢比（3.81 美元）
接受意愿		
接受意愿	33.33	25 200 卢比（640.1 美元）

Source：Authors.

[a]当地家庭提到的原因不互相排斥。受访家庭提供了几个答案，因此得到的数据加

起来超过了100%。

当问到他们是否愿意保护他们的财产免遭自然灾害损毁时，受访者表示他们想让他们的家变得更能抵抗自然灾害，并愿意为此支付超过62 500卢比（1 587.50美元）。同样，他们愿意支付25 000卢比（635美元）去保护农作物，同时他们愿意花费8 250卢比（209.55美元）去保护他们的牲畜。这样的金额大大超出了他们的年收入，也超过了他们遭受的损失，这证明村民们有着强烈的支付意愿[①]让他们自己不被自然灾害侵害。

显然，这个地区的人需要外部的帮助来更好地抵御洪灾。受访者中的大多数想要获得政府在贷款和补助上的帮助。接近37.5%的受访者渴望获得低息贷款来投资防灾措施，而50%的人更想要政府的补助。一些受访者寻求牛/牲畜的接种疫苗。

预警系统在防灾准备中起到重要作用。预警系统可以有不同的形式，比如来自当地政府的、收音机或者电视上的预警。在我们的案例分析中，当问及预警系统的准确度时，只有20%的受访者表示他们收到过预警信息，人们反而是依靠对洪水期间水位上涨的个人经验。

受访者还被问到他们在限制每年增长的洪水毁坏上愿意花费的最大金额。总计80%的人表示他们愿意付出，但不是钱而是人日[②]，每户大概5～6天。专题小组成员也告知我们，他们愿意为保护他们的家人不受洪水侵害而付出，同样，不是付钱而是以人日的形式。少数受访者说他们希望能共享建筑材料，其平均花费不能超过150卢比（3.81美元）。每户人对居住的支付意愿的平均数额为414.55卢比（10.53美元）。然而，关于支付意愿的问题并没有问到每一个家庭成员。假设每天的工资水平是70卢比（1.77美元），支付数额就接近400卢比（10.16美元）。

---

① 关于支付意愿的问题是这样的："为了更好地保护你的家、农作物和其他资产不受洪水损害，你愿意支付多少钱？"

② 一个工业生产单位，等于一个人一天能达到的工作量。

在像印度这样的发展中国家，有援助接受意愿[①]的受访者比例应该与他们的支付意愿更为一致，但在我们案例分析中的区域，只有33.33%的人会愿意接受最多25 200卢比（640.08美元）的金钱支助，这个金额还高于他们的收入和损失。比较有趣的是，人们同时希望政府采取措施去改进所在地的灌溉设备并创造就业机会。专题小组成员也提到他们想要政府实施清理淤泥工程以提高河流的运载能力。

9.5 对西孟加拉邦应对洪灾的措施与政策的概括

印度从来没有制定过一个灾害管理政策。而其灾害管理的方法是被动反应，以救济为主。然而，现在在国家层面上已经转换了思考模式，从以救济为主的观点转变到一种更整体、综合的方式，把重点放在了防灾、减灾和备灾上（Kumar 2008）。

在1954年出乎意料的巨大洪灾后，印度政府采取了几个步骤来研究这一现象并提出解决问题的措施，尤其是：

- 政策声明（1954）；
- 高级别洪灾委员会（1957）；
- 另一个政策声明（1958）；
- 防洪部长级委员会（1964）；
- 洪灾及洪灾救济部长委员会（1972）；
- 防洪工作组编制五年计划；
- 国家食品委员会（1980）；
- 国家水利政策（1987）；
- 综合水资源开发计划国家委员会（1996）；

① 关于接受意愿的问题是这样的："你愿意接受多少来自政府为洪水造成的反复的损害而提供的补偿金？"支付意愿（WTP）和接受意愿（WTA）的概念通常应用在通过条件价值评估法估算自然资源的总经济价值中。然而，这些概念也可以用在估算洪灾损失上。

- 地区任务小组（1996）；以及
- 《灾害管理法》（2005）。

这些跟洪水和自然灾害有关的委员会已经给予了灾害管理各方面很有价值的建议。以上提到的所有行动中，《灾害管理法》（2005）被认为是最重要的。

如今依照此法案引言部分形成的组织机构可以由一个流程图来说明（图9-2）。具体的，减灾、备灾和灾害应对是多学科的功能，涉及一系列的部门。此法案提议创建国家级别和邦级别的灾害管理机构，由来自相关部门的人作为机构代表。

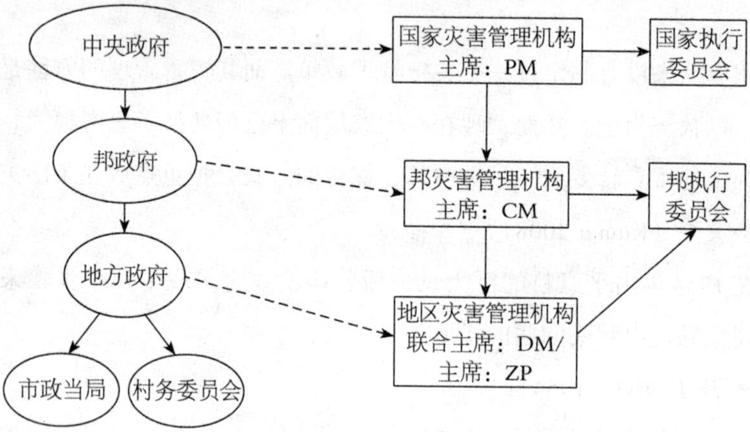

图9-2　灾害管理组织机构

Source：P.G.Dhar Chakrabarti，National Institute of Disaster Management，presentation at the World Bank，February 2007.Accessed February 20，2009.http：//siteresources.worldbank.org/INTDISMGMT/Resources/339456-1158594430052/2950719-1172610358251/chakrabarti.pdf.

各个邦也被要求在行政部长下设立灾害管理职权机构，由各相关部门（水利资源、农业、饮用水供给、环境和森林、城市发展、内政、农村发展等）的部长作为机构成员。

遵循指导方针，西孟加拉邦政府已经积极主动进行了灾害管理，特别在防洪方面，2006年6月29日，将1992年成立的“救援部”改名为“灾害管理部”。

这构成了一个整体的洪水管理方法，重点不仅放在传统的灾后应急上，还有灾前的防护/减灾准备。为洪水管理的监督者制作的标准操作规程（SOP）由三个阶段构成：洪灾前、洪灾中和洪灾后。此方法的结构可以由一个流程图来解释（图9-3）。下面会对此流程图的不同部分进行简要说明。[①]

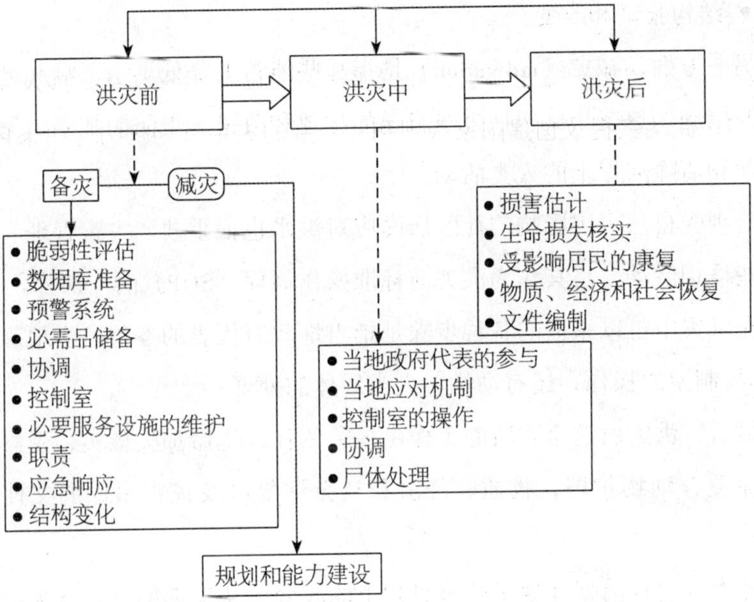

图9-3 西孟加拉邦洪水管理的标准操作规程

Source: Government of West Bengal (2006). *Monograph on Flood Management*. Kolkata, India: Department of Disaster Management.

在洪水前的活动主要目的是灾害防备和减灾。

备灾工作（preparedness）是指能使个人、社区和政府恰当地应对洪水状况的保护措施，主要是在洪水实际发生时将生命损失、重要服务中断和财产损毁降到最低。工作内容包括：

- 脆弱性评估；
- 数据库准备；

① 这个部分大量取自Government of West Bengal 2006。

- 预警传播系统；
- 必需品储备；
- 必要服务设施的维护；
- 应急响应的准备工作；
- 船只和其他装备的安排；
- 结构验证和改变。

另一方面，减灾（mitigation）是指那些能帮助降低洪水影响和区域脆弱性的措施。这些措施包括排水管道的构建和改进、堤防的加固、河床淤泥清理和清除河堤上的人类活动。

培训受自然灾害影响的社区居民应对洪水也很重要。灾害管理者会执行这些培训活动，将其作为洪灾前标准操作规程（SOP）的一部分。

在洪灾中可以采取的各种步骤是指当地政府代表的参与、当地应对机制[①]和控制室的操作，还有动物、人类尸体的处理。

最后，洪灾后这个阶段的工作由损害估计，生命损失核实，受影响居民的康复，动物护理，物质、经济和社会恢复以及灾害事件的文件编制组成。

此次的讨论清晰体现了政府思想上的改变，从早期的以救济为主的方式转变为一个更为整体和综合的方式，将重点放在了防灾、减灾和备灾上。政府如今正发挥着积极的作用而不是危机管理。

9.5.1 西孟加拉邦政府的活动[②]

作为西孟加拉邦政府特指的负责灾害管理活动的办事处，“灾害管理部”从2006/2007年起已经开始进行以下活动：

---

① 一些当地应对机制包括：
- 洪灾期间在河岸上搭建临时防洪堤；
- 提高民用住宅的地基高度；
- 用于临时运输的船只；
- 高地上的庇护所。

② 这些活动在《孟加拉政府行政工作报告》2007a中有报道。

• 建成10个洪灾庇护所，花费600万卢比（152 000美元），还花费了160万卢比（140 000美元）修建10个救济商店。

• 来自区域行政长官的应急救援/财政支助已建立。以实物形式（米或小麦）的特殊救济已支付给了洪灾受害者，以每个成人12千克的比率计。分配的小麦数量为10.65亿吨，花费697 500卢比（180 000美元），而分配的大米的数量为190.55亿吨，花费167 684 000卢比（426万美元）。

• 救灾物品，如防水油布、衣物、毯子、干货和婴儿食品，也都分配了。

• 贫困家庭没有经济来源去重建或修复他们的住房的，房屋严重受损会收到每户4 000卢比（101.60美元），部分受损则是2 000卢比（50.80美元）。

• 救灾应急资金用在了购买干粮、启用流动厨房、雇用救援船只、准备临时庇护所、运送食物和其他救灾、救援物品。

9.5.2 评估

由于此研究项目处于相对初期阶段，所以很难进行深入的效力和结果评估。然而考虑到不同利益相关者的想法，例如当地潘查亚特普拉丹（选举的农村当地组织首领）、当地非政府组织秘书和保险公司代理人，还有专题讨论小组和家庭访问的参与人员，可以尝试进行一个适度的评估。

据报道，当地的德霍-格拉姆村委会首领普拉丹，已在道路和学校维修上投入300万卢比（76 200美元）。格拉姆-潘查亚特村务委员会已经分配了50 000卢比（1 270美元）在衣服和各类食物上。

西孟加拉邦政府在联合国开发计划署的帮助下，2003年采用了灾害风险管理计划，并在西孟加拉邦的不同地区实施。村委会首领说道，作为灾害防备预警系统的一部分，住户们通过当地格拉姆-潘查亚特村务委员会办公室的公告获得信息。然而，当问到预警系统的准确度时，只有极少家庭表示他们有收到预警信息。他们宁愿根据过往经验来估计洪水的时间。格拉姆-潘查亚特村务委员会为防洪也组织了意识训练营，为此花费了2 000卢比（50.8美元）。格拉姆-潘查亚特村务委员会想要一个永久的解决方案，但他们除了向政府上层提供信息外什么都做不了。

沙璜大学前任校长表示，为了减轻自然灾害产生的影响，政府和非政府组织在恰当的时间以充足的数量供应了食物和衣物、药品和医疗服务以及搭建庇护所的材料。然而物资的分配仍然不足。残骸的清理以及水供应的恢复也很及时，而通信服务的恢复被延误了。另外，当地存在没有排水系统的问题，因此洪水只能通过自然过程消退。

当地保险公司告诉我们当地对受灾群众没有保险政策。两年前，一个印度公司——房屋开发和融资公司（Housing Development and Finance Corporation，HDFC）在提供与灾害相关的非人寿保险。但人们不能提出索赔，直到政府宣布80%的街区已经受到洪水的影响。HDFC如今已经不再为这个地区提供这种保险了，因为这个地区太容易遭受洪水，公司面临巨大的损失风险。

分析显示，大多数采取的措施都是以救援为目标，因而在本质上为短期行为。一些结构性措施，比如修建防洪中心和救援商店，虽然在实施但还不够。政府部门没有采取足够的主动性去推广防洪房屋，也没有为受灾家庭提供足够数量的避难所。

主要的问题在于无规划的交通设施开发，如道路和铁路，以及河道的淤积，这些导致了更高频率的洪灾和洪水长时间的停留。对于长期的洪水管理、防洪措施，特别是结构性措施，应该给予更多的关注。

9.6 总结和结论

木章对西孟加拉邦的洪水易发地区、过去重大洪灾造成的损害程度和采取的相关政策和措施进行了研究。印度的洪水问题已经有所描述，通过脆弱性指标将这个国家划分为不同脆弱性地区。西孟加拉邦始终是印度最容易受到洪水侵害的区域，西孟加拉邦的洪水灾害史也被推进，展示了近年来洪水的性质和范围，以及近年来洪水所造成的损坏。

在其中一个受灾地区——西孟加拉邦西梅迪尼布尔的格拉姆-潘查亚特进行的案例分析结果显示，洪水严重地影响着这些地区的贫困群众。2007年的洪水造成一系列不同类型的损害，如农业减产、牲畜损失、小规模产业受损、家庭财产被摧毁、饮用水受污染以及公共事业设备被破坏。此案例分析显示，农村家庭愿意为受灾农村地区的公共基础设施开发付出5~6个人日。因此，成功的支付意愿和成功的方案，比如在马哈拉施特拉邦首先实施的《雇用担保方案》(Employment Guarantee Scheme, EGS)[①]，可能会对支持灾后重建过程有帮助。案例分析也证明了多数受访者都不愿意接受赔偿金。人们更希望政府能采取预防性的方案。

这个案例分析让我们了解了受灾地区的居民是如何在本地采取各种措施来提高灾害预防、灾害应对和减灾，因而增强了我们的认识。这些措施通常是基于当地经验、认知和经济能力。

对西孟加拉邦政府采取的措施与政策的概括反映了一个思维方式的转变，在洪水管理上从以救援为主的观点转换为一个整体、综合的方式，重点不仅放在传统的灾后响应上，也注重灾前预防和减灾准备，还有为洪水管理的灾害管理者编制的标准操作规程（SOP）。

各种各样的洪水管理措施都已经提出来了。短期的和长期的，所有战略都要求能抵抗洪水和减少洪水对社会的危害。现在需要增进科学界和合适的地方政府及民防机构之间的合作与协调，以开发出有效的、切实可行的洪灾应急计划。

在任何热带或发展中国家，由单个的机构或组织进行洪水管理是困难

① 在印度马哈拉施特拉邦盛行的《雇用担保方案》是发展中国家里最大的公共建设项目之一。这个项目主要是扶贫，因为它保证了雇员有规定的工资（Dev 2005）。

的。备灾、抗洪和灾害响应工作需要社区的参与。志愿组织可以作为政府和社区的交接口。媒体也能在减轻洪灾中起到重要作用，比如在灾前和灾后传播官方的安全资讯。

洪灾保险作为缓解损失带来的负担的一种方法有几项优势。它能让财产拥有者在很长一段时间里将不确定但可能会很大的损失均匀地分散。虽然洪灾保险还没有实施，但必须为它的引进做出真诚的努力。

根据我们的案例分析，对政府最近在防灾、减灾和备灾的表现的评估没有描绘一个很有潜力的蓝图。人们愿意参与到这份努力中，但是他们仍有对政府的依赖。

最后，将洪水管理计划整合到西孟加拉邦整个的发展工作中是很重要的。我们不得不直面洪水，但如果生活质量能够提高，我们会活得更轻松一些。我们仍然任重道远。

9.7 参考文献

Benson, C., and Clay, E.J. (2003). "Disaster, Vulnerability, and the Global Economy." In *Building Safer Cities: The Future of Disaster Risk*, edited by A.Kreimer, M.Arnold and A.Carlin.Disaster Management Series 3. Washington, D.C.: World Bank.

Census of India. (2001).Offi ce of the Registrar General, New Delhi, India.

Chapman, G.P., and Rudra, K. (2007). "Water as Foe, Water as Friend: Lessons from Bengal' s Millennium Flood." *Journal of South Asian Development* 2 (1): 19-49.

CRED (2006).*Sixth Frame Work Programme, Sub-Priority 1.1.63, Global Change & Ecosystems, MICRODIS, Integrated Health Social and Economic Impacts of Extreme Events: Evidence, Methods and Tools*.Brussels,

Belgium: Université catholique de Louvain.
Dan Church Aid. (2007) .Accessed March 2008.http: //www.danchurchaid.org/sider_paa_hjemmesiden/where_we_work/asia/india/what_we_do.
Das Gupta, I. (2007) . "Development of Field Protocol." Presented in the Economic Working Group Meeting, MICRODIS, Jadavpur University, November 2-4, Kolkata, India.
Dev, S.M. (2005) . "India ' s (Maharastra) Employment Guarantee Scheme: Lessons from Long Experience." In *Employment for Poverty Reduction and Food Security*, edited by J.von Braun.Washington, D.C.: International Food Policy Research Institute (IFPRI) .
EM-DAT: The OFDA/CRED Emergency Disaster Database.Université catholique de Louvain, Brussels, Belgium.http: //www.emdat.be.
Ghani, M.U. (2001) . "Participatory Strategy for Flood Mitigation in East and Northeast India: Case Study of the Ganges-Brahmaputra-Meghna Basin." Accessed February 18, 2009.http: //www.unescap.org/esd/water/disaster/2001/india.doc.
Ghosh, A. (2005) . "Strategies in Flood Disaster Management: West Bengal." In *Combating Disaster: Perspective in the New Millennium*, edited by A.Banerjee, B.Mallick, D.Sarkar, and H.Datta.Kolkata, India: ACB Publication.
Government of India, Ministry of Home Affairs, Disaster Management Division. (2007) .Accessed March 2008.http: //www.ndmindia.nic.in/flood2007/fl oodMonth/SEPT2007/SITREPNO.120DTD28.09.2007.doc.
Government of West Bengal. (2006) .*Monograph on Flood Management*. Kolkata, India: Department of Disaster Management.
——. (2007a) .*Administrative Report 2005-06 & 2006-07*.Kolkata, India: Department of Disaster Management.

——. (2007b) .*State Domestic Product and District Domestic Product of West Bengal.*Kolkata, India: Bureau of Applied Economics & Statistics.

Joshi, P.C., Khattri, P., Singh, M., Fordham, M., and Guha-Sapir, D. (2007) . "Flood: Trends and Social Impacts in Indian Context." Accessed February 18, 2009.http: //www.pik - potsdam.de/events/scenario/presentations/joshi.pdf.

Kumar, S. (2008) . "National Institute of Disaster Management, Policy, Planning and Cross Cutting Issues Division." Presented in MICRODIS Annual Meeting, February 17-20, Delhi University, Delhi, India.

Lahiri, A., Sen, T.K., Rao, R.K., and Jena, P.R. (2001) . "Economic Consequences of the Gujarat Earthquake." *Economic and Political Weekly* 36 (16): 1319-1332.

Majhi, B., Dey, K., Ghosh, M., and Biswas, R. (2005) . "Strategies in Flood Disaster Management: West Bengal." In *Combating Disaster: Perspective in the New Millennium*, edited by A.Banerjee, B.Mallick, D. Sarkar, and H.Datta.Kolkata, India: ACB Publication.

Matsuda, I. (1993) . "Loss of Human Lives Induced by the Cyclone of 29 - 30 April, 1991 in Bangladesh." *GeoJournal* 31 (4): 319-325.

O' Hare, G. (2001) . "Hurricane O7B in the Godavari Delta, Andhra Pradesh, India: Vulnerability, Mitigation and the Spatial Impact." *Geographical Journal* 167 (1): 23-38.

Panigrahi, N. (2003) . "Rehabilitation of Fisherfolk Communities: The Role of State and NGOs in Super Cyclone Affected District of Orissa." *Review of Development and Change* 8 (1) (January-June): 71-94.

Roy, B., Mruthyunjaya, C., and Selvarajan, S. (2002) . "Vulnerability to Climate Induced Natural Disasters with Special Emphasis on Coping Strategies of the Rural Poor in Coastal Orissa, India." Paper prepared for the UNFCCC COP8 Conference organized by the Government of India, United Nations Environment Programmes, and FICCI, October 23–November 1, Vigyan Bhaban, New Delhi, India.

Sarangi, P., and Penthoi, G.C. (2005). "Economic Implications of Natural Disasters in Orissa: A Retrospective View." *Orissa Review*, June.

Singh, O. (2003). "Floods in the Gurdaspur District of Punjab—Need for a Systematic Study of their Nature, Impact and Control." *Indian Journal of Public Administration* 49 (3) (July–September): 463–467.

Srivastava, Y.K., Doley, B., Pal, D.K., Das, R.K., Sudhakar, S., Adiga, S., Venkatachary, K.V., and Srivastava, S.K. (2000). "High Resolution Remote Sensing Data & GIS Techniques in Updating of Infrastructure Details for Flood Damage Assessment—A Case Study." Proceedings ARCS 2000.Taipei, Taiwan.

Thomalla, F., and Hanna Schmuck, H. (2004). "We All Knew That a Cyclone was Coming: Disaster Preparedness and the Cyclone of 1999 in Orissa, India." *Disasters* 4: 373–387.

UNDP (Various issues). *Human Development Report*.New York: Oxford University Press.

UN/ISDR (2004). *Living with Risk: A Global Review of Disaster Reduction Initiatives*.Geneva: UN Publications.

Victoria, L. (2002). *Impact Assessment Study of the Orissa Disaster Management Project.Bangkok*, Th ailand: Asian Disaster Preparedness Centre.

第10章　家庭如何应对自然灾害的影响①

——尼加拉瓜家庭内援助资金的作用

英迪拉·桑托斯

10.1　引言

本章将对自然灾害后恢复时期家庭内援助资金的作用以及该资金与公共援助体制的相互影响进行研究。此项研究基于以下三点事实：第一，发展中国家易发自然灾害，导致居民收入具有高度不稳定性，因此家庭内援助资金成为发展中国家家庭收入中的重要组成部分。第二，我们尚对自然灾害对家庭的影响及形成规律研究不足。第三，气候变化、人口增长和环境恶化加剧了自然灾害发生的频率和破坏力，同时也显示出人类在面对这些灾难时的脆弱性。

自然灾害可对家庭的状况，尤其是贫困国家中的家庭产生深远的影响。在缺少正式保险制度的社会里，居民有多种方式应对自然灾害及其后果。本章对暴雨之后起到保险作用的私人援助资金进行研究，同时也对此类非正式援助方式和公共援助的相互作用进行探索。又由于正式和非正式

① 本章内容只代表作者观点，并不代表该作者所属的任何机构的观点。

的安全措施也仅能部分避免居民收入受到损失，本章还分析了一些居民可采取的其他措施。

本章以尼加拉瓜农村地区的飓风米奇为案例。1998年10月，飓风米奇入侵中美洲，之后5天内降雨量超过50英寸。这场暴雨导致该地区超过10 000人死亡，因而成为该地区历史上最具破坏力的自然灾害现象。仅尼加拉瓜一国就有超过3 000人死亡，45 000多个家庭受到灾害影响。①

对尼加拉瓜农村地区非正式保险制度的研究非常引人关注，原因如下：其一，尼加拉瓜是拉丁美洲第二贫困的国家，因此家庭收入和财富受到冲击对居民家庭福利会产生毁灭性的后果。在尚无正式保险制度的社会经济中，这种冲击更为严重。1998年，仅有2%的农村家庭有存款，10%的家庭在前12个月中有借款，也仅有6%的居民在上年使用信用卡进行过交易。其二，家庭内援助资金的现象则更为普遍，有22%的农村居民参与私人援助。对于中等收入家庭，家庭内援助资金占到非援助性收入的35%。

10.2 风险分担的已有证据

目前出现了越来越多关于贫困国家居民采用事前和事后个人机制应对自然灾害的文献。总体来看，有证据表明，居民能够保护自己免受消费波动的影响，或至少部分不受影响。家庭消费取决于家庭收入，但即使控制印度农村的消费水平后（更易于出现风险分担），Townsend（1994）在他关于该主题的重要论文中仍没有找到印度农村家庭中最佳的分担风险的证据。然而，Townsend在论文结尾处指出，因为家庭收入的系数较小，所以风险承担格外重要。

现有研究已从寻找完美的风险分担的证据转向分析起到平滑消费作用

① 飓风米奇对尼加拉瓜的影响，详情见世界银行（2001）。

的现有机制。该研究以资产买卖、生产与就业的次优选择、居住方式的改变、民间借贷以及家庭内援助资金为重点。比如，Deaton（1990，1992），Rosenzweig and Wolpin 在资产市场中发现风险分担的例子。在常见的灾害影响下，资产价值与收入的协方差削弱了资产作为自保机制的有效性。又由于资产价格较高，所以即使资产在应对灾害影响时较为有效，也并没有多少贫困国家的居民把购置资产作为保险的方式。

事前降低风险还可以通过进行多种经济活动或者经营低风险的经济项目来实现。然而，该策略有可能导致居民因不合理的投资而降低收入。Rosenzweig and Wolpin（1993）分析印度的家庭数据发现，在降雨量不均的环境中，富有农民的绝对平均亏损要比普通农民的低。他们认为这是由于在此种环境下，富有农民更倾向于对环境不敏感的项目进行投资组合，虽然该类项目获益更低。另一方面，Kochar（1993）同样利用印度的数据，强调使用劳动力市场作为机制，应对特殊的作物被毁。

家庭结构也可能随着灾害影响而发生改变。Foster and Rosenzweig（2002）认为，在有关风险分担的文献著作中，居住方式总被错误地当成一种固定模式，而他们则提出一种在灾害后家庭居民能够平衡收益支出的模式。此处收益特指农业生产和生活消费的规模经济；支出则指多元化降低风险的能力。在该模式下，公共物品处于非满足状态，因而提高收入会增加全体成员对公共物品的消费，同时降低家庭成员分离的可能性。反之，则家庭成员更容易分离。Deaton and Paxson（1998）提出另一种模式，他们认为公共物品有固定成本，比如公共设施，因此，当遭遇负面冲击时，家庭成员更有可能居住在一起。

民间借贷也被当成一种风险分担的方式（Rosenzweig 1988；Udry 1990，1994；Townsend 1995）。Kocherlakota（1996）提出，在不完全承诺的社会条件下，若转移时伴随信用，则这种非正式的风险分担更容易实现。这点基丁的假设是，信用能为资金援助的实现提供更多激励。所以，如果家庭成员都是利己主义者，民间借贷则会成为分散风险的主要机制。

本章分析了家庭内援助资金在应对飓风米奇的影响时起到的作用。在许多国家，家庭内现金、衣物和食品的转移都很普遍。Cox and Jimenez（1998）对6个国家进行调研后提出，获得私人援助的家庭比例占19%～47%，而平均转移金额则占中等家庭收入的30%。在Lucas and Stark（1985），Rosenzweig（1988），Rosenzweig and Stark（1989），Platteau（1991），Fafchamps and Lund（2003）等学者的研究中，家庭内援助被认为是一种非正式的保险方式。

Lucas and Stark（1985）特别指出财富控制的问题，在博茨瓦纳遭受旱灾的农村居民比未受到干旱影响的居民得到的援助资金多。然而这项研究的缺陷在于，每次只能从单一层面对财富援助进行研究，所以我们并不能确切知道那些获得较多转移的地区是否单纯由于遭受旱灾，或者由于该受灾地区具有其他未受灾地区所没有的特征。只有在其他条件不变的前提下，受灾地区的居民获得更多的援助资金才能证明家庭内援助是一种非正式的保险机制。

Rosenzweig（1988）研究印度农村的数据发现，私人援助可抵消部分收入波动对家庭消费的影响。除此以外，他还发现家庭内援助与其他方式相比，比如信用市场，是一种更好地减少消费变化的方式。Rosenzweig and Stark（1989）在一篇相关论文中提出，印度农村地区远距离的联姻会使家庭风险多样化，因为不同的家庭遇到的风险不同，所以这种联姻会形成一种全新的更可靠的私人援助方式来平滑消费。

简而言之，现有材料证明了贫困国家的农村居民有多种机制应对灾害和冲击。在这些机制当中，家庭内援助资金经过广泛研究后被证明在风险分担中起到关键作用。然而，尚无资料能充分证明，家庭内援助对像自然灾害这样的大型冲击能起到的保险能力。不仅如此，像旱灾这样跟天气相关的灾害对家庭来说是完全的外部冲击，因而，家庭内援助作为保险机制的作用就更具有说服力。

10.3 尼加拉瓜的飓风米奇

1998年10月，飓风米奇入侵尼加拉瓜。米奇以每小时高达290千米的速度，成为中美洲历史上最具破坏力的暴风。10月19日至20日，飓风米奇首先形成热带锋面，随后成为低压区，最终形成飓风季第13个热带气旋。10月24日，该热带气旋已升级为飓风。

飓风米奇的轨迹并不规律。起初，飓风米奇引起古巴和牙买加的警惕，飓风米奇随后改变风向朝西北方向前进，又在墨西哥和伯利兹引起飓风警报。10月27日，飓风米奇毫无预期地登陆中美洲，首先入侵洪都拉斯。到达陆地后，飓风米奇风速降低。到达尼加拉瓜时，飓风米奇伴随着强降雨成为热带风暴。尽管在尼加拉瓜的飓风米奇已减弱，但连续五天的降雨量仍超过该国平均年降水量。

尼加拉瓜国土面积为130 700平方公里，人口在1998年为480万，是当时拉丁美洲地区第二贫困的国家。人均收入只有741美元（平均为2 000美元），79%的人口每日生活费不足2美元，45%的人则生活在日均生活费甚至不足1美元的极度贫困状况中。主要的外汇收入来源于居住在国外的尼加拉瓜人往国内的汇款。2004年，这些转移汇款占此国民生产总值的17.8%，排名该地区第3位（世界银行，2008）。

尼加拉瓜有临太平洋、中部和临大西洋3个主要地缘政治区（geopolitical regions），划分为15个省和2个自治区，下设市镇147个。据报道，飓风米奇主要影响了尼加拉瓜中部和临太平洋地区，导致超过3 000人死亡，300人受伤。最严重的事件是位于尼加拉瓜首都马那瓜西北部的卡西塔斯火山喷发，破坏和损毁505栋住宅，造成2 887人死亡。由于滑坡和洪水，超过867 000人失去家园，近500所学校和140个卫生院被损毁。飓风米奇导致的财产损失高达10亿美元，相当于1997年尼加拉瓜国内生产总值的51%。从灾难损失占国内经济的比重来看，飓风米奇是尼加拉瓜遭受最严重的十大灾害之一（Guha-Sapir，Hargitt and Hoyois，2004）。

飓风米奇给尼加拉瓜带来巨大的经济损失并导致大量人员伤亡，因而社会各界也为该受灾地区提供了广泛援助。尼加拉瓜政府借助于政府、金融机构和私营机构，筹备了高达110万美元的应急基金。另外，也把食品发放到受灾地区。截至1998年11月23日，尼加拉瓜大约获得1 580万美元的国际援助，其中大部分以实物形式提供（联合国拉丁美洲和加勒比经济委员会，1999）。

10.4 数据——生活水平评估研究

为进行实证分析，笔者利用世界银行在1998年和1999年间对尼加拉瓜生活水平评估的数据。[①]1998年的全国代表性调查在当年4月—8月间完成，在4 209位受访居民中，约有46%居住在农村地区。1998年10月，完成调查问卷后不久，飓风米奇袭击了尼加拉瓜。于是，为了评估飓风带来的损失，开始进行后续调研。1999年，采访者只对受灾地区上年被采访过的居民进行再访[②]，这样1998年和1999年对尼加拉瓜居民的调查就形成一个对照组。1999年里561位受访居民中有323人居住在农村地区。这样，1998年和1999年受访的农村居民组成了研究的固定样本。

尼加拉瓜的居民生活水平研究评估调查是回答非正式保险机制问题的典范，原因有二。其一，该调查有大量细致的关于私人援助资金和其他形式的保险机制的问题；其二，该调查提供了关于损失的类别及程度的信息，同时也提供了关于居民特征的信息。

笔者最先考虑的是样本中农村居民的主要特点。表10-1包括了抽样方式

① 关于这些家庭调查使用的方法，详情见世界银行（2001）。

② 只要被调查家庭居住在同一个自治市里，即使他们搬出1998年的居住地，调查者仍需要进行追踪调查。

以及每个变量的误差，也展示了1998年和1999年平均值的不同点。表中除非另有提及，笔者采用的数据是以月为单位时间。尼加拉瓜受灾最严重的地区是北部和西部地区，相当于整个中部和太平洋地区。但在1998年调研使用的样本中，有43%的居民居住在中部地区，46%的居民居住在太平洋地区。

表10-1 **描述性统计**

变量	1998年		1999年		
	平均值	标准差	平均值	标准差	差额
人口统计学					
居民人数	6.11	0.17	6.79	0.19	0.68**
地区———每个地区居民比例					
中部	0.43	0.03	0.43	0.03	0.00
太平洋地区	0.46	0.03	0.45	0.03	0.01
大西洋地区	0.11	0.02	0.11	0.02	0.00
房屋特点					
地板材质——家庭使用每种材质的比例					
土	0.72	0.03	0.72	0.02	0.00
瓷砖	0.13	0.02	0.13	0.02	0.00
其他	0.15	0.02	0.15	0.02	0.00
墙壁材料——家庭使用每种材质的比例					
木材	0.27	0.02	0.31	0.03	0.04
砖	0.17	0.02	0.15	0.02	0.01
水泥	0.11	0.02	0.13	0.02	0.02
房顶材质——家庭使用每种材质的比例					
锌粉	0.47	0.03	0.52	0.03	0.04
瓦	0.38	0.03	0.38	0.03	0.00
其他	0.14	0.02	0.10	0.02	−0.04

续表

变量	1998年		1999年		
	平均值	标准差	平均值	标准差	差额
每月非援助资金（科多巴）					
家庭收入	1 049.18	110.61	1 172.12	121.20	122.93
调整后人均家庭收入	337.62	34.88	346.82	33.36	9.19
公共支出	17.45	15.52	80.52	11.83	63.07**
每月私人援助资金（科多巴）					
获得私人援助资金比例	0.15	0.02	0.20	0.02	0.06**
给予私人援助资金比例	0.01	0.01	0.02	0.01	0.01
净援助性资金	62.54	12.64	141.70	37.74	79.16**
资产					
拥有土地家庭所占比例	0.42	0.03	0.48	0.03	0.06
土地面积（曼扎纳）	13.01	3.40	12.08	2.65	−0.93
土地价值 （科多巴）	32 831.90	18 749.46	12 197.39	2 117.68	20 634.51
非土地资产价值（科多巴）	48 669.59	18 880.08	20 513.29	1 762.10	28 156.30
家庭负责人的特点					
年龄 （岁）	46.72	0.91	47.48	0.89	0.46
女性比例	0.15	0.02	0.15	0.02	−0.01
有伴侣的比例	0.81	0.02	0.80	0.02	0.00
比例按字母顺序排列	0.55	0.03	0.55	0.03	0.00
受教育年限	3.68	0.22	3.91	0.22	0.23
样本数量	323		323		

表10-1中包括了受灾地区居民平均每月非援助资金。总收入是由每个家庭提供的所有家庭成员收入的总和，包含工资、雇佣净收益、利息、保险赔偿、中奖奖金、工伤补偿、遗产、租赁收入（土地、牲畜、机械）

以及其他收入。

受灾地区的居民收入较低，两年间平均月收入并没有显著改变。1998年，平均月收入为1 049.18科多巴（87.43美元），在1999年为1 172.12科多巴（97.68美元）。[①]调整经济规模和儿童-成人比例后，1998年的人均月收入仅有337.62科多巴（28.13美元），1999年也只有346.82科多巴（28.90美元）。如果观察中等家庭收入而不是平均收入，1998年为173.82科多巴（14.49美元），1999年为194.45科多巴（16.20美元）。

私人援助资金是家庭收入的最主要部分。在尼加拉瓜，这类资金较为普遍且数额较大，不同的地区，家庭内援助资金也有不同特点。1998年和1999年的调研中有两个关于私人援助资金的问题。其一，家庭居民会被问到是否从家庭外的成员或朋友处接受过任何形式的援助（现金或实物），如果有，价值又是多少。飓风米奇之后，私人援助资金显著增长——1998年，受灾地区大约有15%的居民接受过家庭成员或朋友的援助，1999年这一比例上升至20%。月平均净私人援助资金在1998年为62.54科多巴（5.21美元），而在1999年，该数据按数值折算后则是1998年数额的两倍，因为赠送礼物这类形式的私人援助很普遍。飓风米奇之前，此类援助金额为250科多巴（20.83美元），之后则为278.40科多巴（23.20美元）。不仅如此，家庭内援助资金是家庭成员收入的重要来源，在有此类援助资金的中等家庭中，1998年该资金占总的非援助资金收入的43%。

由于数据集并没有包含是谁在实施私人援助，又援助给谁这类信息，所以难以确定风险是如何分担的。飓风米奇过后，私人援助显著增长。然而这种私人援助的增长可能来自尼加拉瓜未受灾地区或者来自国外。这种说法随后得到确认：在1999年，只有2%的受灾居民送出礼物，并且这些馈赠的平均价值比收到礼物的价值低得多。不仅如此，

① 1999年，尼加拉瓜官方汇率是1美元兑换12科多巴。

1998年国家典型的调查显示，尼加拉瓜只有1.26%的居民向其他居民进行援助（然而有21.45%的居民接受过援助资金）。这就意味着，多数的援助资金来自国外。

1998年和1999年的调研还包括两个关于公共援助资金的问题。居民会被问到，在采访前一个月，政府是否提供奖学金、津贴、食品并对孀居和孤儿进行援助。同时，居民还被问到有关社会保障福利的问题。此处公共援助资金将社保和其他津贴排除在外，因为这两类公共援助资金并不直接和飓风米奇相关。1998年，平均每个居民收到的公共援助资金为17.45科多巴（1.45美元），在1999年为80.52科多巴（6.71美元）。这一显著的数据变化反映出飓风米奇后尼加拉瓜公共援助资金的流向。这些资金主要来源于国际组织和其他非政府机构，通过尼加拉瓜政府将这些资金进行再分配。

尼加拉瓜是拉丁美洲地区第二贫困的国家。固定样本中的农村居民在1998年有69%的居民生活贫困，42%的居民生活在极度贫困的条件下。[①]居民房屋的特点和拥有财产的价值毫无疑问体现出生活的贫困。如图10-1所示，多数房屋的房顶是由锌粉刷成，墙壁则是木质，这类房屋不能抵挡米奇所带来的强风和暴雨。1998—1999年，构建房屋的材料并没有显著差别。实物财产的平均价值，在这两年间也并没有明显改变。1998年，42%的居民拥有土地，而两年内，中等面积的土地都大约为5曼扎纳[②]。同样，非土地资产的平均价值在1998年为10 265科多巴（855.42%美元），1999年为10 588科多巴（882.33美元）。非土地类的实物资产包括营业资产、家庭资产（比如家用电器）、房屋、牲畜、农业用具和农业装置等。

关于样本中家庭居民的非金融性特点：飓风米奇后，平均每家庭人口数从6.11人上升至6.79人。下节将会讨论，这种人口增长反映出家庭生活

① 根据尼加拉瓜国家贫困线以及当地物价水平对贫困进行分类，贫困线的定义见世界银行（1999）。

② 曼扎纳是中美洲最常用的土地单位，1曼扎纳=0.708公顷=1.75英亩。

方式可作为灾后风险分担的机制（Foster and Rosenzweig 2002；Deaton and Paxson 1998）。图10-1还反映出家庭负责人的年龄、女性家庭负责人所占比例以及受教育年限。在调研的两年内，有15%的女性掌管家庭事务，并且平均年龄和受教育年限也没有变化。

总之，1998年和1999年，除和公共援助资金、私人援助资金及家庭人口数量相关的内容外，普通家庭的其他特征并没有明显改变。

飓风米奇的影响

受飓风米奇的影响，1998年居民人均消费从556.62科多巴（46.39美元）跌至1999年的539.50科多巴（44.96美元）。虽然这个数据看上去变化并不明显，但从农业损失来看，消费下跌对受灾地区的居民影响深远。有趣的是，飓风米奇一年后居民消费下跌出奇得少。很可能是居民在灾后一年找到了平滑消费的方式。或者，1998年居民收入受到影响进而导致消费下跌是由于当年谷物的损失，1999年的消费不太受影响则是由于谷物的重新生长。事实上，1999年的居民收入更高，这一信息可为上述假设提供部分证据。另一个说法则是，未受飓风米奇影响的居民的消费实际上是在增长。由于1999年的调查没有对照组，所以该假设难以证实。

由于建筑材料质量低劣，农村地区的房屋受到飓风米奇的严重影响。调查中，大约39.63%的居民宣称自己的房屋或者其他基础设施遭到飓风的破坏。同样，有25.70%的居民不得不暂时离开自己的房屋，12.4%的居民则永久搬出了自己的房屋（去市内的其他地方居住）。

居民还会被问到，他们是否遭受农业损失。约有74.3%的居民给予肯定答案，平均损失达2 115.84科多巴（176.32美元），或大约是家庭居民平均收入的两倍。表10-2中包括了家庭居民遭受各种损失的百分比，从谷物（73.6%的居民）到农业设备（0.01%的居民）。

表10-2　　**飓风米奇的影响和社会项目**

飓风米奇的影响	受影响家庭百分比	社会项目	占家庭收益百分比
房屋		援助食品	58.20
暂时移居他处	25.70		
永久移居他处	12.40	卫生计划	40.25
房屋或基础设施受影响	39.63	道路重建	34.98
农业损失	74.30		
谷物	73.06	援助衣物	25.08
牲畜	2.40	就业计划	21.36
农业财产	7.40	援助药品和水	11.76
农业设施	5.00	安装厕所	9.60
农业设备	0.01	学校重建	6.81
其他	2.20		
其他			
家庭中一人死亡	0.00	援助房屋	1.90
家庭经营受损	38.22	重建卫生院	1.55
家庭生意停业	5.10		
家庭经营受限	26.11		
居民人数	323	**居民人数**	323

图10-1展示了经济损失占灾前居民月收入的比重。以飓风米奇带来的损失为研究前提，居民平均损失为月收入的4倍，但从总体来看，变化差异显著。在75百分位上的居民损失为月收入的14倍，而在90百分位上的居民损失则高达月收入的45倍。该数据作为衡量飓风米奇对居民造成

影响的实证估计。

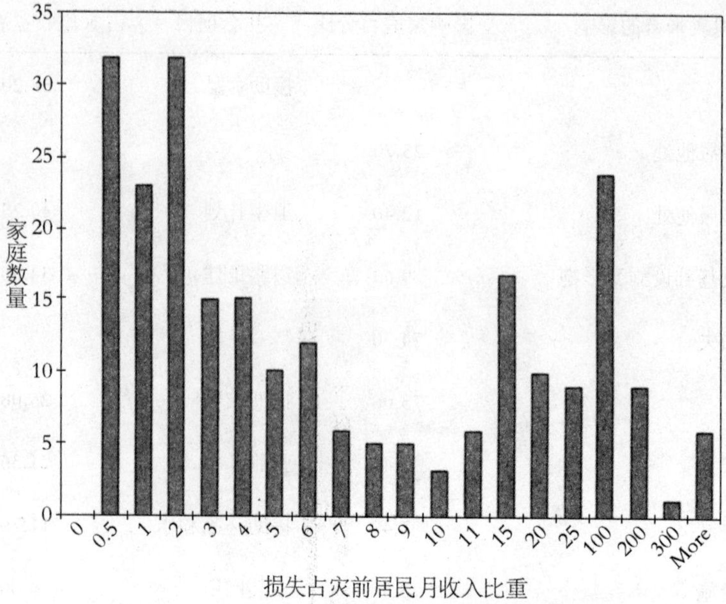

图10-1 经济损失占灾前居民月收入的比重分布图

注：本图仅包含受到损失的居民。在样本中，有30%的居民并未受到损失。数据来源于1999年的生活水平评估研究调查。

Source：Own calculations based on Nicaragua LSMS household surveys

居民的生意同样受到飓风米奇的打击。特别是有38.22%的居民声称自己的生意受到影响，不仅如此，有5.1%的居民生意停业，26.11%的居民生意只有部分能够继续营业。

然而，在像自然灾害这类大型冲击之后，大量援助也会抵达受灾国家。正如上文提到的，公共援助资金迅速增加。除此以外，1998年10月后还有大量社会援助项目开始实施或扩展。表10-2中包含居民从该类项目中获得收益的比例。调查中，援助食品、健康计划（如疫苗接种）和道路重建是让灾后农村居民获益的三种主要方式。下文将讨论其他能够帮助居民应对飓风米奇冲击的机制。

10.5 理论模型与实证策略

本章旨在分析家庭内援助资金应对自然灾害的作用。继 Fafchamps and Lund（2003）和 Townsend（1994）之后，笔者在这里提出一个简易的风险分担的模型，把收入分享的空间作为解释国际汇兑的唯一内容。这个模型的主要思想是假设家庭成员有效地分担了风险，则家庭消费不受收入特殊变化的影响。在没有储备的封闭经济中，至少也有个别人懂得风险规避。帕累托效率指家庭边际效用比例将在不同自然状态下达到平衡。即：

$$\frac{V'_i(c^i_{s,t},h^i_{s,t})}{V'_i(c^i_{s',t},h^i_{s',t})}=\frac{V'_j(c^j_{s,t},h^j_{s,t})}{V'_j(c^j_{s',t},h^j_{s',t})} \tag{10.1}$$

这里，i，$j\in\{1，2，...N\}$ 代表任意两个居民，N 代表非常大；

$S_t\in S$ 代表自然状态；

$C^t_{s,t}$ 是在 i 时间，t 状态下的居民消费；

$H^i_{s,t}$ 指由不可预见消费产生的冲击。①

假设绝对风险规避保持不变，我们则得到如下公式：

$$c^i_{st,t}=h^i_{st}-\frac{1}{N}\sum_{j=1}^{N}h^j_{st}+\frac{1}{N}\sum_{j=1}^{N}c^j_{st,t}+\frac{1}{\gamma}(\log\omega^i-\frac{1}{N}\sum_{j=1}^{N}\log\omega^i) \tag{10.2}$$

这里，ω^i 指居民 i 的隐性福利。

该公式在关于检验风险分担的文献中经常出现。如果家庭居民收入的系数与零的差异不大，且总消耗量的系数等于 $1/N$，则会出现完美的风险分担。这一公式证明，当能够和其他人分享收入的居民越多时，他们受到的消费冲击的影响越小。

此类文献并没有清楚地表明个体如何确定相关的风险分担资金。以尼加拉瓜为例，笔者曾把整个世界范围的资金当作相关的风险分担资金，那

---

① 该模型的符号取自 Fafchamps and Lund（2003）。

么居住在国外的尼加拉瓜人在灾后对国内居民的援助资金就是国内居民收入的重要来源。飓风米奇之后登记的私人援助资金的增长表明，风险分担并不直接发生在某一个居民的身上。

基于 Fafchamps and Lund（2003）的研究，我们可以检验如家庭内援助这类内容作为风险分担机制的作用。消费被定义为：

$$c^i_{s,t}=y^i_{st}+g^i_{s,t}+b^i_{s,t}+\Delta w^i_t \tag{10.3}$$

公式中，$g^i_{s,t}$ 指在 i 时，t 状态下，居民收到的净家庭援助资金；

$b^i_{s,t}$ 指在 i 时，t 状态下，居民借入净非正式资金；

$\Delta\omega^i_t$ 指在 i 时，t 状态下，居民资产的改变。

将公式10.2与公式10.3结合，得到，

$$g^i_{s,t}=-y^i_{s,t}+h^i_{st}-\frac{1}{N}\sum_{j=1}^{N}h^j_{st}+\frac{1}{N}\sum_{j=1}^{N}c^j_{st,t}+\frac{1}{\gamma}(log\omega^i-\frac{1}{N}\sum_{j=1}^{N}log\omega^j)-b^i_{s,t}-\Delta w^i_t \tag{10.4}$$

这就是本章讨论的实证研究的基本公式。我们可以把收入分成暂时性和永久性两部分。永久性收入体现居民的特点以及他们财产的初始水平（X^i_t），暂时性收入和偏好冲击变量（preference shock variable）取决于可观察的灾难对居民的影响（$m^i_{s,t}$）。不可观察的综合变量 $\frac{1}{N}\sum_{j=1}^{N}h^j_s,\frac{1}{N}\sum_{j=1}^{N}c^j_{s,t}$ 能被不同虚拟地区（regional dummies）和移民居住的不同国家所替代，因为这些地区内部都出现风险分担。

该判断使用的简化等式为：

$$g^i_{s,t}=\beta_0+\beta_1 m^i_{s,t}+\beta_2 X^i_t+\beta_3 b^i_{s,t}+\beta_4\Delta w^i_t+a^i+u^i_t \tag{10.5}$$

能预期的是，如果风险被分担，那么冲击变量系数应该有意义并且为正数。不仅如此，如果风险得到有效分担，那么冲击变量系数应与灾难造成的财务损失在同一量级。

在公式（10.5）中，a^i 代表居民固定影响。居民具有潜在的不可观察的多样性，因而在风险偏好能力和居民的社交圈方面，笔者采用上面提到

的理论模型中的固定影响。Rosenzweig（1988）提出，人们尤其关心居民的风险偏好和灾前灾后应对灾难的机制这二者之间的关系。为消除从不可观察的居民特点中产生的偏见，并假设这些特点不根据时间而改变，人们就可预估私人援助资金的固定影响。对于固定影响评估，笔者增加了交互作用项以确定灾难对家庭内援助资金的影响是否随其他特征的变化而变化，尤其是其他灾后保险机制。

讨论私人援助资金在尼加拉瓜飓风米奇后起到的保险作用之前，分析这一灾害的外生性也尤为重要。虽然飓风米奇发生的时间对于当地居民是外部因素，但在调查样本中受到灾害影响的居民仍有一些内部原因。事实上，尼加拉瓜的所有地区都有可能受到暴风雨（以及其他自然灾害）的袭击。然而，飓风米奇主要影响到尼加拉瓜中部和太平洋地区。但在历史上，大西洋地区也经常受到暴风雨的冲击。根据尼加拉瓜陆地研究所提供的数据显示，1892—1998年间，尼加拉瓜曾受到42次热带暴风的袭击。虽然尼加拉瓜的所有地区都曾数次受到不同暴风雨的袭击，但不是所有地区的居民都能系统地采取防御措施应对重大灾害。

正如前面讨论过的，飓风米奇过后，家庭内援助资金的数量和普遍性显著增强。在没有灾害的时候，家庭内援助资金不一定能在数月间快速增长。本小节将使用前面提到的模型，考察居民得到的私人援助资金是否符合他们的需求。如果符合需求，那么私人援助资金就能成为飓风米奇后非正式的灾害保险机制。

飓风米奇对居民的影响程度不一。根据1999年居民生活水平研究评估调查，我们能从不同方面对该灾害给居民造成的影响进行评估。本章衡量飓风米奇对居民影响严重性的标准是农业经济损失占灾前居民收入的比例。灾民尤其会被问到，飓风米奇是否对他们的谷物、农业工具、农业装备、牲畜、农业设施、农业财产和其他类等七个方面产生影响，如果有，每个类别的损失又是多少。将所有损失相加，得出损失总额。据报道，约有74.3%的家庭遭受农业损失，平均损失达2 115.84科多巴（176.32美元），约为飓风米奇前居民收入的40%。

在对理论模型的讨论中，居民得到的净私人援助资金的决定因素之一是居民的收入水平。把居民收入作为解释私人援助资金的一部分会产生以下两个问题。其一，可能会出现明显的测量误差。其二，居民收入可能是内部原因。如果私人援助资金的数量影响到劳动力供应的决策，那么私人援助资金必然影响居民收入。为解决这个问题，笔者提出“完整”收入的衡量标准，并把它作为居民收入的方式。这个衡量标准独立于当前劳动力供应政策，而只对利益成果——家庭内援助资金——通过它对居民收入产生影响。具体来讲，完整收入是指每个家庭提供的劳动力（1998年飓风米奇前的固定人数）乘以1998年和1999年国民地区平均工资。平均工资是由尼加拉瓜的中央银行根据每个居民的经济活动统计而得，包含10项内容：农业、制造业、建筑业和政府等。该衡量标准包括了飓风对居民工资的影响，但排除了灾后劳动力供应改变的因素，因为这一因素可能是内部原因。因此，笔者用人均家庭完整收入作为收入的主要指标。并且，将经济规模和家庭中儿童的数量纳入考虑范畴对该标准进行调整。

简而言之，首选的计量经济学的参数包括人均完整收入、公共援助资金、家庭人口数量、移民人口数量、土地价值、其他财产、房屋建筑材料的价值、居民从社会公益项目中获得的收益。如果居民是某个团体组织当中的一员，比如教堂、自治团体或者“赞成米奇”等团体，那么参数也包括在这些团体中的收益。除此之外，还加入一些交互作用项，如年龄、年龄平方（age squared）、家庭负责人的性别和受教育年限，以及飓风米奇前居民是否有其他形式的保险。最后，回归分析还要考虑家庭本身、市政当局和年份这些固定效应。

其他保险机制

飓风米奇后，当地居民除公共和私人援助资金外，还采取多种措施应对灾害的影响。这些保险措施因居民遭受灾害影响程度的不同而有差异。

同样，这些风险分担机制也影响灾民得到家庭内援助资金的数额。这就转化成上文提到过的固定效应评估中的交互作用项。本小节将简要讨论在尼加拉瓜农村地区实施应对自然灾害的其他保险机制的可能性。

首先，居民可通过自己的存款渡过灾难时期。但尼加拉瓜农村地区居民收入很低，因此，大部分居民没有存款。1998年，被调查居民中仅有2.2%的农村居民有存款。

资产市场也能起到风险分担的作用。1998—1999年，资产的价值上涨主要有以下两个原因。其一，飓风米奇的袭击导致大量资产损失，同时资产的变化反映出灾害影响的程度之大。其二，资产的变化还因为部分灾民把出售资产作为缓解灾后损失的一种方式。但正如上文提到的，尼加拉瓜的居民非常贫困，即使他们想通过出售财产来弥补损失，也并没有多少居民拥有资产。1998年，土地资产和非土地资产的平均价值为10 265科多巴（855.42美元）或约平均月收入的10倍。1999年的调查也显示出在飓风米奇后买卖生产性资产的内容。米奇过后的10个月，只有小部分拥有土地的居民出售过农业装置或设备（比例分别为4.52%和3.87%）。相反，购买这些生产性资产的居民则比例更高，尤其是农业设备（比例为37.42%）。由于飓风米奇损坏多数农业设备，所以许多居民需要重新购置。不仅如此，政府也启动了一些低价出售农业用具的项目（ECLAC，1999）。

居民除了利用他们的存款和资产，还可以通过借贷的方式应对自然灾害的影响。在我们的调查中，飓风米奇之后的10个月里仅有9.6%的居民得到借款或贷款，飓风前的10个月里也仅有4.7%的人有一次借贷。事实上，仅有12.35%的居民在飓风米奇后向他人寻求借款或贷款。在其余没有借贷经历的居民中，24.47%的居民声称自己没有抵押物，26%的居民认为借贷本身具有风险，或者他们更愿意通过自身资源弥补飓风带来的损失。我们需要更详细的调查来确认这些居民是不想借贷还是确实受到限制没有资源实现借贷。但很明确的是，无论是正式或非正式的借贷在尼加拉瓜农村地区的居民中都并不普遍。对于那些有资格借贷的居民，借贷的金额也很小，平均每月仅为100科多巴（8.33美元）或者10%的平均非转移收入。

至于劳动供给，我们并没有明确的数据显示出飓风米奇前后的差别。18～60岁的工人平均工作时长并没有明显差别。1998年工人的平均每周工作时长为47.08小时，这一数据在1999年为45.97小时。对于所有处在就业年龄的人员，无论他们是否工作，1998年和1999年的平均每周工作时间都为31小时。以家庭为单位统计工作时间，两年间的平均工作时间也没有显著变化。因此，劳动供给并未明显受到飓风米奇的影响。

居民应对飓风米奇影响的方式之一，是与其他居民共同居住以充分利用规模经济的优势。表10-1显示出受灾居民中家庭平均人口数量的增长。1998年家庭平均为6.11人，在1999年则为6.79人。调查中，12%的居民为新进人员，仅有9%的居民声称自己是由于飓风米奇的影响而和他人同住。移居也是居民应对飓风米奇的方式。通过移居，居民的生活方式也会发生改变。1998年的调查显示，截至1999年，约8%的居民居住在其他家庭，这些人中有33.5%的居民在1999年移居到其他城市或国家寻求工作机会。同样截至1999年，调查中有2.72%的居民移居他处。而在1999年里，农村地区12.23%的家庭中至少有一人移居他处。

下面将着重讨论家庭内援助资金、该类资金的数额与个体家庭遭受冲击的影响程度这二者之间的关系。除此之外，还将讨论影响以上关系的几种因素。

10.6　家庭内援助资金是否能作为保险机制？

表10-3显示了主要的调查结果，不仅包括对固定效应也包括对随机效应的评估。固定效应并不考虑评估那些不随时间改变的私人援助资金的影响，在这里重点考查的是居民如何利用援助资金应对灾害的影响。同时，也对随机效应评估进行讨论。随机效应评估用于解释不变时和时变误差，但却忽略持续性误差和时变解释变量二者之间的关联性，又因

为随机效应评估并不具有一致性，因此，下面将以固定效应评估为重点进行讨论。[①]

表 10-3　**评估飓风米奇对家庭内净援助资金的影响**

因变量：居民得到净私人援助资金				
变量	固定效应		随机效应	
	(i)	(ii)	(i)	(ii)
(1998年损失/收入)	0.565**[0.271]	32.456***[12.446]	0.636***[0.199]	26.83***[9.331]
完整人均收入	−0.046[0.072]	0.030[0.072]	−0.048*[0.030]	−0.029[0.030]
公共援助资金	−0.259**[0.130]	−0.264**[0.128]	−0.172**[0.088]	−0.162*[0.086]
新移民数量	135.83*[72.765]	152.774**[72.270]	123.332***[53.200]	133.452***[53.912]
完整收入*灾害	…	−0.002**[0.001]	…	−0.002**[0.001]
女性*灾害	…	5.173***[1.703]	…	5.019***[1.290]
HH规模*灾害	…	0.500*[0.263]	…	0.536***[0.192]
年龄*灾害	…	−1.302***[0.519]	…	−1.163***[0.387]
年龄2*灾害	…	0.011[1.780]	…	0.011***[0.003]
中央地区*灾害	…	−3.98***[1.780]	…	−1.767[1.336]
大西洋地区*灾害	…	−4.125[3.284]	…	−1.270[2.347]
家庭人口结构	是	是	是	是
家庭财产	是	是	是	是
建筑材料	是	是	是	是
社会项目	是	是	是	是
附属社会组织	是	是	是	是
市政当局	是	是	是	是
年份	是	是	是	是
观察数量	646	646	646	646

值得注意的是，灾后损失占灾前居民收入的比例，这一结果显示出飓风米奇促进了家庭内援助。不仅如此，居民受灾的严重程度也和他得到的

① 随机效应托宾模型评估也包含在内，将样本截取为一个正向净私人援助。这些估计并未在这里显示，但是灾害冲击的利益系数为5%，仍然十分显著。

非正式援助成正相关。每个因飓风米奇遭受的损失约为月收入的家庭，平均每月得到大约57科多巴（4.75美元）的私人援助资金（超过灾前90%的平均援助资金）。对于一个收入中等但灾后损失约为年收入的家庭，飓风米奇灾后8个月内获得的援助资金大约能抵消灾难损失的38%。因此，家庭内援助资金确实能够起到部分的保险作用。

首先，对于影响如此之大的飓风米奇灾害，评估其对家庭内净援助资金的影响是有限的。得到援助资金的家庭比例从灾前的15%增长到1999年6月的20%，这些援助资金在大约八个月内抵消居民38%的灾后损失。本次评估只把灾后新的援助资金纳入考察范畴，除此之外，还有几点需要引起注意。其一，这些评估是在排除地理固定效应后得到的，即把市级损失纳入考察范围。有些人也许认为，由于给予援助资金的家庭并不一定完全了解某一家庭的受灾情况，或者这些受灾家庭的经济状况，所以他们只能以地区损失作为参考。如果这是事实，本文只对灾害的特殊部分进行解释，那么家庭内援助资金仍可作为对当地灾害的反馈。

其次，这些结果也表明在给予私人援助时包含一些固定支出。由于农村地区远离金融中心，因此很难通过资金转移公司实现私人捐助。事实上，研究数据进一步表明仅有一个家庭在灾前和灾后通过资金转移公司得到援助资金。因此，这对于受灾地区得到私人援助资金的居民也没有什么改变。类似的，90%以上的受灾家庭有家人在国外居住，假设正是这些移居国外的家庭成员提供了资金，但移民也有支出，这些变化跟居民得到的私人援助资金相比并不显著。除此以外，我们还需知道损失变量并不能涵盖飓风米奇给家庭带来的所有损失。

仍需要注意的是人均收入和移民数量这两个系数。虽然人均收入只在随机效应的影响下变化显著，但高收入总和低援助资金联系在一起。正如我们预料的，移民数量越多，灾民得到的净私人援助资金也越多。事实上，这些系数的变化非常显著。在其他条件不变的前提下，家庭中每多一位移民，就会增加136科多巴（11.33美元）的净私人援助资金，约为灾区平均水平的两倍。

其次包括交互影响。第一个模型中，解释性变量的系数并没有太大改变。[①]表10–3中包含一些灾害指标和灾前收入价值、家庭负责人的性别和年龄、家庭人口和居住地区等其他指标的相互作用。调查结果中引人注意的是，通常在一场灾难后，负责人为女性的家庭比其他家庭多得到约5科多巴（0.42美元）援助资金。家庭中每多一名成员要增加0.50科多巴（0.04美元）的援助资金。地区不同，援助资金也有差异。在同样一场灾难的影响下，居住在中部地区的灾民比居住在太平洋地区的居民少得到约4科多巴（0.33美元）的援助资金。最后，灾害的影响和获得的援助资金间存在一种非线性关系，因为家庭中年幼或年长的成员通常得到更多的援助资金（在调整需求后）。

另一方面，其他保险机制，如家庭移民数量、居民存款、资产、贷款等的交互影响如预期的那样，并没有显著的变化，即飓风米奇对净援助资金的影响并不随着居民采取其他方式应对这一灾害而发生改变。这一结果可能是由于给予援助资金的人对受灾居民能够采取的其他保险机制并不了解。

为验证重新定义灾害结果的可靠性，笔者使用另外一个参数来衡量米奇的影响：飓风过后居民需要暂时性还是永久性搬离居住地。由于这个参数是虚拟变量，没办法用来测试私人援助资金是否随着灾害的等级变化而变化。结果显示，对那些需要搬离居住地的家庭而言，月均净私人援助资金是灾前水平的两倍，增加了126.50科多巴（10.54美元）。

综上所述，调查结果表明，家庭内援助资金使家庭成员能够部分分担飓风米奇带来的经济损失。当我们把地理位置、经济和人口等纳入考察范畴，可得出以下结论：家庭中移民人数越多、受灾损失越大、家庭负责人为女性以及属于社区组织的这类家庭，在飓风米奇后得到的援助资金

---

① 这类参数里的损失系数需要细心理解，因为这个系数只代表了这种灾害冲击对家庭内部资金援助的影响，而对其他指标均无影响。

最多。

10.7 排除家庭内援助资金

通常在一场自然灾害后，会有大量国际援助提供给受灾国家和地区，尼加拉瓜在遭遇飓风米奇后也得到许多国际援助。这些援助主要是由国际非政府组织或者尼加拉瓜政府提供。为了方便，笔者在这里把所有非私人性援助称为“公共援助资金”。

由于政策对计划以及公共项目有效性的影响，公共援助资金可能会减少居民得到的私人援助资金。公共援助资金和私人援助资金交互影响的本质显示出家庭内收入分配制度下家庭行为和动机等重要信息。尤其是出现挤出效应[①]时，旨在帮助贫困家庭的公共援助资金则达不到预期效果，公共项目的收益会由较富裕的家庭获得，而通常情况下，这类家庭是私人援助资金的提供者。换句话说，当出现挤出效应时，除现有非正式风险分担可能存在的普遍影响外，政府资金的分配效应有限。

Cox（1987）提出，根据私人援助资金的动机和援助前收入的关系，可采用几种方式使公共援助资金影响私人援助资金。从理论角度来看，有以下四种模型可解释私人援助资金：利他模型、交换模型、保险（家庭风险分担）模型和光热模型（温情效应）。

10.7.1 利他模型

私人援助资金的主要动机通常被认为是利他主义。利他模型（Barro 1974；Becker 1974）背后的主要理论是，个人（在本案例中为家庭）关注他人的效用，从而使后者（家庭）能够直接纳入前者效用函数中。这类关系往往出现在诸如父母与子女间，在这种情况下，父母可视为对子女的

① 挤出效应指政府出售债券而将私人信贷挤出市场。

利他者，父母将子女的效用包含到自身效用函数中，这样子女幸福感的增加也会使父母更好。在其他条件不变的情况下，提高给予资金家庭的收入会增加援助资金的数额。增加被援助家庭的收入则会减少其收到的援助资金。所以，如果利他模型保持不变，增加被给予资金家庭的收入，可预计公共援助资金会超过私人援助资金。

10.7.2 交换模型

交换模型（Bernheim，Schleifer，and Summers 1985；Cox 1987）基于的理论是，交换是家庭内部非正式交换的一部分，其动机是被给予者向给予者提供一些货物或者服务。例如，父母为子女提供一些资金，并且希望子女能在他们年迈时提供同样的援助；或者子女为父母提供资金，希望能获得父母的遗产（（Bernheim，Schleifer and Summers 1985）。文献通常假定居民提供服务的“价格”是独立于收入之外的（Ward-Batts，2000），或者随着收入的增长而提高（Cox，1987）。因此，如果家庭服务的需求没有下降，公共援助资金就不会对其金额和流动方向产生影响。另一方面，Cox（1987）认为在交换模型下，私人援助资金类似于纳什协商情境下的产物。在此类情况下，以收到援助资金为条件，援助资金的数额与被援助的收入二者呈非单调性。

10.7.3 家庭风险分担模型

在家庭风险分担模型中（Lucas and Stark 1985；Rosenzweig 1988；Rosenzweig and Stark 1989），援助资金是保险制度的一部分，通过这种保险制度，参与者可以分担个别风险，即当一个家庭由于短暂的灾害而受到损失，其他未受灾害影响的家庭可为其提供援助资金，反之亦然。这种模型就像利他模型一样，如果被给予的家庭由于获得公共补贴而收入增加，那么该家庭得到的援助资金则会减少。

10.7.4 “光热效应”模型

“光热效应”模型假定一个家庭直接从给予捐赠的行为中获取效用，而非在利他模型中从其他家庭获取效用。这种状况意味着转移的数额与获得捐赠家庭的收入无关，所以即使给予受灾家庭的公共援助资金增加，私人捐赠也没有变化。如果捐赠行为的真正动机是光热效应（或良好的感受）和利他主义，那么和利他模型中的预测相比，捐赠资金很有可能会缩减。

简而言之，在利他模型和保险模型下，增加受捐赠家庭的收入会减少私人捐赠，这也就意味着增加公共资金会减少私人援助。另一方面，当捐赠的动机是光热效应时，公共资金不会影响私人捐赠。但在交换模型下，公共资金可能不会对私人捐赠产生影响，或不会产生积极影响。

总体来说，我们将发展中国家公共和私人援助的材料放在一起讨论。在越南（Cox，2002）和菲律宾（Cox and Jimenez，1985）的相关材料中有关于利他模型的内容。Murrugarra（2002）则采用不同的评估技巧，利用亚美尼亚社会援助的增长发现公共资金增长取代私人援助的相关内容。另外，Cox and Jimenez（1992，1998）在有关秘鲁的材料中发现，交换模型更能体现出私人援助的动机。某些政策变化增加了社会公共援助资金。最近，笔者试图利用这类政策变化的外部原因以弥补先前工作的不足之处。Albarran and Attanasio（2002）在分析墨西哥“进步项目”的影响时，发现公共援助资金排挤私人援助的证据。简森（2004）对南非的研究则发现，公共养老金每提高1兰特（译者注：兰特为南非货币单位），老人从移民的子女处获得的私人援助就会减少0.25~0.30兰特。另一方面，Foster and Rosenzweig（2001）也从孟加拉国和巴基斯坦的研究数据中发现支持保险模型的相关内容。

笔者想在这里分析的是，居民在飓风米奇后获得的公共资金是否影响家庭内援助资金的数额。因此，笔者重点关注的是表10-3中与公共资金相关的系数。固定影响评估结果表明，居民每获得1科多巴的公共援助，其获得的私人援助会减少25美分。飓风米奇后，获得这些援助资金的家庭都有什么特点？我们把地理位置和家庭特征等相关信息考虑在内后发现，那些房屋受损和从属于社区组织的家庭从政府处获益最多。尤其是当政府对受灾房屋等有形项目提供资金支持时，公共资金对私人援助的排挤现象更为显著。

以私人援助为动机的利他模型和保险模型都显示出公共资金和私人援助呈负相关。然而，正如Lucas and Stark（1985）所解释的，这两个模型区分的标准在于是否那些拥有资产并且资产在灾害中受到影响的家庭获得的私人援助最多。本研究发现，由于飓风米奇遭受巨额损失的家庭获得的私人援助最多，这似乎表明，私人援助或至少部分私人援助是非正式保险制度的一部分。然而，由于风险分担模式并不完善，私人援助的潜在动机反映出保险模型和光热模型二者的结合。

10.8 主要的经验与挑战

本章对飓风米奇对尼加拉瓜的影响进行讨论，结果表明家庭内援助可作为抵御外界冲击的一种保险机制。

关于居民在飓风中受到的损失，家庭平均损失约为其月收入的4倍，但在比例上有较大波动。在75百分位上的居民损失为其月收入的14倍，而在90百分位上的居民损失则高达月收入的45倍。即使以社区范围的影响作为参考，在飓风米奇中受到最大影响的家庭（就损失占灾前家庭月收入的百分比而言）获得的援助最多。每个因飓风米奇遭受的损失约为月收入的家庭，平均每月得到大约57科多巴（4.75美元）的私人援助（超过灾前90%的平均援助资金）。对于一个收入中等但灾后损失约为年收入的家庭，飓风米奇灾后8个月内获得的援助资金大约能抵消灾难损失的38%。

不仅如此，居民每获得1科多巴的公共援助，其获得的私人援助会减少25美分。这就为利他模型和保险模型是以私人援助为动机提供了证据，同时也证明公共资金对私人援助的排挤作用。

我们也从本次研究中得到一些教训。首先，从好的方面来看，非正式保险机制正如经济理论预测的那样，只能保护居民在大型灾难中免受部分损失，但它仍能在很大程度上满足居民的需求。私人援助的保险作用更体现在公共资金排挤家庭内部的援助资金。从不好的方面来看，在面对如此严峻的灾害并且缺乏非正式和正式保险机制的情况下，居民只能通过有潜在危险性的机制来平滑消费。令人担忧的是，研究显示出儿童更易受到自然灾害的影响，这些灾害甚至可能会阻碍其未来发展（Baez and Santos, 2007）。

本章讨论的结果对政策制定者有深远意义，因为本章强调非正式保险机制在出现重大自然灾害时能起到重要作用。虽然这些作用并不完善，但也帮助居民抵御了灾害的影响。因此，灾后的公共和国际援助项目使得非正式的风险分担机制被广泛取代，同时影响了居民福利。

本章还强调了政策制定者需要认真考虑公共援助对现有非正式风险分担网络的影响。对于那些获得私人援助的人，援助收入是他们收入的重要来源，但获得私人援助的家庭占少数。另一方面，虽然公共援助的覆盖范围更加广泛，但援助金额只占家庭收入的一小部分。对于灾后损失为月收入的1倍到14倍之间的家庭，约有21%的家庭获得私人援助，平均金额为278科多巴（23.17美元），而获得公共援助的家庭则高达64%，但援助金额仅为29科多巴（2.42美元）。

现有的非正式风险分担机制对国内外的公共援助有两点影响。一方面，当我们能识别那些共同分担风险的家庭，则无须把某一特定受灾家庭作为援助对象。另一方面，公共援助能够降低非正式保险机制的效率。例如，如果出现排挤效应，则会减少家庭内援助。

若把本章研究结论应用于其他自然灾害，则应当谨慎。面临自然灾害时，家庭内援助可使家庭成员内部分享收入，但遭遇其他灾害时，不一定会出现相同状况。比如居民在飓风米奇中遭受损失更易于观察并且此次灾害具有外生性，因此，即使损失难以监控，我们并不难知道某一家庭是否居住在重灾区，这一点可以从尼加拉瓜的案例中体现，私人援助对有形的公共援助，比如安居工程，最为敏感。

未来的研究可着眼于三个方面。首先，可探索居民在面对重大灾害和较轻微的灾害时采取非正式保险机制的不同点。现有的数据材料很充足，例如此次研究使用的关于尼加拉瓜的数据，为我们日后的研究提供机会。其次，还可进一步研究何种形式的援助更易排挤私人援助和其他形式的保险机制。最后，研究自然灾害对儿童等弱势群体的影响也会有深远意义。

10.9 参考文献

Albarran, P., and Attanasio, O.（2002）. "Do Public Transfers Crowd Out Private Transfers?Evidence from a Randomized Experiment in Mexico." DP2002/06, World Institute for Development Economics Research, Helsinki.

Andreoni, J.（1989）. "Giving with Impure Altruism: Applications to Charity and Ricardian Equivalence." *Journal of Political Economy* 97（6）: 1447–1458.

Baez, J., and Santos, I.（2007）. "Children's Vulnerability to Weather Shocks: A Natural Disaster as a Natural Experiment." Accessed January 7, 2012.http://siteresources.worldbank.org/INTMIGDEV/Resources/2838212-1160686302996/Baez&SantosChildrenvulnerability.pdf.

Barro, R.（1974）. "Are Government Bonds Net Wealth?" *Journal of Political Economy* 82（6）: 1095–1117.

Becker, G.（1974）. "A Theory of Social Interactions." *Journal of Political*

Economy 82: 1063–1094.

Bernheim, D., Schleifer, A., and Summers, L. (1985). "The Strategic Bequest Motive." *Journal of Political Economy* 93 (1): 45–76.

Cox, D. (1987). "Motives for Private Transfers." *Journal of Political Economy* 95: 508–546.

—— (2002). "Private Inter-Household Transfers in Vietnam in the Early and Late 1990s." Boston College Working Papers in Economics, No.524, Boston College at Boston, Mass.

Cox, D., and Jimenez, E. (1992). "Social Security and Private Transfers in Developing Countries: The Case of Peru." *World Bank Economic Review* 6 (1): 155–169.

—— (1995). "Private Transfers and the Effectiveness of Public Income Redistribution in the Philippines." In *Public Spending and the Poor; Theory and Evidence*, edited by D.van de Walle and K.Nead.Baltimore: Johns Hopkins University Press.

—— (1998). "Risk-Sharing and Private Transfers: What about Urban Households." *Economic Development and Cultural Change* 46 (3): 621–637.

Deaton, A. (1990). "Saving in Developing Countries: Theory and Review." Proceedings of the World Bank Annual Conference on Development Economics 1989, Washington, D.C.

——. (1992). *Understanding Consumption*. Oxford: Clarendon Press.

Deaton, A., and Paxson, C. (1998). "Economies of Scale, Household Size, and the Demand for Food." *Journal of Political Economy*, 106 (5): 897–930.

Economic Commission for Latin American and the Caribbean (ECLAC). (1999). "Nicaragua: Evaluación de los Daños Ocasionados por el Huracán Mitch, 1998.Sus Implicaciones para el Desarrollo Económico y

Social y el Medio Ambiente." Accessed December 17, 2008.http: //www.eclac.cl/cgi - bin/getprod.asp?xml=/publicaciones/xml/2/15502/P15502.xml&xsl=/mexico/tpl/p9f.xsl&base=/mexico/tpl/top-bottom.xsl.

Fafchamps, M., and Lund, S. (2003) . "Risk - Sharing Networks in Rural Philippines." *Journal of Development Economics* 71: 261–287.

Foster, A., and Rosenzweig, M. (2001) . "Imperfect Commitment, Altruism, and the Family: Evidence from Transfer Behaviour in Low - Income Rural Areas." *Review of Economics and Statistics* 83 (3): 389–407.

——. (2002) . "Household Division and Rural Economic Growth." *Review of Economic Studies* 69 (4): 839–869.

Guha - Sapir, D., Hargitt, D., and Hoyois, P. (2004) .Thirty Years of Natural Disasters 1974– 2003: The Numbers.Brussels: UCL Presses Universitaires de Louvain.

Jensen, R. (2004) "Do Private Transfers 'Displace' the Benefits of Public Transfers? Evidence from South Africa." *Journal of Public Economics* 88 (1–2): 89–112.

Kochar, A. (1993) . "Labour Market Responses to Idiosyncratic Agricultural Shocks: Empirical Evidence from Rural India." Stanford University, Stanford, Calif.Mimeographed.

Kocherlakota, N. (1996) . "Implications of Efficient Risk Sharing without Commitment." *Review of Economic Studies* 63 (4): 595–609.

Lucas, R., and Stark, O. (1985) . "Motivations to Remit: Evidence from Botswana." *Journal of Political Economy* 93: 901–918.

Murrugarra, E. (2002) . "Public Transfers and Migrants' Remittances: Evidence of the Recent Armenian Experience." *World Bank Economist 's Forum* 2: 25–47.

Platteau, J. (1991) . "Traditional Systems of Social Security and Hunger

Insurance: Past Achievements and Modern Challenges." In *Social Security in Developing Countries*, edited by E.Ahmad, J.Drèze, J.Hills, and A.Sen. Oxford: Clarendon Press.

Rosenzweig, M. (1988). "Risk, Implicit Contracts, and the Family in Rural Areas of Low-Income Countries." *Economic Journal* 98: 1148–1170.

Rosenzweig, M., and Stark, O. (1989). "Consumption Smoothing, Migration, and Marriage: Evidence from Rural India." *Journal of Political Economy* 97 (4): 905–926.

Rosenzweig, M., and Wolpin, K. (1993). "Credit Market Constraints, Consumption Smoothing, and the Accumulation of Durable Production Assets in Low-Income Countries: Investment in Bullocks in India." *Journal of Political Economy* 101 (2): 223–244.

Townsend, R. (1994). "Risk and Insurance in Village India." *Econometrica* 62: 539–592.

—— (1995). "Consumption Insurance: An Evaluation of Risk-Bearing Systems in Low-Income Economies." *Journal of Economic Perspectives* 9: 83–102.

Udry, C. (1990). "Credit Markets in Rural Nigeria: Credit as Insurance in a Rural Economy." *World Bank Economic Review* 4 (3): 251–269. (1994). "Risk and Insurance in a Rural Credit Market: An Empirical Investigation in Northern Nigeria." *Review of Economic Studies* 61: 495–526.

Ward-Batts, J. (2000). "Do Public Transfers Crowd Out Private Inter-Household Transfers?Responses among Lone-Mothers Families in the UK." Population Studies Center, University of Michigan, Report No.01–465.

World Bank (2001). "Supplemental Information Document.Nicaragua Living Standards Measurement Study Survey.Post-Mitch Survey 1999, Poverty and Human Resources Development Research Group, Washington, D.C.

——（2008）.World Development Indicators.WDI Online.http：//web.worldbank.org/WBSITE/EXTERNAL/DATASTATISTICS/0， contentMDK： 21725423~pagePK：64133150~piPK：64133175~theSitePK：239419，00.html.

第11章　地震对家庭的影响

——以日本为例

泽田康幸

11.1　引言

日本是自然灾害频发的国家，比如地震、海啸、火山爆发、台风、洪水、滑坡以及雪崩经常发生。在这些自然灾害中，地震最为多发，后果也最为严重。日本地震活动之所以持续发生，是因为日本地处四个构造板块（全球共十多个板块）相挤压的俯冲带上。实际上，从1996—2005年，全球912起6级或6级以上的地震中，有190起发生在日本周围及周边地区（Cabinet Office 2007）。这意味着全世界超过20%的大型地震发生在日本周边。

纵观日本历史，地震时常袭击这个国家：公元684年的白凤地震——日本有文字记载的最早的地震。此外，地震规律地每100～200年在南海和东海地区发生，被称为“双生地震”（Hayashi 2003）。[①]人员伤亡方面，日本历史上最严重的地震是1923年9月1日7.9级的关东大

① 根据Hayashi（2003），在684年、790年、887年、1000年、1099年、1250年、1361年、1498年、1605年、1707年、1854年和1946年，南海发生了地震，东海于1096年、1498年、1605年、1707年、1854年和1944年发生过地震。

地震。东京大部分地区和神奈川县被摧毁，成百上千座房屋建筑毁于一旦，超过140 000人罹难或下落不明。由于许多房屋和建筑是木结构，地震引发的火灾迅速蔓延，仅在东京就有477 128间房屋被烧毁，占所有房屋的70%，大火整整燃烧了3天（ADRC 2008）。由于这场地震的直接作用和火灾、余震以及海啸的间接影响，1922年日本GDP损失了大约44%（见表11-1）。[①]为了铭记关东大地震的教训，日本政府将9月1日定为纪念日，期间举办各种地震防灾演练和相关活动（ADRC 2008）。自此以后，通过发展灾害管理系统和加强灾害信息沟通系统，除了2011年的东日本大地震和1995年阪神-淡路（神户）大地震（图11-1），灾害（尤其是地震）造成的死亡人数和失踪人数开始下降。我们尤为清楚地看到2011年日本毁灭性的地震、海啸和核辐射危机造成成千上万的人死亡，并且导致大约2 000亿～3 000亿美元的经济损失。这两次地震凸显了自然灾害能够产生难以预料的严重后果（Sawada and Kotera 2011）。

人类如何能够在地震引发的毁灭性破坏中保护自己？市场和政府在减少地震对家庭造成的负面影响上能扮演什么样的角色？本章将在日本家庭层面的基础上，尝试解决这些问题。日本长久以来的地震史让我们能够获取极为丰富的信息。通过这项课题的研究，我们相信能够对现有文献做出重要贡献：虽然家庭和公司购买有效的保险工具以应对无法预测的冲击（比如地震）是一个很重要的问题，然而在地震的微观研究上，无论是家庭层面还是公司层面的数据都十分缺乏。除了Kohara，Othtake and Saito（2006）以及Sawada and Shimizutani（2007，2008）关于家庭层面的分析，现有日本地震的经济学研究仅仅关注宏观经济和财政方面（Horwich 2000；Skidmore 2001）。

① 根据ADRC（2008），东京和神奈川县的受灾程度特别严重，地震造成99 331人罹难，43 476人失踪，103 733人受伤，128 266间房屋全部被毁，126 233间房屋部分被毁。

表11-1 **自然灾害损失估计**

事件（年）	经济损失（10亿美元）	损失占GDP（%）
东日本大地震（2011）	200～300[k]	4.0（接近）
卡特里娜飓风（2005）	125[h]	1.7[j]
印度海啸（2004）	1.02[a]	0.17[e]
印度尼西亚海啸（2004）	4.45[b]	2.14[e]
马尔代夫海啸（2004）	0.47[c]	2.58[e]
斯里兰卡海啸（2004）	0.97~1.00[d]	4.4~4.6[e]
日本中越地震（2004）	28.3[f]	0.6[g]
美国伊万飓风（2004）	3[h]	0.04[h]
土耳其地震（1999）	22[i]	5[i]
萨尔瓦多飓风米奇（1998）	2.9[i]	14.6[i]
日本阪神-淡路大地震（1995）	95~147[i]	2.5[i]
美国安德鲁飓风（1992）	26.5[i]	0.5[i]
孟加拉飓风/洪水（1991）	1[i]	5[i]
关东大地震（1923）	32.6[g]（基于2003年的物价）	43.6[g]

Sources:（a）Asian Development Bank, United Nations, and World Bank（2005）. "India: Post-Tsunami Recovery Programme—Preliminary Damage and Needs Assessment";（b）BAPPENAS and the international donor community（2005）. "Indonesia: Preliminary Damage and Loss Assessment: The December 26, 2004 Natural Disaster";（c）World Bank, Asian Development Bank, and UN System（2005）. "Tsunami: Impact and Recovery";（d）Asian DevelopmentBank, Japan Bank for International Cooperation, and World Bank（2005）. "Sri Lanka 2005 Post-TsunamiRecoveryProgramme—Preliminary Damage And Needs Assessment";（e）author's calculation based on the WorldBank's World Development Indicators;（f）Niigata Prefecture, Japan;（g）author's estimates using informationfrom the Cabinet Office and the Ministry of Finance of the government of Japan;（h）author's calculation based oninformation from Risk Management Solutions（RMS）;（i）Table 1 in Freeman, Keen, and Mani（2003）;（j）UnitedNations International Strategy for Disaster Reduction;（k）Cabinet Office, the Government of Japan.

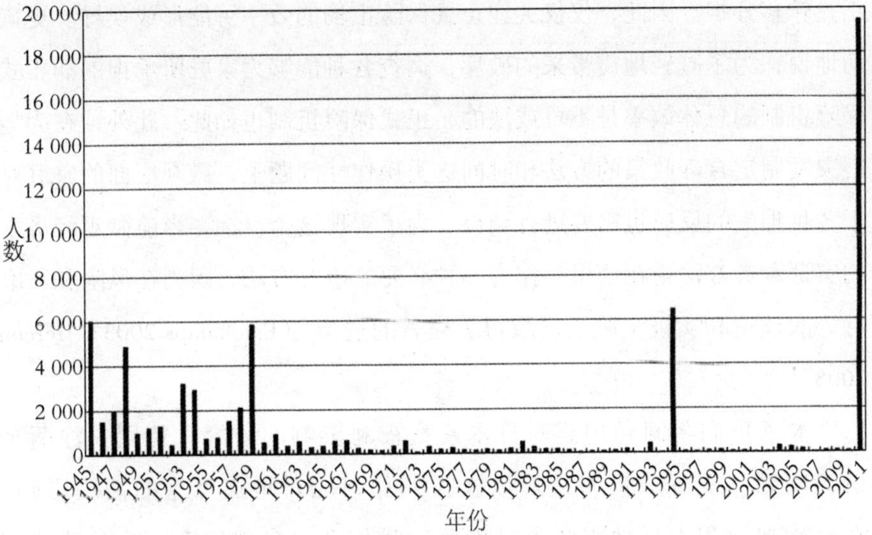

图 11-1　日本灾害相关的人员伤亡数

Source：Cabinet Office and Fire and Disaster Management Agency，Government of Japan.

由于地震是典型的聚合事件，在设计正式保险时有两大制约因素。首先，人们往往会低估地震的风险。换句话说，地震发生概率在主观和客观上有系统性的误差（Camerer and Kunreuther 1989）。这意味着地震保险的需求低于理想水平。其次，地震是一种偶发和无法预测的事件，这使得设计一种保费合理而又精算公平的险种非常困难。此外，由于地震是一种高协变量，其风险能同时影响大面积的地区但经常无法考虑到一个国家的多样性，因此，保险人对于利用国际再保险市场来确保自身金融地位有潜在的需求。然而众所周知，再保险市场以及巨灾（CAT）证券交易仍然疲软，能力也有限。[①]

然而，通过分析飓风风险数据，Yang（2008）得出一项有趣的发现，即贫困人口所面临的飓风风险同时带来了移民侨汇的大量增长，由此，飓风灾害后的3年内，各种形式的资金流入的总额可达到预估损失的3/4左右。这意味着源于自然灾害的积累冲击至少一部分能被家庭层面非

① 描述全国范围内互助保险的总体效果，现有研究显示国际风险分担的程度仍然出奇得小（Obstfed and Rogoff 2001）。

正式转移分担。因此，仅仅关注正式保险市场的效率可能形成误导。更确切地说，为了减轻地震带来的破坏，调查各种能够为家庭所承担的非正式保险机制的总体效率是不可或缺的，正式保险机制也如此。此外，在为地震灾民制定合理政策的方法和时间这类操作性问题上，微观层面的家庭对于各种损失的反应也需要进行调查。为了实现这个目标，当前微观经济学的实证调查方法论在这里应作为一种必要的研究方法，因为在风险和家庭行为的理论和实证文献上已取得了显著的进步（Fafchamps 2003；Dercon 2005）。

本章我们将回顾地震对日本家庭福利影响的研究，特别关注两个研究问题：受保人应对地震以及人们如何应对地震产生的消极影响。在对比神户和中越地震两个案例后，我们会对自然灾害中公共政策在促进家庭层面的风险管理中的作用进行探讨。尽管日本灾害中的死亡人数和失踪人数呈下降趋势，1995年的阪神-淡路（神户）大地震导致超过6 400人丧生，主要是因为地震袭击的阪神地区是日本最为发达的地区之一。其他较小规模的案例包括2004年10月23日的中越地震。两次地震形成了鲜明的对比：神户地震冲击的是公司和居民密集的城市中心，然而中越地震发生在山区和边远农村，65岁及以上的居民占人口的很大一部分。神户和中越的对比展现了收入、消费以及其他家庭层面的社会经济变量上的不同，这有助于辨别正式和非正式保险机制的效率。

本章结构如下：首先总结了概念框架，然后展示关于阪神-淡路（神户）大地震以及中越地震的案例研究。在最后一部分讨论公共政策所带来的启示以及从日本地震汲取的经验教训。

11.2 概念框架

11.2.1 消费保险

为了解决本章的主要问题之一，也就是人们是否会为了应对地震投保，我们可以采用 Cochrane（1991），Mace（1991），Hayashi，Altonji，Kotlikoff（1996），Townsend（1987，1994）的完全保险消费或消费风险分担假说框架。在完全消费保险的情况下，我们假设存在一个仁慈的社会计划者的条件下，最大化人们偏好的加权和（Cochrane 1991；Mace 1991）：

$$\frac{u'(c_{it})}{u'(c_{it-1})}=\frac{u'(c_{jt})}{u'(c_{jt-1})} \tag{11.1}$$

$u(\cdot)$表示一个家庭幸福满足凹线，c代表家庭消费，i、j分别表示家庭i、家庭j。式（11.1）显示完全消费保险使所有国家的机构跨期边际替代率都相等。假设效用函数以常绝对风险回避型函数的形式，即$u(c_{it})=-(1/\alpha)\exp(-\alpha c_{it})$，得出：

$$\Delta c_{it}=\Delta\left(\frac{1}{N}\sum_{j=1}^{N}c_{jt}\right) \tag{11.2}$$

$u(\cdot)$表示一阶差分运算元，N表示保险网络中的家庭数量，包括正式信贷或者保险市场交易。在完全保险的情况下，特定家庭收入的变化应被处于相同保险网络的其他所有成员吸收，而且这些冲击不会影响消费变化。因此，特定收入冲击不会影响消费变化。然而家庭的消费水平受各种因素影响。这是完全保险消费模型经验上可证的结果。

然而以上完全保险消费的框架可能极为不现实，实际上家庭保险能够通过各类现实中的市场以及非市场机制获得，通过信贷和证券市场、政府的状态依存转移（state-contingent transfer）——比如失业险和灾害保险制度、家庭成员或关系密切的社区之间的非正式转移网络。将这种框架作为基准的目的在于测试非正式/正式网络的整体效率及效果并且将市场视为一个整体以达到有效的资源分配。

11.2.2 风险管理策略

在第二个框架中，我们也会探讨该地区的人们是如何采取风险应对措施来减轻自然灾害带来的消费变化的。为了应对各种自然灾害包括地震引发的冲击，家庭已经发展了正式和非正式的机制以应对灾害带来的后果。在通常情况下，这样的保险机制分为事前风险管理和事后风险应对行为（Alderman and Paxson 1992；Dercon 2005；Fafchamps 2003）。风险管理策略可定义为为了平滑收入，在解决不确定因素之前减少风险和收入不稳定的活动。风险管理方法包括积累预防性储蓄，加入正式地震保险以及在房屋抗震结构上投资。

预防性储蓄可以采取银行存款、持有现金、珠宝以及土地和房产等实物资产的形式。在日本，大部分家庭资产通常采用现金和现金等价物的形式，包括银行存款、土地和房产（Allen and Gale 2000）。Zhou（2003）观察到由于收入不稳定性的预防性储蓄占工薪家庭总储蓄的5.56%，更为显著的是占从事农业、林业、渔业以及个体经营家庭总储蓄的64.3%。虽然日本在20世纪80年代和90年代初期，一直因过度储蓄行为饱受批评，被认为造成了大量经常账户的盈余，地震地质灾害和气象灾害比如地震、滑坡和台风的频繁发生与家庭储蓄率密切相关（Skidmore 2001）。根据Skidmore（2001）的评估结果，日本12.4%的储蓄率中10.1%是由过去的自然灾害带来的破坏。这解释了在日本预防性储蓄对于防灾的重要性。

日本的地震保险是火灾险的补充（屋主保险），保险金额占火灾保险的30%～50%不等，房屋保险金额不超过5 000万日元（550 000美元），室内财产保险金额不超过1 000万日元（110 000美元）。虽然日本政府为销售地震保险的私有保险公司提供再保险计划，但是政府严格管制地震保险费，而且全日本仅有4种不同的保险费。[①]例如，包括位于中心的神户地区的近畿区，根据地震保险费被评为“3级”，意味着地震破坏的风险被评定为低于“4级”地区。保险费在各地区之间波动不大，民间存在严重的局限，但日本地震保险市场又受到高度管制（Saito 2002；Yamaguchi 1998），[②]尽管日本是全世界地震风险最高的国家，但参保率却相当有限（表11-2）。例如，神户仅有很小一部分家庭在地震发生时购买了地震保险。1994年12月，神户所在的兵库县仅有3%的人被这样的保险覆盖。另外一个原因可能是人们有一种潜在的低估偶发严重事件的倾向（Camerer and Kunreuther 1989），因此地震参保率总体低于理想水平。

表11-2　**1993—2003年日本地震参保率（百分比）**

年份	1993	1994	1995	1996	1997	1998	1999	2000	2001	2002	2003
日本总体	7.0	9.0	11.6	13.1	14.2	14.8	15.4	16.0	16.2	16.4	17.2
兵库县	2.9	4.8	8.4	10.2	11.2	11.5	12.0	12.3	12.4	12.4	12.9
东京	16.1	17.9	20.7	22.6	23.7	24.2	24.7	24.9	24.6	24.2	24.8

Source:Non-Life-Insurance Rating Organization of Japan.

有人认为事前投资于减轻地震风险是非常划算的，因为它为损失提供了事后补偿。然而就其本身性质而言，由于地震是典型的偶发和不可预测事件，要制定应对地震的合理风险管理策略常常十分困难。

11.2.3　应对风险策略

因此，即使家庭采用了各种各样的风险管理策略，地震也可能毫无征兆地发生，从而对家庭福利产生严重的消极影响。因此事后风险应对策

① 在每个分类中，有两种保费：一种为非木结构房屋，另一种为木结构房屋。此外，有四种根据房屋质量的保费折扣项目，但是折扣变化不大，而且政府对于一场地震的总保险赔款与给付设定了上限——自2005年4月起为5万亿日元或500亿美元。

② Froot（2001）也观察到，在美国大多数承保人购买相对有限的巨灾再保险以应对自然灾害。他总结为供给设定限制同资本市场的不完善以及传统再保险人发挥的市场力量有关。尽管如此，Brookshire等人（1985）指出美国房地产市场对自然灾害造成的破坏风险进行了有效的回应。

略——那些过去用于减少消费波动的方法——将是必不可少的（Alderman and Paxson 1992）。通常现有文献将不同风险的应对机制分类如下：

第一，家庭能够再分配或减少奢侈消费支出（McKenzie 2006；Kang and Sawada 2008）。受灾家庭的消费行为在神户和中越地震后发生了实质性的改变（Sawada and Shimizutani 2005，2007，2008；Ichimura，Sawada，and Shimizutani 2007）。比如，Sawada和Shimizutani（2005，2007，2008，2011）对神户地震受害者进行的家庭调查分析说，大约62.7%的被调查者认为他们的消费行为在地震前和地震后发生了改变，暗示了在面对一场意外的灾害后消费再分配的趋势。

第二，家庭能够利用信贷市场交易，通过再分配未来资源给当前消费，以平稳度过冲击和平滑消费。缺乏事前的正式保险由容易进入的信贷市场补偿。然而，出于各种原因，通常家庭进入信贷市场会受限，这归咎于高昂的信息成本以及/或者缺乏抵押资产。的确，Sawada and Shimizutani（2008）使用阪神-淡路（神户）大地震的家庭数据集，展示了在灾前拥有大量可抵押资产、不受信贷约束的家庭有能力通过借贷保持原有消费水平。相比之下，灾前受信贷约束的家庭无法通过借贷来应对地震带来的损失。虽然信贷约束的存在限制了家庭应对风险的能力，Horioka and Kohara（1999）以及Sawada，Ii and Nawata（2011）观察到日本不到10%的家庭面临信贷约束，因此信贷约束的整体影响可能并没有那么重要。

第三，家庭能够积累金融资产和实物资产作为应对无法预测的收入不足的预防手段。在这些冲击事件中，家庭能使用自己的金融和实物资产。实际上，Horioka，Murakami and Kohara （2002）使用家庭面板数据研究日本家庭如何在日常无灾难时期应对风险，发现当他们遭遇意外事件时，大部分家庭依赖于自身的储蓄。同样，Sawada and Shimizutani（2005）对于神户大地震受害者的个人问卷调查分析，面临地震带来的支出冲击，超过半数的受调查者表示其使用存款。然而在严格控制其他因素后，Sawada and Shimizutani（2005）发现储蓄仅仅用于应对小规模的资产损失而不是大的损失。根据这些发现，储蓄被用于补偿小规模的损失，而较大的冲击通过借贷来应对，我们的实证结果认为风险应对策略的等级是从动用储蓄到借贷。

第四，公私转移可作为事后风险应对机制。对于私人转移，通过在亲戚、朋友或者邻居间进行非正式的状态依存的相互转移，一个家庭能够度过冲击并且实现消费平滑（Cochrane 1991；Mace 1991；Townsend 1987；Kohara，Ohtake，and Saito 2002，2006；Sawada and Shimizutani 2007）——通过对象经济状况调查、追踪或者地理/目标群体定位（比如失业保险或工作福利）——能作为一种正式安全网帮助家庭渡过难关。Horioka，Murakami and Kohara（2002）运用家庭面板数据集发现日本家庭也依赖于家庭成员、亲属、朋友和政府的支持。通过阪神-淡路（神户）大地震特有的家庭数据集，Sawada and Shimizutani（2008）认为依靠私人转移来应对地震引发的损失的家庭也要取决于破坏的程度。

至于公共支持，在1995年神户大地震时期有三种正式的框架。首先，是1961年颁布的《灾害对策基本法》，明确界定了国家和地方政府的作用和责任，构成了一个综合战略性的灾害管理体系（Cabinet Office 2007）。其次，1947年的《灾害救助法》对各种灾害应急支援包括为灾民搭建和提供临时避难所做出定义。再次，《灾害赔偿法》规定互助死亡或家庭成员死亡，分别获赔5 000 000日元（55 000美元）和2 500 000日元（27 500美元）；户主或家庭成员遭受严重残疾，分别获赔2 500 000日元（27 500美元）和1 250 000日元（13 800美元）。

然而这些法令没有为神户地震后[①]家庭资产损失提供任何政府补偿。对于神户的房屋重建，政府的赔偿水平低下引起了争议。因此，政府在1998年通过了《受灾者生活重建支援法》。根据该法，房屋倒塌的每户家庭现在可以得到高达3 000 000日元（33 000美元）的补偿金。

---

① 但是Hayashi（2003）指出，政府在初期为神户地震灾民提供的以免费食物、临时避难所、公共房屋等形式的总体补偿大约相当于每人1 300万日元（143 000美元）。

政府转移不仅包括上述公开为受灾者提供的收益，还包括人们给各种非营利组织的捐款。在日本一场自然灾害过后，给受灾者募集的捐款分配通常主要由一个特殊的半公共委员会决定。根据这个委员会“兵库县南部地震灾害支援金管理委员会”，房屋全毁的每户家庭仅能获得100 000日元（1 100美元）的补偿金。

11.3　案例研究：阪神-淡路（神户）大地震和中越地震

为获取地震对日本家庭福利影响的全貌，我们对比了神户和中越地震这两个案例，审视所选材料。神户地震袭击的是企业和居民区密集的城市中心。中越地震发生于山区和边远农村，这里年龄超过65岁以上的居民占人口的很大比例。

11.3.1　阪神-淡路（神户）大地震

1995年1月17日的凌晨，日本的阪神（神户）地区发生了7.2级的大地震。震中位于靠近淡路岛的北部地区，地震引起了活性断层运动。该地区人口密集——超过4 000 000人的家庭居住于此——也是日本第二大工业带的组成部分。这场地震造成超过6 400人罹难，43 792人受伤，104 906间房屋被毁。房产损失超过600亿美元，同时股票损失超过1 000亿美元，成为有记录以来最大的经济灾难之一（Horwich 2000；Scawthorn，Lashkari，and Naseer 1997）。考虑到1994年神户所在的兵库县仅有4.8%的财产受地震保险覆盖，可以合理假设地震在该地区完全是意料之外的（表11-2）。与此相比，1923年曾被一场巨大的地震袭击的东京都市区其1994年的保险覆盖率为17.9%（表11-2）。地震后，股票价格暴跌（跌幅高达20%），花了一年时间才恢复到震前水平。同样，日元兑美元在3个月内下降了15%。

关于神户地震的研究有许多，其中著名的有Horwich（2000），Scawthorn，Lashkari，Naseer（1997），Toyoda，Kawachi（1997），Hagiwara and Jinushi（2004）。Horwich（2000）进行的一项计算神户地震造成的总体破坏很有使用价值。日本的资金储备量在1995年是5万亿美元（年GDP）的3倍，神户地震损失的1 140万美元仅占15万亿美元资本储备量的0.8%。此外，假设日本人均人力资本价值为200万美元，总实物资产和人力资产损失为1 270亿美元（11 400万+6 500×200万，以美元为单位）。考虑到1995年日本国家财富总量为167万亿美元，在折现率为3%的情况下（5万亿美元/0.03=167万亿美元），神户地震的实物资产和人力资产损失仅占国家财富总量的0.08%。虽然Horwich（2000）的估算提供了有用的信息，解释了神户地震为什么几乎没有影响到日本整体经济，但这些数字不应作为忽略地震对于个人微观层面上影响的理由。

11.3.2 应对阪神-淡路（神户）大地震的保险消费和风险应对策略

除了Kohara，Ohtake and Saito（2002，2006）在式（11.2）中检验了完全消费风险分担假说，包括上述经济学研究在内的大多数关于神户地震的现有研究关注生产、宏观经济或者重建政策而不是家庭。然而，后者的数据集遇到了严重的流失问题，因为仅保留了遭受地震的1/4家庭的原始数据。为了减少Kohara，Ohtake and Saito（2002，2006）估算结果的误差，Sawada and Shimizutani（2005，2007，2008）使用了1996年10月在兵库县收集的神户地震受灾者独特的微观数据集——《关于灾后生活方式和消费行为变化的调查报告》。该报告的选择标准是根据分层随机抽样，调查了受灾最严重的6个地区的1 589名年龄在30岁以上的妇女。[①]

地震后不久，当地政府组织了测量调查并为受损房屋出具了正式证明。关于损失的信息是客观和准确的。71.3%的受调查者房屋被破坏，

① 受访对象是震后仍居住在那里的居民。Hayashi and Tatsuki（1999）指出，平均来说，搬离震区的居民其房屋遭受地震破坏的程度比留在震区的居民要大。这意味着Sawada and Shimizutani的研究结果（2005，2007，2008）可解释为神户地震负面影响的下界估计。

78.6%的受调查者遭受房产损失（表11-3）。

表11-3　　　　**神户地震造成的家庭层面的破坏**

受灾居民比例	百分比（%）
地震造成重大房屋破坏	17.4
地震造成中度房屋破坏	25.1
地震造成轻微房屋破坏	43.1
地震造成重大住房资产破坏	9.4
地震造成轻微住房资产破坏	77.3
地震对家庭造成健康相关的冲击	21.3

Source：Sawada and Shimizutani 2005，2007，2008.

通过使用已应用于上述数据集的计量经济学模型来检验式（11.2），Sawada and Shimizutani（2007）发现遭受较大非收入冲击的家庭比经历较小非收入冲击的家庭更有可能在消费上发生变化。Sawada and Shimizutani（2008）表4（b）的数据可以证实相似的定性结果。该表显示了按受灾程度将消费行为划分为很大变化、轻微变化或无变化的三种情况所对应的家庭比例。住房遭受过重大破坏的家庭超过80%改变了他们的消费行为，然而住房没有遭到破坏的家庭只有一半改变了消费行为。因此表格显示出改变消费行为的家庭比例明显与住房资产遭受破坏的程度有关，这意味着在整个地区会拒绝有效的风险分担。关于消费行为同家庭资产的破坏程度的关系，可以发现遵循同样的模式。

总之，同 Kohara，Ohtake and Saito （2006）得出的结果相似，式（11.2）的完全消费保险假说被有力拒绝了，说明应对地震的正式/非正式保险机制整体未能产生效果。这一发现意味着缺乏房地产和实物资产保险是一项严重的问题。这些研究结果与1995年的神户地震保险仅覆盖了极少数的财产这一事实是一致的。

即使缺乏完全消费保险，家庭也可以通过许多应对风险的行为来确保自身成功抵御意外冲击。Sawada and Shimizutani（2005，2008）通过对比不同风险应对策略，也就是动用储蓄以及借贷和接受私人和/或公共转移，来研究这些可能抑制消费保险的因素。根据他们的描述统计，由于地震造成意外支出增长的受访者中，接近25%的人能够通过改变消费结构来成功应对，超过半数的人动用了储蓄。接近10%和12%的有效问卷分别表示借贷和接受转移也是重要的风险应对策略。Sawada and Shimizutani（2005，2008）运用详细的计量经济学分析进一步揭示家庭采用的风险应对手段对于地震造成的损失其本质是特定的。举例来说，家庭大量借贷以应对房屋破坏，然而储蓄用于补偿资产上较小的破坏。这意味着风险应对策略存在从动用储蓄到借贷这样的等级。同样，Sawada and Shimizutani（2008）发现信贷市场的准入在应对住房破坏中扮演重要角色，因为受借贷约束的家庭在应对这样的破坏时面临各种困难。

11.3.3 中越地震

2004年10月23日，一个星期六的晚上，里氏6.8级的中越地震袭击了新泻县的中部地区。震源深度13公里——距离地表并不深。地震造成新泻县68人罹难，632人重伤，超过4 000人轻伤（Niigata Prefecture 2009）。房产和股本损失估计超过200亿美元，使这场地震成为新千年最大的经济灾难之一。

我们现在通过检验Ichimura，Sawada and Shimizutani（2007）的研究来探讨山越村的案例。山越村紧靠震中，因此也是受灾最严重的区域之一。可以说山越的村民并没有预料到大地震的发生。因为该村最近的大规模滑坡发生在1824年，是由于融雪造成的。村民们从未经历过这样一场毁灭性的灾难。同样，新泻县在地震风险评级的四个等级中属于地震保费3级区域。

山越村有5人死亡，12人重伤，另外有13人轻伤。除了人员损失，村里几乎所有的房屋都遭到破坏，但是损失的程度各异，285间房屋坍塌，56间房屋半毁，234间房屋受到中度破坏，106间局部受损。此外，诱发的山体滑坡迫使高速公路和较小的道路关闭，造成山越的大多数村民与外界隔绝。由于持续的余震增加了山体进一步滑坡的危险，政府发布全村撤离令，所有村民在震后两天成功撤离。两个月后，大约80%的村民搬到由当地政府提供的在邻近城市长冈的临时避难所。

Ichimura，Sawada and Shimizutani（2007）为他们的研究专门设计了一个家庭调查。该调查于2006年4月和5月在山越的以前住户间进行。样本是灾害时期在山越登记过的家庭。调查得到了当地政府的有力配合，覆盖了该村663户已登记家庭中的597户家庭。

该村超过半数以上房屋受到严重损毁：43.2%的房屋全部倒塌，9.9%几乎全部倒塌。除此之外，还有30.3%的房屋半倒塌。根据Ichimura等人的研究（2007），与神户案例中的数据不同，式（11.2）的完全消费保险假说没有被否定。

为了调查完全消费保险背后可能的因素，我们可以将对地震引发的意外的成本风险应对策略进行比较。根据主观题的回答，接近70%的家庭通过动用储蓄能够应对破坏，然而仅有4%依靠借贷资金。获取保险赔款对于大约半数的家庭也是一项重要的风险应对策略。此外，分别有52%和74%的受访者选择私人和公共转移。

Ichimura，Sawada and Shimizutani（2007）运用参数和非参数计量经济学模型，对比了不同风险应对策略，即动用储蓄、借贷和接受私人和公共转移的效率。同神户地震案例相似的是，借贷在应对房屋破坏上扮演了有效的角色，然而动用储蓄发挥的作用较小。有趣的是，当家庭受到健康和失业上的冲击时似乎更有可能接受私人转移。此外，Ichimura，Sawada and Shimizutani（2007）发现正式地震保险、捐款和政府转移在山越有效地发挥了作用。实际上，山越的地震保险参保率在震前超过了80%。这一高参保率可能并不能归因于居民事先预料到会有地震发生。不如说主要是因为农民合作社、日本农业（JA）以及项目自动包含了地震保险合约。然而这与1995年神户地震这种更大规模的地震（Sawada and Shimizutani 2008），或者发展中国家的灾害情况是不同的（Sawada 2007）。

11.4 日本地震的教训

神户和中越地震最明显的区别在于消费保险的效率。虽然完全消费保险假说在神户的案例中被有力地拒绝了，但是在山越村是成立的。这些结果显示面对神户地震造成的房地产和实物资产破坏中，严重缺乏一个事实上的保险市场。我们可以将这一差异归纳为两种原因。

首先，在私人和公共转移的总量上差异明显。在神户，每位受灾者分配到的捐款极为有限——一栋倒塌的房屋仅能获得1 000美元，没有提供其他的政府转移，主要是因为神户定义的罹难者和伤者的总受灾人数为50 225人——是中越地震的受灾总人数4 862人的10倍多。相比之下，中越地震中另外有两种不同的公共转移：义捐金和恢复生活转移，即一种为了地震受灾者的政府现金转移项目。

其次，与神户所在的兵库县1994年仅4.8%的参保率相比，中越地震保险的参保率非常高，这主要是因为日本农业震前在房产保险产品的努力销售。

在这些不同的条件下，在山越而不是在神户完全消费保险成立就显得十分合理。这些不同点指出了更进一步进行跨灾难对比的重要性。

在两次地震中，我们观察到应对的方法根据地震冲击的属性而不同。比如，借贷广泛用于恢复房屋破坏造成的损失，而储蓄用于补偿较小规模的家庭资产损失。这些发现意味着存在风险应对的等级，从动用储蓄到借贷。

经验性的结果指出，在城市地区房地产和实物资产的破坏，严重缺乏正式的保险市场。没有有效的事前措施，如阪神-淡路大地震一样强烈的地震所造成的实际经济损失对政府有效补偿受灾家庭证明是负担过重的。神户地震之后，中央和地方政府提供了日本史上最大的财政支持来重建受灾地区以及促进受灾者经济恢复。然而，尽管政府提供了大量支援，消费保险并没有达到预期效果。

关于公共和/或私人提供的安全网，覆盖范围包括自然灾害，这带来了两个主要的教训。第一，设计事前风险管理政策是必不可少的。比如，地震保险市场的进一步发展将会导致保险费的有效定价以及反映所涉风险量的有效土地市场价格（Saito 2002）。这种发展趋势将产生减灾的合理诱因，包括投资于防震建筑。在日本，风险区的房租比安全区要低得多，《建筑标准法》修订前风险区修建的公寓租金比该法颁布后房屋的折扣更大（Nakagawa，Saito，and Yamaga 2007）。同样，Nakagawa，Saito，and Yamaga（2009）发现暴露于地震风险地区的土地价格较低。本章回顾的研究指出，更有效的资源分配通过价格干预能够达到更好的效果，因为这些事前措施将大大减少地震造成的整体社会损失。

第二，在提供自然灾害的事后公共援助时，如果政府鼓励人们为得到预期的援助而将自己置于（本可规避的）更高的风险中，可能会产生道德风险问题（Horwich 2000）。两次地震的经验告诉我们为受灾者提供贴息贷款而不是直接转移对于促进风险应对行为是一个好的范例，而且这样的干预手段可能更少引发道德风险问题。诸如此类的问题在未来将是重要的研究课题。此外，由于东日本大地震中失去房屋的人群比神户地震年纪更大，需要为受灾者提供新的补充财政工具，比如反向抵押贷款项目，以促进他们的资产恢复进程。

本章最后附上近30年来日本发生的主要地震和海啸的统计数据（见附表）。

附表　　**日本近30年来发生的25次级别在6.0以上主要地震和海啸，按伤亡人数排列**

序号	日期	震级	地震名称	总死亡人数（死亡人数和失踪人数）
1	1923年9月1日	7.9	关东大地震	142 807
2	1896年6月15日	8.5	明治三陆地震	21 959
	2011年3月11日	9.0	东日本大地震	19 371
3	1891年10月28日	8	浓尾地震	7 273
4	1995年1月17日	7.3	阪神-淡路大地震	6 437
5	1948年6月28日	7.1	福井地震	3 769
6	1933年3月3日	8.1	明治三陆地震	3 064
7	1927年3月7日	7.3	北丹后地震	2 925
8	1945年1月13日	6.8	三河地震	2 306
9	1946年12月21日	8	南海地震	1 330
10	1944年12月7日	7.9	东南海地震	1 223
11	1943年9月10日	7.2	鸟取地震	1 083
12	1894年10月22日	7	庄内地震	726
13	1872年3月14日	7.1	滨田地震	550
14	1925年5月23日	6.8	北田岛地震	428
15	1930年11月26日	7.3	北伊豆地震	272
16	1993年7月12日	7.8	北海道-琉球-冲绳地震	230
17	1896年8月31日	7.2	陆羽地震	209
18	1960年5月23日	9.5	智利人地震引起的海啸	142
19	1983年5月26日	7.7	日本海中部地震	104
20	2004年10月23日	6.8	中越地震	68
21	2007年7月16日	6.8	中越近海地震	15
22	2001年3月24日	6.7	芸予地震	2
23	2003年9月26日	8	十胜近海地震	2
24	2007年3月25日	6.9	能登半岛地震	1
25	2000年10月6日	7.3	鸟取-西武地震	0

Source: Cabinet Office Japan 2007; and Fire and Disaster Management Agency.

11.5 参考文献

ADRC (Asian Disaster Reduction Centre). (2008) .*Disaster Prevention in Japan*.Kobe, Japan: Asian Disaster Reduction Center.

Alderman, H., and Paxson, C. (1992). "Do the Poor Insure? A Synthesis of the Literature on Risk and Consumption in Developing Countries." Policy Research Working Paper 1008.Washington, D.C.: World Bank.

Allen, F., and Gale, D. (2000) .*Comparing Financial Systems*.Cambridge, Mass.: MIT Press.

Brookshire, D., Thayer, M., Tschirhart, J., and Schulze, W. (1985). "A Test of the Expected Utility Model: Evidence from Earthquake Risks." *Journal of Political Economy* 93 (2): 369-389.

Cabinet Offi ce Japan. (2007) .*Disaster Management in Japan*.Tokyo: Cabinet Office.

Camerer, C., and Kunreuther, H. (1989). "Decision Processes for Low Probability Events: Policy Implications." *Journal of Policy Analysis and Management* 8 (4): 565-592.

Cochrane, J. (1991). "A Simple Test of Consumption Insurance." *Journal of Political Economy* 99 (5): 957-976.

Dercon, S. (ed.) (2005) .*Insurance against Poverty*.Oxford: Oxford University Press.

Fafchamps, M. (2003) .*Rural Poverty, Risk and Development*.Cheltenham, UK: Edward Elgar Publishing, Inc.

Freeman, P., Keen, M., and Mani, M. (2003). "Dealing with Increased Risk of Natural Disasters: Challenges and Options." IMF Working Paper

WP/03/197.Washington, D.C.

Froot, K. (2001). "The Market for Catastrophe Risk: A Clinical Examination." *Journal of Financial Economics* 60: 529–571.

Hagiwara, T., and Jinushi, T. (2004). "Which Area has been Recovered to What Extent?" (in Japanese).*Kobe University Memorial Symposium on the Hanshin-Awaji Earthquake*, November 5, 2004, Kobe, Japan.

Hayashi, H. (2003).*Earthquake Protection to Secure Lives* (in Japanese). Tokyo: Iwanami Shoten.

Hayashi, H., and Tatsuki, S. (1999).*A Report on Relocation and Living Condition of People after the Great Hanshin - Awaji Earthquake* (in Japanese).Research Center for Disaster Reduction Systems (DPRI), Kyoto University, Kyoto, Japan.

Hayashi, F., Altonji, J., and Kotlikoff, L. (1996). "Risk - Sharing between and within Families." *Econometrica* 64 (2): 261–294.

Horioka, C., and Kohara, M. (1999). "Consumption Behaviour under Credit Constraints" (in Japanese).In *Analysis of Japanese Women's Behaviours by using Panel Data*, edited by Y.Higuchi and M.Iwata.Tokyo: Toyo-Keizai Shinpo-Sha.

Horioka, C., Murakami, A., and Kohara, M. (2002). "How Do the Japanese Cope with Risk?" *Seoul Journal of Economics* 15 (1): 1–30.

Horwich, G. (2000). "Economic Lessons from Kobe Earthquake." *Economic Development and Cultural Change* 48: 521–542.

Ichimura, H., Sawada, Y., and Shimizutani, S. (2007). "Risk Coping against an Earthquake: The Case of Yamakoshi Village." Paper presented at the International Workshop on Consumption, March 19, 2007, at Hitotsubashi University, Kunitachi.

Kang, S., and Sawada, Y. (2008). "Credit Crunch and Household

Welfare: The Korean Financial Crisis." *Japanese Economic Review* 59 (4): 438–458.

Kohara, M., Ohtake, F., and Saito, M. (2002). "A Test of the Full Insurance Hypothesis: The Case of Japan." *Journal of the Japanese and International Economics* 16: 335–352.

——. (2006). "On [the] Effects of the Hyogo Earthquake on Household Consumption: A Note." *Hitotsubashi Journal of Economics* 47 (2): 219–228.

Mace, B. (1991). "Full Insurance in the Presence of Aggregate Uncertainty." *Journal of Political Economy* 99 (5): 928–996.

McKenzie, D. (2006). "The Consumer Response to the Mexican Peso Crisis." *Economic Development and Cultural Change* 55 (1): 139–172.

Nakagawa, M., Saito, M., and Yamaga, H. (2007). "Earthquake Risk and Housing Rents: Evidence from the Tokyo Metropolitan Area." *Regional Science and Urban Economics* 37: 87–99.

——. (2009). "Earthquake Risk and Land Prices: Evidence from the Tokyo Metropolitan Area." Japanese Economic Review 60: 208–222.

Niigata Prefecture. (2009). "Damages Caused by the Chuetsu Earthquake." http: //www.pref.niigata.lg.jp/kikitaisaku/1202058033358.html.

Obstfeld, M., and Rogoff, K. (2001). "The Six Major Puzzles in International Macroeconomics: Is There a Common Cause?" In *NBER Macroeconomics Annual 2000*, Vol.15: 339–412.Boston: National Bureau of Economic Research.

Saito, M. (2002). "Natural Disaster Risks and Land Price Formations: Land Prices as a Signal of Risks" (in Japanese).In *Fudousan Shijyou No Keizai Bunseki*, edited by K.G.Nishimura.Tokyo: Nihon Keizai Shimbun Sha.

Sawada, Y. (2007). "The Impact of Natural and Manmade Disasters on Household Welfare." *Agricultural Economics* 37 (1): 59 – 73.

Sawada, Y., and Kotera, T. (2011). "Disasters and Economies" (Saigai To Keizai in Japanese) *Sekai Keizai Hyoron (World Economic Review)* 55 (4): 45-49.

Sawada, Y., and Shimizutani, S. (2005). "Are People Insured against Natural Disasters? Evidence from the Great Hanshin - Awaji (Kobe) Earthquake in 1995." CIRJE DP F-314, Faculty of Economics, University of Tokyo, Tokyo.

——. (2007). "Consumption Insurance against Natural Disasters: Evidence from the Great Hanshin- Awaji (Kobe) Earthquake." *Applied Economics Letters* 14 (4): 303-306.

——. (2008). "How Do People Cope with Natural Disasters? Evidence from the Great Hanshin-Awaji (Kobe) Earthquake in 1995." *Journal of Money, Credit and Banking* 40 (2-3): 463-488.

——. (2011). "Changes in Durable Stocks, Portfolio Allocation, and Consumption Expenditure in the Aftermath of the Kobe Earthquake." *Review of Economics of the Household* 9 (4): 429-443.

Sawada, Y., Ii, M., and Nawata, K. (2011). "Did the Financial Crisis in Japan Affect Household Welfare Seriously?" *Journal of Money, Credit, and Banking* 43 (2-3): 297-324.

Scawthorn, C., Lashkari, B., and Naseer, A. (1997). "What Happened in Kobe and What If It Happened Here." In *Economic Consequences of Earthquakes: Preparing for the Unexpected*, edited by B.Jones.Buff alo, N. Y.: National Centre for Earthquake Engineering Research.

Skidmore, M. (2001). "Risk, Natural Disasters and Household Saving in a Life Cycle Model." *Japan and the World Economy* 13: 15-34.

Townsend, R. (1987). "Arrow-Debreu Programmes as Microfoundations of Macroeconomics." In Advanced in Economic Theory: Fifth World

Congress, edited by T.F.Bewley.Cambridge: Cambridge University Press.

——. (1994). "Risk and Insurance in Village India." *Econometrica* 62: 539-591.

Toyoda, T., and Kawachi, A. (1997). "Estimation of Industry Damages by the Hanshin-Awaji Earthquake" (in Japanese). *Kokumin Keizai Zasshi* 176 (2): 1-16.

Walker, T., and Jodha, N. (1986). "How Small Farm Households Adapt to Risk." *In Crop Insurance for Agricultural Development: Issues and Experience*, edited by P.Hazell et al.Baltimore: Johns Hopkins University Press.

Yamaguchi, M. (1998). *Gendai No Risk To Hoken* (Modern Risk and Insurance). Tokyo: Iwanami-Shoten.

Yang, D. (2008). "Coping with Disaster: The Impact of Hurricanes on International Financial Flows, 1970- 2002." *B.E.Journal of Economic Analysis & Policy* 8 (1): 1-13.

Zhou, Y. (2003). "Precautionary Saving and Earnings Uncertainty in Japan: A Household- Level Analysis." *Journal of the Japanese and International Economies* 17 (2): 192-212.

第12章　洪灾对城市和非农业领域的影响及评估

——以孟加拉国为例

12.1　引言

洪灾是孟加拉国的主要自然灾害之一。过去50年间，孟加拉国共发生29次大型洪灾，前40年间，发生过11次潮位暴涨导致的洪灾。[①]除孟加拉国的社会经济条件外，该国地势平坦、强降水丰富、地理位置、跨国界河流和全球变暖都加剧了孟加拉国的洪灾问题。孟加拉国位于洪水多发地带，北部是世界最高山脉——喜马拉雅山，南面则是拥有世界最长海岸线的孟加拉湾。孟加拉国的河流源头在印度，三条国际河流大约92%的流域面积（180万平方公里）都在孟加拉国外，主要位于印度。由于多数河流都起源于印度，这就导致该国易受上游外部因素的影响，如印度河流源头处采取的行动。

随着冲击平原人口越来越多和经济资产持续增长，洪灾带来的损失也在增长，因此，孟加拉国的洪灾问题也愈发严峻。据估计，2007年孟加拉国人口数量为1.46亿。20世纪80—90年代，城市人口急速增长，年均增长率达

---

① 孟加拉国的主要洪灾是指洪水淹没土地面积达20%以上的洪灾。主要潮位暴涨导致的洪灾是指海岸地区受暴风雨影响且浪高两米以上出现的洪灾。

7%（见图12-1）。90年代后，人口增长率下降至4%。2005年，孟加拉国的城市化水平（25%）仍低于低收入国家的平均水平（30%）和中等收入国家的城市化水平（54%），更远低于高收入国家的城市化水平（78%）（世界银行2008）。2007年，城市人口大约为3 600万。预计在2035年，该国城市人口将达7 400万（（K.M.Islam 2006），即超过半数人口会在城市居住。

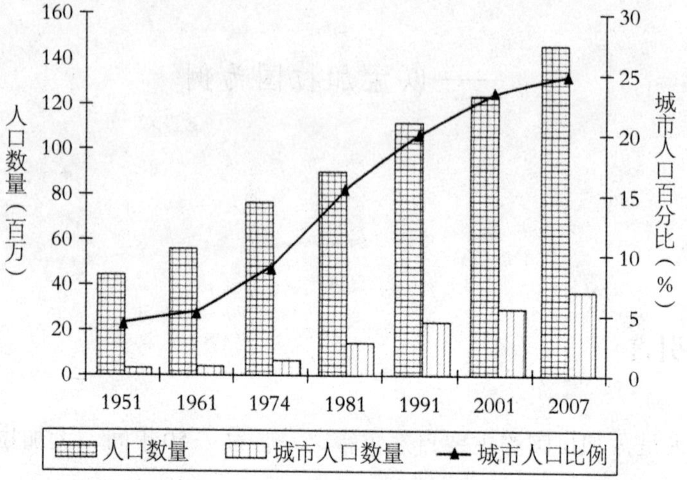

图12-1　孟加拉国人口数量趋势图

Source：Based on data from K. M. Nabiul Islam （2006）.*Impacts of Flood in Urban Bangladesh：Micro and Macro Level Analysis*.Dhaka，Bangladesh：A H Development Publishing House and Community Development Library.

基于以上内容，本章的主要目标是展示孟加拉国的洪灾对城市和非农业领域的影响，对其进行分类并形成概念，并由此获得洪灾对主要非农业领域影响程度的相关知识，从而制定完善的应对洪灾的措施。本章内容基于在河流洪灾、山洪和潮汐洪水三种洪灾中，住宅、商业和工业三个领域受洪灾影响的居民和企业的调查，重点研究城市经济中房地产、商业和工业这三个领域由洪灾导致的潜在损失。笔者在不同时期收集的一手资料主要出自写作博士论文期间（1997），并在2005年和2006年间对材料进行了更新。

当前，孟加拉国的人口增长率为年均1.4%，城市化增长率为人口增长率的3倍。由于人口基数较大，城市向外围的低洼地区扩展。人口数量快速增长伴随“人类使用系统”的持续改变，将越来越多的人口和财产推向危险边缘，甚至导致更多严重的后果。

孟加拉国城市经济对国内生产总值贡献率从1972—1973年间的26%上升至1998—1999年间的42%。这一比例现在接近50%（Islam 2006）。

国家人口与国民生产总值比较统计图显示，孟加拉国人口达1.46亿(2007)，已成为全球人口密度最高的国家之一（孟加拉国人口密度为每平方公里1 042人），与澳大利亚、巴西、英国和印度形成鲜明对比（表12-1）。孟加拉国最显著的特征是，虽然人均收入低，其每平方公里的国民生产总值(465 000美元）远高于低收入国家（47 000美元）的水平，也高于中等收入国家（116 000美元）的水平，甚至超过世界平均水平（337 000美元）。[①]孟加拉国每平方公里的国民生产总值还远远超过许多发达国家，比如澳大利亚(87 000美元)。这就意味着孟加拉国土地开发密度高，农作物、资产和财产高度集中。换句话说，这显示出居住在洪泛平原的竞争优势，也为孟加拉国人口高度集中提供了证据。同时还证明孟加拉国在洪灾时受到损失的可能性高。

表12-1　**国家人口与国民生产总值比较统计**

国家	每平方公里人口数	每平方公里国民生产总值（千美元）
澳大利亚	3	87
英国	246	9 316
美国	31	1 341
加拿大	3	105
巴西	22	78
印度	333	244
孟加拉国	1 042	465
低收入	83	47
中等收入	45	116
高收入	31	1 034
世界平均	50	337

Source：World Bank，World Development Indicators.

① 这些数据为2005年的比较数据（参见世界银行报告2008）。

虽缺乏灾后损失的完整数据，但从几次代表性洪灾的官方报道来看，农作物、财产和基础设施受到严重损失（表12-2）。在选择进行研究的6次洪灾中，大约有3 000万人直接受到洪灾的影响。1974年，受洪灾的间接影响，大约有几十万人死于饥荒。[①]虽然难以统计洪灾造成的全部损失，但毫无疑问损失巨大。我们尚不了解潮位暴涨引起洪水的破坏力有多大，但1970年的潮位暴涨型洪水造成50万人死亡，1991年有15万人死亡。这些数据也显示出即使在贫困国家，洪灾也会造成大量财产损失（表12-2中没有相关数据）（K.M.Islam，2006）。

表12-2　**孟加拉国洪灾造成的主要影响**

损失类别	1974	1987	1988	1998	2004	2007
国家受灾的比例	37	40	62	68	38	42
受灾人口比例（百万）	30	30	47	31	33	16
死亡人口数量（人）	数十万（lac[a]）	1 657	2 379	918	285	1 071
农作物（英里）[b]	数据不详	2.1	7.5	1.37	1.1	1.1
牲畜（千米）	数据不详	64	172	27	15	41
房屋（千米）[b]	数据不详	2 467	4 358	2 647	4 284	1 100
碎石路（千米）	数据不详	1 523	13 000	12 666	26 941	10 311
教育机构（个）	数据不详	数据不详	8 481	22 600	25 571	8 753

[a] Lac=100 000。

[b] 全部或部分。

Source：BBS （various yearly issues）；K.M.Islam 2005，2006.

农业对国内生产总值的贡献率降低，但服务业的贡献率显著提高。工业领域尚未充分发挥其发展潜力。另外，由于可灌溉土地面积有限，未来国内生产总值的提高依赖于工业的发展，而工业的发展则需建立在拥有完善基础设施的城市地区。[②]这些发展会加速孟加拉国的城市化进程并提高

① Sen发现，即使每人获得的食品量没有显著减少，“没有获得食物的权利”、价格疯涨和就业机会减少才是导致饥荒的主要原因，正如1974年洪灾后发生饥荒的状况。

② 城市化是“工业化进程不可避免的一部分”（Ranis，Stewart，and Angeles-Reyes 1990）。

城市化水平。

因此，孟加拉国的城市和非农业经济更容易受到洪灾影响。农业土地压力过大会导致百姓向城市边缘的低洼地带迁徙，这又增大了孟加拉国民众遭受洪灾的风险。

我们对发展中国家洪灾的研究有限，不仅是对孟加拉国，并且这些研究主要局限于对农业损失的鉴定和评估。目前尚无系统性洪灾损失数据，尤其是非农业领域的损失数据。因而，我们也缺乏孟加拉国因洪灾造成损失的数据和研究方法，政府和不同机构对洪灾的损失估定也只能通过“武断法”[①]。

基于以上研究背景，本章试图回答下列几个重要问题：

1.是否能将发达国家的洪灾损失评估方法应用于发展中国家，如孟加拉国？

2.虽然孟加拉国是农业国家，但与其他经济领域相比，是否其非农业经济影响更为重要？

3.如果非农业经济影响更为重要，洪灾对非农业经济产生何种影响，影响程度如何？什么经济领域更易受到洪灾影响？贫困与自然灾害间，如洪灾，是否存在某种联系？

把孟加拉国作为本次研究的对象，是因为该国是高度贫困[②]的农业国家且城市化进程迅速，这就导致孟加拉国极易受到自然灾害的影响，尤其是洪灾。一份关于洪灾造成孟加拉国经济损失的报告显示出经济损失上升的趋势（参加 Guha-Sapir，Hargitt and Hoyois 2004）。但令人欣慰的是，由于洪水预测和预警系统更加完善，孟加拉国河流洪灾造成的死亡人数在不断降低（图12-2）。[③]

① 2004年洪灾的国家损失评估，是由不同机构采用武断法统计得出的，研究金额为1 000亿塔卡至4 200亿塔卡（K.M. Islam 2006）；1美元=68塔卡（2008）。

② 2007年孟加拉国农村和城市生活在贫困线（直接卡路里摄入量法）以下的居民比例分别为39.5%和43.2%（BBS 2007）。

③ 并不包含2007年风暴锡德（11月15日）在孟加拉国海岸地区造成的人员伤亡。据报道，风暴锡德导致约4 400人死亡。

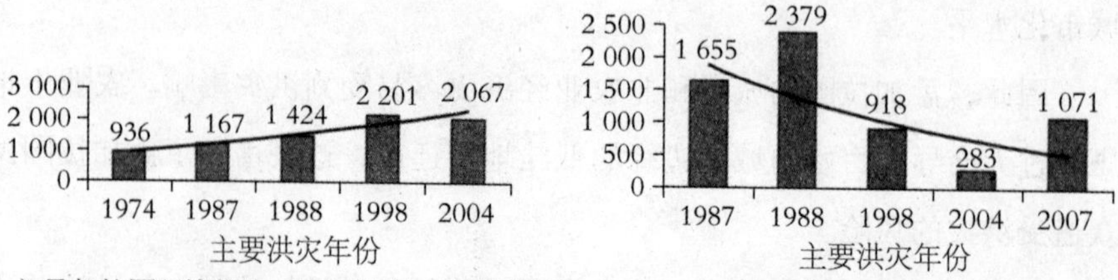

（a）孟加拉国经济损失（百万美元：当前价值）　　（b）孟加拉国洪灾死亡人口

图12-2　30年间孟加拉国因洪灾遭受的经济损失图

注：孟加拉国主要洪灾发生在1974年、1987年、1988年、1998年、2004年和2007年，受灾地面积分别为国土面积的37%，40%，62%，68%，38%和42%。

Source：K.M.Nabiul Islam（2005）.*Flood Loss Potentials in Non-agricultural Sectors, Assessment Methods and Standard Loss—Database for Bangladesh*.Dhaka，Bangladesh：Palok Publishers；K. M. Nabiul Islam（2006）.*Impacts of Flood in Urban Bangladesh：Micro and Macro Level Analysis.Dhaka*，Bangladesh：A H Development Publishing House and Community Development Library；and CPD（2005）.*Options for Self - Reliant Resurgence：Rapid Assessment of Flood 2004*.Dhaka，Bangladesh：UPL.

12.2　孟加拉国洪灾的影响评估

12.2.1　孟加拉国的洪灾

在讨论洪灾影响和影响评估之前，本节试图从发展中国家的角度构建（或者重构）洪灾影响的概念。这一概念有助于我们理解短期和长期内，洪灾造成的无形和超常规的非农业影响。这一影响在社会中难以识别，因此，该研究对政策制定，尤其是对涉及有效灾害应对的相关政策有重要贡献。

孟加拉国有四种常见的洪水类型（通常并不互相排斥），即季节性洪水、河流洪水、山洪和由于暴风雨导致的潮位暴涨型洪水。季风时产生的强降水会导致季节性洪灾，但人们已经逐渐适应这种洪灾（如通过改变种植方式），因为对农业或者其他领域的经济并没有破坏性影响。

主要河流洪水是由于强降水或河流上游地区的外部原因导致河水决堤而产生，这类洪水破坏力极大，尤其当孟加拉国的三条国际河流同时决堤时。山洪虽然持续时间较短，但由于其水流速度快并伴随水势快速上涨和减退，会对山丘地区造成极大破坏。第四种类型的洪水是由暴风雨引起，在海岸地区发生的潮位暴涨型洪水。[①]除这四种洪水外，最近出现一种我们称为“城市洪涝”的洪水类型。城市洪涝的出现是由于城市边缘低洼地面积快速减少，且城市化进程加快和基础设施不完善而导致天然的排水系统受到破坏。孟加拉国主要城市的洪涝对人民的健康和生活环境构成了威胁。[②]

我们对孟加拉国洪灾的研究观念已发生转变。之前，我们把洪灾当成随机的地理事件，并且研究主要集中在临时救济、灾时和灾后的恢复措施等。而现在，在政府和援助人员的帮助下，作为发展轴的一部分，我们对洪灾研究已形成新的观念，我们的注意力更多集中在缓解灾情、灾前准备、灾难脆弱性、边缘性和社区参与等方面。

洪灾在孟加拉国产生多维度、多方面的影响。许多人由于失去自己的亲人、财产、工作、社区关系和遗产等，而产生恐惧、无助、依赖感和精神紧张。但不幸的是，人们的这些灾后创伤应激和心理障碍并没有得到足够重视。例如，在一次严重洪灾后，社会贫困阶层中的男性通常会抛弃妻子。[③]而没有工作的贫困女性则不得不移居他处，面临身体和社会生活双重不安全感。有时因为洪灾，整个家庭被迫迁至城市地区。年轻的女性难民则会因为没有能力提供足够的嫁妆，始终不能结婚。有些年轻女性甚至被那些承诺能为她们提供工作的骗子引诱离开自己的家乡。一项研究表明，大约有9%在街边居住和18%在棚户区生活的居民由于洪水被迫离开农村地区，迁居至首都达卡（Begum 1999）。

---

① 就损失比例而言，潮位暴涨引起的洪灾最具破坏力——摧毁34%房屋总资产；山洪暴发次之，大约导致11%的总资产损失；主要河流洪水导致约10%的资产损失（K.M.Islam 2006）。

② 如2007年洪灾后，腹泻发生率与年平均发生率相比增加3倍。

③ 笔者组织的研究性学习（流域管理项目 2006）发现，2000年季风导致的洪灾对孟加拉国西南地区的蔬菜种植造成严重破坏。通常蔬菜是由女性种植，因此，萨德基拉地区的蔬菜损失减少了居民收入，同时也降低女性的营养水平。据报道，这正是导致当时离婚率上升的原因。

洪灾发生后，我们面临一系列严峻问题：法律和秩序恶化、盗窃和抢劫发生率持续上升、生活必需品的价格上涨等。同时，由于在洪灾影响下人们缺乏安全饮用水和卫生设施，水传疾病的发生率升高。有限的洪灾和飓风避难场所也被有影响力的人占用。通常，避难所选址在城市或农村地区也是由社会精英决定（Islam et al. 2006）。灾后的弱势群体则是那些老年人、残疾人、儿童和女性。比如，灾后，女性难以完成做饭、收集柴火、准备饮用水和清理卫生等日常家务琐事。

道路的直接损毁是洪水对非农业领域的影响之一，这些内容即使在发达国家也没有详尽研究。[①]由于道路修建的质量、洪水持续时间和强度的差异可能导致交通网络受到严重破坏（Islam and Mechler 2007；Siddiquiand Hossain 2006）。除此之外，洪水也会造成一些间接影响，如道路和通信中断。还包括由改道行驶产生的额外交通费以及延期产生的机会成本等。

就孟加拉国而言，洪灾的负面间接影响导致通行受阻，而这种情况又可被广泛水路系统产生的“自然冗余”（自然发生的条件）所抵消。因此，洪灾对道路的间接影响并不显著，而对道路和基础设施造成的直接损失则更为严重。

12.2.2 孟加拉国经济联系与洪灾影响的关系

洪灾的直接影响是与水直接接触而产生，间接影响则源于社会活动和经济活动这二者的中断和相互影响。在像孟加拉国这样拥有开放市场的国家，不同领域间以“流动”和“储备”的方式进行着多层次和多方向的交流（图12-3）。这些不同领域间的相互联系对经济发展和因洪灾产生的潜在损失起到至关重要的作用。其中，最显著的跨领域经济联系形成以下四种类型：科技流、资本市场、商品交易和就业流动（Ranis et al. 1990）。如图12-3所示，一方面，两种首要供应前提（农业和非农业产出）形成主要的经济活动，而另一方面，这两个前提又建立在其他条件（农业和非农业人口）的基础之上。

① 道路也是主要的经济领域之一，但本章并未对其进行讨论（参见Islam 1997，2005）。

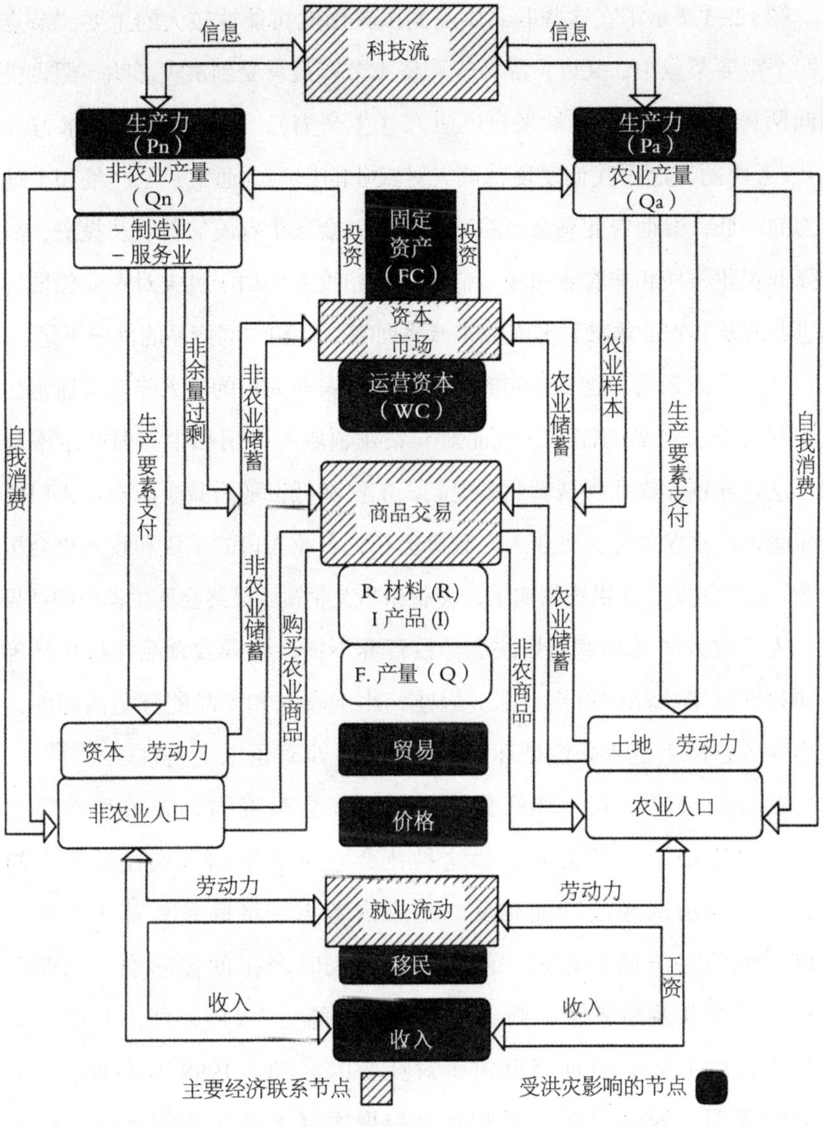

图 12-3 孟加拉国不同领域间的经济联系与洪灾影响

Source: Adopted from K.M.Nabiul Islam (2000). "Micro and Macro Level Impacts of Urban Floods in Bangladesh." In *Floods*, Vol.1, edited by D.J.Parker.UN-International Decade for Natural Disasters Reduction (UN-IDNDR).London: Routledge; and K.M.Nabiul Islam (1997a). "The Impacts of Flooding and Methods of Assessment in Urban Areas of Bangladesh." Ph.D.diss., Flood Hazard Research Centre, University of Middlesex, London.

图12-3展示了在这些联系中受到洪灾影响可能性较大的主要“节点”。在四个主要节点中，又以产品节点和资本节点最易受到洪灾影响。假设洪灾指向两种经济效应：一种来自供应方（生产力），另一种来自需求方（收入）。考虑两方之后我们发现，洪灾对农业的影响（通常）是产量和土地生产力的降低，继而农业剩余产品减少。这就会减少农民储蓄以及投资，最终会降低农业领域和非农业领域人们的工资和收入。由于洪灾对农业领域的影响也会波及非农业领域，非农业领域将面临原料和中间产品的供应不足。

从需求方来看，这些影响的方向不同。农业人口的收入降低（通常）会减少其对非农产品的需求，继而对非农业领域的产出和生产力产生不利影响。这就导致非农业领域就业率提高，工资降低，随后减少非农业人口的收入和储蓄。不仅如此，失业人口数量上升，农业人口的工资和收入也会相应降低。这就说明，在洪灾影响下，农业和非农业领域最终会产生类似的结果。

人们收入降低和商品短缺会导致营养不良，也导致食品和日用品等这些非弹性需求物品的价格上涨。因此，由于收入和产品的互相依赖性，洪灾会导致这两者进入恶性循环。下面将进一步讨论以上内容。

在孟加拉国，人口和社会特点，如社会凝聚力、友谊和亲属关系等，也会形成一种社会联系。这种社会联系会影响人们在洪灾中的损失，但与经济联系的功能相反。如果只考虑经济联系，某一系统中存在跨领域的经济联系越多，越容易在洪灾时产生间接影响。然而，当人们的社会联系越紧密，则会增强“转移能力”（应对能力）以应对社会中出现的问题，进而降低灾害对社会的影响。1998年孟加拉国的洪灾研究表明，家庭亲属关系和社会凝聚力（尤其是富裕地区、政治活动家和社区建立的机构）在应对洪灾时起到了积极作用（K.M.Islam 2006）。但在2007年再次遭遇洪水时，由于政治领导者不合作（因为是军队支持的临时政府），当地消极应对洪灾，使灾民遇到许多困难。由此来看，正如Santos（参见第10章）提出“家庭间转移（如非正式借贷）可作为抵御像尼加拉瓜飓风米奇这类外界冲击的保险机制”（参见

第10章），社会凝聚力也可作为一种应对灾害影响的非正式保险机制。

12.2.3 从发达国家的角度评估洪灾对非农业领域的影响

本章讨论洪灾对有形资产和货币的影响，虽然洪灾也会影响公共非市场用品进而降低人们的生活福利。本书第3章讨论过，现有的非市场估值法的目标是将其应用于发展中国家（如Navrudand Magnussen 2008）。[①]下文将从发达国家的角度简要讨论洪灾对非农业领域的影响。

12.2.3.1 房地产市场

研究洪灾对发达国家的影响可分为以下三个方面：

（1）影响评估方法；

（2）深度损失函数和数据集建立；

（3）项目评估方法。

评估洪灾对房地产领域的影响包括两个主要技术方法：对实际洪水进行研究的灾损曲线和综合研究法。前者对灾时或灾后的损失进行评估，而后者通过对不同受灾因素建立敏感矩阵获得多源信息。

洪灾研究兴起于近些年，并且主要以美国、英国和澳大利亚等发达国家作为研究对象。20世纪60年代在这三个国家采用的房地产领域损失模型研究法较为简陋，因为实际损失评估只被用于区域范围内的洪水控制项目，而对国家层面的项目没有实用价值。

随后，美国改进了从已发生的洪灾推断未来损失的方法，开始采用洪灾损失评估这一“综合研究法”。[②]英国（或美国）的研究人员发现，在已发生洪灾基础上建立一致的未来洪灾潜在损失研究并不可行。

Penning-Rowsell and Chatterton（1977）对洪灾后英国房地产领域的损失进行了综合研究。这项被称为“蓝色手册”的研究采用综合研究法评估了房地产领域在洪灾后的损失。

---

① 其他方法包括陈述偏好法、条件价值评估法、特征价格分析法和效益转移法（Navrud and Magnussen，2008；see also Tunstall，Green，and Lord 1988；Green et al. 1988）。

② 英国采用的综合法是数据源的整合，包括理赔员对洪灾造损失进行保险赔付计算。

12.2.3.2 商业领域（商业和工业）

由于研究洪灾造成直接损失的方法更为简单明确，因此，我们研究的重点在于洪灾对商业领域的间接影响。过去，美国和英国都是在对已发生洪灾的研究基础上，推测未来洪灾对工业领域可能造成的潜在损失。然而，这种方法会出现估值偏差，如由人们倾向记录重置成本而非折余成本时导致的偏差。但在当时，推测未来洪灾可能造成的间接损失也只能由直接损失和生产中断数据的比值获得粗略结果。

当前，商业领域损失评估前沿研究的主导者是Parker，Green and Thompson（1987），他们的研究被称为“红色手册”。这项新研究克服了过去研究方法的多种不足，如通过合并生产转让，将国家经济损失与企业财务损失区分。同时，该研究整合“平均剩余价值”，解决了过高估计潜在直接损失的问题。工业损失就是生产中附加值的损失，商业的损失则是营业毛利润的损失。

对于洪灾的倍数效应，我们的研究尚不充分。但许多人认为，倍数效应会起到平衡经济的作用。[①]关于这一点，我们还需进一步研究。

12.2.4 评估孟加拉国城市地区的洪水影响：我们可以采用发达国家的方法吗？

12.2.4.1 住宅领域

评估问题

洪水灾害评估面临的主要挑战涉及输入适当的损失数据集生成的防洪评估模型和建立城区年度预期损失的模型。通过采访具体事件得到的灾损数据取决于洪水事件的发生。通过逐级分解深度和持续时间生成的数据往往是不可行的，主要是因其在特定区域的个别的一场洪水缺乏足够的深度变化和持续时间的变化。在这种情况下，稳定的深度损失曲线很难建立起来。此外，财产的种类和质量也有很大差异，这样导致损失也会产生巨大的变数。损失和洪水特征之间的关系（如深度和持续时间之间）往往由于感知、预警和紧急行动等因素的存在经常变得更加复杂。

① 在英国，洪灾的倍数效应并不重要（也许是因为该国更具“转移能力”和“冗余”）（Parker，Green，and Thompson 1987）。

孟加拉国洪灾损失评估的问题之一涉及损失值的量化。洪水损失是指让相关财产回到洪水发生前的状态下的成本。通过三个方面来核算：a）已经开展的维修工作；b）已经开展的更换工作；c）剩余的损失。若有其他，将在未来进行核算。

重置价值通常可能是主观的、夸大的。另一方面，转售价值受限于主观核算。尽管如此，“转售价值”方法仍可能被孟加拉国所采用，因为这种方法有它的优点，这个优点就在于现有状态下的转售价值可得到财产的“平均剩余价值”，这是洪水损失研究的一个主要的课题。[①]

12.2.4.2 商业领域

评估问题

在商业领域，利用实际损失来构建标准损失数据集的主要问题涉及这些行业在类型、库存、资本、输出和技术方面的广泛差异。这对发展中国家和发达国家都是如此。另一个与洪水潜在损失评估相关的实际问题涉及通过减损活动的调整将实际损失转化为潜在损失。显然，样本大小是构建具有代表性损失数据集的决定性因素。另一方面，采用合成方法构建商业领域的平均数据不仅在孟加拉国不可行，在发达国家也不可行。主要原因是缺乏构建不同损坏项目的易感性矩阵所需的相应辅助信息。

作为住宅的损害评估也是如此，从实际洪水调查得到的损失数据“算术”平均值难以得到一致的灾损函数。这意味着需要非常大的样本量，以确保数据是一致的。这表明需要构建洪水变量函数关系来预测损失的方法，它可以得到相对一致的损失数据集。该方法可以被称为“回归法”。除了通过更加合适的回归做法得到“平均”的结果，这种方法可以计算出假设的任何可能的深度和持续时间的估值。

在发达国家所使用的影响评估方法，通过一些调整，在很大程度上可以应用于孟加拉国这样的发展中国家。然而，在英国或者可能在其他发达国家，几乎没有可替代的综合方法来对住宅损害进行评估。另一方面，在孟加拉国，因

① 关于有关生态系统功能丧失的更换/恢复成本法的讨论，参见第3章（Navrud and Magnussen）。

为缺乏采用综合技术所需的信息辅助资源，似乎没有别的可替换的调查技术。

12.2.5 洪水损失模型

建立洪水影响模型的基本结构需要结合采用“单位损失”法（Parker，Green，and Thompson 1987）、多元回归分析法以及柯布-道格拉斯模型和投入产出模型（图12-4至图12-6）。[①]评估包括三个主要部分：

（1）直接损失。

（2）主要间接的损失。

（3）乘数效应。

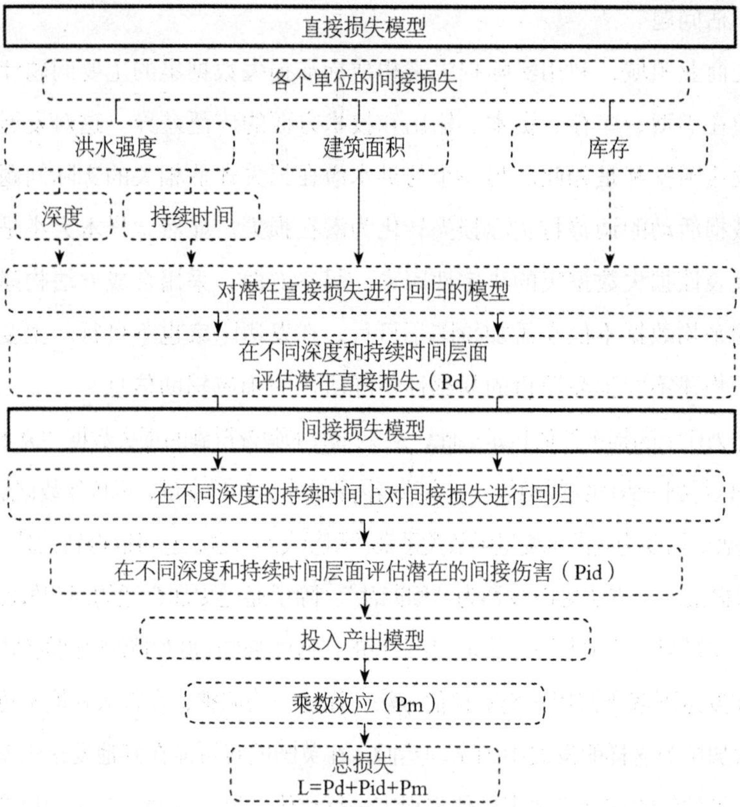

图12-4　洪水损失（总损失）模型1

① 单位损失的方法是和家庭或企业的一个单位接一个单位损失估计有关。

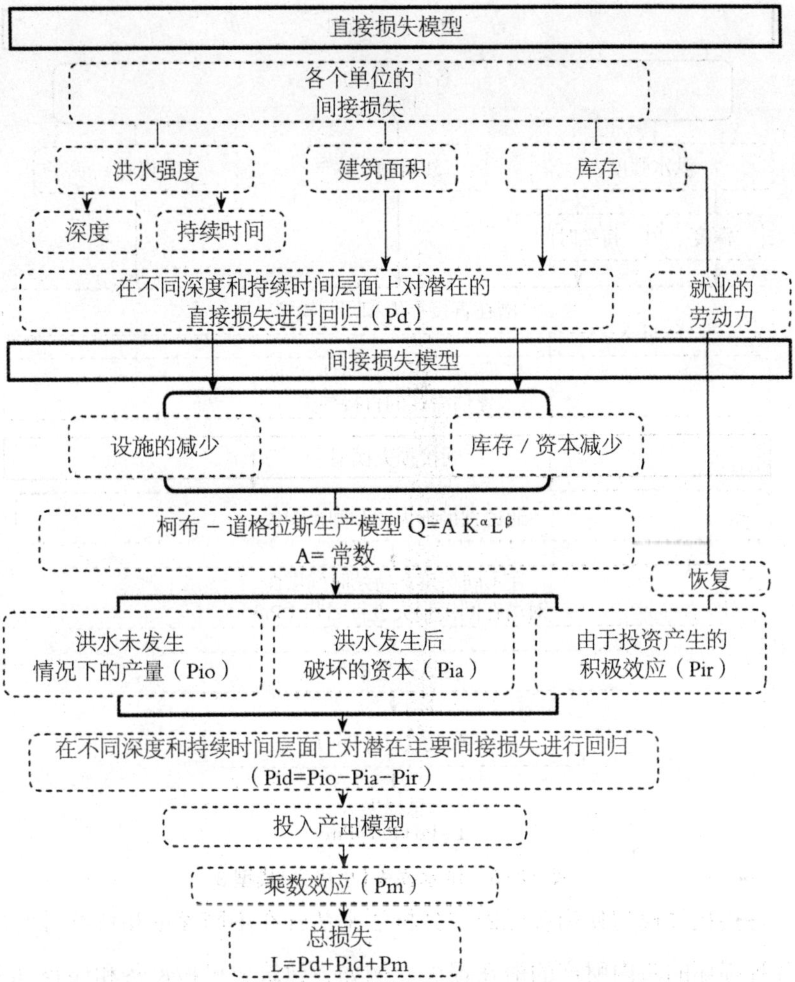

图 12-5　洪水损失（总损失）模型 2

该模型的直接损失部分适用于住宅和商业领域，而间接损失部分包括主要间接损失，乘数效应则适用于商业领域。

12.2.5.1　直接损失模型

物质上的直接损失主要由洪水强度、深度和持续时间等指标确定。尽管如此，即使有相同的洪水强度，损害也会因现有库存、资产的类型和质量，以及房屋面积的不同有很大出入。因此，资产和面积是其他两个可能在模型中要考虑的变量。

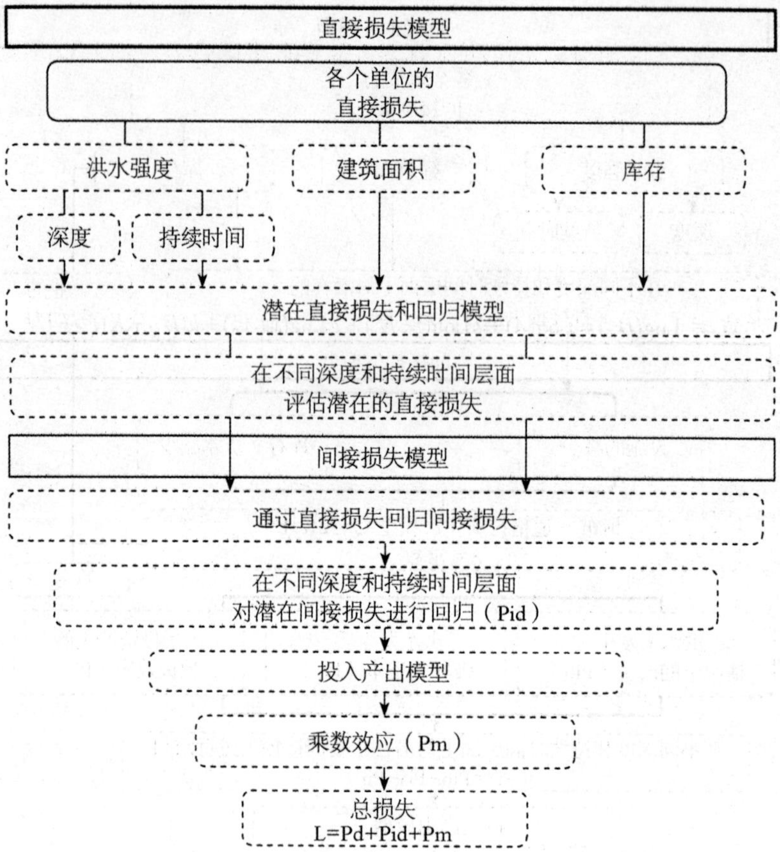

图 12-6　洪水损失（总损失）模型 3

直接损失模型使用多元回归分析法来估计在不同深度和持续时间层级上各种损坏的室内财产的潜在损失。例如，建筑、机械设备和库存（入库和出库）。模型可以使用绝对的或相对的损失来解释变量上的回归（专栏 12-1）。不同于住宅部门，相对损失的方法证明在工业和商业领域不可行。相反，在工业和商业领域的洪水损失模型更适合使用绝对损失来计算。

专栏12-1　用于构建工业和商业单位潜在危害的数据集的单方程模型

直接损失模型

（适用于住宅/工业/商业单位）

1．$D_m = A + B(深度) + C(面积) + H(D_1) + U_i g_e$

2．$D_m = A(深度)^c(面积)^g e^{[hcD_1 + k(I_i)]} U_i$

或者 $\mathrm{Log}(D_m) = \mathrm{Log}(A) + c\mathrm{Log}(深度) + g\mathrm{Log}(面积) + h(D_1) + K(I_i) + U_i$

这里，

D_m=直接损失

深度=洪水地面深度；面积=有关房屋面积

A，B，C 等=待估参数；e=自然对数，

D_1=一个时间虚拟变量，则

$D_1=1$ 时，持续时间超过7天；$D_1=0$ 到7天时间。

同样，I_i 是住宅/商业组虚拟变量

$I_i=1$，住宅/工业/商业组

$I_i=0$，否则，U_i=干扰因素

间接损失模型

（适用于工业/商业单位）

1．$V_a = A + B(深度) + D(持续时间) + I_i + U_i$

2．$V_a - A(深度)^c(面积)^g e^{[h(D_1) + K(I_i)]} U_i$

或者 $\mathrm{Log}(V_a) = \mathrm{Log}A + c\mathrm{Log}(DEPTH) + g\mathrm{Log}(AREA) + h(D_1) + k(I_i) + U_i$

3．$V_a = A(D_m)^c e^{I_i} U_i$

或者 $\mathrm{Log}(V_a) = \mathrm{Log}A + C\mathrm{Log}(D_m) + I_i + U_i$

这里

V_a=增值损失，D_m=直接伤害，其他变量如前定义。

4. 柯布-道格拉斯生产函数模型

这里

Q= 生产，K= 资本=劳动投入生产过程中使用的

$\alpha+\beta$（α，$\beta>0$）规模经济

I_i是工业组，$i=1$到i.

这套模式应用在商业单位、用营业额、毛利率替代产量，用商业组B_i替代产业群（I_i），其他假设参见Islam（1997a）。

在工业和商业中，模型的双对数形式显示较高的相关系数，这意味着模型有更强的解释力。对于建筑损失，假设不采取任何措施来减损，那么实际和潜在损失是相等的。为潜在的损坏的室内财产评估时，如库存或机械设备，减损行为需要考虑在内。

12.2.5.2 间接损失模型

适用于工业和商业领域的间接损失模型由两部分组成：该模型评估（主要的）的间接影响（无论是通过回归的自变量，例如，深度和持续时间，还是通过柯布-道格拉斯生产模型），并评估乘数效应（通过投入产出表）。主要的间接影响，这实际上是第一部分的间接影响，可以和直接损失一样直接进行评估。柯布-道格拉斯模型基于柯布-道格拉斯生产函数，它的形式为：

$Q_t=A_tK_t^{\alpha}L_t^{\beta}$，$Q_t$表示产量，$A$表示技术常数，$K$表示资本，$L$表示劳动，$t$表示时间。$\alpha$是相对于资本的局部弹性（反应）输出（持有劳动常数），β是相对于劳动的局部弹性输出（保持资本）。①

在Q_t之后，资本和劳动投入是在时间t（洪水之前）从企业层面得来的数据，参数A，α和β则是经验估计数据。一旦函数是估计汛期之前的状态，则由于洪水造成的生产的主要损失可通过在公式中减去资本和

① 局部系数的总和给出了回报规模。$\alpha+\beta=1$代表报酬不变，$\alpha+\beta>1$代表报酬递增，$\alpha+\beta<1$代表报酬递减。

劳动力来进行估计。工业的生产损失或商业的营业额损失在一般洪水损失文献中被定义为“间接损失”，因为不是直接与水接触所产生的损失。工业的间接损失是指生产增加值的损失。同样，商业上营业额的损失是指毛利润的损失。如果生产恢复被纳入（在间接损失中）的话；恢复生产的额外费用或工作效率的低下都应计算在工厂由洪灾造成的总间接损失中。下面的公式（专栏12-2）被用来估计产量中的净亏损，但公司最终的间接损失是产品增加值/毛利损失。

专栏12-2　评估商业领域主要间接损失的公式

1. 在完全封闭的产量损失（TK）：*PDCLOSE* = ((*CLOSE* × *OUT*)/30)

2. 在部分封闭的产量（TK）：*PDCLOSE* = (*PCLOSE* × *OUTBO*) × *AVPROD*/100

3. 在部分封闭的产量损失（TK）：*PDCLOSE* = (*PCLOSE* × *OUT*/30) × (1 − *AVPROD*/100)

4. 完全和部分闭合过程中总的产量损失（TK）：*TOPDLOS* = (*PDCCLOSE* + *PDPCLDS*)

5. 已补偿的产量损失（TK）：*PDMAKUP* = (*TOPDLOS* × *MADEUP*/100)

6. 总净产量损失（TK）：*NTPDLOS* = *TOPDLOS* − (*PDMAKUP* − *ADCOST*)

这里，

CCLOSE = 由于洪水完全关闭

OUT = 月产量（TK）

PCLOSE = 由于洪水部分封闭（天数）

AVPROD = 局部封闭的平均产量（百分比）

MADEUP = 已补偿的产量损失比例

ADCOST = 为恢复生产的额外费用（TK）

间接损失通常是关于深度、持续时间和占地面积的函数，只有少数例外。柯布-道格拉斯生产函数，利用资本和劳动力投入的经验数据由R的平方表示，一般是非常适合的。

间接损失是关系到直接损失几乎所有的模型。[①]这些模型的解释力

① 变量深度和持续时间不包括在这个模型中，主要是因为多重共线性与可变直接损伤可能存在。

（表示由较高的R平方值）比持续时间及空间进行回归的模型更高。由于间接影响是直接损失的逻辑函数，通过直接损失的回归建立的间接损失模型被认为是更适合的（这也显示了更高的解释力）。

12.2.5.3 洪水损失的模拟乘数和联动效应

投入产出（IO）表为孟加拉国经济1993—1994年度（BIDS 1999）情况，孟加拉国国民经济划分为79个生产部门。[①]这些领域通过正在调查中的样本工业单位进行合并和重组（在五大活动组）。[②]

正如有固定系数的国家投入产出表估计的，各经济领域的产出乘数（乘数理论——MLT，如表12-3所示）导致了由于企业的生产损失引起理论上的国家级联动效应。由于需求和恢复/修复方面的因素，这种方法可能是不恰当的，前者导致较高的价值，后者导致较低的联动效应。现场调查（Islam 1997a）表明，区域经济（在这种情况下是城镇经济）具有明显的弹性，因此评估联动效应的方法也需要捕捉到这种弹性。此外，由于收入的下降，转移资金以满足其他消费行为（在需求下降的情况下）或增加重建活动（在需求上升的情况下）。洪水过后一些工业领域的产品经历着需求下降，而与此同时部分行业产品经历着需求上升。

由于本章的目的在于分析国民经济效益，两个因素——需求因子（DF）和恢复因子（RF）——需要纳入联动效应评估。特别对于没有遭受洪灾的公司来说，恢复包括以下纳入的因素："延期"，"可转移性"[③]，"闲置产能利用"[21]。因此，联动效应实质上是各种贸易调整的溢出效应，应该站在国家的角度来看待。

所以：

（1）1型乘数效应（效应1）=乘数×（1-恢复因子）

（2）2型乘数效应（效应2）=乘数×[（1-恢复因子）+需求因子]

---

① 这包括20个农业、39个制造业、6个建设、3个能源和11个服务领域。

② 很明显，样本大小（58个样本分成5组）要代表整个国民经济是不充分的，因此所估计的乘数都需慎用。

③ "可转移性"是指活动/农场克服依赖推迟或使用替代品或搬迁来应对破坏性威胁的能力。

两种类型的联动效应预计：

（1）通过整合恢复因子

（2）通过整合恢复因子和需求因子

因此，联动效应被定义为：

1型联动效应=[(乘数-1)（1-恢复因子）]×100

=[效应1-（效应1/乘数)]×100

2型联动效应=[(乘数-1)（1-恢复因子）+需求因子]×100

=[效应2-（效应2/乘数)]×100

考虑了2型联动效应的同时构建潜在损害的数据集更加合适。乘数效应和联动效应的估算如表12-3所示。该表显示，如果在工业部门的主要产量损失为100，洪水的联动效应将是158。这意味着，洪水联动效应约为主要产量损失的1.6倍。

表12-3　**调查中工业组的预计联动效应**

工业组	产出乘数	恢复因子	整体需求（下降）因子	1型乘数效应	2型乘数效应	1型联动效应（间接损失的%）	2型联动效应（间接损失的%）
基于食品和农业	2.6472	0.55	0.30	1.1912	1.9854	74.1	123.5
棉花和纺织品	3.1729	0.34	0.31	2.0941	3.0777	143.4	210.8
木材和家具	3.0151	0.51	0.22	1.4774	2.1407	98.7	143.1
工程类	2.8487	0.46	0.41	1.5383	2.7063	99.8	175.6
其他和服务	2.4890	0.40	0.36	1.4934	2.3894	89.3	142.9
所有行业	2.8346	0.48	0.34	1.4740	2.4378	95.4	157.8

注：整体需求（下降）因子（DF）在调整需求上升后进行估计。

12.3　孟加拉国经济领域的洪水脆弱性

12.3.1　农业领域

可以估计出1972—2003年主要粮食作物的半对数趋势（包括种植面

积和产量方面）。对雨季的粮食作物的损失分析表明，孟加拉国每年易遭受相当于年产量3.7%的损失（37年的平均数据）。早稻的年损失相当于年产量的4.4%，晚稻的年损失相当于年产量的3.4%（Islam 2005）。[①]

正如当今各种研究所争论的一样（如K.M.Islam 2006；Haruhisa，Matsumoto，and Rahma 2005；Hossain 1990），一些洪水灾害带来的危害被农业抵消（通过种植模式的变化），而且几乎是无害的。洪水通常能增加土壤肥力进而提高农业产量。

为了研究洪水和农业产量损失之间的联系，第一个假设表述如下：受洪水影响的区域越大，低于（正常）预期趋势的负偏差值就越大。在这种情况下，第二假设如下：与受洪水地区的偏差预计为负相关关系。

预计半对数趋势线（1981—2004年）被认为是这种分析的基础数据。从趋势线的实际产生的偏差显示，以1998年灾难性的洪水为例，晚稻生产短期下跌低于正常趋势产量的近21%（表12-4）。早中稻+晚稻雨季粮食作物的缺口为趋势产量以下的20%。相比之下，同年的旱季粮食作物产量（冬稻）在正常趋势之上10%。2004年有了类似的发现。早中稻+晚稻雨季粮食作物的缺口为趋势产量以下的6%，冬稻群旱季粮食作物在正常趋势的2%以上。同样，在全年都是洪水的年份和洪水之后的年份，冬稻的产量高于正常的趋势（表12-4）。因此，在某年/季的洪水农业作物短缺在某种程度上是由来年高于正常产量来补充的。[②]

显然，对晚稻和雨季中（早中稻+晚稻）的粮食作物产能而言，它们之间的关系被发现是负相关的（分别为-0.38和-0.63），符合预期，也具有重要的统计学意义。对于旱季作物（冬稻），旱季作物的关系正如预期的，是正相关的（0.45）并且表现明显。这表明，农民把更多的精力投入到生产旱季作物（冬稻）来弥补雨季作物的损失。洪灾后补种对弥补损失

① 早中稻和晚稻有两个雨季稻谷作物，而冬稻是干季水稻作物。通常情况下，洪水对晚稻作物造成巨大的损失（Islam 1999b）。
② Haruhisa，Matsumoto，and Rahman （2005）；Hossain（1990）得到类似的结果。

表 12-4 **1981—2004年粮食种植产量波动趋势**

洪灾年份	估计趋势波动（%）			
	雨季粮食作物		旱季粮食作物	
	早中稻	晚稻	早中稻+晚稻	冬稻
1986	14.9	2.4	5.0	−9.1
1987	**13.6**	**−6.3**	**−2.1**	**0.5**
1988	**11.9**	**−17.7**	**−11.5**	**16.1**
1989	0.7	8.7	5.9	15.1
1997	−1.5	−7.9	−7.3	−9.5
1998	**−12.2**	**−20.8**	**−19.6**	**10.0**
1999	−2.7	3.9	2.9	7.7
2003	17.1	9.0	11.5	−3.2
2004	**−0.9**	**−8.6**	**−6.1**	**2.2**

Source：BBS（Agricultural Statistics），various issues.

注释：洪水年趋势均为粗体 N=24（1981–2004）

季节性也是有帮助的。恢复的过程也是通过增加灌溉投入和当前播种以及其他延伸性服务推动的。换句话说，相比经历孟加拉国的非农产业或城市经济，种植领域已经证明了抵御洪水有相当大的韧性，这会在下面的章节中继续分析。

12.3.2 非农产业部门

非农业部门的洪水损失似乎是巨大的。1998年的洪灾对经济造成的影响表明，非农业领域包括非种植领域遭受了巨大损失，几乎是整个损失的51%。而整个农业领域（农作物加上非农作物）的损失占总损失的49%。2004年更为惨烈，其中非农业领域占了总损失的74%，农业领域（种植业和非种植业）占了总损失的26%（表12-5，图12-7）。[①]这两次洪

① 联合国开发计划署资助的评估给出了一个类似的图，显示在首都两个行业（工业和商业）的损失估计在60亿塔卡。1美元= 68塔卡（2008年）（Islam 1999a）。

灾的影响分别相当于孟加拉国GDP的4.7%和3.4%。

表12-5　**1998年和2004年两场洪灾部分领域损失对比**

领域	1998年洪灾		2004年洪灾	
	占总损失的%	占GDP的%	占总损失的%	占GDP的%
基础设施	38.6	1.8	69.7	2.36
公路、铁路、机构等	18.2	0.85	37.2	1.26
住宅领域	20.4	0.95	32.6	1.10
工业领域	12.0	0.56	4.7	0.16
农业领域	49.4	2.31	25.6	0.87
农作物领域	42.8	2.0	22.2	0.75
非农作物领域	6.6	0.31	3.4	0.12
合计	100.0	4.7	100.0	3.4

Sources：Islam，Chowdhury，and Bhattacharya 1999（for 1998 flood）；CPD 2005（for 2004 flood）.1998 food.

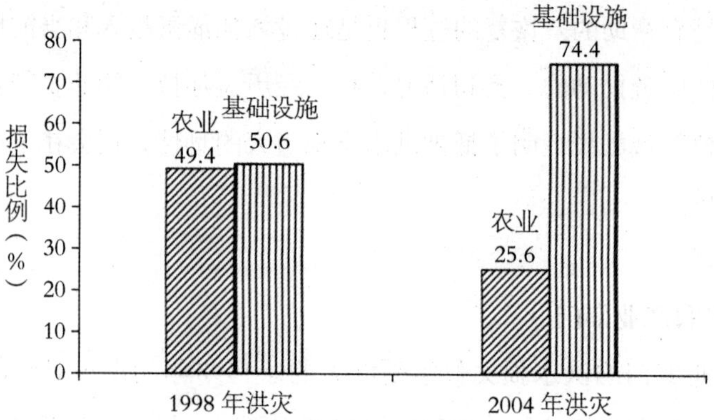

图12-7　1998年和2004年两场洪灾不同领域占总损失的比例

1998年洪灾的损失相当于超级飓风锡德对滨海地区造成的损失。这次飓风所带来的损失估计是1 130亿塔卡（16亿美元），相当于孟加拉国GDP的2.8%（GoB-WB 2008）。飓风给非农业造成的损失是巨大的，占总损失的71.5%，农业领域占总损失的28.5%。

12.3.3 洪水和工业生产：多变量分析

分析经济主要领域证明，从增值的趋势来看，小型、大型生产企业、联合生产企业的偏差和农业领域的偏差是紧密联系在一起的。尽管在经济中有强烈的联动效应，农业、工业、国家GDP的趋势偏差跟洪水受灾区域几乎没有关系。

进一步分析表明，我们有理由相信，在工业生产中的波动产生的原因并不只是洪水，还有其他的因素。为了证明这个假设，运用多变量分析来整合其他可能的变量，这些变量可能会影响到工业生产这个因变量（专栏12-3）。[①]

专栏12-3　多变量模型假设

Q=f（FLOOD，AGFL，URBINDX，INCOME，PRINDX，POLINS，NPS）

这里，

FLOOD=受洪水影响地区（在国内）

AGFL=农业产量波动

URBINDX=城市化指数（城市占总人口的份额）

INCOME=人均国民生产净值（NNP）

PRINDX=价格指数（工业品）

POLINS=政治上的不稳定（用罢工来衡量）

NPS=系统中净能量供应（用毫安时测量）

时间是1973/1974年—2002/2003年

Source：BBS，Statistical Year Book（various issues）；BBS，Report on Bangladesh Census of Manufacturing Industries（CMI）（various issues）；The Year Book of Agricultural Statistics of Bangladesh（various issues）.

① 分析选定16个大型生产企业，因变量产量按单位测量。

大多数行业表现出很高的确定系数（详细的结果不在这里阐述）。在16个大型行业中有15个行业的确定系数超过5%的水平，只有1个行业（烟草）在任何水平都不显著。

这表明在受洪水影响的地区某些大型生产企业的产量几乎不受影响，即使正如预计的一样一些行业的洪水变量系数为负。除了制糖行业，其他行业的数据都没有表现出在统计学可接受的水平上。尽管根据数据这两个领域（农业和工业）是紧密联系的（K.M.Islam 2006），但令人惊讶的是，农业的波动并未显示出与在调查中的任何生产型企业有任何显著的正相关关系。

正如预期的那样，城市化对正在调查中的许多行业（纸、火柴、新闻纸、铁/钢）的产量产生了巨大的正面的影响。收入变量（人均收入）只与一个行业（纱）有正相关的关系。正如预期的那样，政治上的不稳定（用罢工来衡量）与相当多的行业都是负相关的关系，但影响显著的只有两个行业：火柴业和农业机械。尽管电源供应在多年来发生相当大的变化（净系统损耗），但是它只对其中的一个行业（食品）统计显著且系数为正。但是可能被提到的是大型生产企业，它们为避免电力中断，一般都有自己的发电厂，这在孟加拉国是一个普遍的现象。正如预期的那样，价格指数（行业）对很多受调查的行业产量产生显而易见的正面的影响，但只对三个行业产生了巨大和正面的影响：化肥、尿素和成衣服装（出口导向型）。对两个行业产生了巨大和负面的影响：制衣（国产）和铁/钢。

因此，孟加拉国的生产型企业表现出对外生因素的御灾力。尽管工业和基础设施遭受洪水巨大的破坏，但其调整和恢复机制表现得很强劲。有一个观点也在争论之中，它认为：在工业领域上产能不足可能随后有助于克服由以上讨论的这些干扰所造成的损失。

12.4 结语

孟加拉国严重缺乏洪水损失数据和评估方法。为了应对类似洪水的自然灾害，建立可以用来增强经济御灾力的知识和数据网络是很重要的。经验表明，虽农业部门经常能够抵消一些洪涝灾害带来的影响，但洪灾对城市和非农业领域造成的损失却在大幅增加。[①]由于经济的发展和城市化之间的密切关系，孟加拉国潜在的城市洪灾损失将继续在未来几年内大幅增加。因此，对城市防洪隐患必须给予足够重视，尤其在加快城市化进程中所进行的有缺陷的开发活动，以及气候变化所造成的潜在的"灾难的脆弱性"背景下。

平均而言，最贫困的家庭在河流、雷电和潮汐洪水遭受的损失比最富裕家庭遭受的损失多（按损失比例值计算），近4.5倍和3倍。因此，在孟加拉国，也许在大多数其他发展中国家，自然灾害（如洪水）不仅加剧贫困，而且会扩大贫富差距。[②]就其国家减贫战略和实现新世纪发展目标而言，孟加拉国无法忽视洪水对减贫和经济增长的不利影响。制订减灾计划时要慎重考虑洪水给贫穷带来的主要的和长期的间接影响。

从历史上看，水资源和洪水管理政策是由工程措施占主导地位的。伴随着工程措施不足以保障带来足够的安全，"错误的安全感"、不当的维护以及有关环境问题将进一步增加洪水带来的损失，[③]所以现在给予了非工程措施足够的重视，因为这些措施有着巨大的减灾作用（K.M.Islam 1997b，2000，2006）。2007年的洪水和锡德飓风更进一步警示了孟加拉

① 没有以农业抵消的方式低估的农业损失，即使在农业领域损失规模相对较小，对于收入和生活条件上处于相对弱势的农村地区还是会产生很大的影响。

② 另有分析（Islam 2005）表明，土地少的人（收入也较低的那一类人）受灾程度更严重且更容易暴露在洪水风险之中。对世界粮食计划署孟加拉国数据（2006年）的分析可以发现，淹没区的比例和受影响最严重的穷人的比例（$r=0.33$，$P<0.001$）（K.M.Islam 2006）有密切的正相关关系。

③ 2000年洪水在孟加拉国西南部的持续时间长达四个月，很大程度上是因为该地区未规划道路、圩田和堤坝。

国非工程措施的重要性。

在灾难应急的情况下，特别是涌潮，对于地势较低、人口密集，特别是地处沿海地带的孟加拉国来说未来海平面的上升至关重要。①气候变化可能导致孟加拉国因农村迁移的城市化进程飞速加剧，也会导致沿海地区越来越多地受到特别是潮汐洪水的威胁，这些威胁是极具毁灭性的。②

跨界河流流量的管理对孟加拉国至关重要。为了保障有效的早期预警系统，跨区域合作的重要性再怎么强调也不为过。③孟加拉国需要与其沿岸的邻国交换最新的科学数据和信息（例如，降雨模式方面）。

也许对孟加拉国而言，除了面对洪灾，几乎没有别的选择。因此，对洪水进行成功的管理和调整非常重要。该国拥有对洪水灾害管理的长期经验。更新从灾害中吸取到的教训是非常重要的。讽刺的是，在孟加拉国却长期存在着对应急准备的轻视，这种轻视表现在应急准备并没有体现在年度或长期的发展计划中。对孟加拉国而言，用有计划的、制度上的和协调的方式来关注应急准备和善后工作，以避免每次洪水灾害后资源的浪费是非常重要的。

12.5 参考文献

Asian Development Bank （ADB）（2006）.*Urbanization and Sustainability in Asia; Good Practice Approaches in Urban Region Development*.Cities Alliance（Cities without slums）.Dhaka，Bangladesh.

Bangladesh Bureau of Statistics （BBS）.（2007）.*Report of the Household Income and Expenditure Survey 2005*.Dhaka，Bangladesh: Ministry of Planning，Government of Bangladesh，BBS.

① 请参见本书第4章和第12章的例子。
② 孟加拉国因涌潮而死亡的人数占世界死亡人数的53%（Hassan and Conway 2007）。
③ 关于预警的减灾效应见Islam（2000，1997b）。

——.Various Yearly Issues.*Statistical Year Book of Bangladesh*.Dhaka, Bangladesh: BBS.

——.Various Yearly Issues.*Report on Bangladesh Census of Manufacturing Industries (CMI)*.Dhaka, Bangladesh, BBS.

——.Various Yearly Issues.*The Year Book of Agricultural Statistics of Bangladesh*.Dhaka, Bangladesh: BBS.

Begum, A. (1999).*Destination Dhaka, Urban Migration: Expectation and Reality*.Dhaka, Bangladesh: University Press Limited.

Benson, C., and Clay, E. (2004).Understanding the Economic and Financial Impacts of Natural Disasters.Washington, D.C.: World Bank.

BIDS (1999).*An Input-Output Table for Bangladesh Economy*, 1993-94. Dhaka, Bangladesh: General Economics Division, Planning Commission, Government of Bangladesh.

Centre for Policy Dialogue (CPD). (2005).*Options for Self-Reliant Resurgence: Rapid Assessment of Flood 2004*.January.Dhaka, Bangladesh: University Press Limited.

Dorosh, P., Shahabuddin, Q., and Farid, N. (2004). "Price Stabilization and Food Stock Policy." In *The 1998 Floods and Beyond: Towards Comprehensive Food Security in Bangladesh*, edited by P.Dorosh, C.del Ninno and Q Shahabuddin.Dhaka, Bangladesh: UPL-IFPRI.

Government of Bangladesh—World Bank (2008).*Cyclone Sidr in Bangladesh: Damage, Loss and Needs Assessment for Disaster Recovery and Reconstruction*.Dhaka: Government of Bangladesh.

Green, C.H. (2003).*The Handbook of Water Economics, Principles and Practice*.London: University of Middlesex, Wiley Publication.

Green, C.H., Tunstall, S., Emery, J.P., and Bossman-Aggrey, P. (1988). "Evaluating the Nonmonetary Impacts of Flooding." Annual

Meeting of the Society for Risk Analysis, UK.

Guha - Sapir, D., Hargitt, D., and Hoyois, P. (2004) .*Thirty Years of Natural Disasters 1974- 2003: The Numbers*.Brussels: UCL Presses Universitaires de Louvain.

Haruhisa, A., Matsumoto, J., and Rahman, R. (2005) . "Impact of Recent Severe Floods on Rice Production in Bangladesh." *Geographical Review of Japan* 78 (12): 783-793.

Hassan, A., and Conway, D. (2007) . "Secondary Impacts of Climate Change in Bangladesh." ORCHID: Piloting Climate Risk Screening in DFID, Dhaka, Bangladesh.

Hossain, M. (1990) . "Natural Calamities, Instability in Production and Food Policy in Bangladesh." *Bangladesh Development Studies* 18 (4) (December): 33-54.

Islam, K.M.Nabiul (1997a) . "The Impacts of Flooding and Methods of Assessment in Urban Areas of Bangladesh." Ph.D.diss., Flood Hazard Research Centre, University of Middlesex, London.

——. (1997b) .*The Role of Perception, Warning and Human Factors in Flood Losses*.Research Report 152.Dhaka, Bangladesh: BIDS.

——. (1999a) .*The Assessment of Environmental Impacts of Flood 1998 on Dhaka City.*

Dhaka, Bangladesh: Economic Impact Study, Industry, Trade, Commerce and Crops, Ministry of Environment, Government of Bangladesh.

——. (1999b) .*Rapid Appraisal on Aman Crop Damage and Prospect of Aman due to 1998 Flood*.Dhaka, Bangladesh: FMRSP, BIDS-IFPRI.

——. (2000) . "Micro and Macro Level Impacts of Urban Floods in Bangladesh." In Floods, Vol.1, edited by D.J.Parker UN - International Decade for Natural Disasters Reduction (UN-IDNDR) .London: Routledge.

——. (2005) .*Flood Loss Potentials in Non-agricultural Sectors, Assessment Methods and Standard Loss—Database for Bangladesh*.Dhaka, Bangladesh: Palok Publishers.

——. (2006) .Impacts of Flood in Urban Bangladesh: Micro and Macro Level Analysis.

Dhaka, Bangladesh: A H Development Publishing House and Community Development Library.

Islam, K.M.Nabiul, Chowdhury, O.H., and Bhattacharya, D. (1999) . "The Assessment of Impacts of Flood 1998." Dhaka, Bangladesh: Asian Development Bank.

Islam, K.M.Nabiul, et al. (2006) .*Stakeholder Consultation on Institutional and Partnership Issues in Coastal Districts*.Integrated Coastal Zone Management Plan Project (ICZMPP), WARPO, Ministry of Water Resources, Government of Bangladesh, Dhaka.

Islam, Nazrul (2006) . "Bangladesh." In *Urbanization and Sustainability in Asia: Good Practice Approaches in Urban Region Development*, Cities Alliance (Cities without slums), Dhaka, Bangladesh.

Islam, N., and Mechler, R. (2007) . "ORCHID: Piloting Climate Risk Screening in DFID Bangladesh: An Economic and Cost Benefi t Analysis of Adaptation Options." Institute of Development Studies, University of Sussex, UK.

Mechler, R. (2005) . "Cost - Benefit Analysis of Natural Disaster Risk Management on Developing Countries." Disaster Risk Management in Development Cooperation, Working Paper, August, Eschborn, Germany: GTZ.

Navrud, S., and Magnussen, K. (2008) . "Damage Costs of Natural Disasters and the Benefits of Preventing Them: A Review of Valuation

Methods." Working paper.

NWMP (2000).*National Water Management Plan*.Dhaka, Bangladesh: Ministry of Water Resources, Government of Bangladesh.

Parker, D.J. (ed.) (2000).Floods, Vol.1.London and New York: Routledge.

Parker, D.J., Green, C., and Thompson, P. (1987).*Urban Flood Protection Benefits: A Project Appraisal Guide*.Aldershot, UK: Gower Technical Press.

Penning-Rowsell, E.C. (1997). "Testing the Contextual Models of Hazard-Response." *Geographical Review*, UK.

Penning-Rowsell, E.C., and Chatterton, J.B. (1977).*The Benefits of Flood Alleviation: A Manual of Assessment Techniques*.Aldershot, UK: Gower Technical Press.

Penning-Rowsell, E.C., and Green, C. (1990).*Benefit-Cost Analysis of Flood Alleviation: A Changing Art*.London: Flood Hazard Research Centre.

Ranis, G., Stewart, F., and Angeles-Reyes, E. (1990).*Linkages in Developing Economies: A Philippine Study*.San Francisco, Calif.: International Center for Economic Growth, ICS Press Publication.

Santos, I. (2008). "How Do Households Manage the Effects of Natural Disasters?The Role of Inter-Household Transfers in Nicaragua." Working paper.

Sen, A. (1981).*Poverty and Famine: An Essay on Entitlements and Deprivation*.Oxford: Oxford University Press.

Siddiqui, K.U., and Hossain, A.N.H.A. (eds.) (2006).Options for Flood Risk and Damage Reduction in Bangladesh.Dhaka, Bangladesh: University Press Limited.

Tunstall, S., Green, C.H., and Lord, J. (1988).*The Evaluation of Environmental Goods by the Contingent Valuation Method*.London: Flood

Hazard Research Centre, University of Middlesex.
World Bank. (2008). *World Development Indicators*. Washington, D.C.: World Bank.

第13章 荷兰洪灾管理案例研究

罗伊·布劳沃 马利杰·沙弗斯玛

13.1 引言

在诸如荷兰这样位于海平面以下的国家，气候变化带来了减轻洪灾风险和灾害管理方面的新挑战。海平面上升是气候变化带来的最严重的后果之一。经预估，接下来的50年内海平面会上升15至35厘米。这将导致河流的最大流量水平也有所上升。以经过荷兰境内的最大河流莱茵河为例，上升值预计将在20至115厘米之间（在荷兰米德科普市等地取值2001）。荷兰3/4的地区都有河堤或海堤的保护。数百年来，共有53个这样的保护区域建成。堤坝保护区的安全标准最早在1996年出台的水利法案中有所规定。国家西部的安全级别是全国最高的，这是由于根据官方发布的数据，西部的洪水重现期为10 000年，而越往东部这一数值则越低，到最东部与德国交界之处，洪水重现期则仅有1 250年了。荷兰西部是整个国家人口最为稠密的地区，有许多大城市，例如鹿特丹、海牙和阿姆斯特丹这些荷兰经济活动集中的地区（Brouwer and Kind 2005），所以这些区域的安全级别相对较高。除此之外，海岸线周边的安全级别也比较高，这是由于来自海洋的洪水预警期（以小时计）要比河流洪水的预警期（以天计）更短一些。

荷兰洪灾的历史十分久远。早在1953年，北海的一次风暴潮就引起了一次波及广泛的洪灾，导致西南部地区超过1 800人死亡。在距今更近的1993年及1995年，一次20万人的大规模人口疏散成功阻止了莱茵河和默兹河由于过高的流量水平而导致的洪灾。

由于1953年的灾害，国家实施了所谓“三角洲计划”。这是荷兰历史上投资金额最高的公共基础设施建设。这一计划封堵了通往西南河口的通道。1993年及1995年的事件之后，国家也增高并加固了河堤。荷兰政府履行了自古以来对控制洪水和管理洪灾所负有的责任，承担了1993年及1995年的灾害所导致的大部分损害的赔偿金，分别为1.15亿英镑和6400万英镑（Kokand Barendregt 2004）。而1998年通过并实施至今的新《灾害和赔偿费法案》则详细规定了未来在什么样的状况下荷兰政府需要承担灾后损害的赔偿。

为了预测由于气候变化引起的日益增长的洪灾风险，1998年一项新的洪水管控政策出台了。这项政策是以管理调控及恢复河流系统动态的原则为基础的（Brouwer and van Ek 2004）。另外，政策还指出了在紧急情况下可以被允许使用的东部洪灾区（Commissie Noodoverloopgebieden 2002）。政府还在积极考察适应和减轻洪灾影响的方法，其中包括“硬件”方面的基础设施，也包括“软件”方面的适应以及如个人保险这样减轻洪灾损失的机制。洪灾风险保险将成为对个人和公共机构来说都非常有效的减轻洪灾引起的经济负担的方法（Pearce and Smale 2005）。然而到目前为止，荷兰并没有为私人设立洪灾风险保险（Botzen and Van den Bergh 2008）。

鉴于洪灾风险的地域差异和受到保护的经济利益，洪灾政策正越来越多地受制于如成本效益分析（CBA）这样的经济评估。总的来说，实施减轻洪灾风险的措施所得到的利益和其花费的比例大约在2到4之间浮动（Mechler 2005），但要准确地评估利益和花费则困难重重（Bouwer et al.2007）。另外，因为忽略了公众风险的规避，仅基于成功规避的财产损失而评估出的利益和花费必然大幅低估了真正得到的利益。像后者这样在经济学中通过衡量未受到风险保护时社会群体为规避风险而产生的支付意愿（WTP），以及受到风险保护时有接受补偿意愿（WTAC）而计算出的社会福利方面影响，也应该被加进灾害损失之内（如Jones-Lee 1989）。Tol（1999）展示了把公众风险规避因素考虑在内的经调整的灾害损失评估，其数值与未调整的数值相比高出了3倍。

本章旨在展现一个与气候变化有关的荷兰灾害管理的例子，并展示成本效益分析（CBA）在这个特定领域的应用。另期望荷兰高于现有安全级别的洪水所产生的残留灾害以及基于所谓特定洪灾区的潜在紧急措施所带来的利益和付出的代价能受到特殊的重视。另外，一份公众问卷调查的结果也将在此章中呈现。这份调查展示了如果东部紧急区域真的要在洪灾中被启用，公众对于此洪灾控制政策的看法、支持度和接受补偿的意愿（WTAC）。

13.2 成本效益分析在洪灾管理中的运用

在1953年的洪灾之后一个被称为三角洲的委员会正式建立（Tinbergen 1960），该委员会在20世纪60年代期间的一个大规模的水资源管理项目首次运用了成本效益分析，开创了成本效益分析在洪灾管理中的先河。这个三角洲计划包括关闭荷兰西南部除鹿特丹水道和西斯海尔德通往西南河口的所有通道。实施这个计划的净花费估价大概在11亿荷兰盾（按1955年物价水平），这个数目大约占了当时国民净收入的4%，总直接成本是18亿荷兰盾。尽管这些直接成本比只是改进该区域已有的堤坝系统所需成本高出2亿荷兰盾，但三角洲计划预料能从中获得更多的非价格利益的间接收益，如公共安全、干旱伤害减免以及娱乐休闲等。研究推断，实施该计划所需的11亿荷兰盾的增量成本会比1953年洪灾所造成的物质损失低，因此三角洲计划应该被证明是正当合理的计划。由于当时在这方面的相关知识不足，研究结果并没有考虑对未来洪灾事件以及其对未来经济损失避免的影响力进行一次概率分析。这个概率分析被公认为对成本效益分析的结论十分重要，同时也说明了正折现率抵消了避免未来损失的可能性所带来的经济价值这一事实。

尽管20世纪50到60年代有关洪水风险的知识和信息有限，Tinbergen的研究也无法将这些风险量化，但是令人惊叹的是这项研究在实行通过成本效益分析防洪的情况下广泛地考虑了与之相关的问题。对于成本效益分析而言，风险概念的核心就是考虑备选防洪项目和情景。风险可以被定义为发生洪水的概率，其概率受大量因素影响，包括所在区域的水位、风向、地貌、堤坝坚固度和其他阻水建筑物的影响，以及洪水对金融经济所产生的后果，风险也影响洪水频发地区建筑物和活动的经济价值。因此成本效益分析在防洪措施中主要的经济效益是通过降低洪灾风险实现的。然而直到90年代末，这些效益才真的可以在成本效益分析的大型防洪项目中被定量。这次突破与先进的水利和洪水概率模型的协助以及国家情报系统通过损失功能所提供的有效评估洪灾损失的信息是密不可分的（案例参见Jonkman et al. 2008）。

在防洪领域受到高度关注的另一个方面是估测其他社会经济学效益的非传统防洪方案，如管理调整。自《第四次国家水资源政策文件》公布以来，社会效益领域就受到了高度重视（V&W 1998）。在政策文件中，政府第一次强调不仅水资源管理成本需要测量，由其所带来的对整个社会金融经济的影响也需要测量。水资源管理政策所带来的效益被咨询委员会更加明确地阐明在《21世纪水资源管理政策》的报告中并于2000年发布。委员会推断对于决策者和大众来讲，对测量水资源管理所带来的效益的认知还十分少，因此今后这些效益应当被更加明确地提出。

在成本效益分析的防洪项目中，正因为相比传统的一成不变的解决方案可以明确地考虑管理调整经济价值，所以除了考虑物质损失避免，还包括经济价值的效益使其起到至关重要的作用。然而他们的估计和估价仍然存在问题。泛滥平原和河流湿地水理性质及生态功能，例如洪水滞留，对于野生动物栖息地及营养同化——无法定价的公共货物——很难将其用经济价值来衡量。尽管多样化的经济方法和技术在过去的几十年里已经使无法定价的公共货物用货币价值进行估价方面有了明显进步，比如说湿地和泛滥平原的修复（案例参见 Brander，Floraxm，and Vermaat 2006），有少部分研究是通过管理调整，对比传统堤坝坚固度来估计无价的公共效益对降低风险的作用。此外从经济方面评估这些非价格效益可能会是昂贵且费时的任务。在实践中，效益转移作为成本有效的方案普遍被用于这些效益的估值。效益转移意指之前的估值结果，往往发现在不同的地区、社会经济、公共机构以及政治环境下，在新的环境里被用来估计环境变化的效益（Brander 2000）。

中央规划局代表相关部门在2000年6个不同沿岸及河流地形的管理调整项目中提出，在初步可行性研究中应当考虑非价格效益，如生态质量、公众的认知及威胁生命风险的价值。这些效益虽然无法被货币化，但至少初步可行性研究有别于传统防洪措施（堤坝坚固度），为基于其他技术（管理调整）的新政策铺平了道路。中央规划局推断对于大部分的项目，社会经济效益的管理调整远远超出其成本，这意味着整个社会将受益于此。在一个月后，这个研究被政府引用在其官方的“对待水利的另一方针”政策文件中。这项研究被认为在证明延续新的防洪政策中提供了充足证据。成本效益分析的运用在水资源管理政策文件中得到了进一步的推动，随后政府表明：“具体的（管理调整）措施将基于其成本和效益的测试。在这项测试中非价格成本及效益，例如与性质和空间质量相关的成本及效益，也被考虑在内。”

与此同时，公共工程和水利管理与交通运输部门一起为空间规划合作推出了新的政策“水的空间”，其中概述了从政策制定到政策实施和项目规划的下一步（V&W 2000）。政府再一次明确地提到这项研究是由中央规划局提出的，从另一个方面说明了非传统防洪措施很可能使整个社会受益。政府还强调，在政策执行和项目规划阶段，防洪方案应该在成本和效益的基础上进行对比和评估。

13.3 对于指定的洪灾区域的成本效益分析

在2002年5月，Luteijn委员会向荷兰政府提交了报告“受控泛洪”（Commissie Noodoverloopgebieden 2002）。该委员会成立于1995年对莱茵河和默兹河沿岸洪水易发地区进行疏导后。该委员会旨在以“控制洪泛”这种方式来限制莱茵河流域和默兹河流域在极端水压情况下洪灾引发的危害。

该委员会建议为三个洪灾多发地区制定名称：莱茵河流域的Rijnstrangen区、Ooijpolder区和默兹河流域的Beersche Overlaat区。分别在沿着莱茵河6 000公顷和默兹河7 000公顷的地区中，其中的一些地区人口相对稀少，主要从事大范围的农业活动。Rijnstrangen区、Ooijpolder区和Beersche Overlaat区大约分别有500人、13 000人和26 000人。洪涝灾害区域是在极端天气和水压条件下，即当该河流流量超过在堤坝基础设施的设计中使用的最高水平的地区所使用的名称。这种程度的大流量反映出因决堤而导致的严重危险。通常来说，决堤的位置是不能提前预测的。依据在指定的洪涝灾害地区控制洪涝的原则，可以降低下游人口稠密、经济繁荣领域不受控制的洪水风险。例如，如果邻德国（Ooij和Millingen）边界的莱茵河上游堤防外坝被淹没，预计的损失会比直接受影响的下游堤防外坝（Kromme Rijn的）被淹没（CPB2000）所受的损失低60倍。在该委员会的评估下，其中一个洪水灾害发生的频率是每1 250年一次。

建立洪水灾害区的主要成本主要来自三个方面：一是建设新堤坝；二是加高现有灾害区周围的堤坝；三是在灾害区修建进排水设施和堤坝，以保护区域内的村落在灾害区投入使用时不受到洪水的冲击。建设三个灾害防止区的成本据估计是12.5亿欧元，而被避免的损失将会证明这项投入是值得的。

委员会的报告引起了诸多争议，问题的核心集中在以下几个问题上，一是计划灾害区的有效性和效率，二是预算成本和效益，三是对除建立灾害区以外的其他方案的研究有不完善之处。委员会报告发表后，荷兰政府对处理莱茵河及默兹河流域遗留风险的策略所需要的成本和潜在效益进行了深入的前期可行性研究。以下将对这项研究的成果进行探讨（Kind，2005）。

在接下来的初步可行性研究中，应对洪水灾害的策略分成了几个：一是加强传统堤坝，二是新的防溢流堤坝（由Luteijn委员会最初提出的洪水灾害策略）。另外还有策略二的两个变体，一是不将新建的堤坝或保护性设施划入流域上游的洪水灾害区，二是仅将进水设施包括在划定的流域上游洪水灾害区。

不同策略的成本有很大差距，正如表13-1所示。效益被计算并体现在风险的降低方面，即由于使用策略，从而避免材料损坏以及因业务的暂时中断所造成的损坏。如不采用策略，以无限期的政府批准的4个百分点而计算出来的这类投资决策的剩余风险现值和一年为2个百分点的真正GDP增长值大概是11亿欧元。

传统的堤坝加固对于发生洪水的几率有重大的影响，将洪水的回归周期从1 250年1次降低至6 250年1次。然而，这一做法对于没有进一步保护设施的洪灾区的影响却是令人出乎意料的低，因为洪灾的剩余风险值实际上增长了10个百分点。根据我们完成的水利分析，我们认为几个沿着河流的堤坝将一个接一个被破坏，由于它们有限的存储能力。防溢流堤坝，委员会起先提议的洪灾区，和那些只有一个入口的防洪设施，降低了洪水对于已落实紧急策略的地区的损害，并且降低了所在地区发生洪灾的几率，但是对于这些地区之外的后果没有影响。在表13-1中，由于风险是发生在堤坝周围或洪灾区的洪水，因而增加的风险被包括在“损失”内，然而在其他地区所降低的风险被包括在“收益”内。

表13-1显示大部分风险减少超出由传统堤坝坚固度结果所制定的现有法律规定的安全水平。

表13-1　**不同防洪措施的成本及效益（价格水平为2000年）**　单位：百万欧元

	加固原有堤坝	修建防溢流堤坝	原先的洪灾区	不新增更多防护的洪灾区	加入引水设施的洪灾区
总成本	600	100	445	620	40
投资、运行以及维护	600	90	440	–	5
新增风险	–	10	5	620	35
总效益（降低风险）	750	360	170	535	165
净效益	150	260	–275	–85	125
效益成本比率	1.3	2.6	0.4	0.9	4.1
无防护措施下的残余风险	1 100	1 100	1 100	1 100	1 100
残余风险的净降低值	750	350	165	–85	130
残余风险	350	750	935	1 185	970
残余风险的降低比例	–70%	–30%	–15%	10%	–10%

Source：Adapted from Brouwer and Kind 2005.

11亿欧元的残余风险可以通过此策略降低70%。尽管相比传统堤坝坚固度，第一个水压评估结果显示其可降低（10%～30%）残余风险，但是有关防溢出堤坝和洪涝灾害地区的策略中只有一个策略因其突出的效益成本比率值得进一步关注。

这项初步可行性研究的结果支持luteijn委员会推断的控制洪灾的最好方法是预防洪灾的结论。经过仔细考虑，最初由委员会所提出的投资是用于建设莱茵河沿岸无法通过评估相关风险降低的效益来判定灾害的洪灾区。然而一个重要的问题依然存在：当非物质损害成本也被考虑进去，那最终结果会发生何种程度的变化？有人认为，物质成本损害的大小对结果有十分强烈的正相关性（Baan 2004）。

13.4 非物质损害成本经济评估

研究人员于2006年6月在默兹河（Beersche Overlaat）与莱茵河（Ooi-jpolder）沿岸两个不同的潜在洪灾区进行了研究，采访了200个家庭对生活在指定洪灾区的看法和感受。他们在7个村庄挨家挨户进行了面对面访谈，其中3个村庄位于默兹河沿岸，4个分布于莱茵河沿岸。该项研究的主要目的是测量已感知的气候变化风险，并估算公众愿意接受针对洪灾风险及相关福利损失增加的补偿金额。研究人员首先预设公众接受补偿的意愿是积极的，且需求量大，可以为适应和缓解气候变化的成本效益分析提供重要的附加信息。研究人员特别重视估算无形的福利效应，如不安、恐惧等感觉及社会遭到破坏的经济价值。

调查问卷主要分为三个部分。第一部分重点关注对洪水风险的看法，即与其他危险事件和活动相比，绝对和相对的看法；以及洪灾经历，包括疏散经历。第二部分引入选择实验，要求面临洪水泛滥风险的家庭选择生活在可能出现的不同气候变化条件下发生洪灾可控或不可控的地方。第三，也就是最后一部分包含涉及受访者个人背景和社会经济特征的问题，另外还有许多可评估受访者对选择实验的理解的总结式问题。关于公众看法和经历的调查结果将首先公布，之后再公布选择实验结果。

表13-2展示了研究样本的个人背景及社会经济特征。55%受访者为女性，受访者平均年龄50岁。多数受访者（45%）处于40~60岁年龄

段。30%受访者小于40岁，25%大于60岁。约45%受访者育有孩子。受访家庭平均人数为2.8，略高于全国平均数2.3（Statistics Netherlands 2007）。

表13-2　　研究样本的个人背景和社会经济特征

样本特征	
男性受访者（%）	44.6
受访者平均年龄（岁）	49.7
受访家庭平均人数	2.8
育有孩子的家庭百分比	41.5
受过高等教育者百分比	36.9
家庭平均月纯收入（欧元）	2 225
拥有房产者百分比	64.0

Source：Authors' own work.

家庭平均月收入为2 225欧元，与全国平均可支配收入2 335欧元相差无几（Statistics Netherlands 2007）。40%受访者受教育程度较高，这意味着他们拥有大专、大学或职高学历。近2/3受访者拥有居所的所有权，剩余1/3住房系租屋。正如预想的一样，家庭收入与拥有住房之间存在显著关系（Pearson $r = 0.465$；$p < 0.001$）。

受访家庭对因气候变化引起的洪水风险的看法非常有趣。研究运用了大量指标和测量尺度。样本中大约每5个受访者中就有1人曾经历过一次或多次洪灾，46%受访者曾因洪水泛滥或泛滥风险被疏散。受访者对洪水风险的看法不同于其他有风险的事件或活动，如吸烟、驾车、飞行、晒日光浴及恐怖袭击。这些生活在潜在指定洪灾区的受访者中，45%认为气候变化引起的洪水风险与上述人们日常生活中面对的其他风险相比，同样甚至更加危险。70%受访者认为未来10年内，这片指定洪灾区不太可能发生决堤。10%的受访者认为居住地不安全，而一半受访者认为非常安全，1/3认为比较安全。一个值得注意的发现是，近30%受访者不知道他们生活的地方是否有洪灾应急预案。15%受访者对现有洪水应急预案没有丝毫信任。近90%受访者听说过指定洪灾区控制洪水的原理，主要通过媒体报道获知（63%）。60%受访者认为控制洪水是个好办法，30%持否定意见，9%不知如何评价或对此毫无想法。

另一个有趣的发现是，男性与女性、受教育程度较高与较低者及不同收入群体之间对洪水风险的看法存在显著差异。女性对洪水风险级别的评价明显高于男性。受教育程度较低与收入较低人群对洪水风险级别的评价也明显更高。同理，受教育程度较低与收入较低人群面对洪水的安全感也比受教育程度较高及收入较高人群小。

再看选择实验。受到洪水威胁的家庭被问及是否愿意接受针对因可能出现的不同气候变化条件，控制洪水风险上升而引起的非物质损失的补偿。气候变化设想通过以下3个项目表现：

1. “洪水重现期”，测量单位年（洪水发生几率）；
2. “泛滥程度”，测量单位厘米；
3. “疏散时间”，测量单位周。

泛滥和疏散被用做不安、压力与恐惧的指标。它们共同反映了洪水造成的非物质损害成本。实验已明确不考虑生命危险，并强调经济补偿仅针对经历的不安、压力和恐惧，且高于对房屋及其他资产等物质损失的全部补偿。这些未来可能出现的情况都有不同的补偿方式。在受访者生活的地区，在控制洪水的情形下，会提供经济补偿。反对在指定洪灾区控制洪水的家庭，可以接受不同气候变化条件下发生的不可控洪灾造成的经济风险。

通过检测个人接受控制洪水补偿的意愿，可以发现因气候变化导致风险上升的经济价值。该项研究的基础——期望效用理论中，对人面临不确定情况的选择行为的基本假设，即当人们的决定可能造成损失时，如损失发生概率小、冲击大，人们就会规避风险。愿意接受补偿的福利测算法并非放之四海而皆准。除不确定因素外，主观感情也占有重要地位，正如在一定程度上风险被视为是自发的，由个人自己控制并对之负责，我们对此熟悉且完全理解（Beattie et al. 1998）。另外，在同样情境下，不同人对风险的感觉和看法不尽相同，这与个人经历有关，因此会导致不同的决定（Wilson 1991）。这些因素的影响在评价选择模型过程中都尽可能得到了控制。

一张展示了各个项目及不同级别的卡片可以帮助受访者理解选择任务的理念和目的，并说明设想中存在的多种可能变化。实验设计见表13-3。研究人员使用了主效应部分析因设计法（main-cffcets fractional factorial design），该方法由28个选择集构成，每4个选择集一组，分别放入7个类型。每个受访者都被随机展示7个类型中的一个，并回答该类型下的4张选择卡。

表13-3　**选择实验项目与等级概况**

项目	等级			
洪水发生几率	一生1次	25年1次	10年1次	5年1次
泛滥程度	10cm	100cm	150cm	200cm
疏散时间	1周	2周	4周	8周
控制洪水得到补偿	10 000欧元/次	50 000欧元/次	100 000欧元/次	150 000欧元/次

Source：Authors' own work.

每张选择卡显示两个选项，分别描述一种气候变化设想类型及相应的洪水风险和风险缓解可能性，另外还有一个两者皆不选的选项。研究人员向受访者解释，后面这个“弃权”选项的意思是未来面临气候变化引起洪水风险上升时，选择不通过有补偿地控制洪水来缓解风险。卡片显示弃权选项无需成本。为确保受访者清楚了解选择任务，实验开始前，要求他们先在一张样卡上作出选择，并可对任务提问。图13-1展示的是一张样卡。

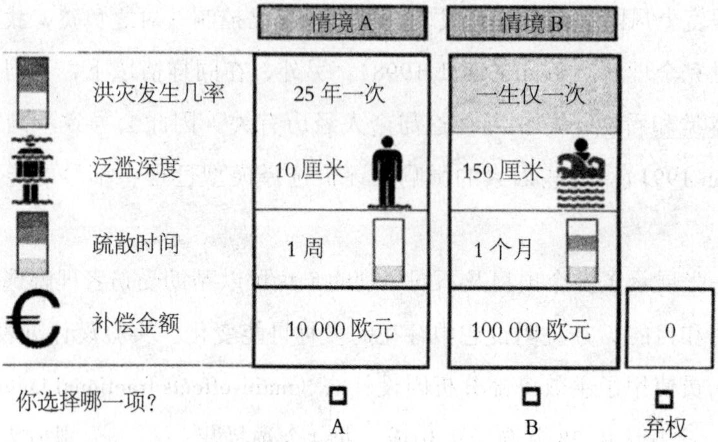

图13-1　选择样卡

Source：Authors' own work.

面临气候变化和灾难性的洪水风险上升时，相较于未控制洪水且不补偿，绝大多数生活在潜在洪灾区的受访者仍然愿意选择控制洪水得到补偿。在676张选择卡中，96%选择了二选一中的控制洪水得到补偿选项，而非弃权选项。

表13-4总结了实验结果。正如预期一样，洪水发生几率和泛滥程度对选择有负面影响。洪水发生几率越高或泛滥程度越严重，受访者选择控制洪水得到补偿选项的可能性越小。补偿金额对选择行为有明显的积极影响。对经历的不安和压力给予的补偿金额越高，受访者选择控制洪水的可能性越大。

研究人员发现，洪水发生几率呈现明显的线性二次效应。图13-2展示了已评估的选择模型中，对不同的（可控）洪水发生几率的补偿金需求。该曲线图清晰反映了为消除因控制洪水造成的非物质福利损失（不安、痛苦和恐惧）所需补偿金的非线性特征。

表13-4　　控制洪水与补偿离散选择模型评估

项目		$\widehat{\beta}$	s.e.	p<
连续性	连续	3.708	0.275	0.001
补偿金	线性	0.006	0.002	0.001
洪水发生几率	线性	−23.372	5.590	0.001
洪水发生几率	二次	68.169	23.330	0.003
泛滥深度100厘米	虚拟	−.617	0.176	0.001
泛滥深度150厘米	虚拟	−0.796	0.202	0.001
泛滥深度200厘米	虚拟	−0.943	0.216	0.001
疏散2周	虚拟	0.169	0.165	0.306
疏散4周	虚拟	−0.144	0.207	0.488
疏散8周	虚拟	−0.069	0.184	0.707
模型总结				
对数似然函数		−503.025		
调整后的R^2		0.318		
N		676		

Source：Authors' own work.

除了参数估计为一米和两米，其他不同泛滥程度均不存在统计学意义。这说明洪水泛滥程度从一米陡升至两米会引起更多压力和恐惧，尽管我们强调在这些以农业为主的地区，控制洪水水位，以消除对人畜生命的威胁。

与预期相反的是，疏散时间对选择行为并没有可见的明显影响。没有任何一个疏散时间等级在10%的水平上表现出统计学意义，这与它们在选择模型评估中的存在形式，即持续或虚拟变化因素无关。

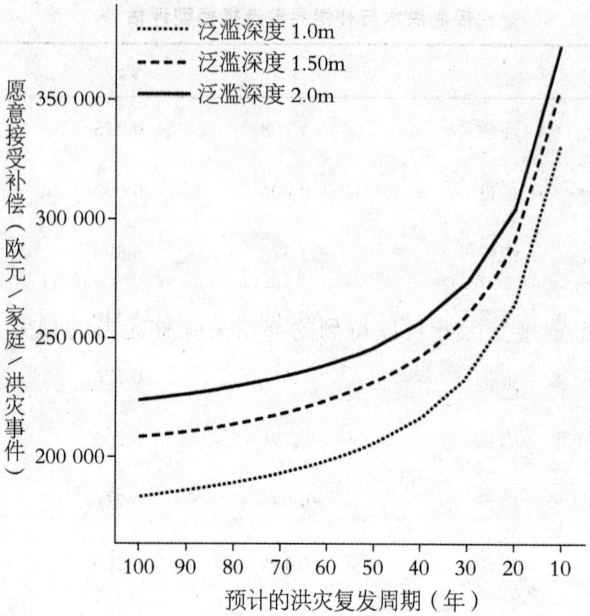

图 13-2 当可控的洪灾处于不同的发生概率和泛滥层级时，家庭因洪灾带来的不适、恐惧以及压力所愿意接受的补偿

Source:Author's own work.

因此，上述发现表明愿意接受的补偿金额很大，每个家庭在每次洪灾后所需补偿从18.5万到37万欧元不等，差距较大。金额大小由洪水发生几率和泛滥深度决定，同时还与受访者特征（住房所有权、疏散经历、对当前洪灾应急预案的信任程度及对洪水的恐惧）和他们对风险的主观感觉（表13-4未展示，但研究人员已得出此结论）有关。若其他因素不变，拥有房产者在控制洪水并得到补偿与在当前情况下的不可控洪水二者中更易选择后者。研究人员发现过去经历过疏散的受访者也存在类似现象，说明过去的疏散经历会带来负面影响。有疏散经历的受访者选择控制洪水并得到补偿的几率要比从未经历疏散的受访者小。恐惧洪水的受访者即使是在洪水受到控制的情况下，仍明显需要更高补偿金消除洪水对其幸福造成的负面影响，如恐惧和痛苦。另一方面，提供的补偿金额大小对信任自己生活地区的现有灾难预警方案的受访者的影响要比不信任现有灾难预警方案的受访者小。

13.5 灾害管理经济学：总结和说明

如果已被控制住的洪水复发的可能性增加，居住在有潜在洪灾危险地区的人们愿意接受因此可以得到的补偿来弥补无形的损失。然而，用于补偿这些无形福利损失的金额随着洪水发生可能性的提高呈指数增高。和之前预想的一样，洪水带来的恐惧使得为了补偿福利损失所需要的资金数量增加。此研究表明，一旦加入泛滥等级的因素，被控制洪水的接受补偿意愿（WTAC）便不取决于疏散期。尽管疏散期在这份研究中并不是一个重要的、具有影响力的因素，但下结论说疏散导致的身体不适和精神紧张等福利损失不存在言之过早。一种可能的解释是，与其被当做一件让人产生不适的事情，疏散其实是种降低洪灾风险的策略。为了更好地研究疏散带给福利的明确影响，这个领域还需要进行更多的相关研究。

这些研究结果表明，社会的外部性损失应该在相关的气候变化、减轻洪灾损失的政策的成本效益分析（CBA）中占有更重要的地位。理论上，预测的接受补偿意愿（WTAC）应该被视为由于恐惧、压力和社会不安所带来的社会福利损失的期待值，并且应被加入被控制洪水可能造成的物质性损失里，然后再和公开的WTP对比来避免被控制洪水顺流而下带来的物质和非物质损失。在被控制洪水流向下游情况下扭曲的福利损失分布和其引发的不安造成的损失，以及洪水顺流而下带来的经济方面的益处，给试图处理好涉及公私之间公平性问题的政策制定者带来了一系列有趣的挑战。

我们以当前灾害管理经济学的一些经典警示论断来结束。在自然灾害管理经济学中，包括毁灭性洪水和气候变化问题，处于核心地位的是风险和不确定性。风险意味着一个事件可以一个确定的概率被预见到。不确定性则是我们对这个事件的具体性质和结果，以及发生的概率几乎没有相关的知识和信息。以下是著名的经济学家凯恩斯对它们区别的评价（凯恩斯 1937，148）：

“说到不确定性，我的意思不仅仅是区分什么是确定的什么是可能的。轮盘赌在这个意义上就不属于不确定的范畴。我使用这个词的情境可以是欧洲的战争结果是不确定的；或者20年之后的铜价和利率是不确定的。对这些事物而言，我们没有任何科学基础来得出可供计算的概率。简单来说，就是我们不知道会发生什么。”

大多数判断理论和经济政策的评价都将不确定性当做这样一种状态：它大体上可以通过主观或客观的概率分布来得知（这些理论尤其偏好特定的概率分布，如风险厌恶或者风险中性的态度和行为）。假设所有的不确定性都可以被给定的概率量化出来，大多数研究方法也就将处理真实的不确定性当成了处理风险了（Brouwerand Deblois 2008）。尽管这是一种有力的方式，但在处理像毁灭性洪灾这样在概率和社会经济学影响上都难以预料的随机性事件的时候，却可能显得不够充分。

尽管洪灾损失建模在这一章节中没有详细介绍，但大多数损失模型仅仅计算了洪水的直接损失。本章中的损失同样是这样的。部分因暂时商业停顿造成的非直接损失在其他洪灾地区的成本效益分析（CBA）中得到应用，但是因整个经济系统遭受随机性冲击（如一场灾难性的洪水）而可能导致的经济行为方面的变化却没有加入进去。固定的经济增长率经常被用于预测未来的受灾损失。基于社会经济学学习过程的对新形势的习惯和顺应性，预计将扮演重要的角色，并可能显著地减弱和中和更长时间内由于环境变化导致的经济影响。这些“学习体验”因素目前还没有被灾害损失模型充分捕捉纳入进去，因此在未来的研究中值得予以更多关注。

13.6 参考文献

Baan, P.J.A. (2004). "Flood Risks along Rivers More Th an Probability Times Eff ect: Perception and Implications for a Safety Strategy" (in Dutch).Research report Q3673.20, Delft Hydraulics.

Beattie, J., Covey, J., Dolan, P., Hopkins, L., Jones- Lee, M., Loomes, G., Pidgeon, N., Robinson, A., and Spencer, A. (1998). "On the Contingent Valuation of Safety and the Safety of Contingent Valuation: Part 1—Caveat Investigator." *Journal of Risk and Uncertainty* 17: 5-25.

Botzen, W.J.W., and van den Bergh, J.C.J.M. (2008). "Insurance against Climate Change and Flooding in the Netherlands: Present, Future and Comparison with Other Countries." *Risk Analysis* 28 (2): 413-426.

Bouwer, L.M., Crompton, R.P., Faust, E., Höppe, P., and Pielke, Jr., R.A. (2007). "Confronting Disaster Losses." Science 318: 753.

Brander, L.M., Florax, R.J.G.M., and Vermaat, J.E. (2006). "The Empirics of Wetlands Valuation: A Comprehensive Summary and a Meta-analysis of the Literature." *Environmental and Resource Economics* 33: 223-250.

Brouwer, R. (2000). "Environmental Value Transfer: State of the Art and Future Prospects." *Ecological Economics* 32: 137-152.

Brouwer, R., and De Blois, C. (2008). "Integrated Modelling of Risk and Uncertainty Underlying the Selection of Cost- Eff ective Water Quality Measures." *Environmental Modelling & Software* 23: 922-937.

Brouwer, R., and Kind, J. (2005). "The Costs and Benefi ts of Flood

Control Policy in the Netherlands." In *Cost- Benefi t Analysis and Water Resources Management*, edited by R.Brouwer and D.W.Pearce.Cheltenham, UK: Edward Elgar Publishing.

Brouwer, R., and van Ek, R. (2004). "Integrated Ecological, Economic and Social Impact Assessment of Alternative Flood Protection Measures in the Netherlands." *Ecological Economics* 50 (1-2): 1-21.

Commissie Noodoverloopgebieden. (2002). "Controlled Flooding.Advise from the Commission Flood Disaster Zones" (in Dutch).The Hague, May 29, 2002.

CPB (2000). "Space for Water: Costs and Benefi ts of Six Projects and Some Alternatives" (in Dutch). *The Hague*, The Netherlands: CPB.

Jones- Lee, M.W. (1989). *The Economics of Safety and Physical Risk*. Oxford: Blackwell.Jonkman, S.N., Bockarjova, M., Kok, M., and Bernardini, P. (2008). "Integrated Hydrodynamic and Economic Modelling of Flood Damage in the Netherlands.Special Issue Ecological Economics Integrated Hydro- Economic Modelling for Eff ective and Sustainable Water Management." *Ecological Economics* 66 (1): 77-90.

Keynes, J.M. (1937). *The General Theory of Employment, Quarterly Journal of Economics*, February 1937, reprinted in The Collected Writings, Vol.14. Cambridge: Macmillan & Cambridge University Press.

Kind, J.M. (2005). "Disaster Management Strategy: Flooding Rhine and Meuse.RIZA report 2005.025" (in Dutch).Lelystad, The Netherlands.

Kok, M., and Barendregt, A. (2004). "Responsibility and Liability in the Case of Water Damage" (in Dutch).Report for the Directorate- General Water, Ministry of Infrastructure, Public Works and Water Management. HKV Lijn in Water, Lelystad, The Netherlands.

Mechler, R. (2005). "Cost- Benefi t Analysis of Natural Disaster Risk

Management in Developing and Emerging Countries." German Society for Technical Cooperation (GTZ), Eschborn.

Middelkoop, H., Daamen, K., Gellens, D., Grabs, W., Kwadijk, J.C. J., Lang, H., Parmet, B.W.A., Schädler, B., Schulla, J., and Wilke, K. (2001) "Impact of Climate Change on Hydrological Regimes and Water Resources Management in the Rhine Basin." *Climatic Change* 49 (2-3): 105-128.

Pearce, D.W., and Smale, R. (2005). "Appraising Flood Control Investments in the UK." In Cost- Benefi t Analysis and Water Resources Management, edited by R.Brouwer and D.W.Pearce.Cheltenham, UK: Edward Elgar.Statistics Netherlands. (2007) .http: //www.cbs.nl.

Tinbergen, J. (1960) .*The Economic Balance of the Delta Plan* (in Dutch). Bijdrage VI, Deltacommissie, The Netherlands.Tol, R. (1999). "The Marginal Costs of Greenhouse Gas Emissions." *Energy Journal* 20 (1): 61-81.

V&W (1998). "Fourth National Water Policy Document" (in Dutch). Ministry of Transport, Public Works and Water Management, December 1998, The Hague, The Netherlands.

——. (2000). "Space for Water: View Point to the Chair of Parliament" (in Dutch) .Ministry of Transport, Public Works and Water Management, December 2000, The Hague, The Netherlands.

Wilson, A.R. (1991) .*Environmental Risk: Identifi cation and Management*. Chelsea, Mich.: Lewis Publishers.

结论

自然灾害的经济影响在过去10年间持续增强。有人丧失生命，有人终生残疾。即便生命得以存续，庄稼和牲畜的损失使得许多国家的大部分贫困人口更加边缘化。

本书向前迈出了一步，将北方国家和南方国家自然灾害经济学领域不同专业的学者聚集起来，讨论未来提升灾害风险管理究竟需要哪些方面的研究。

我们总结出以下项最能有助于减少此类风险和看清灾害真正成本的指标：

1.贫穷使人在本质上对自然灾害更加脆弱，甚至比诸如距震中或洪水泛滥河堤的距离此类物理因素来得更严重。尽管缺乏系统性研究来清楚证实不同因素在决定灾害影响上的相对重要性，但即便不去理解决定这些关联的途径和机制以及保护贫穷人口免受冲击的减灾因子，贫苦人口对灾害的脆弱性也广受关注。

流行病学家已经开始研究确定死亡、受伤和疾病的风险因子，但目前研究仍处在相对初期的阶段。仍需大量的工作来找到评估贫困地区灾后资产价值的切实可行的经济方法。灾后经济评估通常需要快速进行，且不能轻松获得标准的数据来源。能做的常常只是从基于人口的调查结果中获得很少的部分信息，这么一来，在灾后环境下存在很大的局限性。其他类型的评估耗时长，且要求具备高超技能的专业人士实地工作数周，投资巨大。

受灾区域越来越向发展中国家的贫困地区和偏远地区转移。在缺乏恰当的经济影响工具的条件下，灾害被大大地低估了。工作的重点应放在研究、开发和实地测试能快速有效地评估大范围经济损失的可操作工具上。

2. 自然灾害还可以通过扩大低收入地区贫困人口占比的方式来对贫困人口施加影响。大多数生活在灾害易发区的人，如柬埔寨河流两岸和海地，都缺乏合适的保险和信贷机制，更没有存款来应对家庭收入减少的冲击。自然灾害能带走他们捉襟见肘的资产，影响他们的健康状况，摧毁其关键的家庭成员，缩减其累积的人力资本。任何一次连续性灾害（通常是洪灾）都会对其产生致命的影响，进一步使已经边缘化的地区人口边缘化，将其推向极端贫穷的类型，或刺激其从农村迁移至城市谋生。我们需要更好地认识边缘化和自然灾害之间的关系，以及更彻底地讨论打破贫穷和脆弱性恶性循环的必要政策措施。

3. 在贫穷国家，受灾人口的规模在不断上升。但事实上，可用于灾害减轻或防控措施的预期资源增长却不多。在当下更是如此，经济和财政危机的影响可能持续一段较长的时间。在这种条件下，需要进一步研究开发创造性的社会保险和小额保险模式，同时考虑到现有的资源局限。以社区为基础的小范围机制可能比全国性的机制更适合不具备正式的保险和借贷机制，或机制不完善的地区。本书中讨论的小额保险代理和小额保险创新设施等现行项目证明了这一点。

4. 迫切需要更加清晰的微观层面处理能力的指标。比如，一个同等暴露于灾害的村庄，有的家庭由于其应对方式不同而较其他家庭受灾更少。针对此类成功的，适用于当地的，且多次受到时间检验的干预措施应当系统研究，并且推广至其他家庭学习使用。政策选项的制定也应当基于这种社区化应对机制的认识，它可以促使家庭主动采取措施，并且逐步减少对援助的依赖和预期。

5.最后，目前亟须更好地评估自然灾害对社区产生的短期和长期影响。例如，用更优的工具来评估对非市场化产品的影响，能够提升对自然灾害实际损失的认识。

自然灾害现象与万千家庭的悲剧休戚相关，从道德的角度看是迫在眉睫。减轻自然灾害也是经济发展的当务之急。我们希望借此书鼓励未来年轻的经济学家们关注这一领域，努力减少自然灾害对世界上贫穷人口的影响。